प्रयोजनमूलक हिंदी

संरचना एवं अनुप्रयोग

प्रयोजनमूलक हिंदी

संरचना एवं अनुप्रयोग

डॉ. रामप्रकाश
डॉ. दिनेश गुप्त

राधाकृष्ण प्रकाशन

ISBN : 978-81-7119-338-7

प्रयोजनमूलक हिंदी : संरचना एवं अनुप्रयोग

पहला संस्करण : 1997
तीसरा संस्करण : 2019
This book is printed on **Print on Demand** Technology : 2025

मूल्य : ₹995

प्रकाशक
राधाकृष्ण प्रकाशन प्राइवेट लिमिटेड
जी-17, जगतपुरी, दिल्ली-110 051
शाखाएँ : अशोक राजपथ, साइंस कॉलेज के सामने, पटना-800 006
पहली मंजिल, दरबारी बिल्डिंग, महात्मा गांधी मार्ग, प्रयागराज-211 001
1, अनमोल सोराबजी संतुक लेन, धोबी तलाव, मरीन लाइंस, मुम्बई-400 002
वेबसाइट : www.radhakrishnaprakashan.com
ई-मेल : info@radhakrishnaprakashan.com

PRAYOJANMOOLAK HINDI
Sanrachna Evam Anuprayog
by Dr. Ram Prakash, Dr. Dinesh Gupta

दृष्टिकोण

भाषा लोक-मानस की उर्वर भूमि में अंकुरित, पल्लवित और विकसित होती है। लोक-व्यवहार की प्रयोगशाला में उसका स्वरूप निरंतर निखरता और संवरता रहता है। इस विकास-यात्रा में भाषा अनेक वीथियों, सरणियों और मार्गों का अनुसरण करती हुई भी, अविराम गति से प्रवहमान रहकर, अपने समूचे परिवेश को आप्लावित और रससिक्त करते हुए एक शाश्वत जीवन्तता का वरण और वितरण करती है।

भाषा ऐसा 'बहता नीर' है जो अबाध और अकूल होकर भी सर्वथा अव्यवस्थित, विशृंखलित अथवा दिशाहीन पथ का गामी नहीं। उसकी अपनी निजी प्रकृति, प्रवृत्ति और मर्यादा-सीमा सुनिश्चित है। भाषा यदि विराट् लोक-समुदाय की थाती है तो उस भाषा के संरचना-साँचे और अनुप्रयोगात्मक प्रकल्प उस थाती के प्रयोजनपरक स्वरूप के संरक्षक एवं प्रहरी है। 'हिंदी' भाषा का विगत सहस्राधिक वर्षों से विकसित एवं संरचित स्वरूप इस तथ्य का ज्वलंत प्रतिमान है।

शताब्दियों से 'राष्ट्रभाषा' के रूप में प्रतिष्ठित और लोक-व्यवहार में प्रचलित 'हिंदी' पिछले कई दशकों से 'राजभाषा' के संवैधानिक दायरे में भी विकासोन्मुख है। 'राष्ट्रभाषा' की मूल प्रकृति तथा 'राजभाषा' की संवैधानिक स्थिति को अलगानेवाली प्रमुख रेखाएं आज भी शिक्षित समाज के बहुत-बड़े वर्ग के लिए अस्पष्ट-सी है। इसके लिए जहाँ हिंदी भाषा के उद्भव से लेकर 'मानक' भाषा तथा 'राष्ट्रभाषा' स्वरूप धारण करने तक की सुदीर्घ विकास-परंपरा का सर्वेक्षण आवश्यक है, वहीं 14 सितंबर, 1949 ई. से लेकर आज तक के समस्त संवैधानिक प्रावधानों, नियमों-अधिनियमों एवं शासकीय आदेशों और संसदीय संकल्पों आदि का सम्यक् अनुशीलन भी वांछनीय है। इस अनुशीलन-प्रक्रिया के दौरान तत्संबंधी समस्याओं तथा उनके व्यावहारिक समाधान के समायोजन का उपक्रम भी अपेक्षित है। इस उपक्रम के संदर्भ में यह ध्यान रखना भी आवश्यक है कि 'भाषा' की मूल प्रकृति प्रायशः उच्चरित ध्वनियों के माध्यम से प्रतिभासित होती है जो अमूर्त-अदृश्य रहती हैं। उन्हें दृश्य रूप में साकारता प्रदान करने का दायित्व 'लिपि' निभाती

है और लिपि का प्रयोजनात्मक अनुप्रयोग 'वर्तनी' पर निर्भर है। इस परिप्रेक्ष्य में 'हिंदी भाषा', 'देवनागरी लिपि' और 'प्रायोगिक वर्तनी' के मानकीकरण के एक सुनिश्चित सांचे-ढांचे के स्थायी संगत स्वरूप के निर्धारण की ही नहीं, उसकी अनुप्रयोगात्मक प्रयोजनसिद्धि के प्रति भी सावधानी और सजगता की महती अपेक्षा है।

आज, इन अपेक्षाओं के दायरे और भी विस्तृत हो गये हैं क्योंकि हिंदी अब लोक-व्यवहार की सीमाओं से आगे बढ़कर, विभिन्न शैक्षणिक, प्रशासनिक, व्यावसायिक तथा कार्यालयी स्तरों पर भी अपनी प्रयोजनमूलकता प्रतिपादित करने के दायित्व-निर्वाह की ओर अग्रसर है। इस दायित्व-निर्वाह का निकष है—उसके संरचना-सामर्थ्य का अनुप्रयोगात्मक कार्यान्वयन। इस दिशा में विभिन्न स्तरों पर विविध प्रयास चल रहे हैं, किंतु उनमें एकरूपता, पारस्परिक एकसूत्रता तथा समन्वयशीलता का अभाव होने से, अनेक समस्याएँ गत्यवरोध का कारण बन रही है। इन्हीं समस्याओं के निवारण-हेतु, हिंदी के प्रयोजनमूलक संरचना-सूत्रों के समुचित संयोजन तथा उनकी अनुप्रयोगात्मक संभावनाओं के समन्वित-सुसंग्रथित रेखांकन का विनम्र प्रयास इस पुस्तक का लक्ष्य है।

विश्वास है, सुधी अध्येता-वर्ग को यह प्रयास अवश्य संतोषप्रद प्रतीत होगा।

स्वाधीनता-स्वर्णजयंती
15 अगस्त, 1997

—लेखकद्वय

अनुक्रम

प्रथम खंड

द्वितीय खंड

तृतीय खंड

प्रथम खण्ड

हिंदी भाषा : स्वरूप-संकल्पना

1. 'हिंदी' : नामकरण एवं अर्थ-विकास

'हिंदी' भाषा का नामकरण भारत के प्राचीन नाम 'हिंद' पर आधारित है जिसका अर्थ है—'भारत की भाषा'।

'हिंदी' शब्द 'हिंद' शब्द में 'ईक्' प्रत्यय के योग से बना है। भारत और ईरान का अत्यंत प्राचीन काल से गहन संबंध चला आ रहा है। इस प्राचीन संबंध के कारण ही भारतीय 'सिंधु' एवं 'सप्तसिंधवः' शब्द ईरान पहुँचे तथा ईरानी भाषा की यह विशेषता है कि वहाँ 'स' को 'ह' बोला जाता है। (संस्कृत 'सप्त' का अवेस्ता में 'हफ्त', संस्कृत 'असुर' का अवेस्ता में 'अहुर'।) इसी आधार पर अवेस्ता में 'सप्तसिन्धवः' का 'हप्तहिंदव' तथा 'सिंधु' का 'हिंदु' हो गया। वे लोग 'सिंधु' नदी से संबंधित भूभाग को 'हिंदु' या 'हिंद' प्रदेश कहते थे। परंतु कालांतर में ये नाम संपूर्ण भारत के लिए प्रयुक्त होने लगे। ईरानी सम्राट् दारा के अभिलेखों में सर्वत्र भारत के लिए 'हिंदु' शब्द आया है। सूसा के राजमहल से प्राप्त एक अभिलेख में लिखा है—'पिरुश्ह्या इदा क्रत हचा कुश उता हिंदौव उता हचा हरउतिया अयरिय' अर्थात् राजमहल के लिए हाथी-दाँत कुश, हिंदु (भारत) और हरउतिया (सरस्वती नदी के समीपवर्ती प्रदेश) से लाया गया। अन्यत्र ईरानी साहित्य में हिंदुश, हिंदु हिंदुवअ (सिंधुव्य) आदि अनेक ऐसे प्रयोग मिलते हैं जो भारत के वाचक हैं। इसी 'हिंदु' या 'हिंदव' शब्द से ही आगे चलकर भारत के लिए 'हिंद' शब्द विकसित हुआ है और 'ईक्' प्रत्यय का योग होने पर 'हिंदी' शब्द बना जिसका अर्थ ईरानी भाषा में 'हिंद की' या 'भारत की' होता है। यों, 'हिंदी' शब्द का प्राचीन अर्थ भारत का निवासी, भारत की वस्तु, भारत के पदार्थ आदि होता था। मिस्र में जो मलमल भारत से जाती थी वह 'हिंदी' कहलाती थी, अरबी और फारसी भाषा में भारत के अंतर्गत इस्पात की बनी हुई तलवार 'हिंदी' कहलाती थी। हाब्सन-जाब्सन कोश में 'हिंदी' शब्द भारत के निवासी मुसलमानों के लिए भी आया है। वहाँ अमीर खुसरो की एक पंक्ति उद्धृत की है, जिसमें लिखा है कि 'बादशाह ने हिंदुओं को तो हाथी से कुचलवा डाला, किंतु जो मुसलमान हिंदी थे वे सुरक्षित रहे।' (हाब्सन-डाब्सन कोश, 315) भारत में भी भाषा के अर्थ में 'हिंदी' शब्द का

सर्वप्रथम प्रयोग एक विदेशी विद्वान् अलबेरूनी ने ग्यारहवीं शताब्दी में लिखित अपनी पुस्तक 'अलहिंद' में किया। उसके उपरांत सन् 1333 ई. में इब्न बतूता ने अपनी 'भारत-यात्रा' नामक पुस्तक में एक स्थान पर लिखा है, **''तारक नगर की कुछ दीवारों पर 'हिंदी' में नाम खुदे हुए थे।''** यद्यपि इन विद्वानों का 'हिंदी' से अभिप्राय 'भारतीय भाषा' (संस्कृत) से था, तथापि इसी समय के आसपास उत्तर भारत, विशेषतः दिल्ली के आसपास की जन-भाषा 'हिंदी', 'हिंदुवी' अथवा 'हिंदवी' के नाम से जानी जाने लगी थी जिसका अभिप्राय स्पष्टतः आज की खड़ी बोली से था।

इसका प्रमाण चौदहवीं शताब्दी के आरंभ में अमीर खुसरो (जिनका देहांत सन् 1326 ई. में हुआ) द्वारा रचित फारसी-हिंदी-कोश 'खालिक-बारी' से मिलता है। इसमें अनेक स्थलों पर ब्रज-हरियाणवी-मिश्रित खड़ी बोली को 'हिंदवी', 'हिंदी' आदि कहा गया है–

(क) खंजरो शम्शीरो समस्तामस्त तेग।
हिन्दवी खाँडा कहावे उन्मन मेग।। 1।।
(खंजर, शम्शीर और तेग को 'हिंदवी' में 'खाँडा' तथा बादलों की घटाओं को 'उन्मन' कहते हैं।)

(ख) कोह दर हिंदी पहाड़ आमद यकीं।। 2।।
(फारसी 'कोह' का 'हिंदी' पर्याय 'पहाड़' है।)

सन् 1424 ई. में शरफुद्दीन द्वारा रचित 'ज़फरनामा' में एक उल्लेख है–'राव हिंदी' शब्द है।' उन दिनों 'हिंदी' 'हिंदुई' या 'हिंदवी' शब्द प्रायः समस्त उत्तर-पश्चिम और मध्य भारत में प्रयुक्त जन-भाषा के लिए अभिप्रेत था। साथ ही ब्रज, मैथिली, अवधी आदि काव्य-भाषाएँ तो केवल 'भाषा' कहलाती थीं। मध्ययुग के प्रारंभ से ही 'संस्कृत' के समांतर, जनसामान्य में प्रयुक्त हिंदी को 'भाषा' कहा जाने लगा था। इसके अनेक प्रमाण मिलते हैं; यथा–

(क) संस्कृत कबिरा कूप-जल भाषा बहता नीर। **(कबीर)**

(ख) लिखि भाषा चौपाई कहै। **(जायसी)**

(ग) भाषा भनिति मोर मति थोरी। **(तुलसी)**

(घ) भाषा बोल न जानहीं, जेहि के कुल के दास। **(केशव)**

अठारहवीं शताब्दी में पटियाला के कथावाचक रामप्रसाद निरंजनी ने 'योगवासिष्ठ' का हिंदी में अनुवाद करके उसे 'भाषा योगवासिष्ठ' कहा। उन्नीसवीं शताब्दी के मध्य तक कलकत्ता के फोर्ट विलियम कॉलिज के हिंदी अध्यापक 'भाषा-मुंशी' कहलाते थे। किंतु दूसरी ओर, अधिकांश मुस्लिम लेखकों ने इसे 'हिंदुई' या 'हिंदवी' के नाम से संबोधित किया जो बाद में परिवर्तित हो गया। इस संबंध में अमीर खुसरो-कृत 'खालिकबारी' नामक भाषा-कोश का उल्लेख ऊपर

किया जा चुका है। इसके उपरांत जायसी (पंद्रहवीं शताब्दी) का उदाहरण है—

"तुरकी अरबी हिंदवी भाषा जैती आहिं।"

अठारहवीं शताब्दी के उत्तरार्द्ध में एक अन्य सूफी कवि नूर मुहम्मद ने तो स्पष्टतः 'हिंदी' शब्द का ही प्रयोग इसी 'हिंदवी' शब्द के अर्थ में किया है—'का जो बहुतै हिंदी भाख्यौ।"

कालांतर में, अंग्रेजों की शिक्षा-नीति और भाषा-नीति के विभिन्न पड़ाव पार करती हुई, उत्तर-पश्चिम भारत की जन-भाषा का 'हिंदी' नाम रूढ़ हो गया जिसमें ब्रज, अवधी, राजस्थानी, बाँगरू, बुंदेली, बिहारी, पहाड़ी आदि बोलियों का समन्वित मिश्रण था और जिसका उद्‌गम-स्रोत सीधे संस्कृत से जुड़ता था।

2. 'हिंदी' की प्रमुख शैलियाँ

हिंदी की शैलियों का तात्पर्य

'शैली' से अभिप्राय यहाँ साहित्य अथवा काव्य की किसी विशेष रचना-प्रविधि से नहीं (जैसे—प्रतीक शैली, अलंकार शैली, काव्य शैली या गद्य शैली इत्यादि); अपितु भाषा-प्रयोग में अपनाई गई शब्दावली के स्रोत और स्तर-विशेष के व्यावहारिक स्वरूप से है। किसी भाषा-स्रोत एवं भाषा-स्तर का संबंध उसके प्रयोक्ता सामाजिक वर्गों से होता है। उदाहरणतः दिल्ली के किसी विद्यालय में पढ़ानेवाला हिंदी अध्यापक, वहीं की एक कपड़ा मिल में कार्य करनेवाला श्रमिक और चाँदनी चौक का कोई पुरानी पीढ़ी का व्यापारी—ये तीनों जब एक ही विषय (यथा—'संसद् के आम चुनाव') के संबंध में अपने-अपने विचार प्रकट करेंगे तो उनकी भाषा का स्वरूप और स्तर एक-सा नहीं होगा। एक तमिल, बंगला या कन्नड़ भाषी की दृष्टि में, इन तीनों की भाषा सामान्यतः 'हिंदी' ही कहलायेगी। परंतु इन तीनों द्वारा अपनायी गयी शब्दावली में थोड़ा-बहुत अंतर होगा। अध्यापक कह सकता है—'इस वर्ष के महा निर्वाचन में सभी विरोधी दलों के मतों में अपेक्षाकृत न्यूनता की प्रवृत्ति दृष्टिगोचर होती है।' (परिनिष्ठित हिंदी) श्रमिक अपने विचार शायद इस रूप में प्रकट करे—'इस बार के आम चुनाव में गैर-कांग्रेसी (या अपोजीशन) पार्टियों के वोट पहले से कम हुए हैं।' (हिंदुस्तानी) और पुरानी दिल्ली का कोई बुजुर्ग व्यापारी संभवतः इस प्रकार की भाषा का प्रयोग करेगा—'इस साल के राय-आमा में सभी मुखालिफ जमातों को मिलनेवाली रायों में मुकाबलतन कमी का रुझान नज़र आता है।' (उर्दू) दिल्ली का एक सामान्य श्रोता इन तीनों कथनों द्वारा प्रायः एक ही प्रकार का आशय ग्रहण करेगा क्योंकि उसके लिए इनमें से किसी भी कथन में प्रयुक्त भाषा सर्वथा 'अपरिचित' या 'बाहरी' नहीं है, चाहे एक ही बात को कहने के लिए अपनाई गई शब्दावली में थोड़ा-बहुत अंतर है। यह अंतर इसलिए है क्योंकि तीनों वक्ता समाज के अलग-अलग वर्गों से संबंधित हैं और उनके द्वारा अपनाई गई 'शैली' अलग-अलग है।

भाषा का संबंध जीवन और समाज के सभी पहलुओं से है, वह केवल किसी एक प्रयोक्ता के संप्रेषण-माध्यम के रूप में बँधकर नहीं रह सकती। उसका वास्तविक विकास पूरे समाज के साथ चलने में निहित है। समाज के विकास का अपना एक ढंग है। भाषा उसका अनुकरण करने को बाध्य है। परिस्थिति, प्रयोजन और संदर्भ के अनुसार किसी भाषा की अलग-अलग शैलियों का विकास स्वाभाविक रूप से संभव है। हिंदी भारत के बहुत बड़े भाग की व्यवहार-भाषा, संपर्क-भाषा, साहित्यिक और शैक्षणिक भाषा है; किंतु दार्शनिक प्रवचन, चुनावी भाषण और किसी मनोरंजक कार्यक्रम (सिनेमा आदि) में प्रयुक्त होनेवाली हिंदी सर्वथा एक-सी नहीं होगी। उसकी शैलियाँ अलग-अलग होंगी। जैसे किसी एक सामाजिक वर्ग में हिंदी की कोई एक शैली प्रयुक्त होती है और दूसरे वर्ग में दूसरी शैली, इसी प्रकार किसी एक विषय (धर्म, शिक्षा, साहित्य-चर्चा आदि) के प्रतिपादन या संप्रेषण के लिए जिस प्रकार की शैली अपनायी जायेगी; दूसरे विषय (व्यापार, फिल्म या चुनाव-चर्चा) में उससे भिन्न दूसरी शैली का प्रयोग स्वाभाविक होगा।

इस दृष्टि से हिंदी की चार प्रमुख शैलियाँ मानी जा सकती हैं—(1) संस्कृतनिष्ठ हिंदी, (2) उर्दू, (3) हिंदुस्तानी, (4) दक्खिनी हिंदी। वैसे, बोलचाल में 'कलकत्तिया हिंदी', 'बंबइया हिंदी', 'फिल्मी हिंदी', 'व्यावहारिक हिंदी' आदि शैली-रूप भी कहे-सुने जाते हैं किंतु 'मानक' स्तर पर उपर्युक्त चार शैलियाँ ही मान्य हैं।

संस्कृतनिष्ठ हिंदी

संस्कृतनिष्ठ हिंदी की पूर्वपीठिका—संस्कृतनिष्ठ हिंदी वास्तव में हिंदी (मानक हिंदी—खड़ी बोली) के उस परिष्कृत और परिमार्जित रूप का नाम है जिसमें उर्दू-फारसी शब्दों का समावेश अधिक दिखायी नहीं देता। उसमें उर्दू-फारसी के जो शब्द हैं भी, वे तद्भव रूप में लोक-प्रयोग के प्रवाह में ढलकर हिंदी के अपने शब्द बन चुके हैं। हिंदी के इस 'शुद्ध' रूप को परिष्कृत, परिनिष्ठित अथवा संस्कृतनिष्ठ (आधुनिक संदर्भ में 'मानक') मानने की पृष्ठभूमि बहुत व्यापक और प्राचीन है।

सबसे पहले तो 'हिंदी' शब्द के उस रूप पर विचार करना आवश्यक है जिसे आज भारत की राष्ट्रभाषा तथा राजभाषा के रूप में मान्यता प्राप्त है।

पिछले अध्याय में 'हिंदी के नामकरण और स्वरूप-विकास के संदर्भ में स्पष्ट हो चुका है कि 'हिंदी' का अभिप्राय मध्यदेश एवं उत्तर-पश्चिम भारत की वह लोक-भाषा जिसे उन्नीसवीं शताब्दी के आरंभ-समय के आसपास 'खड़ी बोली' नाम दिया गया। लोक-व्यवहार तथा साहित्य-क्षेत्र में यद्यपि इसका प्रयोग बारहवीं-तेरहवीं शताब्दी से हो रहा था, परंतु तब इसका नाम 'हिंदुई', 'हिंदवी' या 'हिंदी' रहा। इसे **'खड़ी बोली'** कहने की शुरुआत ही वास्तव में हिंदी की अन्य बोलियों (ब्रज,

अवधी, बिहारी, पहाड़ी, भोजपुरी, हरियाणवी, राजस्थानी, बुंदेली आदि) की तुलना में इसे विशेष 'खरीं' अर्थात् 'शुद्ध', परिनिष्ठित' अथवा 'परिष्कृत' कहने की शुरुआत थी।

'संस्कृतनिष्ठ' हिंदी का स्वरूप-विकास--'परिष्कृत' या 'संस्कृतनिष्ठ 'हिंदी' उपर्युक्त 'खड़ी बोली' (हिंदी) के मानक-रूप का ही पर्याय है। इस मान्यता के अनेक आधार हैं--

(क) संवत् 1860 (सन् 1803 ई.) में श्री लल्लूजी लाल कवि... आगरेवाले ने जिसका सार ले **यावनी भाषा** (अरबी-फारसी) छोड़, दिल्ली आगरे की **खड़ी बोली** कह, नाम 'प्रेमसागर' धरा। (लल्लूलाल, प्रेम-सागर)

(ख) ...एक दिन आज्ञा दी कि आध्यात्म रामायण को इस भाषा में ऐसी भाषा में करो **जिसमें अरबी-फारसी न आवे।** तब मैं इसको **खड़ी बोली** में करने लगा और संवत् 1862 (सन् 1805 ई.) में इस पोथी को समाप्त किया। (सदलमिश्र, रामचरित्र)।

(ग) कोई ऐसी कहानी कहिए कि जिसमें **हिंदी छुट और किसी बोली का पुट न मिले,** तब जाके मेरा जी फूल की कली के रूप में खिले। **बाहर की बोली और गँवारी कुछ उसके बीच में न हो।** हिंदवीपन भी न निकले और भाखापन भी न हो। **बस जैसे भले लोग अच्छे से अच्छे आपस में बोलते-चालते हैं।** (इंशाअल्लाह खाँ, रानी केतकी की कहानी)

(यहाँ इंशाअल्लाह खाँ ने 'भाखापन' शब्द का प्रयोग अवधी, ब्रज, मैथिली, बुंदेली, राजस्थानी आदि हिंदी की उन उपभाषाओं के लिए किया है जिनका प्रयोग पिछले पाँच सौ वर्षों (पंद्रहवीं शताब्दी से उन्नीसवीं शताब्दी तक) काव्य-रचना के माध्यम के रूप में हो रहा था। इनमें रचना करनेवाले कवियों ने स्वयं इनके लिए 'भाषा' या 'भाखा' शब्द का प्रयोग (विद्वान् पंडितों की 'देववाणी संस्कृत' की तुलना में 'लोकवाणी' अर्थात् 'आम भाषा' की प्रतिष्ठा के लिए) किया है। जैसे--

(1) संसिकरत कबिरा कूप जल, **भाषा** बहता नीर। (कबीर)

(2) लिखि **भाषा** चौपाई कहै। (जायसी)

(3) **भाषा** भनिति मोर मति थोरी ? (तुलसी)

(4) **भाषा** बोल न जानहीं जेहि के कुल के दास। (केशव)

(5) दसम कथा भागौत की, **भाखा** करी बनाइ। (गुरु गोविंद सिंह)

इसी प्रकार संस्कृत ग्रंथों के अनुवाद के लिए 'भाषा-टीका', 'भाषा वचनिका', 'भाषा योग वासिष्ठ' आदि नाम भी इस तथ्य के परिचायक हैं कि ब्रज, अवधी आदि **'भाषा'** या **'भाखा'** कहलाती थीं। परिष्कृत हिंदी को जहाँ अरबी-फारसी-तुरकी आदि विदेशी भाषाओं से मुक्त रखने का प्रयास हुआ, वहीं स्थानीय, आंचलिक और जनपदीय बोलियों से भी।

उपर्युक्त विवरण से स्पष्ट है कि विदेशी एवं स्थानीय ग्राम्य प्रयोगों से सर्वथा

मुक्त उस 'शुद्ध' खड़ी बोली हिंदी को 'आदर्श भाषा' के रूप में मान्य ठहराया गया जो शिष्ट (शिक्षित, संभ्रांत, नागर) समुदाय के कार्य-व्यवहार की भाषा थी। 'खड़ी बोली' के इसी शिष्ट, ठेठ अथवा परिष्कृत रूप को ही भाषावैज्ञानिक स्तर पर 'संस्कृतनिष्ठ' हिंदी तथा संवैधानिक स्तर पर 'मानक' हिंदी कहा गया। इसकी पुष्टि 'खड़ी बोली' के विशुद्ध रूप के लिये प्रयुक्त किये जानेवाले निम्नलिखित अंग्रेजी पर्यायों से भी होती है—

स्टैंडर्ड (Standard)—उच्च स्तर की, **प्योर** (Pure)—शुद्ध, **स्टर्लिंग** (Sterling)—उत्कृष्ट, विशुद्ध, **जेनुइन** (Genuine)—स्वाभाविक, वास्तविक, अकृत्रिम

इस प्रकार, उन्नीसवीं शताब्दी तक आते-आते खड़ी बोली हिंदी के मानकीकरण के रूप में 'परिनिष्ठित' या 'संस्कृतनिष्ठ' हिंदी का स्वरूप स्पष्ट होने लगा।

संस्कृतनिष्ठ हिंदी के स्वरूप-विकास का दिग्दर्शन निम्नलिखित पाँच चरणों में किया जा सकता है—

(1) भारतेंदुपूर्व युग (सन् 1801 ई. से 1867 ई.)
(2) भारतेंदु युग (सन् 1868 ई. से 1900 ई.)
(3) द्विवेदी युग (सन् 1901 ई. से 1920 ई.)
(4) छायावाद युग (सन् 1920 ई. से 1950 ई.)
(5) आधुनिक युग (1950 ई. के पश्चात्)

(1) **भारतेंदुपूर्व युग**—भारतेंदु हरिश्चंद्र से पहले सन् 1800 ई. के आस-पास खड़ी बोली (जो कि तब तक लोक-बोली थी) के परिष्कार का प्रयास शुरू हो चुका था। इस 'परिष्कार' की आवश्यकता क्यों अनुभव की गई—इसके कई कारण थे। सबसे पहला यह कि तब अंग्रेजी शासन अपने पैर यहाँ जमाने लगा था। नई शिक्षा-नीति और प्रशासन-संबंधी काम-काज के लिए 'गद्य' का प्रयोग एक अनिवार्यता बन गया। ब्रज, अवधी आदि पद्य (काव्य)-रचना में तो अक्षम थीं, गद्य में उनकी क्षमता सीमित थी। आवश्यक था कि लोक-प्रयोग की व्यावहारिक भाषा (खड़ी बोली), को गद्य-रचना में समर्थ बनाया गया। खड़ी बोली हिंदी के पास शब्द-भांडार का अथाह संस्कृत-स्रोत विद्यमान था, आवश्यकता थी केवल उसे वाक्य-विन्यास के अनुकूल ढालने की। इसके ही आरंभिक प्रयोग कलकत्ता के फोर्ट विलियम कॉलिज तथा अन्य कई स्थानों पर हुए। कलकत्ता में सन् 1826 ई. में हिंदी-पत्रकारिता का श्रीगणेश हुआ। तीन-चार दशकों में ही वहाँ से अनेक हिंदी-पत्र निकले। हिंदी तब मात्र कविता की भाषा न रहकर, जन-संपर्क और ज्ञानार्जन की भाषा बनने की ओर अग्रसर हुई।

खड़ी बोली की परिनिष्ठता अथवा शुद्धता के आग्रह का एक अन्य कारण भी था। वह यह कि बारहवीं-तेरहवीं शताब्दी में, उत्तर-पश्चिम भारत एवं मध्यदेश में प्रचलित लोक-बोली मुस्लिम शासकों और सूफी-दरवेशों के माध्यम से दक्षिण में जा

पहुँची और 'दक्खिनी हिंदी' के नाम से एक समर्थ साहित्यिक भाषा के रूप में विकसित हुई। तीन-चार सौ वर्षों में, विभिन्न राजनैतिक और धार्मिक कारणों से उसका अपने मूल उद्‌गम केंद्र दिल्ली-आगरा से भी संपर्क बना रहा। शासकीय आग्रहों के फलस्वरूप उसकी लिपि अधिकांशतः फारसी रही। धीरे-धीरे, लिपि के साथ-साथ अंतरंग संरचना और शब्दावली भी अरबी-फारसी की रंगत ग्रहण करने लगी। सम्राट् शाहजहाँ के समय दिल्ली के लाल किला और जामा मस्जिद के आसपास की मिश्रित फौजी, दरबारी और बाजारी भाषा 'उर्दू' के नाम से विकसित हुई। सम्राट् औरंगजेब के समय उसमें फारसी पुट और गहरा हुआ। अठारहवीं शताब्दी के उत्तरार्ध में 'दक्खिनी हिंदी' का अंतिम कवि वली जब शाही आमंत्रण पर दिल्ली आया तो यहाँ से फारसीबहुल उर्दू शैली को साथ ले गया। इस बीच 'रेख्ता' अथवा 'रेखता' के नाम से हिंदी-फारसी मिश्रित रचना-शैली चौदहवीं शताब्दी से ही साहित्य में पनप रही थी। अनेक निर्गुण संतों-सूफियों और सगुण भक्तों ने इसे प्रोत्साहित किया। मिश्रण का केंद्रीय आधार 'प्रेम' अथवा 'इश्क' था। उन्नीसवीं शताब्दी के आरंभ में मिश्रित शैली जब पत्रकारिता एवं प्रशासन के क्षेत्र में भी प्रवेश करने लगी तो हिंदी के मूल स्वरूप से इसकी संगति पूरी तरह न बैठ पाई। इसी कारण, हिंदी (शुद्ध खड़ी बोली) को उस प्रभाव से मुक्त करने का एक स्वाभाविक प्रयास जाने अनजाने शुरू हुआ। एक ओर काशी के राजा शिवप्रसाद ने सन् 1845 ई. में स्थापित 'बनारस अखबार' के माध्यम से पत्रकारिता, प्रशासन और कामकाजी गद्य में अरबी-फारसी-बहुल शैली को प्रमुखता दी तो दूसरी ओर आगरा के राजा लक्ष्मणसिंह ने खड़ी बोली हिंदी को 'शुद्ध' निजी स्वरूप में प्रयुक्त और विकसित करने का उपक्रम किया। बाद में भारतेंदु हरिश्चंद्र ने हिंदी की इसी 'निजता' को अनेक नए आयाम प्रदान किए।

(2) भारतेंदु युग—भारतेंदु से पहले हिंदी के विविध प्रयोग बहुत अव्यवस्थित-से थे। उनमें विभिन्न देशी-विदेशी भाषाओं और बोलियों का समावेश लेखक-गण अपनी-अपनी रुचि और क्षेत्रीय अथवा सामाजिक स्थिति के अनुसार कर रहे थे। एकरूपता का पर्याप्त अभाव था। भारतेंदु ने इस स्थिति को बदलने का प्रयास किया। उन्होंने दो दिशाओं में विशेष सजगता दिखाई—(1) भाषा की परिनिष्ठता, (2) यथासंभव एकरूपता। यद्यपि उनके समय काव्य-भाषा में ब्रज ही प्रधान रही, तथापि सामाजिक, प्रशासनिक एवं व्यावहारिक स्तर पर खड़ी बोली के प्रयोग को उन्होंने काफी सबल बनाया। विभिन्न पत्र-पत्रिकाओं, नाटकों, अनुवादों तथा अन्यान्य गद्य-रचनाओं में उनकी खड़ी बोली उत्तरोत्तर परिमार्जित होती चली गई। उनके समकालीन अन्य साहित्यकारों ने भी इस दिशा में अपूर्व योगदान किया। स्वामी दयानंद, प्रतापनारायण मिश्र, चौधरी बदरी नारायण 'प्रेमघन', बालकृष्ण भट्ट, श्रद्धाराम फिल्लौरी, रायकृष्णदास, श्रीधर पाठक आदि के नाम इस दृष्टि से विशेष उल्लेखनीय हैं।

इस युग में परिमार्जन के साथ-साथ शैलीगत व्यवस्था की ओर भी ध्यान दिया गया। भाव-व्यंजना एवं तथ्य-निरूपण—दोनों स्तरों पर खड़ी बोली हिंदी समान रूप से अपनी अस्मिता का परिचय देने लगी।

(3) द्विवेदी युग—भारतेंदु युग में पद्य एवं गद्य की भाषा में जो भिन्नता रही वह द्विवेदी युग में क्षीण होते-होते, अंततः समाप्त हो गई। इस युग की दूसरी महत्त्वपूर्ण उपलब्धि यह है कि अब तक की अव्यवस्थित खड़ी बोली हिंदी व्याकरणनिष्ठता की दिशा में भी अग्रसर हुई। उन्नीसवीं शताब्दी के अंतिम चरण में भारत के राष्ट्रीय स्वाधीनता-संग्राम का मार्ग प्रशस्त हुआ। समाज-सुधार, स्वदेशी तथा राजनैतिक स्वतंत्रता—इन तीन लक्ष्य-बिंदुओं को लक्षित कर जागरण और नवोत्थान के लिए भारतीय जनता कृतसंकल्प दिखाई देने लगी। इस उद्देश्य में खड़ी बोली हिंदी का योगदान सबसे अधिक रहा। देश के विभिन्न भागों से एक के बाद एक असंख्य पत्र-पत्रिकाओं का प्रकाशन हुआ। बीसवीं शताब्दी राष्ट्रीय चेतना का संदेश लेकर आई। क्योंकि भारत की अधिकांश जनता—चाहे वह हिंदू थी या मुसलमान, पारसी थी या ईसाई—खड़ी बोली हिंदी को समझती थी, इसलिए हर क्षेत्र के राष्ट्रीय नेताओं ने इसी के माध्यम से देशवासियों को संबोधित किया। प्रयोग के इस विशाल सागर-मंथन में खड़ी बोली का निखार और परिष्कार एक स्वाभाविक उपलब्धि थी।

सन् 1893 ई. में काशी नागरी प्रचारिणी सभा की स्थापना हो चुकी थी। इसके प्रयासों तथा महामना मदनमोहन मालवीय और अयोध्याप्रसाद खत्री के उद्यम से, सन् 1900 ई. में खड़ी बोली हिंदी का प्रवेश न्यायालयों में भी हो गया। इसी वर्ष हिंदी-पत्रकारिता की भागीरथी 'सरस्वती' का प्रकाशन आरंभ हुआ। सन् 1903 ई. में आचार्य महावीरप्रसाद द्विवेदी इसके संपादक बने। उन्होंने सबसे पहले और सबसे अधिक हिंदी की शुद्धता और व्याकरणनिष्ठता पर ध्यान दिया। साहित्यिक समीक्षा, विविध विषयक गंभीर चिंतनपरक विश्लेषण, अतीत और भविष्य का समन्वित दिग्दर्शन—इन सभी स्तरों पर भाषा-परिष्कार और संशोधनदृष्टि को महत्त्व दिया। हरिऔध, मैथिलीशरण गुप्त, माखनलाल चतुर्वेदी, बालकृष्ण शर्मा 'नवीन', जयशंकर प्रसाद, पद्मलाल पुन्नालाल बख्शी, मिश्र बंधु आदि, वाणी और लेखनी के धनी अनेकानेक रचनाकारों ने दो ही दशकों में खड़ी बोली हिंदी को वह गरिमा प्रदान की जो उसे विगत एक शताब्दी में भी नहीं मिल पाई थी।

(4) **छायावाद युग**—खड़ी बोली हिंदी की परिनिष्ठिता की दृष्टि से इस युग को सच्चे अर्थों में 'स्वर्ण-युग' की संज्ञा दी जा सकती है। पिछली आधी शताब्दी में भारत के जिस आध्यात्मिक, सांस्कृतिक, दार्शनिक और सामाजिक क्षीर-सागर का मंथन हो रहा था उसके परिणाम इस युग में साकार हुए। सबसे पहली बात तो यह कि हिंदी का पहला 'आदर्श' व्याकरण श्री कामताप्रसाद गुरु ने इसी युग में प्रस्तुत किया। आचार्य महावीरप्रसाद द्विवेदी ने यदि 'पाणिनि' बनकर हिंदी का

संस्कार किया तो कामताप्रसाद गुरु ने पतंजलि बनकर उसे एक सुनिश्चित परिनिष्ठित साँचे में ढाल दिया।

आज जो शुद्ध, परिनिष्ठित, परिमार्जित (जिसे यहाँ एक विशेष नाम 'संस्कृतनिष्ठ शैली' दिया जा रहा है) हिंदी भारत और विदेशों में मानक रूप में मान्य है, उसका वास्तविक स्वरूप इसी युग में स्थिर हुआ। इस युग के छायावादी कवियों और श्रेष्ठ गद्य-लेखकों की भाषा-गंगा का प्रवाह सीधे अपनी उत्स-भूमि 'संस्कृत' से जुड़ा है। इस युग में जिस प्रकार भाव और चिंतन के स्तर पर नव्य वेदांतवाद, दार्शनिक पुनरुत्थानवाद तथा भारतीय आध्यात्मिकता पर आधारित नवमानवतावाद की प्रतिष्ठा हुई; उसी प्रकार, इन्हीं वैचारिक स्रोतों से प्राप्त भाषा-संपदा से भी हिंदी समृद्ध हुई। अत्यंत सूक्ष्म-अमूर्त्त अनुभूतियों से लेकर विविध विषयक ज्ञान-विज्ञान की स्थूल और अत्याधुनिक चेतना तक—सर्वत्र परिनिष्ठित हिंदी प्रयोगात्मक एकसूत्रता के साँचे में ढली दिखाई देती है। प्रसाद और निराला, पंत और महादेवी, अज्ञेय और मुक्तिबोध, दिनकर और सोहनलाल द्विवेदी आदि कवि, रामचंद्र शुक्ल और किशोरीदास वाजपेयी, हजारीप्रसाद द्विवेदी और डॉ. नगेंद्र आदि गद्यकार और आलोचक, अंबिकाप्रसाद बाजपेयी और बालमुकुंद गुप्त, बाबूराव विष्णु पराड़कर और गणेशशंकर विद्यार्थी आदि पत्रकार—सभी की वाणी और लेखनी से प्रकट होनेवाली हिंदी परिनिष्ठित शैली लिये हुए है। चिंतन और विश्लेषण, अनुसंधान और विश्लेषण, सर्जन और अनुसर्जन, अनुवाद और रूपांतरण—सभी स्तरों पर **हिंदी का एक विशिष्ट निजी स्वरूप इस युग में पूर्णतः साकार हो गया।**

(5) आधुनिक युग—स्वातंत्र्योत्तर काल में इसी परिनिष्ठित हिंदी को देश के संविधान में 'राजभाषा' के रूप में मान्य कर लिये जाने पर, अब इसका 'मानक' रूप स्थिर-सा हो गया है। विविध संचार-माध्यमों से लेकर ज्ञान-विज्ञान की विविध सरणियों तक, वाणिज्य-व्यापार, भूगोल, चिकित्सा, समाजशास्त्र और अर्थशास्त्र, प्रशासन, प्रौद्योगिकी एवं शिक्षण-प्रशिक्षण—सभी क्षेत्रों में आज परिनिष्ठित (अर्थात् संस्कृतनिष्ठ) हिंदी का प्रचलन है। विशेष रूप से विधि-न्याय, शास्त्र, भाषा-विज्ञान, साहित्य-समीक्षा, आधिकारिक पत्राचार, अंतर्राष्ट्रीय कार्य-कलाप—सर्वत्र संस्कृतनिष्ठ शैली का प्रयोग-व्यवहार हो रहा है।

संस्कृतनिष्ठ हिंदी के कुछ उदाहरण—आगे कुछ ऐसे उदाहरण प्रस्तुत किये जा रहे हैं, जिनमें 'संस्कृतनिष्ठ हिंदी' के विकास-क्रम की बानगी देखी जा सकती है—

(1) ऐसी कठिन और भीषण ग्रीष्म ऋतु में भी जो श्री वृंदावन की लीला में भींगे रहते हैं और प्रेम में जिनके तेज से फुहारे चलते हैं वे शीतल चित्त रहते हैं क्योंकि सच 'वृंदावने गुणैर्वसन्त इव लक्ष्यते' यह लिखा है, यही ग्रीष्म ऋतु श्री वृंदावन में बसंत ज्ञात होता है। (भारतेंदु हरिश्चंद्र, ग्रीष्म ऋतु)

(2) संतोष नीरोगता का लक्षण है, लोभ बीमारी का लक्षण है। जो मनुष्य

खाते-खाते संतुष्ट नहीं होता, उसे अधिक खिलाने की आवश्यकता नहीं पड़ती। उसके लिए वैद्य की आवश्यकता होती है। ऐसे मनुष्यों को अधिक खिलाने की अपेक्षा उनके खाये हुए पदार्थों को वमन करके बाहर निकालना पड़ता है। क्योंकि अनावश्यक अथवा आवश्यकता से अधिक पदार्थ पेट में रहने से रोग हुए बिना नहीं रहता। (महावीरप्रसाद द्विवेदी, लोभ)

(3) राजनैतिक पराधीनता पराधीन देश की भाषा पर अत्यंत विषम प्रहार करती है। विजयी लोगों की विजय-गति विजितों के जीवन के प्रत्येक विभाग पर अपनी श्रेष्ठता की छाप लगाने का सतत प्रयत्न करती है। स्वाभाविक ढंग से विजितों की भाषा पर उनका सबसे पहले वार होता है। भाषा जातीय जीवन और उसकी संस्कृति की सर्वप्रधान रक्षिका है, वह उसके शील का दर्पण है, वह उसके विकास का वैभव है। (गणेशशंकर विद्यार्थी)

(4) इस चित्त-वृत्ति से मनुष्य केवल इसलिए परिश्रम के साथ दिन काटता है और दरिद्रता के दुख को झेलता है, जिसमें उसे ज्ञान के अमित भंडार में से कुछ थोड़ा-बहुत मिल जाए। इसी चित्त-वृत्ति के अभाव से हम प्रलोभनों का निवारण करके उन्हें पद-दलित करते हैं, कुमंत्रणाओं का तिरस्कार करते हैं और शुद्ध चरित्र के लोगों से प्रेम और उनकी रक्षा करते हैं। (रामचंद्र शुक्ल, आत्मनिर्भरता)

(5) गुरुजन-परिजन सब धन्य ध्येय हैं मेरे,
ओषधियों के गुण-विगुण ज्ञेय हैं मेरे।
वन देव-देवियाँ आतिथेय हैं मेरे,
प्रिय-संग यहाँ सब प्रेय-श्रेय हैं मेरे।

(मैथिलीशरण गुप्त, साकेत)

(6) अलसता की-सी लता
किंतु कोमलता की वह कली,
सखी नीरवता के कंधे पर डाले बाँह
छाँह-सी अंबर-पथ से चली।

(7) सुंदर है विहग, सुमन सुंदर,
मानव ! तुम सबसे सुंदरतम,
निर्मित सबकी तिल-सुषमा से
तुम निखिल सृष्टि में चिर-निरुपम। **(पंत, मानव)**

(8) अमल धवल गिरि के शिखरों पर,
बादल को घिरते देखा है।
छोटे-छोटे मोती जैसे
उसके शीतल तुहिन-कणों को,

मानसरोवर के उन स्वर्णिम
कमलों पर गिरते देखा है। **(नागार्जुन)**

(9) ईसा की ग्यारहवीं शताब्दी के पश्चात् भारत में एक ऐसी भाषा का रूप विकसित होने लगा था, जिसमें संपूर्ण देश के दृष्टिकोण से देशव्यापी तत्त्व समाविष्ट थे। व्यष्टि की आधारभूमि पर खड़े होकर उसे देखने से उसमें देश के विभिन्न प्रदेशों के तत्त्व मिल सकते हैं, किंतु उसका समष्टिगत रूप प्रदेश-व्यापी न होकर देश-व्यापी है। **(डॉ. अम्बाप्रसाद 'सुमन', हिंदी और उसकी उपभाषाओं का स्वरूप, पृष्ठ 5, 1966 ई.)।**

(10) राष्ट्र-चेतना का प्रवाह अविरल है। हिमगिरि से उद्‌भूत गंगा जिस प्रकार अनेक पथ पार कर और अनेक रूप धारण कर भारत के विभिन्न क्षेत्रों को प्लावित करती है, अपनी पावनता से समस्त भारतीय जन को नाना रूपों से तृप्त करती है; उसी प्रकार, इसी उत्तुंग हिमगिरि की गुफा-कंदराओं में साधना-लीन चिंतकों की राष्ट्र-परिकल्पना भारत के जन-मानस को विभिन्न रूपों और विभिन्न माध्यमों से संपृक्त करती रही है। **(डॉ. रामप्रकाश, राष्ट्रगौरव गुरु तेगबहादुर, सन् 1987)**।

(11) नई औद्योगिक नीति के परिणाम अत्यंत दूरगामी होंगे। भारतीय उद्योग को संरक्षण एवं नियंत्रण में काम करने की आदत पड़ रही है। अब नियंत्रण हटाने के बाद उम्मीद की जानी चाहिए कि देश में एक नए उद्यमी वर्ग का प्रादुर्भाव होगा जो औद्योगिक गतिशीलता को बढ़ाते हुए अंतर्राष्ट्रीय स्तर पर भारतीय उत्पादों की गुणवत्ता के नये कीर्तिमान कायम करेगा। **(नवभारत टाइम्स, संपादकीय, 26 जुलाई, 1991)**

उर्दू

'उर्दू' हिंदी (खड़ी बोली, हिंदवी, हिंदुई) की एक शैली है। 'उर्दू' और 'हिंदी'—दोनों का व्याकरणिक ढाँचा एक ही है, केवल शब्दावली के स्रोत एवं स्तर कुछ भिन्न हैं। इसके अतिरिक्त 'लिपि' की भिन्नता के कारण भी दोनों में कुछ अलगाव प्रतीत होता है। 'हिंदी' लेखन में प्रायः 'देवनागरी' लिपि का तथा 'उर्दू'-लेखन में प्रायः 'फ़ारसी' लिपि का प्रयोग प्रचलित है।

मूलतः 'उर्दू' तुर्की भाषा का शब्द है, जिसका अर्थ है—बाज़ार, लश्कर (सैन्यदल), छावनी (सैन्यशिविर), पड़ाव, किला (दुर्ग) जैसे--'काज़ी-ए-उर्दू'—छावनी का न्यायाधीश, 'उर्दू-ए-लश्कर'—लश्कर (सैन्यदल) का शिविर इत्यादि। जब (पंद्रहवीं-सोलहवीं शताब्दी से) भारत पर मुगलों का शासन स्थापित हुआ और उन्होंने दिल्ली, आगरा को राजधानी बनाया तब 'उर्दू' शब्द का प्रयोग इस क्षेत्र में शुरू हुआ। दिल्ली में लालकिला और जामा मस्जिद के आसपास का क्षेत्र अधिकतर फौजी छावनी (सैन्य-शिविर) का क्षेत्र था जिसमें रहनेवाले सैनिक यहीं

की जनपदीय बोली (जो खड़ी बोली ही थी) का प्रयोग करते थे। मुगल दरबारों में उसे 'ज़बान-ए-उर्दू' (अर्थात् फौजी लश्कर की भाषा) कहा जाता था। बहुत बड़ी छावनी (किले) में प्रचलित भाषा 'ज़बान-ए-उर्दू-ए-मुअल्ला' (बड़े किले की श्रेष्ठ, फौजियों की भाषा) कहलाती थी। यह नाम बहुत बड़ा होने के कारण धीरे-धीरे संक्षिप्त रूप लेता गया। पहले 'ज़बान-ए-उर्दू' कहा गया, फिर 'उर्दू की बोली' (छावनी की भाषा या फौजी बाज़ार की भाषा) नाम प्रचलित हुआ। दिल्ली, गाजीपुर और गोरखपुर आदि के 'उर्दू बाज़ार' वास्तव में मुगल सैनिकों के लिए बने थे इसीलिए 'उर्दू बाज़ार' कहलाये। यहाँ की बोलचाल में जो सामान्य भाषा प्रयुक्त होती थी वह 'उर्दू की बोली' कहलाई और बाद में इसी का नाम केवल 'उर्दू' रूढ़ हो गया। अठारहवीं शताब्दी के मध्य तक जो भाषा हिंदुई, हिंदवी, हिंदी तथा हिंदुस्तानी नाम से प्रचलित थी उसी का शाही, दरबारी, बाज़ारी अथवा फौजी संस्करण 'उर्दू' कहलाने लगा। इसके प्रयोक्तावर्ग पर मुग़ल प्रभाव विशेष था। इसी को 'रेखता' भी कहा गया जिसका अर्थ था—गिरी हुई, पड़ी हुई आदि, क्योंकि साहित्यिक हिंदी (ब्रज आदि) की अपेक्षा वह भाषा कुछ शिथिल, अपरिमार्जित एवं अरबी, फ़ारसी, तुर्की शब्दावली से प्रभावित थी। मुगलों का शासन-प्रसार दक्षिण तक हो जाने पर यही 'रेख्ता' वहाँ (हैदराबाद) पहुँची तो 'दक्खिनी (दक्षिण की) हिंदी' के नाम से प्रचलित हुई। मुग़ल बादशाह मुहम्मदशाह रँगीला के समकालीन कवि वली ने अपने समय के साहित्यकारों को 'फ़ारसी' के स्थान पर 'रेख्ता' अपनाने की सलाह दी थी (देखिए डॉ. हरदेव बाहरी-कृत 'परशियन इन्फ्लुएंस ऑन हिंदी' पृष्ठ 12)। उस समय तक 'उर्दू' शब्द का उल्लेख 'भाषा' के लिए कहीं नहीं मिलता। एक विशेष प्रकार की भाषा के अर्थ में 'उर्दू' शब्द का प्रयोग सर्वप्रथम खान आरज़ू ने ईसा की अठारहवीं शताब्दी के मध्य में किया (खान आरज़ू सन् 1755 ई. तक विद्यमान थे)। इससे पूर्व हिंदी-हिंदुस्तानी के प्रसिद्ध कवि मीर तकी मीर (सन् 1712 ई.) और वली (जन्म 1668 ई. हैदराबाद दक्षिण में) की कविताओं को देखकर अनुमान लगाया जा सकता है कि जिन्हें आज 'उर्दू' का कवि कहा जाता है वे वास्तव में 'हिंदी' के ही थे—

(क) क्या जानूँ लोग कहते हैं
किसके सरूरे कल्ब,
आया नहीं है लफ्ज यह
हिंदी ज़बाँ के बीच। **(मीर)**

(ख) उलटी हो गईं सब तदबीरें;
कुछ न दवा ने काम किया **(मीर)**

(ग) बेवफाई न कर, खुदा सूँ डर !

आरसी देखकर न हो मग़रूर, खुदनुमाई न कर !
खुदा सूँ डर ! (**वली**)

(घ) फिर मेरी खबर लेने को सैयाद न आया !
शायद कि उसे हाल मेरा याद न आया। (**वली**)

इससे पहले खुसरो, मलिक मुहम्मद जायसी, नूर मुहम्मद आदि का हिंदी-काव्य (क्रमशः खड़ी बोली और अवधी में रचित साहित्य) लोक-प्रचलित हो चुका था। बाद में मीर, वली, दर्द और सोज की रचनाएँ भी उसी वर्ग की हैं। आधुनिक काल के प्रतिनिधि उर्दू-कवि हाली और इकबाल की भाषा भी 'हिंदी' से बहुत दूर नहीं है। हाँ, अठारहवीं-उन्नीसवीं शताब्दी में हिंदी की इसी रेख्ता या उर्दू-शैली में अरबी-फारसी-तुर्की शब्दावली का अधिकाधिक समावेश होने लगा। हिंदी छंद-शास्त्र के स्थान पर फ़ारसी छंद-शास्त्र अपनाया गया। दोहा, चौपाई, सवैया, कवित्त, छप्पय, गेय पद आदि के स्थान पर गज़ल, कसीदा, मसनवी और मरसिया आदि काव्य-शैली को महत्त्व मिला। देवनागरी लिपि की अपेक्षा फारसी लिपि अधिक प्रयुक्त होने लगी। उस समय की राजनैतिक और प्रशासनिक परिस्थितियों के कारण, इस प्रवृत्ति को और बल मिला। प्रकृति के भारतीय परिवेश के बजाय अरब और फारस का परिवेश साहित्य में चित्रित होने लगा। उपमान भी भारतीय न रहकर अरब-ईरान के हो गये ('कमल' के स्थान पर 'नरगिस' और 'भ्रमर' या 'कोकिल' के स्थान पर 'बुलबुल')। हिंदी के प्रेमी नायिका-नायक राधा-कृष्ण, दमयंती-नल उर्दू के फ़ारसी-बहुल काव्य में लैला-मजनूँ और शीरीं-फरहाद द्वारा स्थानांतरित हुए। काशी-प्रयाग अथवा मथुरा-वृंदावन के स्थान पर मक्का-मदीना तथा गंगा-यमुना के स्थान पर दजला-फरात का वर्णन होने लगा। वीर पराक्रमी नायकों में भी राम, अर्जुन, कर्ण आदि के बजाय रुस्तम-सोहराब को विशेष महत्त्व मिला। यहाँ तक कि भारतीय संध्या एवं रात्रि की छाया में बैठकर फ़ारसी-प्रेमी उर्दू-कवि लिखने लगे—'हर शाम है शाने मिस्र यहाँ, हर शब है शबे शीराज यहाँ।' इस प्रवृत्ति को सौदा, इंशा, नासिख, अनीस, ग़ालिब और दाग़ जैसे कवियों द्वारा विशेष प्रोत्साहन मिला। इस प्रकार हिंदी की एक शैली के रूप में जो उर्दू 'दिल्ली और मेरठ के इलाके में बोली जानेवाली शौरसेनी अपभ्रंश या पश्चिमी हिंदी से पैदा हुई' (देखिए—'चतुर्दश भाषा निबंधावली' में संकलित श्रीसुहैल अजीमाबादी का निबंध—'उर्दू भाषा और उसका साहित्य', पृष्ठ (149) वह कतिपय विशिष्ट राजनैतिक-सामाजिक कारणों से फारसी की ओर झुकती गई। यही स्थिति अँगरेज़ों के शासन-काल में भी चलती रही। सन् 1800 ई. में स्थापित फोर्ट विलियम कॉलिज कलकत्ता के तत्कालीन प्रिंसिपल गिलक्रिस्त (गिल क्राइस्ट) ने हिंदी और उर्दू के बीच की खाई को चौड़ा करने में खूब सहायता की। सन् 1837 ई. में उत्तर प्रदेश जैसे हिंदी-केंद्र में अरबी-फारसी युक्त उर्दू तथा फारसी लिपि को

कार्यालयी और अदालती भाषा एवं लिपि घोषित कर दिया गया। परिणामस्वरूप अरबी-फारसी-बहुल उर्दू हिंदी से पर्याप्त भिन्न हो गई। स्वाधीनता-आंदोलन के दौरान इस स्थिति में अंतर आया। एकता और समन्वय-मूलक राष्ट्रीय दृष्टिकोण के विकास के साथ-साथ हिंदी-उर्दू की दूरी भी कम हुई। केवल दिल्ली, लखनऊ, रामपुर और हैदराबाद—उर्दू के विशिष्ट भाषायी रूप के परिचायक केंद्र रहे। स्वाधीनता-प्राप्ति (सन् 1947 ई.) के समय भारत के मुस्लिम-बहुल भाग के 'पाकिस्तान' नाम से अलग देश बन जाने के बाद उर्दू पाकिस्तान की राष्ट्रभाषा बन गई। भारत में वह हिंदी की ही एक शैली के रूप में मान्य एवं प्रचलित है। हिंदी से उसके अलगाव का आभास केवल लिपि-भेद के कारण हो पाता है जो 'आभास' ही है, वास्तविकता नहीं। उर्दू के प्रसिद्ध आधुनिक कवि 'जिगर मुरादाबादी' की निम्नलिखित पंक्तियों को 'हिंदी' मानने से कौन इनकार कर सकता है—

> कली कोई जहाँ पर खिल रही है
> वहीं इक फूल भी मुरझा रहा है।

हिंदुस्तानी

जैसा कि नाम से ही स्पष्ट है, 'हिंदुस्तानी' का अर्थ है—हिंदुस्तान की अर्थात् भारतीय। जिस प्रकार प्राचीन काल में 'भारत मात्र की' भाषा के लिए 'हिंदी, हिंदुई अथवा हिंदवी' शब्द का प्रयोग मिलता है, उसी प्रकार 'हिंदुस्तानी' शब्द के भी 'भारतीय भाषा' के अर्थ में प्रयोग के प्रमाण मध्ययुग से ही प्राप्त होते हैं। बाबर द्वारा लिखित आत्मकथा में लिखा है—'मैंने उसे (दौलत खाँ लोधी को) अपने सामने बैठाकर एक व्यक्ति को—जिसे 'हिंदुस्तानी' (भाषा) का भली-भाँति ज्ञान था, अपनी एक बात को उसे समझाने का आदेश दिया।' (देखिए—'मुगलकालीन भारत, डॉ. रिज़वी, पृष्ठ 145) इसी प्रकार सम्राट् शाहजहाँ के शासन-काल में रचित 'तारीख़-ए-फ़रिश्ता' और 'बादशाहनामा' नामक पुस्तकों में भी 'हिंदुस्तानी' शब्द का प्रयोग 'भारतीय भाषा' के अर्थ में मिलता है। सन् 1715 में पादरी जे.जे. केटलीर द्वारा रचित 'हिंदी व्याकरण' का नाम भी 'हिंदुस्तानी ग्रामर' (Hindustani grammer) है। स्पष्ट है कि 'हिंदुस्तानी' शब्द बहुत पहले से 'हिंदी' भाषा के पर्याय-रूप में प्रयुक्त होता रहा है।

सन् 1800 ई. में स्थापित फोर्ट विलियम कॉलिज, कलकत्ता के तत्कालीन प्रिंसिपल गिलक्रिस्त (गिल क्राइस्ट) ने हिंदी-फारसी मिश्रित भाषा-रूप को 'हिंदुस्तानी' कहा। सन् 1823 ई. में कैप्टन विलियम प्राइस फोर्ट विलियम कॉलिज में 'हिंदुस्तानी विभाग' के अध्यक्ष नियुक्त हुए। उन्होंने 'हिंदी' और 'हिंदुस्तानी' को क्रमशः 'साहित्यिक' और 'बोलचाल की' भाषाओं के रूप में पृथकतः रेखांकित

किया। कुछ समय पश्चात् 'उर्दू' को 'हिंदुस्तानी' माना जाने लगा। 'देखिए—हेनरी यूल तथा बर्नेल कृत 'हाब्सन-जाब्सन' नामक कोश—'Hindustani Zaban the language of that country but infact the language of the mohammadans of Upper India. It is also called `OORDOO'...) किंतु बीसवीं शती के प्रथम चरण में 'हिंदुस्तानी' का अभिप्राय हिंदीभाषी क्षेत्र के जनसामान्य की बोलचाल की हिंदी-उर्दू-मिश्रित सरल-सहज भाषा हो गया। 'हिंदुस्तानी'—अर्थात् 'सरल हिंदी' या 'सरल उर्दू' या 'दोनों का मिला-जुला सहज रूप'।

भारत के राष्ट्रीय जागरण से जुड़े विभिन्न आंदोलनों में 'हिंदुस्तानी' का यही अर्थ और स्वरूप उभरकर सामने आया। विदेशी अँगरेज़ शासकों की 'फूट डालो और शासन करो' की नीति के कारण जब 'हिंदी' और 'उर्दू' को क्रमशः 'संस्कृतनिष्ठ' और 'फारसीनिष्ठ' रूप की सीमाओं में बाँधकर इन्हें 'हिंदुओं' और 'मुसलमानों' की विभेदक दीवार बनाने के प्रयत्न शुरू हुए तो राष्ट्रीय नेताओं ने इस स्थिति को टालने के लिए 'हिंदुस्तानी' अर्थात् 'मिली-जुली सहज भाषा' को प्रोत्साहन देने का प्रयत्न किया। महात्मा गांधी इस धारणा के प्रवर्त्तक थे। उन्हीं की प्रेरणा से भारतीय राष्ट्रीय कांग्रेस के कानपुर अधिवेशन में, तत्कालीन अध्यक्ष राजर्षि पुरुषोत्तमदास टंडन ने प्रस्ताव रखा कि 'भविष्य में कांग्रेस की कार्यवाही हिंदुस्तानी में हो।'

गांधीजी की 'हिंदुस्तानी'-संबंधी इस धारणा का आमतौर पर सभी क्षेत्रों में समर्थन हुआ। प्रेमचंद, सुदर्शन, यशपाल, हरिकृष्ण प्रेमी जैसे साहित्यकारों ने अपनी रचनाओं में 'हिंदी' की इसी 'हिंदुस्तानी' शैली को स्थान दिया। यथा—

> **'अगर मेरी ज़बान में इतनी ताकत होती कि सारे देश में उसकी आवाज़ पहुँचती तो मैं सब स्त्रियों से कहती—बहनो ! किसी सम्मिलित परिवार में विवाह मत करना।... परिवार तुम्हारे लिए फूल की सेज नहीं काँटों की शय्या है...। संसार में हज़ारों विधवाएँ हैं जो मेहनत-मज़दूरी करके अपना निर्वाह कर रही हैं। मैं भी उसी तरह मज़दूरी करूँगी।...जो अपना पेट भी न पाल सके उसे जीते रहने का, दूसरों का बोझ बनने का कोई हक नहीं।'** (—**'ग़बन', प्रेमचंद**)

इसके अतिरिक्त हिंदी-फिल्मों के तेज़ी से होनेवाले प्रचार ने तो 'हिंदुस्तानी' को हिंदी-भाषी क्षेत्र में ही नहीं, अहिंदी-भाषी राज्यों, यहाँ तक कि विदेशों में भी पहुँचा दिया है। आज प्रायः सभी सार्वजनिक स्थानों (सिनेमा, क्लब, होटल, क्रीड़ांगन, चौपाल, तीर्थ, राजनैतिक सभा, बस, रेल, अस्पताल आदि) में जिस 'हिंदी' का प्रयोग होता है, वह 'हिंदुस्तानी' ही है जिसमें उर्दू-फारसी के साथ-साथ अँगरेज़ी की भी बहु-प्रचलित, व्यावहारिक शब्दावली दूध-पानी की तरह घुल-मिल गई है। 'मुझे तुरंत कार्यालय पहुँचना चाहिए क्योंकि मेरे वरिष्ठ अधिकारी ने मुझे तुरंत आने के लिए संदेश भेजा है।' और 'मुझे फौरन दफ्तर (आफिस) पहुँचना चाहिए क्योंकि

मेरे बॉस ने मुझे फौरन आने के लिए मैसेज भेजा है।'—ये दोनों वाक्य 'हिंदी' के ही हैं, हाँ, पहले की शैली संस्कृतनिष्ठ 'हिंदी' है और दूसरे की 'हिंदुस्तानी'।

निष्कर्ष यह है कि 'संस्कृतनिष्ठ हिंदी', 'उर्दू' और 'हिंदुस्तानी' अलग भाषाएँ न होकर, हिंदी की ही प्रयोगात्मक एवं व्यावहारिक शैलियाँ हैं। एक उदाहरण से यह बात भली-भाँति स्पष्ट हो जाएगी—

संस्कृतनिष्ठ हिंदी : महात्मा गाँधी की छत्रछाया में समस्त भारतवासियों ने पूर्णतः संगठित होकर स्वातंत्र्य-संग्राम में योगदान किया। गाँधीजी के संरक्षण में ही भारत सामाजिक, शैक्षणिक एवं आध्यात्मिक प्रगति की ओर अग्रसर हुआ। गाँधीजी यद्यपि व्यक्तिगत रूप से हिंदू धर्म के अनुयायी थे, तथापि अन्य सभी संप्रदायों, धर्मों तथा जातियों के प्रति भी उनके हृदय में समान आदर-भाव था।

उर्दू : महात्मा गाँधी के ज़ेर-ए-साया तमाम हिंदोस्तानियों ने मुकम्मिल तौर पर यकजा होकर जंग-ए-आज़ादी में तआवुन दिया। गाँधीजी की सरपस्ती में ही हिंदोस्तान समाजी, तालीमी व रूहानी तरक्की की तरफ़ बढ़ा। गाँधीजी गरचे ज़ाती तौर पर हिंदू मज़हब के पैरोकार थे लेकिन तमाम दीगर फ़िरकों, मज़हबों व क़ौमों के बारे में भी उनके दिल में यकसाँ इज्ज़त थी।

हिंदुस्तानी : महात्मा गाँधी की देख-रेख में सभी भारतवासियों ने पूरी तरह एकजुट होकर आज़ादी की लड़ाई में हिस्सा लिया। उन्हीं की सरपरस्ती में भारत ने समाज, शिक्षा और आत्मिक उन्नति की ओर कदम बढ़ाया। गाँधीजी स्वयं भले ही हिंदू धर्म को मानते थे लेकिन अन्य सभी वर्गों, धर्मों और जातियों के संबंध में भी उनके मन में एक-जैसा आदर का भाव था।

ऊपर दिये गये उदाहरणों में एक ही कथन तीन अलग-अलग शैलियों में प्रस्तुत किया गया है; किंतु लिपि एक ही (देवनागरी) है। **भाषा के निजत्व या पृथक् स्वरूप की पहचान 'लिपि' न होकर उसका व्याकरणिक विधान है।** यही तीनों अंश यदि फारसी लिपि (जिसमें प्रायः उर्दू लिखी जाती है) में होते तो शायद कुछ लोग उन्हें 'उर्दू' ही कहते। वास्तव में भाषा एक ही है—हिंदी, उसे तीन अलग शैलियों में प्रस्तुत किया गया है।

दक्खिनी हिंदी

दक्खिनी हिंदी की पूर्वपीठिका—'दक्खिनी' हिंदी का परिचय प्राप्त करने से पहले, यहाँ 'हिंदी' का तात्पर्य स्पष्ट कर लेना आवश्यक है। 'हिंदी' से अभिप्राय यहाँ उस व्यापक भाषा-रूप से नहीं जिसके अंतर्गत पश्चिमी हिंदी, पूर्वी हिंदी, ब्रज, अवधी, बिहारी, मैथिली, भोजपुरी, पहाड़ी, राजस्थानी, हरियाणवी, बुंदेली, बघेली और खड़ी बोली आदि सभी उपभाषाएँ तथा बोलियाँ समाविष्ट हैं। यहाँ 'हिंदी' का अभिप्राय उस खड़ी बोली—उस हिंदी से है जो तेरहवीं-चौदहवीं शताब्दी में एक सामान्य

लोक-बोली थी। उस समय और पाँच सौ वर्ष बाद तक भी हिंदी साहित्य (काव्य) की भाषा तो 'ब्रज' और 'अवधी' रहीं। कहीं-कहीं मैथिली, राजस्थानी तथा बुंदेली का भी प्रयोग कुछ अंश तक काव्य के अंतर्गत होता रहा। वैसे इसी ब्रज और अवधी में रचित काव्य में 'खड़ी बोली' का पुट भी आरंभ से, विशेषतया कबीर की वाणी से मिलने लगता है, परंतु सत्रहवीं शताब्दी के अंत तक, उत्तर भारत के हिंदी-क्षेत्र में रचे जानेवाले साहित्य की भाषा सामान्यतः ब्रज और अवधी ही रहीं। उसे प्रायः :भाषा' या 'भाखा' कहा जाता था, जैसाकि मध्ययुग के अनेक कवियों की वाणी में उल्लेख है—

(1) संसिकरत कबिरा कूप जल, **भाषा** बहता नीर। **(कबीर)**

(2) लिखि **भाखा** चौपाई कहै। **(जायसी)**

(3) **भाषा** भनिति मोर मति थोरी। **(तुलसी)**

(4) **भाखा** बोल न जानहीं, जाके कुल के दास। **(केशव)**

(5) दसम कथा भागौत की, **भाखा** करी बनाइ। **(गुरु गोविंदसिंह)**

(6) **भाषा** योगवासिष्ठ (संस्कृत से अनुवाद)। **(रामप्रसाद निरंजनी)**

यह 'भाषा' या 'भाखा' थी तो 'हिंदी' का ही एक रूप, परंतु ऐतिहासिक विकास-परंपरा में 'हिंदी' शब्द का प्रचलन उस 'हिंदुई' अथवा 'हिंदवी' शब्द से हुआ जो इसे अधिकतर मुसलमान कवियों ने दिया। सबसे पहले चौदहवीं शताब्दी के आरंभ में अमीर खुसरो (जिनका देहावसान सन् 1326 ई. में हुआ) ने 'खालिकबारी' नामक फारसी-हिंदी कोश में इस शब्द का प्रयोग किया—

हिंदवी आनन्द शादी ओ सरूर।। 17।।

(फारसी 'शादी' और 'सरूर' को 'हिंदवी' में 'आनंद' कहते हैं।'

खुसरो ने ही कहीं-कहीं 'हिंदवी' के स्थान पर 'हिंदी' शब्द का प्रयोग किया है—

कोह दर **हिंदी** पहाड़ी आमद यकीं।। 21।।

('कोह' को हिंदी में 'पहाड़' कहते हैं।)

इसके पश्चात् पंद्रहवी शताब्दी में मलिक मुहम्मद 'जायसी' ने भी 'हिंदवी' शब्द का प्रयोग किया—

तुरकी अरबी **हिन्दवी** भाषा जेती आहिं।

अठारहवीं शताब्दी में एक अन्य सूफी कवि नूर मुहम्मद ने लिखा है—

का जो बहुतै **हिन्दी** भाष्यौ।

इस प्रकार, मुसलमानों के भारत में आगमन के समय (ग्यारहवीं-बारहवीं

शताब्दी में) यहाँ के हिंदुओ की जो लोक-बोली थी (जिसे बाद में 'खड़ी बोली' कहा गया), उसी को मुस्लिम कवियों, फकीरों, सूफियों आदि ने 'हिंदुई', 'हिंदवी' और फिर 'हिंदी' कहना शुरू किया।

तेरहवीं-चौदहवीं शताब्दी में अमीर खुसरो ने इसी लोक-बोली (आज भाषा और साहित्य-संबंधी पुस्तकों में इसी को 'खड़ी बोली' कहा जाता है) में अपार पद्य-रचना की। उनकी पहेलियाँ, मुकरियाँ और दोसुखने आज भी आम जनता में प्रसिद्ध हैं।

अमीर खुसरो ने ही 'खालिकबारी' (फारसी-हिंदी कोश) के माध्यम से फारसी-हिंदी के मिश्रित प्रयोग की शैली चलाई। इससे, अधिकतर मुसलिम कवियों और साहित्यकारों ने इसी मिश्रित शैली में रचनाएँ कीं।

चौदहवीं शताब्दी में ही, यह मिश्रित शैली उत्तर भारत से दक्षिण भारत में पहुँची और 'दक्षिणी', 'दक्खिनी' या 'दक्कनी' कहलाई। अलाउद्दीन खिलजी (1296 ई. से 1316 ई.) ने चौदहवीं शताब्दी के शुरू में गुजरात और दक्षिण (देवगिरि—जिसे बाद में दौलताबाद का नाम दिया गया) के अन्य भागों को जीतकर वहाँ इस्लामी शासन स्थापित किया। उसकी सेनाओं और शासन-अधिकारियों के साथ-साथ कई सूफी फकीर भी वहाँ जाकर बस गए। वे इधर से दिल्ली के आस-पास की उस लोक-बोली 'हिंदुई' या 'हिंदवी' को भी अपने साथ ले गये जिसका प्रयोग वे बहुत पहले से करने लगे थे। दक्षिण की स्थानीय भाषाओं की अपेक्षा, उन्होंने उसी 'हिंदवी' को अपने कार्य-व्यवहार तथा साहित्य का माध्यम बनाया। एक विशेष शैली में ढली उनकी यही 'हिंदवी' इधर उत्तर भारत के हिंदी क्षेत्र में 'दक्षिणी', 'दक्खिनी' या 'दक्कनी' हिंदी कहलायी। यह नाम केवल उसकी शैली की पहचान के लिये दिया गया था, जो बाद में सब जगह रूढ़ हो गया।

सन् 1316 ई. में जब कुतुबुद्दीन मुबारक शाह ने दक्षिण के देवगिरि (दौलताबाद) पर अधिकार किया तब अमीर खुसरो भी शाही फौज के साथ थे। वहाँ खुसरो ने अपनी शैली में कुछ काव्य-रचना भी की। इस तरह चौदहवीं शताब्दी के शुरू में ही उत्तर भारत की 'हिंदी' दक्षिण में पहुँच गयी। धीरे-धीरे उसका वहाँ खूब विकास हुआ। अठारहवीं शताब्दी तक वह निरंतर उत्कर्ष करती रही। बीजापुर और गोलकुंडा राज्य की तो वह (दक्खिनी हिंदी) राजभाषा ही बन गई।

दिल्ली (उत्तर भारत) और देवगिरि (दौलताबाद), बीजापुर, गोलकुंडा तथा गुजरात, महाराष्ट्र के साथ लगते कर्नाटक और आंध्र के क्षेत्रों के बीच राजनैतिक संपर्क सूत्र जुड़ने के कारण सामाजिक, व्यावसायिक और साहित्यिक संपर्क एवं आवागमन और आदान-प्रदान स्वाभाविक था। इसके परिणामस्वरूप उत्तर भारत के हिंदी-क्षेत्र में भी 'दक्खिनी' हिंदी की रचना-शैली का प्रवेश और प्रसार हुआ। तब यहाँ इस 'मिश्रित' बोली को 'रेखता' कहा गया। 'रेखता' या 'रेख्ता' फारसी के

'रेख्तन' शब्द से बना है जिसका अर्थ है—मिश्रित या टेढ़ा-मेढ़ा।

यह **'रेखत'** या **'रेख्ता'** कोई अलग भाषा नहीं, अपितु एक शैली थी जिसमें परंपरागत हिंदी शब्दावली (जो संस्कृत से विकसित हुई थी) के साथ-साथ फारसी के तद्भव (कुछ बदले हुए) शब्दों का भी मिश्रित प्रयोग रहता था। व्याकरणिक ढाँचा, वाक्य-विन्यास आदि हिंदी का ही था, केवल शब्द-स्रोत भारतीय और फारसी मिश्रित रहता था। इसका उद्देश्य शायद दो संस्कृतियों, समाजों को परस्पर निकट लाकर समन्वय स्थापित करना था। धीरे-धीरे यह 'रेख्ता' शैली बहुत लोकप्रिय हुई। कबीर (पंद्रहवीं शताब्दी) ने भी अपनी वाणी में इसका प्रयोग किया। इस शैली के बहुप्रयोग का यह परिणाम हुआ कि एक विशेष प्रकार के ऐसे छंद या काव्यरूप को ही 'रेख्ता' कहा जाने लगा जिसमें फारसी की 'गज़ल' 'मसनवी' या 'बहर' आदि के साँचे में हिंदी (हिंदवी) कविता लिखी जाती थी। कबीर के 'सबद', 'साखी' आदि के समान 'रेख्ते' भी प्रसिद्ध हैं।

'रेख्ता' शैली तत्कालीन शासक वर्ग (मुसलमान) तथा आम जनता (हिंदू) के लिए सहज-सुबोध थी अतः इसका पर्याप्त प्रचलन हुआ। यहाँ तक कि उत्तर मध्ययुग के एक प्रतिष्ठित जन-कवि नागरीदास ने अपनी अन्य रचनाओं के अतिरिक्त 'रेखता' नाम से एक स्वतंत्र पद-संग्रह भी प्रस्तुत किया। उसका एक उदाहरण इस प्रकार है—

उस ही की सुनी सिफ्त कौं किसी जुबाँ में होय।
कादर नादर हुस्न का कृष्ण कहाया सोय।।

उल्लेखनीय है कि भारतीय मूल के अधिकांश कवि मध्ययुग में जब ब्रज, अवधी आदि में रचना कर रहे थे, वहीं मुसलमान सूफी, संत, फकीर तथा शाही संपर्क में रहनेवाले अन्य रचनाकार मिश्रित शैली अर्थात् 'रेख्ता' का प्रयोग कर रहे थे।

तात्पर्य यह कि खुसरो के समय की 'लोक-बोली' ही दक्षिण में 'दक्खिनी हिंदी' के रूप में विकसित हुई। वही दक्खिनी हिंदी जब साहित्य-यात्रा के प्रवाह में, उत्तर भारत के हिंदी क्षेत्र में पहुँची तो उसे 'रेख्ता' या 'रेखता' नाम प्राप्त हुआ। यही 'रेख्ता' अठारहवीं शताब्दी के बाद 'उर्दू' के रूप में विकसित और प्रचलित हुई।

इस प्रकार 'दक्खिनी हिंदी' 'हिंदवी' (तेरहवीं-चौदहवीं शताब्दी की लोक-बोली—खड़ी बोली) और रेख्ता—उर्दू—हिंदुस्तानी के बीच का पड़ाव-बिंदु या मिलन-सेतु है।

'दक्खिनी हिंदी' का नामकरण—जैसा कि पीछे दी गई पूर्वपीठिका से स्पष्ट है, 'हिंदी' के साथ 'दक्षिणी' विशेषण इसके दक्षिण भारत से संबंध का संकेत करता है। बारहवीं-तेरहवीं शताब्दी में, दिल्ली-मेरठ, आगरा-मथुरा आदि क्षेत्रों में जो लोक-बोली 'कौरवी' या 'बाँगरू' आदि के नाम से प्रचलित थी, उसे मुस्लिम शासकों ने भी धीरे-धीरे अपनाया। चौदहवीं शताब्दी में जब खिलजी और तुग़लक शासकों

का दक्षिण भारत के कर्नाटक, आंध्र, महाराष्ट्र, गुजरात (ये सब आधुनिक नाम हैं) आदि पर आधिपत्य हो गया तो दिल्ली-मेरठ की लोक-बोली राजकीय कर्मचारियों, सैनिकों तथा सूफी-संतों, दरवेशों के साथ दक्षिण में भी जा पहुँची। मध्यदेश और उत्तर भारत की मूल हिंदी से उसे अलगाने के लिए उसका नामकरण 'दक्षिणी हिंदी' हो गया।

'दक्षिणी' का ही तद्भव रूप 'दक्खिनी' है। मुस्लिम शासक, उनके कर्मचारी और अधिकारी, सूफी-संत और दरवेश—हिंदी की तत्सम शब्दावली की बजाय उसके तद्भव रूपों का ही अधिक प्रयोग करते थे, अतः 'दक्षिणी हिंदी' भी **'दक्खिनी हिंदी'** कहलाने लगी।

इस 'दक्खिनी हिंदी' पर जब तुरकी-अरबी तथा फारसी की रंगत कुछ गहरी होने लगी तो यह 'दक्खिनी' से 'दक्कनी हिंदी' हो गई जोकि महाप्राण ध्वनियों को अल्पप्राण के रूप में उच्चरित करने की प्रवृत्ति (जैसे 'ख' को 'क') का परिणाम था।

इस 'दक्खिनी' या 'दक्कनी' हिंदी के प्रयोक्ता अधिकतर मुस्लिम समुदाय के लोग थे। यहाँ तक कि हिंदी के मूल उद्भव-स्थान मध्यदेश और उत्तरी क्षेत्र में भी इसका प्रयोग मुस्लिम शासकों तथा साहित्यकारों ने (जनता से अधिकाधिक निकट संपर्क स्थापित करने के लिए) किया, अतः 'दक्खिनी' हिंदी का एक अन्य नाम **'मुसलमानी हिंदी'** भी प्रचलित रहा। भारतीय भाषाओं का विशेष उल्लेख करनेवाले 'हॉब्सन-जॉब्सन' कोश में 'दक्खिनी हिंदी' को हिंदुस्तानी (अभिप्राय 'हिंदी' से है) की 'बड़ी विचित्र' बोली बताते हुए कहा गया है कि वह दक्षिण के मुसलमानों द्वारा बोली जाती है। साथ ही यह भी उल्लेख किया गया है कि यह यहाँ की 'स्वाभाविक भाषा' है—"Very Peculiar dialect of Hindustani spoken by such people (Mohammadan inhabitant of Deccan)..".. "The Deccani language which is the natural Language of the country."—Hobson Jobson, Page 233-34.

'दक्खिनी हिंदी' क्योंकि 'देहली' से दक्षिण में गई, अतः वहाँ (दक्षिण) के लोगों ने इसे **'देहलवी हिंदी'** भी कहा है।

दक्षिण में इसके प्रचार-प्रसार का कार्य विशेष रूप से उन क्षेत्रों में हुआ, जहाँ गुर्जर-समुदाय के लोग अधिक थे। खिलजी और बलबन वंश के शासकों ने पहले-पहल गुजरात में ही अपने शासन की नींव डाली, अतः कहीं-कहीं इसी 'दक्खिनी हिंदी' को **'गूजरी हिंदी'** भी कहा गया।

इस प्रकार, दक्षिणी, दक्खिनी, दक्कनी, मुसलमानी, देहलवी, गूजरी—यह सब 'दक्खिनी हिंदी' के ही अन्य नाम हैं।

दक्खिनी हिंदी का स्वरूप—भाषा वैज्ञानिकों ने 'दक्खिनी हिंदी' को 'फारसी आवरण में भारतीय आत्मा' की संज्ञा दी है। इसका अधिकांश शब्द-भंडार भारतीय मूल का है जिसमें ब्रज, बाँगरू, राजस्थानी, खड़ी बोली आदि शब्दों की प्रचुरता

है। इसका व्याकरणिक ढाँचा पूर्णतः संस्कृत से विकसित होनेवाली भारतीय भाषाओं के समान—विशेषतया हिंदी-व्याकरण के अनुसार है। उत्तरी भारत की हिंदी से इसका अंतर केवल शैली के स्तर पर है। इसकी रचनाएँ संस्कृत-प्राकृत या हिंदी के छंदों और काव्यरूपों में आबद्ध न होकर, अधिकतर फारसी रचना-शैली तथा काव्यरूपों में रचित हैं। एक अन्य उल्लेखनीय पहलू यह है कि इस ('दक्खिनी हिंदी') की अधिकांश रचनाएँ **'फारसी लिपि'** में लिखी गईं।

भाषा तथा साहित्य के स्तर पर 'दक्खिनी हिंदी' का स्वरूप हिंदी और फारसी का मिश्रित रूप प्रस्तुत करता है। भारतीय जन-जीवन के लोक-आख्यानों तथा अन्य पहलुओं पर आधारित ये रचनाएँ अपने समकालीन युग की एक यथार्थ झलक प्रस्तुत करती हैं। अहमदनगर, देवगिरि (दौलताबाद), विजयनगर, औरंगाबाद, गोलकुंडा, बीजापुर आदि क्षेत्रों का चौदहवीं से अठारहवीं शताब्दी तक का लोक-जीवन 'दक्खिनी हिंदी' की विभिन्न रचनाओं में प्रतिबिंबित है। विशेषता यह है कि 'दक्खिनी हिंदी' में 'पद्य' के अतिरिक्त 'गद्य' में भी पर्याप्त रचना हुई। हिंदी के मूल केंद्र मध्यदेश या उत्तर भारत में हिंदी-गद्य की रचनाएँ बहुत बाद में मिलती हैं। इस दृष्टि से 'दक्खिनी हिंदी' को हिंदी गद्य का पृष्ठाधार माना जा सकता है।

चौदहवीं-पंद्रहवीं शताब्दी में दक्षिण भारत में स्थापित 'बहमनी साम्राज्य' के पाँच प्रमुख खंड या भाग रहे—बरार, बीदर, गोलकुंडा, अहमदनगर और बीजापुर। दक्खिनी हिंदी के भी यह पाँच प्रमुख केंद्र माने जा सकते हैं।

इन सभी क्षेत्रों की 'दक्खिनी हिंदी' का स्वरूप सर्वत्र एक जैसा नहीं है। औरंगाबाद और देवगिरि की दक्खिनी हिंदी पर मराठीपन का प्रभाव है, जबकि गुलबर्गा तथा बीजापुर की दक्खिनी हिंदी कन्नड़ का भी पुट लिये हुए है। गोलकुंडा और हैदराबाद की दक्खिनी हिंदी में तेलुगु का प्रभाव देखा जा सकता है। परंतु दक्खिनी हिंदी के स्वरूप की यह विविधता अधिकतर बोलचाल और जन-प्रयोग के स्तर पर है, साहित्यिक स्तर पर उसमें पर्याप्त एकरूपता है।

'दक्खिनी हिंदी' के प्रारंभिक रचनाकारों में ये चार नाम विशेष प्रसिद्ध हैं—

(1) ख्वाज़ा बन्दा नवाज़ (सन् 1318-1422 ई.)

(2) शाहमीरानजी (चौदहवीं शताब्दी)

(3) शाह बुरहानुद्दीन जानम (शाहमीरानजी के पुत्र)

(4) निज़ामी (पंद्रहवीं शताब्दी)

पंद्रहवीं शताब्दी में 'दक्खिनी हिंदी' के क्षेत्र दो अलग धाराओं में बँट गए—(1) बीजापुर की आदिलशाही धारा, (2) गोलकुंडा की कुतुबशाही धारा। ऊपर जिन कवियों का उल्लेख किया गया है, उनमें से शाहमीरानजी तथा उनके पुत्र शाह बुरहानुददीन जानम का संबंध बीजापुर के **आदिलशाही निज़ाम** में विकसित होनेवाली दक्खिनी हिंदी से था। इनके अतिरिक्त मुकीमी, बनामी, रुस्तमी, नुसरती आदि कवि भी आदिलशाही क्षेत्र में हुए। **गोलकुंडा की कुतुबशाही** के अंतर्गत

वजही, गवासी, निशाती, गुलामअली और सेवक आदि कवियों के नाम उल्लेखनीय हैं। चौथे कुतुबशाही सुलतान मुहम्मदअली कुतुबशाह स्वयं दक्खिनी हिंदी के श्रेष्ठ कवि थे। इनका काव्य-संग्रह 'कुल्लियात' के नाम से प्रसिद्ध है।

दक्खिनी हिंदी में रचित प्रमुख कृतियों के नाम इस प्रकार हैं—

(1) मिराजुल आशिकीन (ख्वाजा बन्दानवाज़) गद्य-बहुल रचना

(2) कदमराव व पदम (निजामी) काव्य

(3) सबरस (वजही) गद्य-ग्रंथ

(4) उतुलमुश्तही (वजही) काव्य

(5) मसनवी सैफुलमुल्क (गवासी) काव्य

(6) बदीउज्जमाल (गवासी) काव्य

(7) तूतीनामा (गवासी) काव्य

(8) मसनवी फूलबन (निशाती) काव्य

(9) खूब तरंग (मुहम्मद हुसैन 'खूब') काव्य

(10) यूसुफ जुलेखा (अमीन) काव्य

इनके अतिरिक्त वली औरंगाबादी (अठारहवीं शताब्दी) दक्खिनी हिंदी के अंतिम बहुचर्चित कवि थे। बाद में ये जब दिल्ली आए तो यहाँ के उर्दू लेखकों के अनुरोध पर इन्होंने दक्खिनी हिंदी की बजाय उर्दू में लिखना शुरू कर दिया।

'दक्खिनी हिंदी' की लोकप्रिय पद्य एवं गद्य रचनाओं में प्रयुक्त भाषा में ब्रज, खड़ी बोली, मेवाती, अवधी तथा बाँगरू की बहुलता है, अरबी-फारसी का हल्का पुट है—वह भी 'तत्सम'-रूप में न होकर 'तद्भव'-रूप में। किंतु धार्मिक स्तर की रचनाओं में अरबी-फारसी शब्दावली की बहुलता एवं हिंदवी का हल्का-सा पुट है।

'दक्खिनी हिंदी' के कुछ उदाहरणों द्वारा, उसके भाषायी स्वरूप का अनुमान सहजता से लगाया जा सकता है—

(क) केतक मर्दां बहुत गदरी अछते हैं, नाकदरी अछते हैं। कद्र नहीं जानते, महनत नहीं पछानते। ज्यूँ खुसरो का कता है—

पंखा होकर मैं डुली, साती तेरा चाव।
मुज जलती जनम की तेरे लेखन बाव।।

(वजही; सबरस, पृष्ठ 156)

(ख) अपने 'हेडा' अपै खाना, अपना लहू अपै पीना, तो दुनिया में भला आदमी होकर जीना। बुरे आदमी बहा-फुसला भला जानते, दगा दे जानते। (वजही; सबरस, पृष्ठ 39)

'हेडा' शब्द दक्खिनी हिंदी में 'मांस' के अर्थ में प्रयुक्त हुआ है। अमीर खुसरो ने भी फारसी 'गोश्त' का यही पर्याय बताया है—

'गोश्त हेडा चर्म चमड़ा...' (खालिकबारी-16)

(ग) खुमारे हिज्र ने जिसको दिया है, दर्द दिल मुझकूँ। **(वली)**

(घ) निकला है जो सितमगर तेगे अदा कूँ लेकर।
सीने में मुज आसक के, अब फतेयाब होगा।। **(वली)**

इन उदाहरणों से स्पष्ट है कि 'दक्खिनी हिंदी' दिल्ली-मेरठ, आगरा-मथुरा की ही 'हिंदी' का फारसी लिपि में प्रस्तुत किया गया रूपांतरण है। हाँ, वली (सत्रहवीं-अठारहवीं शताब्दी) के उदाहरणों से यह झलक भी स्पष्ट मिल जाती है कि, उसके समय से 'दक्खिनी हिंदी' धीरे-धीरे 'रेखता' की ओर तथा 'रेखता' उर्दू की ओर अग्रसर होने लगी थी। भाषा और साहित्य के अधिकांश इतिहासकार वली को 'दक्खिनी हिंदी' का अंतिम तथा 'उर्दू' का प्रथम कवि मानते हैं। इन दोनों ('दक्खिनी हिंदी' और 'उर्दू') के बीच का पड़ाव 'रेखता' है।

3. हिंदी की प्रमुख बोलियाँ

भाषा और बोली में अंतर

'भाषा' और 'बोली' के स्वरूप को दृष्टिगोचर रखकर, इन दोनों के अंतर को सरलता से समझा जा सकता है। **'मानक भाषा किसी देश अथवा राज्य का वह प्रतिनिधि और परिनिष्ठित माध्यम होती है जिसका उपयोग वहाँ के शिक्षित-शिष्ट समुदाय द्वारा अपने शैक्षणिक, साहित्यिक, वाणिज्यिक, प्रशासनिक और सामाजिक-सांस्कृतिक कार्य-कलाप के माध्यम के रूप में किया जाता है।'** दूसरी ओर, **'किसी एक सीमित क्षेत्र में जनसामान्य द्वारा आपसी बोलचाल में प्रयुक्त होनेवाला माध्यम 'बोली' कहलाता है।'** इस दृष्टि से 'भाषा' और 'बोली' में प्रमुखतया निम्नलिखित विभेदक रेखाएँ अंकित की जा सकती हैं—

(1) 'भाषा' विकास-प्रक्रिया का चरम (उच्चतम) रूप होता है। एक क्षेत्र की अनेक बोलियों में से ही कोई एक बोली सामाजिक-सांस्कृतिक और राजनैतिक कारणों से विकसित होकर क्रमशः उपभाषा-विभाषा और अंत में परिनिष्ठित (मानक) भाषा बन जाती है।

इसके विपरीत 'बोली' किसी भी भाषा की प्रारंभिक बोलचाल की अवस्था होती है। उसे सामाजिक, सांस्कृतिक, राजनैतिक, साहित्यिक, शैक्षणिक और प्रशासनिक दर्जा प्राप्त नहीं होता।

(2) 'भाषा' का भौगोलिक क्षेत्र विस्तृत होता है जबकि 'बोली' का बहुत सीमित। कारण यह है कि भाषा अपने क्षेत्र के सभी अंचलों के अतिरिक्त आस-पास के क्षेत्रों से भी संपर्क का माध्यम होती है, किंतु 'बोली' केवल अपने अंचल में ही व्यवहार में लाई जाती है।

(3) 'भाषा' व्याकरण-सम्मत और प्रायः पूर्णतः शुद्ध होती है। 'बोली' का कोई व्याकरण या उसकी कोई नियम-संहिता नहीं होती। उसके विभिन्न प्रयोग भाषा-विज्ञान या व्याकरण की दृष्टि से अशुद्ध भी माने जा सकते हैं।

(4) 'भाषा' अपने क्षेत्रों के भीतर और बाहर—सर्वत्र एकरूप रहती है। उसकी

शब्दावली, वाक्य-विन्यास एवं अन्य अभिव्यंजना-कोटियाँ प्रायः सर्वत्र समान होती हैं। 'बोली' अपने ही क्षेत्र के प्रयोक्ताओं में भिन्न-भिन्न रूप लिये होती है। उसमें एकरूपता का अभाव ही उसे 'बोली' के स्तर से ऊँचा नहीं उठने देता। अपने क्षेत्र से बाहर तो कोई 'बोली' शायद पूरी तरह समझी भी नहीं जा सकती।

(5) 'भाषा' मौखिक और लिखित—दोनों ही रूपों में समानतया प्रयुक्त होती है। उसके लेखिम अपना एक निश्चित स्वरूप लिये रहते हैं। उसकी वर्तनी के अपने नियम और रूप निश्चित होते हैं। दूसरी ओर, 'बोली' अधिकतर मौखिक रूप में ही प्रयुक्त होती है। किसी-किसी 'बोली' के कुछ उच्चरित रूपों को तो पूरी तरह लिपिबद्ध करना ही कठिन होता है।

(6) 'भाषा' शिक्षा, साहित्य, पत्राचार, सरकारी कामकाज, कलासंस्कृति, वाणिज्य-व्यवसाय, धर्म, राजनीति, समाज आदि में अभिव्यक्ति और संप्रेषण का सक्षम माध्यम बन सकती है। 'बोली' में यह क्षमता नहीं होती। कहीं-कहीं धर्म-चर्चा या आपसी बातचीत में, घर-बाज़ार या उस क्षेत्र के सार्वजनिक स्थानों पर जन-सामान्य उसे अवश्य अभिव्यक्ति या संप्रेषण-माध्यम के रूप में प्रयोग कर सकते हैं; किंतु उसके माध्यम से शिक्षा नहीं दी जा सकती, आधिकारिक पत्राचार नहीं किया जा सकता। उसका अपना साहित्य नहीं होता।

(7) 'भाषा' अधिकतर औपचारिक' रूप लिए रहती है और 'बोली' अनौपचारिक।

उपर्युक्त विवरण से स्पष्ट है कि व्यक्ति, समाज और विश्व के विभिन्न क्षेत्रों में, विचारों के आदान-प्रदान का कार्य जितनी सफलता से 'भाषा' द्वारा संपन्न हो सकता है, उतना 'बोली' द्वारा नहीं।

हिंदी का क्षेत्र और उसकी प्रमुख बोलियाँ

(क) क्षेत्र : हिंदी भारत के बहुत बड़े भू-भाग की मातृभाषा, व्यवहार-भाषा, संपर्क-भाषा और साहित्यिक भाषा है। भारत के सात राज्यों—दिल्ली, उत्तर प्रदेश, बिहार, मध्यप्रदेश, राजस्थान, हरियाणा, हिमाचल प्रदेश में इसे राजभाषा का तथा कई राज्यों में द्वितीय भाषा का दर्जा प्राप्त है। राष्ट्रभाषा के रूप में तो भारत के सभी (अहिंदी-भाषी तमिलनाडु, केरल आदि और अर्धहिंदी-भाषी पंजाब, महाराष्ट्र, गुजरात आदि) राज्यों का आधिकारिक पत्राचार हिंदी में अपेक्षित है। भारत से बाहर भी, हिंदी को भारत एवं अन्य देशों के मध्य संपर्क-भाषा बनने का अवसर उपलब्ध है। नेपाल और मॉरिशस के अतिरिक्त रूस, अफ्रीका, जर्मन तथा अन्य कई यूरोपीय देशों में भी हिंदी शिक्षा, पत्राचार एवं साहित्य का माध्यम है। हिंदी के प्रयोक्ता-वर्ग की संख्या इस समय सत्तर करोड़ के आसपास पहुँच चुकी है।

भारत में हिंदी का क्षेत्र सुदूर पश्चिम में जैसलमेर, उत्तर-पश्चिम में अंबाला,

उत्तर में जम्मू-ऊधमपुर से लेकर नेपाल के पूर्वी छोर तक के पहाड़ी प्रदेश का दक्षिणी भाग, पश्चिम-पूर्व में भागलपुर, दक्षिण-पूर्व में रायपुर तथा दक्षिण में खंडवा तक व्याप्त है।

(ख) हिंदी की बोलियाँ : वर्तमान 'हिंदी' मूलतः 'खड़ी बोली' का ही विकसित और परिनिष्ठित रूप है। भारत के भाषा-इतिहास और हिंदी के उद्‌गम तथा विकास की दृष्टि से खड़ी बोली 'पश्चिमी हिंदी' वर्ग की एक बोली (पूर्व नाम 'कौरवी') है जो विभिन्न सामाजिक, सांस्कृतिक और राजनैतिक कारणों से अब एक समृद्ध साहित्यिक भाषा ही नहीं, राष्ट्रभाषा और राजभाषा बन चुकी है तथा अंतर्राष्ट्रीय भाषा बनने की प्रक्रिया की ओर अग्रसर है। (सन् 1978 ई. में संयुक्त राष्ट्रसंघ में तथा अप्रैल 1984 ई. में उससे भी आगे--अंतरिक्ष में खड़ी बोली (मानक) हिंदी अपना अस्तित्व स्थापित कर चुकी है।) इसका अभिप्राय यह है कि हिंदी में 'पश्चिमी हिंदी' की बोलियों का महत्त्वपूर्ण स्थान है, जिसके अंतर्गत खड़ी बोली (प्राचीन नाम 'कौरवी') के अतिरिक्त हरियाणवी, दक्खिनी, ब्रज, बुंदेली, कन्नौजी, आदि समाविष्ट हैं।

'पश्चिमी हिंदी' की सर्वाधिक निकटवर्तिनी अन्य बोलियाँ हैं--'राजस्थानी' और 'पहाड़ी'। 'राजस्थानी' के अंतर्गत क्रमशः मारवाड़ी, जयपुरी, मेवाती और मालवी तथा 'पहाड़ी' के अंतर्गत कुमाउँनी-गढ़वाली (मध्य पहाड़ी) के अतिरिक्त गोरखाली (पूर्वी पहाड़ी) तथा हिमाचली (उत्तरी पहाड़ी) के नाम उल्लेखनीय हैं।

'पहाड़ी हिंदी' के क्षेत्र से थोड़ा आगे बढ़ें तो पूर्वी हिंदी की बोलियों के क्षेत्र आ जाते हैं जिनमें अवधी, बघेली और छत्तीसगढ़ी प्रमुख हैं। इन्हीं के साथ लगती हुई बोलियाँ 'बिहारी' की हैं, जिनमें भोजपुरी, मगही और मैथिली प्रमुख हैं।

इस प्रकार 'हिंदी' के पाँच प्रमुख बोली-वर्ग या उपभाषा वर्ग हैं—(1) पश्चिमी हिंदी, (2) राजस्थानी, (3) पहाड़ी, (4) पूर्वी हिंदी, (5) बिहारी। इनका संक्षिप्त परिचय आगे दिया जा रहा है।

(1) पश्चिमी हिंदी उपवर्ग की बोलियाँ

इस उपवर्ग का केंद्र दिल्ली है। साथ ही यह पश्चिमी उत्तर प्रदेश और पश्चिमोत्तर एवं पूर्वी हरियाणा के क्षेत्र तक व्याप्त है। इसके अंतर्गत छः बोलियाँ हैं—खड़ी बोली, ब्रज, हरियाणवी (बाँगरू), बुंदेली, कन्नौजी और दक्षिणी।

खड़ी बोली

'खड़ी बोली' को अब 'उपभाषा' या 'बोली' कहना असंगत है। बारहवीं-तेरहवीं शताब्दी में यह अवश्य एक सीमित बोली थी। तब इसका नाम 'कौरवी' था। इसका क्षेत्र दिल्ली, आगरा, मेरठ, अम्बाला आदि के आस-पास था। धीरे-धीरे यह उत्तर

प्रदेश, बिहार, मध्य प्रदेश, राजस्थान, पंजाब (जिसमें वर्तमान हरियाणा भी था), हिमाचल आदि क्षेत्रों तक फैल गई। कुछ राजनैतिक तथा ऐतिहासिक कारणों से इसका शब्द-भंडार बढ़ता गया। इसकी अनेक शैलियाँ विकसित हुईं। पद्रहवीं शताब्दी से दक्षिण भारत के कुछ क्षेत्रों में 'दक्षिणी हिंदी' के नाम से इसका प्रसार हो गया।

इस 'कौरवी' बोली को 'खड़ी बोली' नाम अठारहवीं शताब्दी के बाद (सन् 1801 से) प्राप्त हुआ। 'खड़ी' का अभिप्राय है--खरी, शुद्ध, स्थिर, परिनिष्ठित। वास्तव में अंग्रेजी के Sterling, Standing और Standard शब्दों के पर्याय के रूप में ही 'खड़ी' शब्द इस 'बोली' (Dialect) के साथ जुड़ गया। तब यह 'बोली' न रहकर 'भाषा' बन गई, परंतु इसका नाम अब तक भी 'खड़ी बोली' रूढ़ और प्रचलित है। अब तो वास्तव में इसका पर्याय 'हिंदी' है, जो न केवल राष्ट्रभाषा अपितु राजभाषा भी है। इसका अपना व्याकरण तथा अत्यंत समृद्ध साहित्य-भंडार है।

भारत की, विशेषतया हिंदी की सभी बोलियों में से यही एक ऐसी बोली है जो बहुत कम समय में विकसित होकर, समूचे ज्ञान-विज्ञान, काव्य, शास्त्र, शिक्षा, प्रशासन, व्यवसाय-प्रौद्योगिकी आदि का माध्यम बन गई। आज समस्त हिंदी-भाषियों और भारत के अधिकांश क्षेत्रों का आधिकारिक कार्य-कलाप इसी में हो रहा है। भारत के अतिरिक्त कई अन्य देशों में भी यह शिक्षा, साहित्य और व्यावहारिक कामकाज का माध्यम है।

उपर्युक्त विवरण के आधार पर 'खड़ी बोली' को अब हिंदी की 'उपभाषाओं' में या बोलियों में नहीं गिनना चाहिए, क्योंकि यह अब मानक रूप ग्रहण कर न केवल राष्ट्रभाषा एवं राजभाषा का दायित्व निभा रही है, अपितु एक समृद्ध अंतर्राष्ट्रीय भाषा बनने की ओर अग्रसर है।

हरियाणवी

इस बोली का क्षेत्र हिसार, रोहतक, करनाल, जींद, महेंद्रगढ़, फरीदाबाद और रेवाड़ी तथा इनके आसपास है। ये सभी क्षेत्र 'हरियाणा' के अंतर्गत आते हैं, इसीलिए इस बोली को 'हरियाणवी' कहा जाता है।

'हरियाणवी' का पुराना नाम 'बाँगरू' है। सन् 1956 ई. में 'हरियाणा' राज्य की अलग स्थापना से पहले यह बृहत्तर पंजाब का अंश था। इस क्षेत्र में, पंजाब के अन्य स्थानों की अपेक्षा ऊँची-नीची, बंजर और शुष्क धरती अधिक थी, जिसे 'बाँगरु' कहा जाता था। उसी से यहाँ की बोली का नाम 'बाँगरू' प्रचलित हुआ।

इस क्षेत्र में अधिकतर आबादी जाट-समुदाय के लोगों की है। सामान्यतः वही इस बोली का प्रयोग करते हैं। इसलिए बोलचाल में 'हरियाणवी' अथवा 'बाँगरू'

बोली को 'जाटू' बोली भी कह दिया जाता है।

यह बोली मूलतः प्राचीन 'कौरवी' की ही एक उपशाखा है। इस पर ब्रज, राजस्थानी और खड़ी बोली का पर्याप्त प्रभाव है। संज्ञाएँ और क्रियाएँ प्रायः **आकारान्त** हैं। उनके अंत में 'आ' बोला जाता है। जैसे—

छोरा के कर रह्या सै।

भई, घोड़ा लैजो होवै तौ पीसा तौ लागैंगे ई।

'हरियाणवी' में 'न' का उच्चारण 'ण' में करने की विशेष प्रवृत्ति है—

ए छोरी ! पाणी लैं आवै णा !

ई कूण की गाड्डी सै ?

उपर्युक्त दूसरे उदाहरण से यह भी स्पष्ट है कि 'हरियाणवी' में मूर्धन्य ध्वनियों को द्वित्व (दोहरे) रूप में बोलने की प्रवृत्ति है।

मूर्धन्यीकरण की हरियाणवी बोली की प्रवृत्ति अन्य कई ध्वनियों में भी द्रष्टव्य है—

थाना > ठाणा, नाला > णाळा (दंत्य 'ल' > मूर्धन्य ळ)।

मध्यम पुरुष सर्वनाम प्रायः ('तू' या 'तुम' की बजाय) तैं, तम (बहुवचन) बोला जाता है।

तैं कद जावैगा ?

तम कद जावोगे ?

इन उदाहरणों से पता चलता है कि 'हरियाणवी' पर पंजाबी ('कब' को 'कद') का पर्याप्त प्रभाव है।

'हरियाणवी' बोली की ध्वनि-संरचना तथा रूप (शब्द और पद) संरचना का एक सामान्य आभास कराने के लिए कुछ उदाहरणों पर दृष्टिपात करना उपर्युक्त होगा। (ध्यान रहे कि 'वाक्य-संरचना' की दृष्टि से मानक हिंदी (खड़ी बोली) और हरियाणवी में कोई अंतर नहीं, क्योंकि इसमें (बल्कि हिंदी की सभी बोलियों में) वाक्य-संरचना का स्वरूप एक-सा है। कर्त्ता, कर्म, क्रिया का अनुक्रम, विशेषण का विशेष्य और क्रियाविशेषण का क्रिया से पहले प्रयोग तथा लिंग-वचन-कारक आदि की व्यवस्था एक समान है। अंतर है तो ध्वनियों और शब्दों के संरचनात्मक स्वरूप में।)

मानक हिंदी (खड़ी बोली)	हरियाणवी
मैं किताब पढ़ता/पढ़ती हूँ।	मैं किताब पढ़ूँ सूँ।
तू किताब पढ़ता/पढ़ती है।	तैं किताब पढ़ै सै।
लड़के किताब पढ़ रहे थे।	छोरे किताब पढ़ रिहे थे।
लड़के किताब पढ़ते थे।	छोरे किताब पढ़ैं थे।
मैंने यह किताब पढ़ी।	मन्नें जे किताब पड्ढी।

लड़का बोला।	छोरा (छोह्रा) बोल्या।
वह कचहरी जा रहा है।	ओह् कचैरी जा रिहा सै।
मुझे क्या पता है ?	मन्ने कै बेरा सै ?
तुम क्या कर रहे हो ?	तम कै कर रिहे सौ ?

स्पष्ट है कि हरियाणवी बोली की अपनी विशेष पहचान है। यद्यपि इसमें स्थानगत विविधता भी दिखाई देती है, जैसे--रोहतक के आसपास 'कहाँ' के लिए 'कड़ै' का प्रयोग मिलता है, जबकि झज्जर के आस-पास 'किंग्घे' का प्रयोग होता है तथापि अधिकतर प्रवृत्तियाँ सामान्य हैं। 'ड़' को 'ड' कहा जाता है और 'त' के स्थान पर 'द' का प्रयोग मिलता है। इसके रूप ब्रजभाषा की तरह ओकारांत न होकर आकारांत होते हैं (घोड़ा, पैसा आदि), कहीं-कहीं राजस्थानी के प्रभाव से आँकारान्त की प्रवृत्ति भी मिलती है (घोड़ाँ)। हरियाणी में सहायक क्रिया 'है' के स्थान पर 'सै', 'हो' के स्थान पर 'सो', 'हैं' के स्थान पर 'सैं' या 'साँ' और 'हूँ' के स्थान पर 'सूँ' का प्रयोग होता है। यह वास्तव पंजाबी और राजस्थानी मिश्रित खड़ी बोली है। वैसे डॉ. धीरेंद्र वर्मा ने इसे खड़ी बोली का ही एक उपरूप माना है, क्योंकि ध्वनि-विकास की दृष्टि से यह बोली पंजाबी और राजस्थानी-मिश्रित कौरवी के मध्य की है।

ब्रज

आगरा, मथुरा, हाथरस, अलीगढ़, खुर्जा, बुलंदशहर, एटा, मैनपुरी, बदायूँ, बरेली आदि के आस-पास का विशाल क्षेत्र 'ब्रज' कहलाता है। इसी क्षेत्र की बोली 'ब्रज' है। उत्तर प्रदेश की सीमा के साथ लगे हरियाणा (गुड़गाँवा ज़िला) और राजस्थान (अलवर भरतपुर जिला) तथा मध्य प्रदेश (ग्वालियर जिला) के कुछ क्षेत्रों में भी 'ब्रज' का प्रचलन है।

यह एक आश्चर्यजनक तथ्य है कि जो 'ब्रज' कभी समूचे भारत में साहित्यिक (काव्य) भाषा के आसन पर प्रतिष्ठित रही, वही अब पुनः सिमटकर 'बोली' के स्तर पर आ गई है।

'ब्रज' के प्रयोग की शुरुआत तेरहवीं-चौदहवीं शताब्दी में आगरा-मथुरा और ग्वालियर से हुई। पहले यह सामान्य जन की 'बोली' थी, धीरे-धीरे लोक-गायकों और भक्त-कवियों द्वारा इसका प्रचार-प्रसार व्यापक हुआ। विभिन्न विद्वानों द्वारा यह राजदरबारों में भी सम्मानित हुई। पंद्रहवीं शताब्दी से अठारहवीं शताब्दी तक यह भारत के बहुत बड़े भू-भाग की काव्य-भाषा और कहीं-कहीं गद्य-भाषा भी बन गई। कहीं 'भाषा' या 'भाखा' के रूप में और कहीं 'ब्रजबुलि' के रूप में इसकी सरसता व्याप्त हुई। खुसरो, कबीर, नानक, नामदेव, दादू, विष्णुदास, सूर, तुलसी, रहीम, रसखान, आलम और गुरु तेगबहादुर तथा गोविंद सिंह--हर क्षेत्र तथा वर्ग के

रचनाकारों ने इसे अपनी वाणी का माध्यम बनाया। इसीलिए अठारहवीं शताब्दी के एक आचार्य कवि ने कहा कि 'ब्रजभाषा हेतु ब्रजवास ही न अनुमानौ' अर्थात् 'ब्रज' भाषा के लिए 'ब्रज' (क्षेत्र) का वासी होना ही आवश्यक नहीं। 'ब्रज' के संबंध में यह बात सामान्य हो गई कि '**भाषा ब्रजभाषा रुचिर**।'

उन्नीसवीं शताब्दी में कुछ ऐतिहासिक, राजनैतिक तथा अन्य कारणों से उत्तर भारत की एक अन्य बोली 'खड़ी बोली' इतनी सबल हो गई कि 'ब्रज' धीरे-धीरे सिकुड़ने लगी। बीसवीं शताब्दी में तो सर्वत्र 'खड़ी बोली' (वर्तमान मानक हिंदी) का साम्राज्य स्थापित हो गया और आज 'ब्रज' पुनः एक 'बोली' या 'उपभाषा' के रूप में ही मान्य है।

'ब्रज' अपनी कई भाषिक विशेषताओं के कारण, अन्य बोलियों की अपेक्षा एक अलग पहचान रखती है। इसकी सबसे प्रमुख प्रवृत्ति यह है कि प्रायः संज्ञाएँ और क्रियाएँ 'ओकारांत' हैं। उन्हीं के अनुसार 'विशेषण' और क्रिया-विशेषण भी प्रायः 'ओकारांत' हो जाते हैं। जैसे—

छोरा कित गयो हो।

कैसो भलो मानस थो।

इसी प्रकार, पहलो, दूसरो, कारो, ऐसो, इतनो, प्यारो आदि प्रयोग सामान्य हैं। एक ओर 'ण' का उच्चारण 'न' में करने की प्रवृत्ति है तो दूसरी ओर 'ल', 'ड़' आदि का उच्चारण 'र' के रूप में होता है। जैसे—परबीन (प्रवीण), बेनु (वेणु), पर्‌यो (पड़ा), उरझ्यो (उलझा), जर्‌यो (जला), जुरत (जुड़त)। आरंभिक 'व' ध्वनि प्रायः 'ब' के रूप में उच्चरित होती है, परंतु अंतिम 'व' का उच्चारण कहीं-कहीं 'उ' के रूप में होता है। जैसे—वदन-बदन, विकार-बिकार, विषय-बिखै, दाव-दाउ आदि।

'ब्रज' की ध्वनि-संरचना एवं रूप-संरचना का कुछ आभास निम्नलिखित उदाहरणों से हो सकेगा—

मानक हिंदी (खड़ी बोली)	**ब्रज**
काला लड़का बोला।	कारौ छोरा बोल्यौ।
लड़का जायेगा।	छोरा जाइगौ।
लड़का गाँव में आया और बहू से बोला कि मैं नौकरी पर जाऊँगा।	छोरा गाम् कूँ आयौ औरु बऊ ते बोल्यौ कै मैं नौकरी कूँ जाऊगो।
इन गाँवों में लड़कियों के मायके हैं।	इन् गाँमन् में छोरिन् कै पीहर् ऐं।
तू पेड़ काटेगा।	तू बिरवा काटैगो।
वह पेड़ काटेगा।	बु (ऊ) बिरवा काटैगो।

कन्नौजी

यह 'ब्रज' तथा 'अवधी' के मध्यवर्ती क्षेत्र की बोली है। इसका उद्‌भव-क्षेत्र प्राचीन कान्यकुब्ज है। इसका प्रयोग प्रायः कन्नौज, इटावा, शाहजहाँपुर, फर्रुखाबाद आदि ज़िलों में होता है। कन्नौजी में 'ऐ' और 'औ' के स्थान पर क्रमशः 'ए' और 'ओ' का प्रयोग होता है। जैसे, बड़ो, गओ, चलो आदि। 'अ' के स्थान पर 'ओ' का उच्चारण होता है। जैसे, बोकरा (बकरा)। मध्य 'ह' का लोप मिलता है। जैसे, 'जाइ' (जाहि), कैहायो (कहि हौं) आदि। व्यंजनांत पुल्लिंग शब्द प्रायः उकारांत हो जाते हैं। जैसे, रामु, कानु, पेटु, किसानु आदि। ब्रज के अंतिम 'यो' और 'वो' के स्थान पर इसमें प्रायः 'ओ' का प्रयोग मिलता है। जैसे, गओ (गयो), भओ (भयो)। वर्तमान, भूत तथा भविष्यत् की क्रियाएँ ब्रजभाषा की तरह ही होती हैं। इसमें 'इया' तथा 'वा' स्वार्थे प्रत्ययों का प्रयोग पर्याप्त मात्रा में होता है। जैसे, जिभिया (जीभ), दंतियाँ (दाँत), छोकरिया (छोकरी), बचवा (बच्चा), बेटवा (बेटा), टटुवा (टट्टू) आदि। क्रियाविशेषण के रूपों में से 'कित्तो' (कितनो), जित्तो (जितनो), इतै, उतै, कितै, जितै, आजु, काल्लि आदि के प्रयोग प्रचलित हैं।

कन्नौजी बोली के स्वरूप की कुछ अलग पहचान के लिए, आगे दिये गये तुलनात्मक उदाहरण सहायक हो सकते हैं—

	मानक (खड़ी बोली) हिंदी	कन्नौजी
	अवतार	अउतार
	देवरानी	दिउरानी
	बादल	बादर
	मनुष्य	मानस
(सर्वनाम)	मैं, मैंने/हम हमने	हंउ, मइंनै/हम, हमनैं
	तू-तूने/तुम, तुमने	तू, तइंनै/तुम, तुमनैं
	वह, उसने/वे, उन्होंने	ऊ, वानैं/वे, उन्‌नैं
	यह, इसने/ये, इन्होंने	है, यानै/यै, इन्नै
	यहाँ-वहाँ	ह्याँ-ह्वाँ
	इधर-उधर	इयें-उयें
	अभी-तभी	अबई-तबई
	कि	कै
	और	औरु

(कारकीय परसर्ग) नैं/कउँ/सैं, तैं/को/माँ, मैं, पै

कुछ वाक्यगत उदाहरण—

(1) मरो परो हइ।

(2) हम नाईं जान्त।

(3) सीसो लइ कै मुँह दिखिबै लै कह्बो।

बुंदेली अथवा बुंदेलखंडी

यह बुंदेलखंड की बोली है। इसका केंद्र झाँसी है। जालौन, हमीरपुर, ग्वालियर, भोपाल, ओरछा, सागर, नरसिंहपुर, सिवनी तथा होशंगाबाद में भी कहीं-कहीं बुंदेली बोली जाती है। इसके मिश्रित रूप दतिया, पन्ना, चरखारी, दमोह, बालाघाट, नागपुर आदि में प्रचलित हैं। इसका परिनिष्ठित रूप ओरछा और सागर के आसपास पाया जाता है।

इस बोली में प्रायः स्वरों के अनुनासिक रूपों का प्रयोग अधिक होता है जैसे, सँड़वा (साँढ़), राँड़ (विधवा), गुइँयाँ (साथी), ऊँठा (अँगूठा), ईंधन, भैंसियाँ, न्हों (नाखून) आदि। इसमें 'ऐ' और 'औ' का उच्चारण 'ए' और 'ओ' की तरह होता है। मूल स्वर 'ए' और 'ओ' इसमें क्रमशः 'इ' और 'उ' हो जाते हैं। जैसे बिटिया (बेटी), घुरवा (घोड़ा) आदि। यहाँ 'ड़' के स्थान पर 'र' उच्चारण मिलता है। जैसे—घुरवा, दोर (दौड़), झगरो (झगड़ा), छोरो (छोड़ो) आदि। इसमें जब 'अ' के पश्चात् 'ह' आता है, तब 'ह' का लोप हो जाता है और उसके स्थान पर 'अ', 'इ' या 'उ' स्वर हो जाता है। जैसे, रअती (रहती), रइक (रहिके), चाउत (चाहत)। इसमें प्रायः ब्रज के ओकारांत शब्द वाकारांत और इकारांत शब्द याकारांत हो जाते हैं। जैसे, घुरवा (घोरो), बिटिया (बेटी), बिलईया (बिल्ली)। सर्वनामों में 'मैं' के साथ-साथ 'हौं' का भी प्रयोग मिलता है और 'अपना' के लिए 'अपनो' तथा 'आप' के लिए 'अपन-खों' के प्रयोग मिलते हैं। क्रिया रूपों में से वर्तमान काल की सहायक क्रिया 'हूँ' के स्थान पर 'आऊँ' और 'आँव' तथा 'हैं' के स्थान पर 'आँय' और 'है' के स्थान पर 'आय' प्रयोग मिलता है। भूतकाल में ब्रज की तरह 'हतो', 'हते', 'हती' के प्रयोग मिलते हैं और भविष्यत् काल में 'हे', 'हें', 'हों' आदि का प्रयोग होता है। क्रियार्थक संज्ञा के लिए 'बौ' और 'नैं' का योग किया जाता है। जैसे, मारबौ, मारनै आदि। इसके साथ ही इसमें महाप्राण ध्वनियों के अल्पप्राण होने की प्रवृत्ति अधिक पाई जाती है। जैसे, हॉत् (हाथ), जीब् (जीभ), दूद् (दूध), भूँक् (भूख)। साथ ही इसमें क्रियाविशेषण के रूप इस तरह मिलते हैं—याँ, याँई (यहाँ), बाँ, बाँई (वहाँ), ज्याँ (जहाँ), क्याँ (कहाँ), इताँयँ (इस ओर), उताँयँ (उस ओर), परौं (परसों), सकारैं (सवेरे), आसौं (इसी वर्ष), अथएँ (शाम को), दुफाई (दोपहर को) आदि।

कुछ तुलनात्मक उदाहरणों के माध्यम से 'बुंदेली' अथवा 'बुंदेलीखंडी' के विशिष्ट रूप को भलीभाँति जानने में सहायता मिल सकती है—

खड़ी बोली	बुंदेली (बुंदेलखंडी)
लड़का/लड़के/लड़कों	लरिका/लरिका/लरिकन
लड़की/लड़कियाँ/लड़कियों	लरिकिनी/लरिकिनीं/लरिकिनिन

	स्त्री/स्त्रियाँ/स्त्रियों	बइयर/बइयर/बइयरन
सर्वनाम	मैं, मैंने/हम, हमने	मैं, मैंनैं/हम, हमनैं
	तू, तूने/तुम, तुमने	तूँ, तैंनैं/तुम, तुमनैं
	वह, उसने/वे, उन्होंने	बो/बानैं/बै, उन्नैं
	यह, इसने/ये, इन्होंने	है, यानैं/यै, इन्नैं
अव्यय	यहाँ-वहाँ	नाँ-माँ
	इधर-उधर	इतै-उतै
	आज-कल	आझ-काल
	अभी-'तभी	अबई-तबई
	कि	वै

(कारकीय परसर्ग) नै/कौं-खौं/सैं-सौं/के लानें (के लिए) को की के, खो-खी-खे/मैं-यै

दक्खिनी

हैदराबाद, देवगिरि, गुलबर्गा में विकसित दक्खिनी हिंदी प्रकृति और संरचना में पश्चिमी हिंदी के बहुत निकट है। इसका पुराना नाम 'रेखता' है। यह मूलतः दिल्ली में प्रचलित खड़ी बोली का ही दक्षिणी रूपांतर है जो चौदहवीं-पंद्रहवीं शताब्दी में विभिन्न मुसलमानों द्वारा वहाँ पहुँची तथा खड़ी बोली हिंदी के अनुरूप विकसित होती रही।

'दक्खिनी हिंदी' के कुछ उदाहरणों द्वारा, उसके भाषायी स्वरूप का अनुमान सहजता से लगाया जा सकता है—

(क) केतक मर्दां बहुत गदरी अछते हैं, नाकदरी अछते हैं। कद्र नहीं जानते, महनत नहीं पछानते। ज्यूँ खुसरो का कता है—

पंखा होकर मैं डुली, साती तेरा चाव।
मुज जलती जनम की तेरे लेखन बाव।। (वजही; सबरस, पृष्ठ 156)

(ख) अपने 'हेडा' अपै खाना, अपना लहू अपै पीना, तो दुनिया में भला आदमी होकर जीना। बुरे आदमी बहा-फुसला भला जानते दगा दे जानते। (वजही; सरबस, पृष्ठ 39)

'हेडा' शब्द दक्खिनी हिंदी में 'माँस' के अर्थ में प्रयुक्त हुआ है। अमीर खुसरो ने भी फारसी 'गोश्त' का यही पर्याय बताया है—

'गोश्त हेडा चर्म चमड़ा...।' (खालिकबारी—16)

(ग) खुमारे हिज्र ने जिसको दिया है, दर्द दिल मुझकूँ। **(वली)**

(घ) निकला है जो सितमगर तेगे अदा कूँ लेकर।
सीने में मुज आसक के, अब फतेयाब होगा।। **(वली)**

इन उदाहरणों से स्पष्ट है कि 'दक्खिनी हिंदी' दिल्ली-मेरठ, आगरा-मथुरा की ही 'हिंदी' का फारसी लिपि में प्रस्तुत किया गया रूपांतरण है। हाँ, वली (सत्रहवीं-अठारहवीं शताब्दी) के उदाहरणों से यह झलक भी स्पष्ट मिल जाती है कि उसके समय से 'दक्खिनी हिंदी' धीरे-धीरे 'रेखता' की ओर तथा 'रेखता' उर्दू की ओर अग्रसर होने लगी थी।

(अनेक भाषा-वैज्ञानिक 'दक्खिनी हिंदी' की गणना मानक हिंदी की बोलियों में नहीं करते; किंतु प्रसिद्ध भाषाशास्त्री डॉ. हरदेव बाहरी तथा डॉ. कैलाशचंद्र भाटिया इसे पश्चिमी हिंदी का ही एक उपरूप मानने के पक्षपाती हैं।)

राजस्थानी उपवर्ग की बोलियाँ

राजस्थानी हिंदी की पर्याप्त समृद्ध उपभाषा है। इसके अंतर्गत यद्यपि अनेक बोलियाँ समाविष्ट हैं तथापि मुख्यतया चार बोलियों के नाम विशेष रूप से उल्लेखनीय हैं—(1) मेवाती, (2) जयपुरी (ढूँढाणी), (3) मारवाड़ी, (4) मालवी।

मेवाती

हरियाणा और राजस्थान के सीमावर्ती क्षेत्रों का कुछ भाग भौगोलिक दृष्टि से 'मेवात' कहलाता है। इसमें हरियाणा के ज़िला गुड़गांवा की तहसील नूह, फिरोज़पुर झिरका तथा उसके आस-पास के क्षेत्र शामिल है। राजस्थान के ज़िला अलवर, भरतपुर तथा इनके आसपास का भी बहुत बड़ा क्षेत्र 'मेवात' के अंतर्गत आता है। इस क्षेत्र में रहनेवाले 'मेव' समुदाय के अधिकांश लोगों के पूर्वज राजस्थान के राजपूत रहे अतः यहाँ की लोक-बोली पर राजस्थानी का विशेष प्रभाव लक्षित होता है। ब्रज और बाँगरू का प्रभाव या पुट बहुत कम तथा कौरवी का संस्पर्श तो नहीं के बराबर है।

मेवाती बोली में प्रायः न का ण, थ का ढ, ल का ल़ (ण-ड़-ल का मिश्रित रूप), ढ़ का ड़, श-ष का स, व का ब, ऋ का रि, थ का ह और कभी-कभी र का ण रूप में उच्चारण मिलता है। कई प्रयोगों में मेवाती ब्रज के निकट प्रतीत होती है क्योंकि इसके भरतपुर ज़िले तथा गुड़गांवा जिले के बहुत-से क्षेत्र ब्रज प्रदेश से सटे हैं। जैसे—लड़की > छोटी। ब्रज की 'ओकारांतता' भी मेवाती में दिखाई देती है—पढणो, जाणो, हतो, गोरो, छोरो आदि।

मेवाती की एक विशिष्ट प्रवृत्ति बहुवचनात्मक संज्ञाओं के अंत में 'आँ' ध्वनि जुड़ने की है। पुल्लिग-स्त्रीलिंग दोनों में बहुवचन बनाते समय अंतिम स्वर प्रायः 'आ' हो जाता है। यथा—लोग-लोगाँ, बात-बाताँ, बेटो-बेटाँ, माला-मालवा, पोथी-पोथ्याँ छोरी-छोरियाँ, बहू-बहुवाँ इत्यादि। अनेक अन्य प्रयोगों में भी आँकारांतता की प्रवृत्ति देखी जा सकती है। जैसे 'में' का 'माँ', 'पढ़ूँ', का 'पढ़ाँ' इत्यादि।

मेवाती बोली की भाषिक संरचना का सामान्य स्वरूप समझने के लिए आगे कुछ तुलनात्मक उदाहरण दिये जा रहे हैं--

	हिंदी (मानक खड़ी बोली)	मेवाती	हिंदी (मानक खड़ी बोली)	मेवाती
	बादल	बादल़	थी	ही
	मालिन	माल़ण	था	थो, हो
	चमकना	चिमकणो	थे	हे
	लोग	लोगाँ		
	बात/बातें/बातों	बाताँ	राजा (बहु.)/राजाओं	राजाँ
(सर्वनाम)	मैं/हम	मैं/हम	मुझे/हमें	मुजनैं/हमनैं
	तू/तुम	तू/तुम	तुझे/तुम्हें	तुजनैं/तुमनैं
	वह/वे	ऊ/वो	उसे/उन्हें	उणनैं/उणांनैं
	(कारकीय परसर्ग) ने-नैं, सैं-तैं, रो-री-रा, मैं पै			
(अव्यय)	यहाँ-वहाँ	अठै-उठै	आज-कल	आज-काल़
	धीरे-धीरे	सरे-सरे	कि	अक
	पर	पण	और	अर

कुछ वाक्यगत उदाहरण—

मैं किताब पढ़ता (पढ़ती) हूँ	मैं किताब पढ़ूँ हूँ
हम किताबें पढ़ते (पढ़ती) हैं	म्हे किताबाँ पढ़ाँ छाँ
तू किताब पढ़ता/पढ़ती है	तूँ किताब पढ़ै छै
तुम किताबें पढ़ते/पढ़ती हो	तमें किताबाँ पढ़ौ छौ
वह किताब पढ़ता (पढ़ती) है	ऊ किताब पढै छै
वे किताबें पढ़ते (पढ़ती) हैं	बो किताबाँ पढ़ैं हैं

जयपुरी (ढूँढाणी, ढूँढाड़ी, ढूँढारी)

यह राजस्थान के पूर्वी क्षेत्र की प्रमुख बोली है। इस क्षेत्र का पुराना नाम 'ढूँढाण' होने के कारण यह 'ढूँढाणी' भी कहलाती है। 'ण' का उच्चारण कहीं 'ड़' और कहीं 'र' होने के कारण इसी को 'ढूँढाड़ी' अथवा 'ढूँढारी' भी कह दिया जाता है। राजस्थानी उपवर्ग के अंतर्गत 'मेवाती' बोली की बहुत-सी भाषिक विशेषताएँ या प्रवृत्तियाँ 'जयपुरी' बोली में भी स्पष्ट लक्षित होती हैं जिनमें मूर्धन्यीकरण की प्रवृत्ति प्रमुख है। जैसे—थ > ठ, न > ण, ल > ल़, ड़ > ड, ढ़ > ढ आदि अथवा संज्ञा पदों के ३ में 'आँ' नासिक्य स्वर—लोगाँ, बाताँ, छोरियाँ, बेटाँ आदि। जयपुरी में 'ह' का

उच्चारण प्रायः 'छ' अथवा कहीं-कहीं 'स' होता है—है > छै, सै. थी > ही > छी आदि।

जयपुरी में सर्वनाम, कारकीय परसर्ग एवं अव्यय आदि की रूप-रचना प्रायः मेवाती के ही समान है।

मारवाड़ी

राजस्थान का दक्षिण-पश्चिमी क्षेत्र प्राचीन समय से एक विशाल, मरुप्रदेश के रूप में जाना जाता है। इसी मरुप्रदेश का परिवर्तित नाम 'मारवाड़ है। इसके अंतर्गत जोधपुर और उसके पश्चिम में फैला बाड़मेर, जैसलमेर का क्षेत्र, दक्षिण में पाली-मारवाड़, दक्षिण-पूर्व में सिरोही, अजमेर आदि का क्षेत्र शामिल है। यहाँ की प्रमुख लोक-बोली का नाम 'मारवाड़ी' है। यह राजस्थानी उपवर्ग की बोलियों में सर्वप्रमुख है। राजस्थान में तो इसके प्रयोक्तावर्ग की विशाल संख्या है ही, राजस्थान से बाहर भी मारवाड़ी व्यापारियों के माध्यम से यह बोली दूर-दूर तक फैली हुई है कलकत्ता बंबई, दिल्ली जैसे महानगरों में मारवाड़ी-भाषी लोगों की संख्या पर्याप्त है। इस बोली का लोक-साहित्य बहुत समृद्ध है। अब तो इसमें कई चलचित्र तथा दूरदर्शन-धारावाहिक भी बन रहे हैं।

'मारवाड़ी' बोली में राजस्थानी उपवर्ग की अन्य बोलियों की कई विशेषताएँ समान रूप से मिलती हैं जिनमें मूर्धन्यीकरण की प्रवृत्ति प्रमुख है। जैसे-न > ण, थ > ठ, ल > ल़ इत्यादि। टवर्ग-प्रधानता में भी ड-ढ के अतिरिक्त ड़-ढ़ ध्वनियों के प्रयोग की प्रधानता है। कहीं-कहीं ओकारांतता की प्रवृत्ति भी है—लियो, गयो, थो इत्यादि। मेवाती बोली की तरह मारवाड़ी में भी बहुवचनात्मक पदों के अंत में 'आँ' ध्वनि परसर्ग के रूप में लक्षित होती है। जैसे लोग > लोगाँ, बात > बाताँ, छोरी > छोरियाँ आदि।

मारवाड़ी की विशेष पहचान के लिए आगे दिये गये कुछ उदाहरण सहायक हो सकते हैं—

	हिंदी (मानक खड़ी बोली)	मारवाड़ी
	जल	जल़
	बाल	बाल़
	सेठ	हेठ
	बेटे	बेटाँ
(सर्वनाम)	मैं/हम	हूँ/म्हे
	मुझे/हमें	मनै/म्हाँनै
	तू/तुम	थूँ/थे
	तुझे/तुम्हें	थने/थानै

वह/वे	वो/वे
उसे/उन्हें	उणनैं/उणाँनैं

(कारकीय परसर्ग) नैं/सूँ-अं/तैं-थाणी (के लिए) रो-री-रा-रै (संबंध कारक में)। में-पै-माथें (अधिकरण)।

(अव्यय) यहाँ-वहाँ > अठै-उठै। जब-तब > जबे > तबे। आज-कल > आज-काल कैसा > कीसा। धारे > सरै। पर > पण। कि-के।

कुछ वाक्यगत उदाहरण :

(1) हूँ किताब पढ़ूँ हूँ—म्हें किताबाँ पढ़ाँ हाँ।

(2) तू पोथी पढ़े है—थे पोथ्याँ पढ़ौ हौ।

(3) वो पोथी पढे है—वे पोथ्याँ पढ़े हैं।

(4) तू पोथी पढ़ैलो (भविष्यत्)—थैं पोथ्याँ पढ़ीला। तूँ पोथी पढ़ैली (स्त्रीलिंग)

(मारवाड़ी में भविष्यत्कालिक परसर्ग 'ला-ली-ले' है, जबकि मानक हिंदी में गा-गी-गे है।)

मालवी

राजस्थान और मध्यप्रदेश की सीमाओं से सटा क्षेत्र मालव प्रदेश कहलाता है। भोपाल, ग्वालियर, रतलाम, इंदौर एवं राजस्थान के कोटा, टोंक, चित्तौड़गढ़ आदि ज़िले इसके अंतर्गत हैं। यहाँ की प्रमुख लोक-बोली 'मालवी' है। राजस्थानी उपवर्ग की मारवाड़ी-मेवाती-जयपुरी और अन्य बोलियों से यह मालवी बोली भिन्न विशेषताएँ लिये हुए हैं। इनमें 'अल्पप्राणता' की प्रवृत्ति प्रमुख है। जैसे—हाथ > हात। कहीं-कहीं आद्य (पहला) स्वर बोलचाल में दीर्घ रूप में उच्चरित होता है—कापड़ा, लाकड़ी, चामड़ा आदि। कहीं-कहीं ओकारांतता की प्रवृत्ति भी है—छोरो, लड़को, सासरो (ससुराल)। मूर्धन्यीकरण (टवर्ग-प्रधानता), बहुवचनान्त पदों में अंतिम ध्वनि 'आ' का उच्चारण आदि प्रवृत्तियाँ राजस्थानी उपवर्ग की अन्य बोलियों के समान मालवी में भी मिलती हैं।

आगे दिये गये कुछ उदाहरणों से मालवी बोली की अलग पहचान स्पष्ट हो सकती है—

	हिंदी (मानक खड़ी बोली)	मालवी
	बेटे	बेटाँ
	लड़कियाँ	छोरियाँ
	बात	बाताँ
(सर्वनाम)	मैं/हम	मैं/हम

मुझे/हमें	मके/म्हाँके
तू/तुम	तू/तुम
तुझे/तुम्हें	तके/तमांके
वह/वे	ऊ/वै
उसे/उन्हें	ऊँके/वैके
इसे/उन्हें	हैंके/ऐंके

(कारकीय परसर्ग) ने/को, नै, छे, रे/ सैं-से-ती/के वास्ते/को-की-के/ में-पै
(अव्यय) यहाँ-वहाँ > अठे-उठे, याँ-वाँ/कि > के/औऊर।

वाक्यगत संरचनात्मक उदाहरण प्रायः राजस्थानी उपवर्ग की अन्य बोलियों के समान हैं।

पहाड़ी उपवर्ग की बोलियाँ

भारत के विभिन्न पहाड़ी क्षेत्र भौगोलिक दृष्टि से अन्य प्रदेशों से कुछ अलग-थलग रहने के कारण, वहाँ की भाषायी स्थिति भी कुछ भिन्न प्रकार की रही है। हिंदी-भाषी क्षेत्र के अंतर्गत, अर्द्धमागधी तथा शौरसेनी अपभ्रंशों के क्षेत्रों के मध्य में कुमाऊँ-गढ़वाल का इलाका है जिसका प्राचीन नाम 'कूर्मांचल' है। नैनीताल, रुद्रपुर, श्रीनगर (गढ़वाल), पौड़ी, देहरादून, अल्मोड़ा आदि पहाड़ी प्रदेश इसी के अंतर्गत हैं। इस क्षेत्र पर पूर्वी या पश्चिमी हिंदी की अपेक्षा राजस्थानी उपवर्ग का प्रभाव कुछ अधिक लक्षित होता है। पहाड़ी उपवर्ग की बोलियों में इस कुमाऊँनी-गढ़वाली बोली को 'केंद्रीय' या 'मध्यवर्ती' पहाड़ी कहा जा सकता है।

इसके अतिरिक्त, भारत के उत्तर में विशाल पहाड़ी क्षेत्र है। संपूर्ण हिमाचल एवं पंजाब-हरियाणा की सीमाओं से सटे जम्मू-कठुआ आदि के क्षेत्र इसके अंतर्गत है। यहाँ की बोली 'उत्तरी पहाड़ी' कहलाती है। इधर भारत के हिंदी-क्षेत्र की पूर्वी सीमाएँ नेपाल जैसे पर्वतीय देश से जुड़ी हैं। नेपाल के गोरखा लोग कई शताब्दियों से भारत के, विशेषतया यहाँ के हिंदी-भाषी क्षेत्रों के संपर्क में आते रहे हैं। परिणामस्वरूप बिहार-उत्तर प्रदेश के पूर्वी क्षेत्रों में जिस पहाड़ी बोली का अस्तित्व है उस पर नेपाल के गोरखा-समुदाय की भाषा का विशेष प्रभाव होने के कारण, उसे 'गोरखाली पहाड़ी' अथवा 'पूर्वी पहाड़ी' कहा जाता है।

इस प्रकार हिंदी की पहाड़ी उपवर्ग की बोलियाँ में (1) मध्यवर्ती पहाड़ी (कुमाऊँनी-गढ़वाली) (2) उत्तर-पश्चिमी पहाड़ी (हिमाचली) तथा (3) पूर्वी पहाड़ी (गोरखाली)—ये तीन बोलियाँ प्रमुख रूप से उल्लेखनीय हैं।

पहाड़ी बोलियों में राजस्थानी उपवर्ग की बोलियों के समान मूर्धन्य ध्वनियों के प्रयोग की प्रवृत्ति प्रमुख है—न > ण, ल > ल़। कहीं-कहीं पूर्वी हिंदी की बोलियों के समान ओकारांतता की प्रवृत्ति भी दिखाई देती है—मीठो फल़, नीको नौनो

(लड़का)बौलो (बावला) अंधो च्यालो (अंधा चेला) आदि। कहीं-कहीं 'न' के स्थान पर 'ल' के उच्चारण की प्रवृत्ति है, जैसे—ने > ले या ल। अधिकांश भविष्यतकालिक क्रिया-रूपों में भी मानक हिंदी की 'ग' ध्वनि की बजाय 'ल' ध्वनि उच्चरित होती है—यो जालो (यह जायेगा)।

पहाड़ी उपवर्ग की बोलियाँ की अलग पहचान के लिए कुछ उदाहरण देखे जा सकते हैं—

	मानक हिंदी (खड़ी बोली)	पहाड़ी
	प्रपंच	फरपंच (महाप्राणीकरण)
	अकेला	इखुलो (महाप्राणीकरण) या इकलो
	ताप	तौ
	ग्राम	गौं
	शीतल	सेलू
	बावला	बौलो
	पहला	पैला
	चेला	च्यालो
	लड़का	नौनो/लौंडा
	लड़के	नौना
	लड़की	नौनी/लौंडी
	बहिन	बैणि
(सर्वनाम)	मैं/हम	मैं, मी:, मि/हम
	तू/तुम	तू/तुम
	तेरा/तुम्हारा	तेरो/तुमारो
	वह/वे	ओ (पु.)/बो (बहु.)
	इसका/इनका	बा (स्त्री) ऊँ, उन
	उसका/उनका	येको/इनरो
		बीको/उनरो

(कारकीय परसर्ग) न, ल (ले)/कू (कणि)/से,ते (थै)/के लिजिक (संप्रदान)/ को,की,के,क,कि/मा,पर,ने (अधि.)

(अव्यय) यहाँ-वहाँ > इखउख (याँ-वाँ)।

इधर-उधर > इथैंउथैं (इथां-उथां)।

आज-कल >आज-भोल,एल्ला-बेलिया।

नहीं > नी।

और > हौर, और।

कुछ वाक्यगत उदाहरण—

मि खाणी छौं	(मैं खाती हूँ)।
बु कख रैन्द (रहदी) ?	(वह कहाँ रहती है) ?
तुमरा बाप कख रैंदन (रहदीन ?)	(तुम्हारे बाप कहाँ रहते हैं)।
मैंन सुण रखे छयो।	(मैंने सुन रखा था)

पूर्वी हिंदी उपवर्ग की बोलियाँ

'पश्चिमी हिंदी' के पश्चात् 'पूर्वी हिंदी' का क्षेत्र सबसे विस्तृत है। इसकी तीन बोलियाँ हैं—(1) अवधी, (2) बघेली, (3) छत्तीसगढ़ी। इनमें 'अवधी' सर्वप्रमुख तथा सर्वाधिक समृद्ध बोली है। उसी की अधिकांश विशेषताएँ 'पूर्वी हिंदी' उपवर्ग की अन्य बोलियों (बघेली और छत्तीसगढ़ी) में झलकती हैं। अतः 'अवधी' का विशद परिचय प्रस्तुत किया जा रहा है।

अवधी

इस बोली का नामकरण अवध (अयोध्या) के आधार पर हुआ है। इसका क्षेत्र लखनऊ, फैजाबाद, सीतापुर, रायबरेली, गोंडा, बाराबंकी, प्रतापगढ़ तक फैला हुआ है। भारत के स्वतंत्र होने (सन् 1947 ई.) से पहले इस पूरे क्षेत्र का नाम 'अवध' ही था।

'अवधी' यद्यपि उत्तर प्रदेश के एक सीमित क्षेत्र की बोली है पर मध्ययुग में इसे एक प्रौढ़, समृद्ध साहित्यिक (काव्य) भाषा होने का गौरव मिल चुका है।

मुगल शासन के दौरान अनेक सूफी-संत लखनऊ-अवध में बस गये थे। उन्होंने अपने प्रेम-मार्गी मत का जन-साधारण में प्रचार करने के लिए, वहाँ की लोक-बोली को अपनी रचनाओं का माध्यम बनाया। यह बोली अवधी थी। धीरे-धीरे 'अवधी' सामान्य जनता के दायरे से बाहर निकलकर सूफी फकीरों और कवियों की वाणी का माध्यम बन गई। मध्ययुग के लोकनायक और हिंदी के प्रसिद्ध भक्त-कवि गोस्वामी तुलसीदास ने भी अपने अमर महाकाव्य 'रामचरितमानस' की रचना 'अवधी' में की। शायद इसलिए कि उनके आराध्य श्रीराम उसी 'अवध' (अयोध्या) के थे। सूफियों की 'अवधी' जहाँ ठेठ जनबोली थी, वहीं तुलसीदास ने उसे अपने संस्कृत ज्ञान के पुट से एक परिमार्जित और परिष्कृत 'काव्य-भाषा' बना दिया। परंतु उनके बाद, 'अवधी' अधिक समय तक काव्यभाषा के रूप में प्रतिष्ठित न रह पाई। इसका एक कारण यह था कि हिंदी-काव्य के क्षेत्र में 'ब्रज' का वर्चस्व

बढ़ गया। यहाँ तक कि स्वय गोस्वामी तुलसीदास ने अपनी अंतिम रचना 'कवितावली' की रचना 'ब्रज' में की। दूसरा कारण यह था कि मुसलमानों का शासन-क्षेत्र दक्षिण तक फैल जाने से अधिकांश सूफी दरवेश भी उधर चले गये। उन्होंने वहाँ की 'दक्षिण हिंदी' को अपना लिया।

इस प्रकार, 'अवधी' यद्यपि साहित्यिक भाषा के पद पर अधिक समय आसीन न रह सकी, तथापि लोक-व्यवहार में उसका प्रचलन आज भी है।

'अवधी' की ध्वनि-संरचना और रूप-रचना मानक हिंदी (खड़ी बोली) से पर्याप्त भिन्न है। उदाहरणतया इसमें 'ऐ' और 'औ' का उच्चारण 'अइ' तथा 'अउ' के रूप में होता है—ऐसा>अइसा, और>अउर। व्यंजन ध्वनियाँ शब्द के अंत में प्रायः उकारांत उच्चरित होती हैं। जैसे—सतु, रामु, दिनु इत्यादि। कुछ पदों के अंत में 'इया' और 'वा' लगाने की प्रवृत्ति है। जैसे—छोकरिया, बेटवा, बचवा इत्यादि। 'ड़' का उच्चारण 'र' के रूप में (प्रायः संज्ञाओं में) होता है। लड़का>लरिका। 'व' प्रायः 'ब' बोला जाता है—बैसु (वयस), बदनु (वदन), बारी (वारी अर्थात् बलिहारी) विचार>बिचार, व्याख्या>बिआखा, विष>बिखु इत्यादि। क्रिया-पदों से अंतिम 'ना' के स्थान पर 'इबो' बोला जाता है—करना—करिबो, चलना—चलिबो आदि।

'अवधी' की भाषिक प्रकृति का वैशिष्ट्य समझने के लिए कतिपय अन्य उदाहरण उपयुक्त होंगे—

मानक हिंदी खड़ी बोली	अवधी
मैं चला।	मइं चलेउँ।
तू चला।	तू चलिस।
हम चलते हैं।	हम चलन।
मैं उसकी पीठ खुजाता हूँ।	मइं ओकर पीठ खजुआत हउँ।
वे कहाँ रहते हैं ?	वे कहा रहत हईं ?
मिट्टी का दीप जलता है।	माटी केर दीप जलइ।
मेरा सिर दुखता है।	मोर मूड़ पिरावत अहइ।
लड़की आकर गिर गई।	लरिकी आइकै गिर गइस।
लड़कों ने गजब कर दिया।	लरिका गजब कर दिहिन।
वे कार्तिक में बंबई जाएँगे।	वे कातक म्हा बंबई जइहईं।
हम भी चलेंगे।	हमउँ चलइ।
बेटा भी चलेगा।	बेटवा उ चलिहै।

छत्तीसगढ़ी

अवध प्रदेश तथा मध्यप्रदेश का सीमावर्ती क्षेत्र 'छत्तीसगढ़' कहलाता है। इसका प्राचीन नाम 'दक्षिण कोसल' भी बताया जाता है। रायपुर, बिलासपुर, खैरागढ़,

सरगुजा, रायगढ़ आदि क्षेत्र इसी के अंतर्गत आते हैं।

'अवधी' बोली-क्षेत्र की अत्यंत निकटवर्ती होने के कारण 'छत्तीसगढ़ी' में अवधी की अधिकांश भाषिक प्रवृत्तियाँ दृष्टिगोचर होती हैं। कुछ विशिष्ट प्रवृत्तियाँ भी उल्लेखनीय हैं। उदाहरणतया छत्तीसगढ़ी में बहुवचन बनाने के लिए 'मन' परसर्ग जुड़ जाता है। जैसे मनुख-मनुखमन (बहुत से मनुष्य), बइल-बइलमन (बहुत से बैल), दाई-दाईमन। कारकीय परसर्गों के अंतर्गत कर्म, करण, संप्रदान और अपादान रूप 'ला' परसर्ग से पहचाने जाते हैं। जैसे—तो ला (तुम्हें, तुमको), ओ ला (उससे), ते ला (उनसे), या ला (इससे), ए ला (इनसे) इत्यादि।

'छत्तीसगढ़ी' की अव्यय-संरचना प्रमुखतया इस प्रकार है—यहाँ-वहाँ > इहाँ-उहाँ, इधर-उधर > एती-ओती, ऐसा-जैसा > अइसन-जइसन, आज-कल > आज-काल, और > अउर।

कुछ वाक्यगत उदाहरण

(क) मैं घर जाथौं। हमन् घर जाथन्।

(ख) ओ घर जाथय (वह घर जाता है)।
ओ मन घर जाथय (वे घर जाते हैं)।

(ग) तैं घर जाथस (तू घर जाता है)।

(घ) ओ परोस में जाके बैठ गई।
ओ मन परोस में जाके बैठ गइन।

'छत्तीसगढ़ी' में 'अवधी' से भिन्न एक अन्य भाषिक प्रवृत्ति भी उल्लेखनीय है। 'अवधी' में तो मध्यवर्ती 'ड़' 'रि' के रूप में उच्चरित होता है—लड़का > लरिका। 'छत्तीसगढ़ी' में मध्यवर्ती 'र' भी लुप्त हो जाता है—लड़का > लरिका > लइका, लड़की > लरिकी > लइकी। लड़के > लरिके > लइकामन (बहु.), लड़किया > लरिकी > लइकीमन (बहु.)।

छत्तीसगढ़ी की एक अन्य विशिष्ट ('अवधी' से भिन्न) प्रवृत्ति भी मिलती है। वह है—महाप्राणीकरण। मानक हिंदी का 'कचहरी' शब्द 'अवधी' में कचेरी किंतु 'छत्तीसगढ़ी' में 'कछेरी' उच्चरित होता है। इसी प्रकार 'सीता' शब्द 'छीता' उच्चरित किया जाता है।

बघेली

उत्तरप्रदेश की सीमा से सटा हुआ मध्यप्रदेश का रीवाँ क्षेत्र और उसके आसपास का इलाका भौगोलिक दृष्टि से 'बघेलखंड' कहलाता है। इसका यह नाम संभवतः बघेलवंशीय शासकों के नाम पर प्रचलित हुआ। यहाँ की प्रमुख लोकबोली 'बघेली'

कहलाती है। 'अवधी' की निकटवर्ती बोली होने के कारण इसमें उसकी ('अवधी' की) अधिकांश भाषिक विशेषताएँ तो लक्षित होती ही हैं, कहीं-कहीं छत्तीसगढ़ी बोली का पुट भी मिलता है। इसीलिए अधिकांश भाषावैज्ञानिक 'बघेली' को 'अवधी' और 'छत्तीसगढ़ी' के बीच की बोली मानते हैं।

छोटा नागपुर की आदिवासी जनजातियों की बोलियों का भी प्रभाव 'बघेली' में देखा जा सकता है—काला आदमी जा रहा है > करियावा मनइवा जात रह हइ।

'बघेली' में बहुवचनांत रूप बिना किसी विशिष्ट परसर्ग को जोड़े एकवचनांत रूप की भाँति ही मिलते हैं—लड़का > लरिका, लड़के>लरिका, लड़की > लरिकी, लड़कियाँ > लरिकी। हाँ, कारकीय रूपरचना के अंतर्गत, बहुवचन के अंत में 'न' परसर्ग जुड़ जाता है जोकि 'अवधी' के ही समान है—लड़कों>लरिकन, लड़कियों>लरिकिन।

'बघेली' के सर्वनाम इस प्रकार हैं—मइँ-हम्ह / तैं-तुम्ह/वा (ओ)-उन्ह।

अव्यय—यहाँ-वहाँ > इहाँ-उहाँ, इधर-उधर > एती-ओती, ऐसा-जैसा > अइसन-जइसन, आज-कल > आजु-काल्हि। अन्य सभी विशेषताएँ 'अवधी' के समान हैं।

बिहारी उपवर्ग की बोलियाँ

बिहार के विशाल क्षेत्र के अंतर्गत अनेक लोकबोलियाँ प्रचलित हैं। उन्हीं को भाषा-वैज्ञानिकों ने 'बिहारी' उपभाषा वर्ग का नाम दिया हैं। उनमें से तीन बोलियाँ विशेषतया उल्लेखनीय हैं—(1) भोजपुरी, (2) मगही, (3) मैथिली। इनमें 'भोजपुरी' सर्वाधिक समृद्ध और प्रचलित है। बिहार से बाहर भारत के विभिन्न महानगरों के अतिरिक्त मॉरिशस जैसे दूरस्थ द्वीपों में भी 'भोजपुरी' बोली का प्रयोक्ता समुदाय बहुत बड़ा है। 'मगही' और मैथिली बोलियों पर 'भोजपुरी' की भाषिक प्रवृत्तियों की झलक स्पष्ट दिखाई देती है। अतः प्रमुख रूप से 'भोजपुरी' का स्वरूप-विवेचन यहाँ अपेक्षित है।

भोजपुरी

भोजपुरी का नामकरण यद्यपि ज़िला शाहाबाद (बिहार) के एक गाँव 'भोजपुर' के आधार पर हुआ है (आजकल 'भोजपुर' एक अलग ज़िला है), तथापि इसका क्षेत्र बिहारी बोलियों में सबसे अधिक है। इसके अंतर्गत गोरखपुर, देवरिया, बलिया, वाराणसी, जौनपुर और मिर्जापुर के ज़िले समाविष्ट हैं।

'भोजपुरी' के इतने अधिक विस्तार और प्रचार-प्रसार का कारण राजनैतिक

रहा। प्राचीन समय में उपर्युक्त 'भोजपुर' गाँव, 'भोजपुर राज्य' की राजधानी रहा। राजकीय तंत्र के अंतर्गत वहाँ की बोली धीरे-धीरे आस-पास के क्षेत्रों में फैल गई। आज लगभग ढाई करोड़ व्यक्ति इसका प्रयोग करते हैं। इसका विस्तार नेपाल की सीमा तक पश्चिमी बिहार, पूर्वी उत्तर प्रदेश तथा छोटा नागपुर तक है।

यद्यपि 'भोजपुरी' में लिखित साहित्य अधिक नहीं है (केवल राहुल सांकृत्यायन की कुछ रचना भोजपुरी में हैं, अन्य रचनाकारों ने या तो 'अवधी' में रचना की, या फिर खड़ी बोली में), तथापि इस क्षेत्र के अनेक गण्यमान्य व्यक्ति राजनीति, कला, सिनेमा तथा खेल-जगत में ख्याति प्राप्त कर चुके हैं। इसलिए यह बोली, अन्य बोलियों की अपेक्षा, उत्तर-पूर्व भारत में अधिक चर्चित तथा लोकप्रिय है। 'गंगा मैया तोहे पियरी चढ़ाइबो' जैसी फिल्मों ने साहित्य-कला के क्षेत्र में अपार प्रशंसा प्राप्त की।

'भोजपुरी' में 'अल्पप्राण' ध्वनियों (क, च, ट, त, प, ब आदि) को 'महाप्राण' (ख, छ, ठ, थ, फ, भ आदि) के रूप में उच्चरित करने की विशेष प्रवृत्ति है। जैसे—

टाँग-ठाङ्। पेड़-फेड़। पतंगा-फतिंगा। महाभारत-महाभारथ।

कहीं-कहीं 'न' का उच्चारण 'ल़' के रूप में होता है। भोजपुरी बोलनेवाले 'नोट' को 'लोट', 'नोटिस' को 'लोटिस' आदि कहते हैं। इसी प्रकार 'ल' को 'र'—गला—गरा, मछली—मछरी, बाल-बार तथा 'श' को 'च' बोलने की प्रवृत्ति भी मिलती है—'शाबास'—'चाबास'।

'भोजपुरी' बोली की एक अन्य भाषिक प्रवृत्ति उल्लेखनीय है। इसमें संख्यावाची विशेषणों—एक, दो, चार आदि के साथ 'गो' या 'ठो' लगाने का प्रचलन है। जैसे—एक ठो रुपिया, दूगो आदमी, चार ठो बइल। इसी प्रकार क्रियाओं के अंत में हलंत 'ल्' जोड़ने की प्रवृत्ति सामान्य है—चलल्, खायल्, गइल् आदि। स्थानवाची क्रिया-विशेषण 'यहाँ', 'वहाँ' के लिए 'इँहवाँ' 'उँहवाँ' आदि का और 'कहाँ' के लिए 'केठाँ' (कौन-सी जगह ?) का प्रयोग होता है।

'भोजपुरी' की भाषिक प्रकृति और विशिष्ट प्रवृत्तियों को तनिक और स्पष्टता से जानने के लिए कुछ अन्य उदाहरण प्रस्तुत किये जा रहे हैं—

मानक हिंदी (खड़ी बोली)	भोजपुरी
मैं घर में हूँ।	मैं घरे हई।
हम घर में हैं।	हमनीका घर हउएँ।
वह घर में है।	ओ घरे हो।
पानी बहता है।	पानी बहत ब।
ऐसी नारियाँ भारत में भरी हुई हैं।	अइसल मेहरारू भारत देस माँ भरल बाड़ी।
तुम घर रहोगे।	तोहनीका घर रहबि।

कौन वन रहे री कोयलिया,	कवना बने रहलु हे कोइलर,
कौन वन जाय।	कवना बने जाए।

मगही

मध्यकालीन 'मागधी' प्राकृत अथवा अपभ्रंश का ही परिवर्तित नाम 'मगही' है। इसमें पूर्वी हिंदी की अधिक निकटता होने के कारण इसे हिंदी की उपबोलियों में सम्मिलित किया जाता है। बिहार का मगध क्षेत्र इसका प्रयोग-केंद्र है जिसके अंतर्गत पटना, हज़ारीबाग, गया के अतिरिक्त भागलपुर और मुँगेर के भी कुछ इलाके शामिल हैं।

इसकी अधिकांश भाषिक प्रवृत्तियाँ 'भोजपुरी' के समान हैं। जो थोड़ा बहुत अंतर दिखाई देता है वह आगे दी गई उदाहरण-तालिका से स्पष्ट हो जाएगा।

मैथिली

बिहार का मिथिला प्रदेश ऐतिहासिक और सांस्कृतिक दृष्टि से पर्याप्त प्रसिद्ध है। दरभंगा, वैशाली, विदिशा, मुज़फ़्फ़रपुर और पूर्णिया ज़िलों के अतिरिक्त मुँगेर और भागलपुर के उत्तरी इलाके भी इसी के अंतर्गत आते हैं। विद्यापति जैसे समर्थ कवियों की बदौलत किसी समय 'मैथिली' बहुत उत्कर्ष को प्राप्त हुई। आजकल यह 'बिहारी' उपवर्ग की एक सामान्य बोली-भर है। बंगाल की सीमाओं से जुड़ी होने के कारण इसमें कहीं-कहीं बंगला की भाँति स्वरांत शब्दों की प्रचुरता है, किंतु अधिकांशतः यह पूर्वी हिंदी की ओर झुकी हुई है।

'मैथिली' बोली की अधिकांश भाषिक प्रवृत्तियाँ 'भोजपुरी' से मिलती-जुलती हैं। थोड़ा-बहुत अंतर क्रिया-रूपों में अवश्य दिखाई देता है।

आगे दी गई उदाहरण-तालिका से 'भोजपुरी', 'मगही' और 'मैथिली' का तुलनात्मक भाषिक स्वरूप भली-भाँति स्पष्ट हो सकता है—

	हिंदी	**भोजपुरी**	**मगही**	**मैथिली**
	वन	बन	बन	बोन
	नींद	नीन	नीन	नीन
	शून्य	सुन्न	सुन्न	सुन्ना
	अँगुली	अँगुरी	अँगुरी	आँगुरी
सर्वनाम	मैं	मैं, हम	मैं, हम	मैं, हम
	हम	हमनीका	हम, हम सब	हम सभ
	तू	तू तें	तू, तुम	तों

	हिंदी	भोजपुरी	मगही	मैथिली
	तुम	तोहनीका	तुम सब	तों सभ, तोहिनी
	तेरा	तोर	तोर	तोरा
	तुम्हारा	तोहरन	तोहरन	तोरा
	वह	ऊ	ऊ	ओ
	वे	ओ	ऊ सब	उन्ह, ओ सभ
	उस	ओकरा	ओकर	ओकर
	उन	उन्हन	उन्कारा	उन्हकर
कारकीय	ने	X	X	X
रूप	को	के, ला	के, ला	कें, ले
	से, द्वारा	से, सें	से, सैं	से, सें, सँ
	को, के लिए	के, के खातिर	के, लागि, ला, लगी	के, कें
	से	से,सें	से, सें	से, सें, सँ
	का, की, के	के,के,के	के, के के	क, केर
	में, पर	में परि, पर	में, मों, पर	मँ में मों
अव्यय	यहाँ-वहाँ	इहवाँ-उहवाँ	हिंआँ-हुँआँ	आड़ठाम-ओइठाम
	इधर-उधर	एहर-ओहर	एहर-उहर	इम्हर-उम्हर
	आजकल	आजु-काल्हि	आज-काल्ह	आइज-काल्हि
	और	अरु, आ	आर	ओ, आ
	कि	कि	कि	कि

इनके अतिरिक्त कुछ वाक्यगत उदाहरण भी इस प्रकार हैं—

हिंदी	भोजपुरी	मगही	मैथिली
(क) मैं घर में हूँ	मैं (हम) धरे हई।	हम घरे ही	हम घरे छी।
(ख) ऐसे लोग भारत में भरे हुए हैं।	अइसन लोग भारत देस में भरल-बाड़े।	अइसन लोग भारत देस में भरल हइन	अइसन लोगन भारत देश में भरिल छथिन्ह।
(ग) हम फूल चढ़ाएँगे।	हम फूल चढ़ाइबि	हम सब फूल चढ़इबउ	हम्मे सब फूल चढ़वउ।
(घ) वह मदद करेगा।	ओ मददि करिहै।	ऊ मदत करतइ	ओ मदत करतइ।

हिंदी और उसकी बोलियों में अंतर

हिंदी (खड़ी बोली—पश्चिमी हिंदी) तथा उसकी अन्य बोलियों में अंतर स्पष्ट करनेवाले कुछ तथ्य-संकेत इस प्रकार हैं—

(1) हिंदी **आकारांत-प्रधान** है (आया, गया, रहा, कहा, घोड़ा, माथा आदि) जबकि उसकी अधिकांश बोलियाँ **ओकारांत-प्रधान** हैं (आयो, गयो, रह्यो, कह्यो, घोड़ो, माथो आदि)।

(2) हिंदी में प्रयुक्त होनेवाले संधिस्वर (ए, ओ) कुछ बोलियों में पृथक् होकर **मूल स्वर-युगल** के रूप में प्रयुक्त होते हैं। जैसे—दो-दुई, बैल-बइल, ऐसा-अइसा, कौन-कउन।

(3) अन्य कुछ बोलियों में यही **स्वर** स्वरसंधि के अनुसार परिवर्तित **व्यंजनों के रूप में** प्रयुक्त होते हैं। जैसे—कौन-कवन (कवण)।

(4) इसके विपरीत, कुछ बोलियों में हिंदी **अर्धस्वर (य, व) के स्थान** पर इनमें आभासित मूल **स्वर इ-उ का प्रयोग** देखा जाता है। यथा—यहाँ-इहाँ, वहाँ-उहाँ।

(5) हिंदी की अधिकांश बोलियों में हिंदी के 'न' के स्थान **'ण'** का उच्चारण प्रचलित है—पानी-पाणी, थाना-थाणा, इत्यादि।

(6) **द्वित्व व्यंजनों के प्रयोग की प्रवृत्ति** भी अधिकांश बोलियों में पाई जाती है। जैसे—तन्नै, मन्नै, गाड्डी, बाब्बू, भीत्तर।

(7) कई बोलियों की ध्वनियों में **महाप्राणत्व की प्रवृत्ति** बड़ी प्रबल है—म्हारो, थारो आदि।

(8) कुछ बोलियों में **क्रियापदों के मध्यवर्ती व्यंजन को हलन्त रूप में बोलने की प्रवृत्ति** दिखाई देती है—मार्‌या, खेल्या, रह्या, कर्‌या, भेज्या, बोल्या इत्यादि।

(9) कहीं-कहीं परसर्ग में उच्चरित **'ओ' ध्वनि 'ओं' या 'ऊँ' के रूप में प्रयुक्त होती है।** जैसे—को-कूँ (मेरे कूँ तेरे कूँ) से-सों-सूं (मो सूँ, तो सूँ) इत्यादि।

(10) हिंदी की **'ल' ध्वनि का उच्चारण** उसकी अनेक बोलियों में **'ल़' (ल और ड़ की मध्यवर्ती ध्वनि) के रूप में** सुना जाता है। यथा—काल़, माल़ा, नाल़ा इत्यादि।

(11) **'श' के स्थान पर 'स' का** उच्चारण हिंदी की अनेक बोलियों की प्रमुख प्रवृत्ति हैं—शमशेर, समसेर, शोक-सोक आदि।

(12) कुछ बोलियों में 'स' का उच्चारण 'छ' के रूप में भी होता है—सीता-छीता, सारा-छारा आदि।

इस प्रकार के, हिंदी और उसकी बोलियों के अंतर-सूचक अनेक अन्य

उदाहरण भी खोजे जा सकते हैं; फिर भी ये सभी बोली-रूप ऐतिहासिक परंपरा तथा भाषिक संरचना की दृष्टि से, हिंदी के साथ गुँथे हुए हैं। इनमें पारस्परिक बोधगम्यता, व्याकरणिक नियमों की समानता तथा सबसे अधिक सामाजिक-सांस्कृतिक रिक्थ की सहभागिता इन्हें हिंदी से अधिक दूर नहीं होने देती। विभिन्न बोलियों में रचित लोक-साहित्य हिंदी की अमूल्य थाती है जिसकी नींव पर मानक हिंदी का सर्जनात्मक साहित्य एक विशाल भवन के रूप में प्रतिष्ठित है।

4. मानक हिंदी : तात्पर्य एवं स्वरूप

'मानक भाषा' का अभिप्राय

'मानक' का अभिप्राय है—आदर्श, श्रेष्ठ अथवा परिनिष्ठित। भाषा का जो रूप, उस भाषा के प्रयोक्ताओं के अतिरिक्त, अन्य भाषा-भाषियों के लिए आदर्श होगा, जिसके माध्यम से वे (अन्य भाषा-भाषी) उस भाषा को सीखेंगे, जिस भाषा-रूप का व्यवहार पत्राचार, शिक्षा, सरकारी काम-काज एवं सामाजिक-सांस्कृतिक आदान-प्रदान में समान स्तर पर होगा, वह उस भाषा का 'मानक' रूप कहलायेगा।

हिंदी में 'मानक' शब्द का प्रचलन अँगरेज़ी के 'स्टैंडर्ड' (Standard) शब्द के पर्याय के रूप में हुआ है। भाषा के जिस रूप को प्रायः व्याकरण-सम्मत, शुद्ध, परिनिष्ठित तथा परिमार्जित कहा जाता है उसके लिए अब 'मानक' शब्द मान्य है। 'स्टैंडर्ड' (Standard) का एक अर्थ 'स्तर' भी है। हमारे जीवन-स्तर की भाँति, भाषा-प्रयोग का स्तर भी भिन्न-भिन्न हो सकता है। पारिवारिक बातचीत में हम जिस स्तर की भाषा का प्रयोग करते हैं, उसका कार्यालय के किसी अधिकारी-पद पर, अध्यापन-क्षेत्र में अथवा साहित्य-संगोष्ठी आदि में नहीं कर सकते। आपसी बोलचाल की भाषा का स्तर सामान्य, विभिन्न बोलियों, अनौपचारिक कथनों तथा अनेक प्रकार के अशुद्ध और असंगत प्रयोगों से युक्त हो सकता है, परंतु शिष्ट समाज में, विधान-सभा या संसद में, कक्षा या कार्यालय में, अदालत या साहित्यिक मंच पर हम उससे कुछ भिन्न स्तर की भाषा का प्रयोग करेंगे जिसे 'उच्च स्तर' (High Standard) की भाषा कहा जाएगा। यही उच्चस्तरीय, आदर्श भाषा 'मानक भाषा' कहलायेगी। यह व्याकरणिक नियमानुसार व्यवस्थित होगी, इसमें स्थानीय बोलियों का समावेश नहीं होगा। यह वह भाषा होगी जो शैक्षणिक-साहित्यिक पुस्तकों, पत्र-पत्रिकाओं, सरकारी कागजों आदि में प्रयुक्त होती है। इस विवेचन के आधार पर हम कह सकते हैं कि **'मानक भाषा किसी देश अथवा राज्य की वह प्रतिनिधि तथा आदर्श भाषा होती है जिसका प्रयोग वहाँ के शिक्षित वर्ग द्वारा अपने सामाजिक, सांस्कृतिक, साहित्यिक, व्यापारिक, वैज्ञानिक तथा प्रशासनिक कार्यों में किया जाता है।'**

मानक भाषा की विशेषताएँ

मानक भाषा एक लंबी विकास-परंपरा के पश्चात् अपने सर्वानुमोदित, व्याकरण-सम्मत, परिनिष्ठित आदर्श रूप को प्राप्त करती है। कोई भी भाषा अपने उद्‌भव-समय में ही (जबकि वह अधिकांशतः 'बोली' की अवस्था में होती है) 'मानक'-रूप में नहीं ढल जाती। इसके लिए उसे अनेक स्तरों और सोपानों से होकर, स्वयं को समृद्ध बनाना पड़ता है। जब वह इतनी स्वतःपूर्ण और आत्मनिर्भर हो जाती है कि हर क्षेत्र और हर विषय से संबंधित अभिव्यक्तियों को सफलतापूर्वक वहन तथा संप्रेषित कर सके तब उसका एक निश्चित रूप सर्वस्वीकृत माना जाने लगता है। अधिक से अधिक लोग उसके प्रयोग में प्रवृत्त होते हैं क्योंकि शिक्षा, साहित्य, वाणिज्य, प्रशासन आदि सभी क्षेत्रों में संभाषण-संचार का माध्यम वही होती है। उसकी इस प्रयोग-बहुलता अथवा उत्तरोत्तर लोकप्रियता का आधार उसकी सहजता को माना जा सकता है। सर्वत्र एक-से व्याकरणिक नियमों में ढली होने के कारण उस (मानक) भाषा के प्रयोक्ता उसे एक ही पद्धति से समझने-अपनाने में सुविधा का अनुभव करते हैं।

उपर्युक्त तथ्यों के परिप्रेक्ष्य में मानक भाषा के कतिपय सामान्य गुण-लक्षण अथवा उसकी प्रमुख विशेषताएँ इन सात उपशीर्षकों के अंतर्गत रेखांकित की जा सकती हैं—(1) ऐतिहासिक परंपरा, (2) स्वायत्तता, (3) केंद्रोन्मुखता, (4) प्रयोग-बहुलता, (5) सहजता या सुबोधता, (6) व्याकरणिक नियमों की समानता, और (7) एकरूपता।

(1) **ऐतिहासिक परंपरा**—किसी भी भाषा के मानक-रूप के पीछे एक सुदीर्घ ऐतिहासिक परंपरा विद्यमान रहती है। वह आरंभ में किस बोली-रूप में अस्तित्व में आई; बाद में कब, किन परिस्थितियों में उसका विकास और परिष्कार होने लगा, फिर किस अवस्था में पहुँचकर वह हर प्रकार की अभिव्यक्ति में समर्थ बन गई, कब उसके शास्त्रीय और व्याकरणिक नियम निर्धारित हुए तथा वह अपने प्रयोक्ता-समुदाय के प्रत्येक कार्य-कलाप का माध्यम बन सकी—यह एक लंबी कहानी होगी, जो भाषा के विकास-इतिहास की साक्षी होगी। यही ऐतिहासिक परंपरा किसी मानक भाषा का सर्वप्रथम लक्षण है।

(2) **स्वायत्तता**—यह मानक भाषा का सर्वप्रमुख गुण अथवा वैशिष्ट्य है। स्वायत्तता का अभिप्राय है अपने-आपमें पूर्ण होना, किसी भी प्रकार की अभिव्यक्ति में सक्षम होना, हर कोटि के संप्रेषण में आत्मनिर्भर होना। उदाहरण के रूप में, आज से पचास वर्ष पूर्व पंजाबी भाषा स्वायत्त नहीं थी; गद्य-पद्य और शिक्षा का माध्यम होते हुए भी उसे विभिन्न अभिव्यक्तियों के लिए हिंदी, उर्दू-फारसी अथवा अँगरेज़ी के विभिन्न प्रयोग अपनाने पड़ते थे, किंतु अब उस भाषा के प्रयोक्ताओं द्वारा विविध-विषयक शब्दावली का निर्माण और विकास कर लिये जाने के कारण, वह

पर्याप्त स्वायत्त हो गई है। यही स्थिति सौ-डेढ़ सौ वर्ष पूर्व खड़ी बोली (हिंदी) की थी जो आज हर दृष्टि से पूर्ण स्वायत्त बन जाने के कारण 'मानक भाषा' कहलाने की अधिकारिणी है। शिक्षा, शास्त्र, ज्ञान-विज्ञान, वाणिज्य, पत्रकारिता, कानून—किसी भी क्षेत्र की किसी भी प्रकार की अभिव्यक्तियों के लिए उसके पास अपना उपयुक्त शब्द-भंडार है, अपनी सार्थक प्रयुक्तियाँ हैं, अपनी संरचना-प्रक्रिया है। उसका यही निजीपन उसकी स्वायत्तता और परिणामतः मानकता का परिचायक है।

(3) **केन्द्रोन्मुखता**—मानक भाषा एक विशिष्ट केंद्रीय रूप की वाहिका होती है, उसी प्रकार, जैसे कोई धुरी किसी चक्र का संचालन करती है। चक्र की गति का केंद्र उसकी धुरी होती है। उसी धुरी के सहारे चक्र के आस-पास के अरे घूमते हैं। मानकता किसी भाषा-रूपी चक्र की धुरी कही जा सकती है। भाषा का विकास, प्रसार और प्रचार उसी मानकता-रूपी धुरी के सहारे होता है।

'केंद्रोन्मुखता' का अभिप्राय यह भी है कि मानक भाषा अपने क्षेत्र और उसके आसपास की अन्य भाषाओं, उपभाषाओं, विभाषाओं और बोलियों का केंद्र बन जाती है। सभी सहवर्तिनी और निकटवर्तिनी भाषाओं के शब्द, पद, अभिव्यक्ति-प्रयोग एवं मुहावरों आदि को वह अपने में दूध-पानी के समान घुला-मिलाकर उनकी संप्रेषण-शक्ति अपने में केंद्रित कर लेती है। जिस प्रकार किसी चक्र के दूर-दूर बिखरे हुए अरे, अलग-अलग होते हुए भी, एक ओर चक्र के बाहरी वृत्त से जुड़े रहते हैं और दूसरी ओर केंद्रीय धुरी पर आकर एकदम साथ-साथ जुड़कर स्वयं चलते हुए, चक्र को भी संचालित करते हैं, उसी प्रकार किसी भाषा की उपभाषाएँ या बोलियाँ ऊपरी तौर पर एक-दूसरे से पृथक् और दूर-दूर प्रतीत होती हुई भी मानक भाषा के साथ बड़ी निकटता से जुड़ी रहती हैं। उदाहरणतः मारवाड़ी बोलनेवाला हरियाणी को और हरियाणी-भाषी भोजपुरी या मारवाड़ी को शायद न समझ पाए, किंतु इन तीनों और अन्य बोलियों के प्रयोक्ता हिंदी के केंद्रीय, अर्थात् मानक रूप को, भली-भाँति समझ सकते हैं।

(4) **प्रयोगबहुलता**—मानक भाषा की एक प्रमुख पहचान या विशेषता यह है कि उसके प्रयोक्ताओं की संख्या पर्याप्त होनी चाहिए। जब तक कोई भाषा किसी सीमित वर्ग में ही प्रयुक्त होगी, वह मानक-रूप प्राप्त नहीं कर सकती। जिस भाषा को जितने अधिक लोग विभिन्न अभिव्यक्तियों के लिए प्रयुक्त करेंगे, वह उतनी अधिक विकसित होगी; उसका एक सर्वमान्य रूप निर्धारित करने की आवश्यकता भी अनुभव होगी जो उसे एक आदर्श अर्थात् 'मानक' रूप प्रदान करने में सहायक सिद्ध होगी।

(5) **सहजता या सुबोधता**—मानक भाषा के स्तर तक वही भाषा पहुँच सकती है जो अधिकाधिक लोगों के लिए सहजतापूर्वक बोधगम्य हो। क्लिष्ट अथवा दुर्बोध भाषा 'क्लासिकल' तो कहला सकती है, 'मानक' नहीं। संस्कृत आज अधिकांश भारतीयों के लिए क्लिष्ट है, अतः इतिहास-परंपरा से समृद्ध और पूर्णतः

व्याकरण-सम्मत होते हुए भी वह मानक-रूप में मान्य नहीं है। दूसरी ओर, हिंदी इसलिए अल्प समय में 'मानक' भाषा बन सकी क्योंकि अधिकांश भारतीयों के लिये उसे समझना, अपनाना और विभिन्न आवश्यकताओं की पूर्ति के लिये अभिव्यक्ति-प्रयोग-हेतु ग्रहण करना अपेक्षाकृत सहज है। बाँगरू और भोजपुरी (जो हिंदी की ही 'बोलियाँ' हैं) बोलनेवाले भले ही एक-दूसरे की बोली समझने में कठिनाई अनुभव करें किंतु हिंदी के मानक-रूप को समझना उनके लिए कठिन न होगा।

(6) **व्याकरणिक नियमों की समानता**—मानक भाषा की एक अन्य विशेषता उसकी व्याकरणिक समानता है। उसकी उपभाषाएँ अथवा बोलियाँ प्रायः मौखिक रूप में प्रयुक्त होती हैं जिसके लिए व्याकरण-संबंधी नियमों के पालन की बाध्यता नहीं। मानक भाषा मौखिक रूप के अतिरिक्त लिखित रूप में भी प्रयुक्त होती है। दोनों रूपों में उसकी मानकता अक्षुण्ण बने रहने का कारण यही है कि वे दोनों रूप एक-से व्याकरणिक साँचे में ढले होते हैं।

(7) **एकरूपता**—हम देखते हैं कि कई शब्द विभिन्न पुस्तकों में अलग-अलग रूपों में छपे मिलते हैं। यथा-राजनीतिक—राजनैतिक; अंतः राष्ट्रीय, अंतर्राष्ट्रीय, अंतरराष्ट्रीय, इत्यादि। यद्यपि ये सभी रूप किसी-न-किसी तर्क के आधार पर शुद्ध कहे जा सकते हैं; तथापि इनमें से किसी एक रूप का अभ्यासी दूसरे रूप को अशुद्ध समझ सकता है, अथवा कोई अन्य भाषा-भाषी हिंदी सीखते समय ऐसे विभिन्न रूपों को देखकर भ्रम में पड़कर उलझ सकता है। इन आशंकाओं के निवारण-हेतु मानक भाषा ध्वनि, शब्द-संरचना एवं वर्तनी आदि सभी स्तरों पर एकरूपता का वरण करती है। कई बार एक ही अर्थ (संकल्पना) के संप्रेषण हेतु एक से अधिक शब्द प्रयुक्त होने लगते हैं। यह स्थिति भाषा की मानकता की दृष्टि से अवांछनीय है। उदाहरणतः 'इंस्पैक्टर' शब्द के पर्यायरूप में कहीं 'अधीक्षक' कहीं 'निरीक्षक' प्रयुक्त होता है। 'लेक्चरर' के लिए प्रवक्ता, प्राध्यापक, शिक्षक, प्रशिक्षक आदि विविध प्रयोग देखे-सुने जाते हैं। 'मानक भाषा' इनमें से किसी एक ही रूप को मान्यता देगी जिससे सर्वत्र एकरूपता बनी रहे और उसकी सर्वमान्यता और शुद्धता पर आँच न आए।

'मानक हिंदी' की पूर्वपीठिका

'मानक हिंदी' खड़ी बोली का वह परिष्कृत रूप है जो आज भारत की राष्ट्रभाषा, राजभाषा और व्यवहार-भाषा के रूप में स्वीकृत है। यह सभी प्रकार की उच्च शिक्षा का माध्यम है; भारत के अनेक राज्यों के प्रशासनिक कार्य-कलाप इसी के माध्यम से होते हैं; इसमें सभी प्रकार के ज्ञान-विज्ञान, वाणिज्य, औद्योगिकी, पत्रकारिता और तकनीक आदि से संबंधित अपनी समर्थ शब्दावली है; अतः यह हर दृष्टि से स्वायत्त

है। इसके प्रयोक्ताओं की संख्या भारत और विदेशों में सत्तर करोड़ से भी अधिक है। इसका प्रयोग-क्षेत्र भारत का विशाल भू-भाग तो है ही, जिसकी सीमा पूर्व में भागलपुर (बिहार) से लेकर पश्चिम में जैसलमेर तक, उत्तर में शिमला और जम्मू से लेकर नेपाल के पूर्वी छोर पर स्थित प्रदेशों तक, दक्षिण में मैसूर तक, उत्तर-पश्चिम में अंबाला (व्यावहारिक दृष्टि से अमृतसर) तक, दक्षिण-पूर्व में रायपुर तथा दक्षिण-पश्चिम में खंडवा तक फैली है; इसके अतिरिक्त नेपाल, मारिशस, रूस, जर्मनी तथा कुछ अन्य यूरोपीय देशों में भी शिक्षण एवं साहित्य के स्तर पर मानक हिंदी का प्रचार-प्रसार है।

'मानक हिंदी' का साहित्य, साहित्यशास्त्र, व्याकरण तथा विविध-विषयक शब्द-भंडार पर्याप्त समृद्ध है। विभिन्न धार्मिक, सांस्कृतिक एवं सामाजिक वर्गों की यह अधिकृत व्यवहार-भाषा है। इसका वैशिष्ट्य मानक भाषा के अपेक्षित सातों तत्त्वों—ऐतिहासिकता, स्वायत्तता, केंद्रोन्मुखता, बहुसंख्यक प्रयोगशीलता, पारस्परिक बोधगम्यता, व्याकरणिक समानता तथा सर्वविध एकरूपता—से समन्वित और संपुष्ट है।

'खड़ी बोली' के बोली-स्तर से विकसित होकर 'मानक हिंदी' स्तर तक पहुँचने की इतिहास-परंपरा बड़ी रोचक है। 'खड़ी बोली' नाम दो सौ वर्षों से अधिक पुराना नहीं; किंतु 'हिंदी' शब्द का भाषा के अर्थ में प्रयोग लगभग डेढ़ हज़ार वर्ष पहले से मिलता है। 'हिंदी' की व्युत्पत्ति 'हिंद' से हुई है, जो मूलतः 'सिंधु' शब्द का परिवर्तित रूप है। प्राचीन समय में अरब-फारस से भारत आनेवाले यात्रियों को सिंधु नदी को पार करके आना पड़ता था। उनके लिए भारत सिंधु-प्रदेश था। वे महाप्राण ध्वनियों का अल्पप्राण में उच्चारण करने के कारण 'सिंधु' को 'हिंदु' और बाद में 'हिंद' कहने लगे। 'हिंदी' का अर्थ हुआ 'हिंद की'। डेढ़ हजार वर्ष पहले भारत की कोई भी भाषा उनकी दृष्टि में 'हिंदी' कहलाने की अधिकारिणी थी। 'हिंद' के साथ जुड़े 'ई' प्रत्यय को संबंध कारक के रूप में प्रयुक्त कर 'हिंदी' शब्द बना जिसका अर्थ है—का, के अथवा की। आधुनिक उर्दू-कवि इकबाल के प्रसिद्ध राष्ट्रीय गीत "हिंदी हैं हम, वतन है हिंदोस्ताँ हमारा' में हिंदी 'भारतवासी' (हिंद-वासी) के अर्थ में ही प्रयुक्त हुआ है।

भाषा के अर्थ में 'हिंदी' शब्द का प्रयोग सर्वप्रथम ईरान (फारस) और अरब में ही हुआ। छठी शताब्दी में संस्कृत के आख्यानक 'पंचतंत्र' का फारसी में अनुवाद करनेवाले हकीम बजरोया नामक विद्वान् ने भूमिका में लिखा कि "यह अनुवाद 'ज़बाने हिंदी' (हिंदी—भारत की भाषा) से किया।" इससे उनका अभिप्राय 'संस्कृत' से था। सातवीं शताब्दी में अनूदित महाभारत के पहलवी-रूपांतर में संस्कृत (अर्थात् भारतीय भाषा) के अर्थ में महाभारत की भाषा (संस्कृत) को 'ज़बाने-हिंदी' कहा गया है। भारत में भी 'हिंदी' शब्द का सर्वप्रथम भाषा के अर्थ में प्रयोग एक विदेशी विद्वान् अलबेरूनी ने ग्यारहवीं शताब्दी में अपनी 'अल-हिंद' नामक पुस्तक में किया।

उसके उपरांत सन् 1333 ई. में इब्नबतूता ने अपनी 'भारत-यात्रा' नामक पुस्तक में एक स्थान पर लिखा है—"तारक नगर की कुछ दीवारों पर 'हिंदी' में नाम खुदे हुए थे।" यद्यपि इन विद्वानों का 'हिंदी' से अभिप्राय 'भारतीय भाषा' (संस्कृत) से था, तथापि इसी समय के आस-पास उत्तर भारत, विशेषतः दिल्ली के आसपास की जन-भाषा 'हिंदी', 'हिंदुई' अथवा 'हिंदवी' के नाम से जानी जाने लगी थी, जिसका अभिप्राय स्पष्टतः आज की खड़ी बोली से था; क्योंकि ब्रज, अवधी आदि तब की काव्य-भाषाएँ तो केवल 'भाषा' कहलाती थीं। एक प्रकार से, मध्ययुग के प्रारंभ से ही 'संस्कृत' के समांतर, जनसामान्य में प्रयुक्त हिंदी को 'भाषा' कहा जाने लगा था। इसके अनेक प्रमाण मिलते हैं; यथा—

(क) संस्कृत कबिरा कूप-जल भाषा बहता नीर। (कबीर)
(ख) लिखि भाषा चौपाई कहै। (जायसी)
(ग) भाषा भनिति मोर मति थोरी। (तुलसी)
(घ) भाषा बोल न जानहीं, जेहिं के कुल के दास। (केशव)

अठारहवीं शताब्दी में पटियाला के कथावाचक रामप्रसाद निरंजनी ने 'योगवासिष्ठ' का हिंदी में अनुवाद करके उसे **'भाषा योगवासिष्ठ'** कहा। उन्नीसवीं शताब्दी के मध्य तक कलकत्ता के फोर्ट विलियम कॉलिज के हिंदी अध्यापक **'भाषा-मुंशी'** कहलाते थे। किंतु दूसरी ओर अधिकांश मुस्लिम लेखकों ने इसे 'हिंदुई' या 'हिंदवी' के नाम से संबोधित किया जो बाद में 'हिंदी' में परिवर्तित हो गया। इस संबंध में सर्वप्रथम प्रमाण अमीर खुसरो-कृत 'खालिकबारी' नामक भाषा-कोश में उपलब्ध है, जिसकी रचना चौदहवीं शताब्दी के आरंभ में हुई। (अमीर खुसरो का देहांत सन् 1326 ई. में माना जाता है।) इस कोश में फारसी हिंदी के पर्यायवाची शब्द पद्यबद्ध शैली में संकलित हैं। कवि ने स्थान-स्थान पर 'हिंदवी' और 'हिंदी' शब्द का प्रयोग किया है—

(क) ख़िश्मो ग़ज़ब दर **हिंदवी रोस।**
(ग़ज़ब के गुस्से को हिंदवी में रोष कहते हैं।)

(ख) कर्ज़ों दामो देन छः हिंदी उधार।
(कर्ज़ को हिंदी में उधार कहते हैं।)

इसके उपरांत जायसी (पंद्रहवीं शताब्दी) का उदाहरण है—**'तुरकी अरबी हिंदवी भाषा जेती आहिं।'**

अठारहवीं शताब्दी के उत्तरार्ध में एक अन्य सूफी कवि नूर मुहम्मद ने तो स्पष्टतः 'हिंदी' शब्द का ही प्रयोग इसी 'हिंदवी' शब्द के अर्थ में किया है—

'का जौ बहुतै हिंदी भाख्यौ।'

कालांतर में, अँगरेज़ों की शिक्षा-नीति और भाषा-नीति के विभिन्न पड़ाव पार करती हुई, उत्तर-पश्चिम भारत की जन-भाषा का 'हिंदी' नाम रूढ़ हो गया जिसमें

ब्रज, अवधी, राजस्थानी, बाँगरू, बुंदेली, बिहारी, पहाड़ी आदि बोलियों का समन्वित मिश्रण था और जिसका उद्‌गम-स्रोत सीधे संस्कृत से जुड़ता था।

वर्तमान 'मानक हिंदी' के पूर्व रूप 'खड़ी बोली' का जन-प्रयोग और साहित्यिक प्रयोग तो बारहवीं-तेरहवीं शताब्दी से मिलता है किंतु इसका नाम 'खड़ी बोली' के रूप में सर्वप्रथम सन् 1803 ई. में लल्लूलाल-कृत 'प्रेमसागर' में उल्लिखित है—

''...संवत् 1860 में श्री लल्लूजी लाल कवि...आगरेवाले ने जिसका सार ले यावनी भाषा छोड़, दिल्ली आगरे की खड़ी बोली में कह, नाम 'प्रेमसागर' धरा।'

इसी वर्ष सदल मिश्र ने भी 'नासिकेतोपाख्यान' में इस भाषा को 'खड़ी बोली' कहते हुए लिखा—

''अब संवत् 1860 में नासिकेतोपाख्यान को, जिसमें चंद्रावती की कथा कही है, देववाणी से कोई समझ नहीं सकता, इसलिए खड़ी बोली में किया।''

दो वर्ष पश्चात् उन्हीं द्वारा रचित 'रामचरित्र' में 'खड़ी बोली' के भाषा-रूप का कुछ अधिक स्पष्ट आभास हो जाता है, जिसे उन्होंने **'अरबी-फारसी प्रभाव से मुक्त'** शुद्ध भाषा ठहराया—

''अब इस पोथी को भाषा करने का कारण सिद्ध है कि मिस्टर जॉन गिलक्रिस्त साहब ने ठहराया और एक दिन आज्ञा दी कि अध्यात्मरामायण को ऐसी भाषा में करो जिसमें अरबी-फारसी न आवे। तब मैं इसको खड़ी बोली में करने लगा और संवत् 1862 में इस पोथी को समाप्त किया।'' विदेशी भाषा के प्रभाव से मुक्त खड़ी बोली को 'शुद्ध' (आज के संदर्भ में 'मानक') मानने की प्रवृत्ति को बाद में दिल्लीवासी इंशाअल्ला खाँ ने अपनी 'रानी केतकी की कहानी' में और पुष्ट किया। उन्होंने प्रतिज्ञा की—**''कोई ऐसी कहानी कहिए कि जिसमें हिंदवी छुट और किसी बोली का पुट न मिले, जब जाके मेरा जी फूल की कली के रूप में खिले। बाहर की बोली और गँवारी कुछ उसके बीच में न हो। हिंदवीपन भी न निकले और भाखापन भी न हो। बस जैसे भले लोग अच्छों से अच्छे आपस में बोलते-चालते हैं।''**

ऊपर दिए गए विवरण से स्पष्ट हो जाता है कि 'खड़ी बोली' में मानक भाषा बनने की क्षमता शुरू से ही विद्यमान थी। सदल मिश्र तथा इंशाअल्ला खाँ के वक्तव्यों से स्पष्ट है कि उस युग के साहित्यकार 'खड़ी बोली' के मानकीकरण के प्रति कितने सचेष्ट थे, यद्यपि इसके लिए उन्होंने 'शुद्ध' एवं 'शिष्ट समुदाय की भाषा' आदि विशेषणों का ही प्रयोग किया है। उनके 'आदर्श-भाषा'-विषयक दृष्टिकोण का सार यह है—

(1) वह विदेशी (अरबी फारसी) प्रभाव से मुक्त हो।

(2) उसमें न तो संस्कृत के क्लिष्ट शब्दों की भरमार हो, न ही क्षेत्रीय, आंचलिक (गँवारू) बोलियों का पुट हो।

(3) वह शुद्ध हिंदी हो।

(4) वह शिष्ट-समुदाय में प्रयुक्त होती हो।

बाद में खड़ी बोली के इसी 'शुद्ध' अथवा 'शिष्ट' रूप को 'ठेठ हिंदी' कहा गया। (इस संबंध में अयोध्यासिंह उपाध्याय-कृत 'ठेठ हिंदी का ठाठ' नामक पुस्तक द्रष्टव्य है।) यही ठेठ हिंदी भारतेंदु (भारतेंदु हरिश्चंद्र ने सन् 1873 ई. में 'कालचक्र' नामक पुस्तक में लिखा था—**'हिंदी नई चाल में ढली।'**), स्वामी दयानंद, बालमुकुंद गुप्त, महावीरप्रसाद द्विवेदी, मैथिलीशरण गुप्त, प्रसाद, प्रेमचंद, निराला और रामचंद्र शुक्ल जैसे साहित्यकारों द्वारा निरंतर परिष्कृत होकर मानकीकरण के उच्चतम स्तर पर पहुँची जिसे कुछ वर्ष पहले तक 'परिनिष्ठित हिंदी' के नाम जाना जाता था। जब भारत-सरकार के शब्दावली आयोग ने अँगरेज़ी 'स्टैंडर्ड' (Standard) शब्द के लिए 'मानक' पर्याय ग्रहण किया तो यह 'मानक हिंदी' कहलाने लगी।

इस संदर्भ में भारतीय स्वाधीनता-संग्राम द्वारा हिंदी को 'मानक' स्तर तक पहुँचाने में जो योगदान मिला, वह अविस्मरणीय है। सभी समाज-सुधारकों तथा राष्ट्रीय नेताओं ने 'खड़ी बोली' में ही जन-जन तक जागरण का संदेश पहुँचाया। इससे हिंदी का अद्भुत परिष्कार और निखार तो हुआ ही, देश-भर में प्रसार भी हुआ। इसमें विभिन्न पत्र-पत्रिकाओं ने भी अत्यंत महत्त्वपूर्ण भूमिका निभाई। वास्तव में हिंदी को एकरूपता, स्वायत्तता, संप्रेषण-क्षमता प्रदान करके राष्ट्रभाषा और राजभाषा के पद तक पहुँचाने में पत्रकारिता एक सुदृढ़ आधार-स्तंभ सिद्ध हुई।

ऐसा प्रतीत होता है कि आज की 'मानक हिंदी' के पूर्व नाम 'खड़ी बोली' का नामकरण भी इसके मानकता-गुणों को समक्ष रखकर ही किया गया होगा। डॉ. कैलाशचंद्र भाटिया के कथनानुसार 'जिस प्रकार 'स्टैंडर्ड' (Standard) शब्द के मूल में 'स्टैंड' (Stand) धातु है उसी प्रकार 'खड़ी' में 'खड्' धातु है। स्वयं गिलक्रिस्त महोदय ने खड़ी बोली को 'प्योर' (Pure), 'स्टर्लिंग' (Sterling), 'पर्टिक्यूलर ईडियम (Particuler Idiom) अर्थात् विशुद्ध, उत्कृष्ट, विशिष्ट प्रयोग आदि विशेषणों से संबोधित करते हुए 'स्टर्लिंग' (Sterling) शब्द की व्याख्या इस प्रकार की है—स्टर्लिंग (Sterling), स्टैंडर्ड (Standard), जैनुइन (Genuine), (अर्थात् उत्कृष्ट—परिनिष्ठित—अकृत्रिम)।' (द्रष्टव्य : 'भाषा' त्रैमासिक का 'विश्व हिंदी सम्मेलन अंक' (1975), पृष्ठ 79) 'बोली' भाषा का पर्याय (भाष्—बोलना, भाषा-बोली जानेवाली) है ही; अतः 'खड़ी बोली' का अर्थ ही हुआ—'स्टैंडर्ड लैंग्वेज' (Standard Language) अर्थात् 'मानक भाषा'। वही आज 'मानक हिंदी' के रूप में ज्ञात और स्वीकृत है।

'मानक हिंदी' : स्वरूप-गत विविध आयाम

'मानक हिंदी' की पूर्वपीठिका के प्रसंग में स्पष्ट किया जा चुका है कि यह खड़ी बोली का वह परिष्कृत रूप है जिसे भौगोलिक दृष्टि से बहुत विस्तृत क्षेत्र में सर्वमान्य रूप से शिक्षित-शिष्ट समुदाय द्वारा प्रयोग में लाया जाता है। इसे राजनैतिक दृष्टि से राष्ट्रभाषा, राजभाषा और संपर्क भाषा का दर्जा प्राप्त है। यह साहित्य, शिक्षा, आदान-प्रदान तथा संप्रेषण का माध्यम है। **ये सब इसके बहिरंग आयाम हैं।** इन आयामों का मूल—अंतरंग आधार—मानक हिंदी की वह एकरूपता है जो ध्वनि, शब्द और वाक्यस्तर पर कुछ विशेष और सर्वत्र समानतः गृहीत व्याकरण-बद्धता के कारण सहजता-सुबोधता लिए हुए है। **व्यवस्था एवं संरचना-परक इस एकरूपता के विधायक सामान्य लक्षणों को हम 'मानक हिंदी' का अंतरंग तथा सबसे प्रमुख आयाम कह सकते हैं।**

'मानक हिंदी' के बहिरंग **आयाम** के अंतर्गत हम मानक भाषा के उन सातों सामान्य गुण-लक्षणों का उल्लेख कर सकते हैं जो किसी 'बोली' या 'भाषा' को 'मानक' रूप प्रदान करते हैं। वे लक्षण हैं—(1) स्वायत्तता, (2) ऐतिहासिक परंपरा, (3) भौगोलिक विस्तार, (4) राजनैतिक प्रमुखता, (5) प्रयोक्ता समुदाय की संख्या-बहुलता, (6) शिक्षा, साहित्य, प्रशासन, कला-संस्कृति के माध्यम-रूप में मान्यता, और (7) एकरूपता।

अंतरंग अर्थात् भाषिक संरचना और व्याकरणिक व्यवस्था की दृष्टि से 'मानक हिंदी' के स्वरूप का निर्माण करनेवाले प्रमुख आयाम हैं—ध्वनि, रूप (शब्द और पद) तथा वाक्य।

'मानक हिंदी' की ध्वनियों का स्वरूप

(1) मानक हिंदी की ध्वनियाँ मुख्यतः दो वर्गों में विभक्त हैं—(क) स्वर, एवं (ख) व्यंजन; किंतु इस दृष्टि से हिंदी भाषा की सामान्य विशेषता यह है कि **सभी ध्वनियाँ स्वर-आधारित हैं;** अर्थात् व्यंजन भी स्वर-सहित होने पर ही पूर्ण एवं भाषिक इकाई माने जा सकते हैं। क्, त्, प्, ज् आदि व्यंजन 'अ' स्वर-युक्त होकर क, त, प, ज आदि रूप में भाषिक प्रकार्य का दायित्व वहन कर सकते हैं।

(2) मानक हिंदी में प्रयुक्त होनेवाले **स्वर मौखिक और अनुनासिक दोनों हो सकते हैं;** अर्थात् ये स्वर मुख के भीतरी उच्चारण-अवयवों (जिह्वा, तालु, ओष्ठ आदि) से तो उच्चरित होते ही हैं, नासिको द्वारा भी उच्चरित हो सकते हैं। जैसे—अब (अ-मौखिक), अंश (अं-अनुनासिक); आज-आँख; इति-इंद्र; ईख-ईंधन; उगना-उँगली; ऊपर-ऊँचा; आए-आएँ; भाइयो-भाइयों (ओ-ओं), ओक-जोंक; औपचारिक-औंधा; इत्यादि।

(3) ए, ऐ और ओ, औ को पहले संधिस्वर (संयुक्तः दो स्वरों के मेल से बना हुआ) माना जाता था (अ+इ=ए; अ+उ=ओ)**परंतु अब ए–ऐ, ओ–औ को मानक**

हिंदी में मूल स्वर मान लिया गया है।**

(4) 'अ' स्वर यद्यपि प्रत्येक व्यंजन में प्राकृतिक रूप से उपस्थित माना जाता है, जैसे—कमल (क्+अ+म्+अ+ल्+अ) **परंतु मानक हिंदी में कई व्यंजनों में 'अ' स्वर लेखिम (लिपिबद्ध) रूप में विद्यमान होने पर भी इसका उच्चारण नहीं होता।** उदारणतः 'वह चलता है', 'लिखता है', 'आप कहाँ जा रहे हैं' आदि में चलता का 'ल', लिखता का 'ख' और आप का 'प' लिखित रूप में अ—स्वर-सहित हैं किंतु इनका उच्चारण हम ल् (चल्ता), ख् (लिख्ता), और प् (आप्) के रूप में करते हैं। इस प्रकार प्रायः किसी शब्द के मध्य और अंत में प्रयुक्त व्यंजन लिपि में पूर्ण होते हुए भी उच्चारण में हलंत रूप लिये रहते हैं।

(5) **मानक हिंदी 'आ' स्वर-प्रधान है।** जैसे—लड़का, घोड़ा, माथा, आया, रहा, अच्छा-बुरा आदि। (यही लक्षण मानक हिंदी को ब्रज, अवधी, भोजपुरी, हरियाणी आदि अन्य हिंदी-रूपों (उप-भाषाओं) से अलगाता है जिनमें आयो, घोड़ो, छोरो, रह्यो, भलो-बुरो आदि प्रयोग मिलते हैं।)

(6) **मानक हिंदी की ध्वनियों में मात्रा का विशेष महत्त्व है।** यह मात्रा ह्रस्व (अ, इ, उ) और दीर्घ (आ, ई, ऊ, ए, ओ) के विभेद से तो निजी विशिष्टता (भाषिक संरचना, रूप-रचना एवं अर्थ-संकल्पना की दृष्टि से) रखती ही है; साथ ही अनुतान, बलाघात, स्वराघात आदि अमूर्त्त भाषिक तत्त्व भी स्वर-मात्रा के विभेद-निर्णय में सहायक स्वीकार किये जाते हैं। जैसे—'ओऽऽ ! आप आ गये ?' में 'आप' पर बल होने के कारण, अभिप्राय है 'कोई और नहीं, आप ही आये'। या 'आप क्यों आये ? आना तो किसी और को था।' यही बलाघात यदि 'आ गये' पर हो (आप आ गये ?) तो वही कथन यह व्यंग्यार्थ देगा कि 'आप इतनी देर से आये' अथवा 'आपको आना तो नहीं था, फिर भी आ गये' आदि। संलाप अथवा संभाषण के अवसर पर, अंतरंग भावों को जीवन्तता से अभिव्यक्त और सम्प्रेषित करने में इऩ अमूर्त्त स्वर-मात्रा तत्त्वों का प्रयोग मानक हिंदी की एक महत्त्वपूर्ण विशेषता है।

(7) मानक हिंदी ने अपनी उदार-लचीली एवं समन्वयमूलक प्रवृत्ति के कारण अपनी अभिव्यंजना-क्षमता और संप्रेषण-क्षमता को अधिकाधिक वास्तविकता, यथार्थता प्रदान करने के लिए **अन्य भाषाओं की कतिपय स्वर-ध्वनियों को भी अपने ध्वनि-परिवार में सम्मिलित कर लिया है।** बंगला के ओ तथा अंग्रेजी के ऑ (अ और ओ का मध्यवर्ती स्वर) इसके प्रत्यक्ष उदाहरण हैं। (आ स्वर का अर्ध ओ जैसा उच्चारण) यथा—डॉक्टर, बॉक्स, ऑपरेशन आदि में उच्चरित ऑ 'आ' और 'ओ' से भिन्न इनका मध्यवर्ती स्वर है।

(8) व्यंजन-ध्वनियों के संदर्भ में, मानक हिंदी का सर्वप्रथम उल्लेखनीय लक्षण यह है कि इसमें **'य' और 'व' व्यंजन का उच्चारणगत प्रयोग स्वर और व्यंजन—दोनों रूपों में मान्य है,** इसीलिए इन्हें 'अर्ध-स्वर' भी कहा गया है। मानक हिंदी में 'आये' और 'आए', 'अगुवा' और 'अगुआ' दोनों रूप मान्य हैं। कहीं-कहीं,

लिखित रूप में 'य' और 'व' व्यंजन-रूप में उपस्थित होते हुए भी उच्चरित रूप में स्वर-ध्वनि का आभास देते हैं। जैसे आया (लिखित)—आइआ (उच्चरित), बुर्जुवा (लिखित)—बुर्जुआ (उच्चरित), इत्यादि।

(9) **मानक हिंदी में 'श' और 'स' ध्वनियों का उच्चारण, लेखिम रूप में प्रयोग एवं अर्थ-विभेद पूर्णतया स्पष्ट तथा शुद्ध है।** अन्य भाषाओं की तरह यहाँ इनमें किसी भ्रांति की गुंजाइश नहीं (जैसे—बंगला में 'स' का उच्चारण 'श' और ब्रजभाषा तथा हरियाणवी आदि में 'श' का उच्चारण 'स' के रूप में होता है)।

(10) इस संबंध में 'श' और 'ष' के ध्वनि-भेद का उल्लेख करना भी आवश्यक है। **मानक हिंदी में 'ष' का उच्चारण 'श' के समान होता है** (पुरानी हिंदी की तरह 'ख' के समान नहीं जैसे भाषा-भाखा, अभिलाषा—अभिलाखा, आदि)। लिखित रूप में 'ष' का प्रयोग केवल उन्हीं (तत्सम) शब्दों में होता है जो संस्कृत से यथावत् हिंदी में गृहीत हैं; जैसे—षट्कोण, षडानन, निकष, निष्कर्ष इत्यादि।)

(11) **व्यंजन-ध्वनियों का संयुक्त और द्वित्व रूप में** प्रयोग मानक हिंदी का एक अन्य उल्लेखनीय लक्षण है। यह लक्षण संभवतः अन्य किसी भाषा में (संस्कृत और उससे उद्भूत एकाध भाषा को छोड़कर) नहीं है। 'क्ष-त्र-ज्ञ' संयुक्त व्यंजन्-ध्वनियाँ मानक हिंदी की ध्वनि-व्यवस्था में मूल रूप से ही समाविष्ट हैं। अन्यत्र भी संयुक्त व्यंजन-प्रयोग पर्याप्त हैं, जैसे—**भक्त, प्रताप, चिह्न, ब्रह्म, सप्त, द्वार, सिद्ध, द्राक्षा, परिपक्व, विद्या,** इत्यादि।

द्वित्व व्यंजन-प्रयोग के उदाहरण हैं—**उद्दाम** (द्द), **उत्तर** (तत्), **पक्का** (क्क), **कच्चा** (च्चा), **सज्जन** (ज्ज), **अन्न** (नन्) आदि।

(12) उपर्युक्त (ग्यारहवें) लक्षण के आधार पर, मानक हिंदी का यह सर्वप्रमुख लक्षण भी स्पष्ट हो जाता है कि इसमें **रूपिम** और **लेखिम** अर्थात् उच्चरित एवं लिखित रूप में पूर्णतया एकरूपता है। **मानक हिंदी में जैसा बोला जाता है, वैसा ही ज्यों-का-त्यों लिखा जा सकता है—जैसा लिखा जाता है वैसा ही ज्यों-का-त्यों उच्चरित हो सकता है।** यहाँ एक ध्वनि के लिए एक ही दृश्य वाक्-प्रतीक (लिपि-चिह्न) निश्चित है। (अँगरेज़ी, फ़ारसी आदि भाषाओं में किसी ध्वनि के लिए एक से अधिक चिह्न हैं, किसी एक लिपि-चिह्न में से एक से अधिक ध्वनियों का बोध होता है।) **उच्चारण और लेखन में समरूपता पर आधारित यह शुद्धता केवल मानक हिंदी की थाती है।**

(13) मानक हिंदी ने, आवश्यकतानुसार अपनी अभिव्यंजना-क्षमता तथा संप्रेषण-सामर्थ्य में पूर्णता और सटीकता बनाये रखने के उद्देश्य से, अन्य भाषाओं की कतिपय **स्वर-ध्वनियों की भाँति व्यंजन-ध्वनियों को भी उदारता से अपना लिया है। फ़ारसी की क़, ख़, ग़, ज़, फ़ ध्वनियाँ इसका उदाहरण है।** क़ और ख़ ध्वनियाँ क्योंकि क, ख ध्वनियों से पृथक् अर्थविभेदक स्वनिम की सत्ता नहीं रखतीं (कलम-क़लम, ख़बर-खबर आदि के अर्थ-बोध में कोई अंतर नहीं); अतः

इनका उपयोग और प्रयोग मानक हिंदी ने छोड़ दिया है। शेष तीनों ध्वनियाँ (ग़, ज़, फ़) मानक हिंदी में सर्वमान्य हैं; क्योंकि इनमें अर्थ-विभेदक क्षमता है। यथा—गौर—गोरा (रंग), ग़ौर—ध्यान (देना); जरा—बुढ़ापा, ज़रा—तनिक, फैल—विस्तीर्ण (होना), फ़ैल—अनुत्तीर्ण, इत्यादि।

'मानक हिंदी' की रूप-रचना का स्वरूप

'रूप' से अभिप्राय यहाँ विभिन्न ध्वनियों से संरचित उन शब्दों एवं पदों से है, जिनमें विकारी-अविकारी भेद से विभिन्न रूप संभव हैं तथा जिनमें लिंग-वचन-कारक, वाच्य आदि के कारण विशेष परिवर्तन अपेक्षित हैं। इस संबंध में 'मानक हिंदी' की शब्द-संरचना और पद-संरचना का स्वरूप मुख्यतः नौ लक्षणों या विशेषताओं पर आधारित है जिनका संक्षिप्त विवेचन आगे किया जा रहा है—

(1) व्याकरणिक स्तर पर मानक हिंदी के शब्द दो वर्गों (विकारी और अविकारी) में विभक्त हैं। दोनों वर्गों में चार-चार प्रकार के शब्द हैं। प्रथम वर्ग में संज्ञा, सर्वनाम, विशेषण, क्रिया तथा द्वितीय वर्ग में क्रियाविशेषण, योजक, समुच्चय-बोधक और विस्मयादि-बोधक शब्द हैं। प्रथम वर्ग के शब्दों के रूप लिंग, वचन, कारक, वाच्य आदि के कारण बदल सकते हैं। (लड़का—लड़के-लड़कों, लड़की—लड़कियों आदि); जबकि द्वितीय वर्ग के शब्दों के रूप हर अवस्था में एक-से रहते हैं (धीरे, तथा, बिना, हाय आदि)।

(2) मानक हिंदी में संज्ञा-शब्दों के प्रमुखतया केवल चार रूपांतर संभव हैं—दो मूल रूप और दो उनके विकृत (परिवर्तित रूप); जैसे—बाला-बालाएँ, बालाओ—बालाओं, इत्यादि। (यह लक्षण प्रायः आकारांत संज्ञा-पदों पर लागू होता है—लड़का, कन्या, माता, राजा आदि।)

(3) मानक हिंदी में विशेषण और क्रिया पदों के रूप संज्ञा-पदों के लिंग, वचन आदि के अनुसार चलते और बदलते हैं। यथा—भला बालक, भली बालिका, भले लोग; (बालक) आता है, (बालिका) आती है, (लोग) आते हैं; इत्यादि। अँगरेज़ी में ब्वाय (Boy—बालक), गर्ल (Girl—बालिका), पीपुल (people—लोग) के लिए एक ही विशेषण-रूप 'गुड' (Good—भला) प्रयुक्त होगा। 'ब्वाय' और 'गर्ल' दोनों के साथ 'कम्स' क्रिया-रूप प्रयुक्त होगा—(Boy comes, Girl Comes.)।

(4) मानक हिंदी में केवल दो लिंग (पुल्लिग—स्त्रीलिंग) और दो वचन (एकवचन—बहुवचन) हैं; अँगरेज़ी और संस्कृत का नपुंसकलिंग तथा संस्कृत-सरीखी कुछ भाषाओं का द्विवचन मानक हिंदी में मान्य नहीं।

(5) मानक हिंदी में आठों कारकों के लिए विभक्ति-चिह्न (ने, को, से, पर आदि) निश्चित हैं जो संज्ञा या सर्वनाम पदों के बाद परसर्ग के रूप में प्रयुक्त होते हैं। (अँगरेज़ी में टु-To, फ्राम-From, इन-In, ऑन-On आदि विभक्ति-चिह्न

संज्ञा-सर्वनाम पदों से पूर्व प्रयुक्त होते हैं।)

(6) कर्त्ता-कारक में (अकर्मक क्रिया को छोड़कर) 'ने' विभक्ति-चिह्न का प्रयोग मानक हिंदी की एकदम निजी विशेषता है। (अँगरेज़ी में किसी भी अवस्था में कर्त्ता कारक-सूचक कोई परसर्ग प्रयुक्त नहीं होता।)

(7) मानक हिंदी में आठों कारकों के सभी रूपों में संज्ञा-सर्वनाम के केवल दो रूपांतरों से काम चल जाता है—एक मूल (प्रतिपादक) रूप और दूसरा विभक्ति-चिह्न के अनुसार परिवर्तित (विकृत) रूप। (संस्कृत में सभी (आठों) कारकों में संज्ञा-सर्वनाम पदों के, सभी स्थितियों में (तीनों वचनों में) अलग-अलग रूपांतर होते हैं—रामः रामौ रामाः रामेण रामाभ्याम् रामात् रामस्य रामे रामयोः रामेषु रामानाम् अथवा अहम् आवाम् वयम् माम् मया महयम् मम मयि, अस्माकम् इत्यादि।)

(8) मानक हिंदी की क्रिया-संरचना का वैशिष्ट्य यह है कि यह तीन कालों (भूत—वर्तमान—भविष्यत्), तीन अभिप्रेतार्थों (निश्चयार्थ, आज्ञार्थ, संभावनार्थ), तीन कालवस्थाओं (सामान्य, पूर्ण, अपूर्ण) तथा तीन वाच्यों (कर्तृ, कर्म, भाव) में संघटित है।

(9) मानक हिंदी का क्रिया-संबंधी एक अन्य सामान्य लक्षण यह है कि इसमें क्रिया के साधारण रूप के अंत में 'ना' प्रत्यय जुड़ा रहता है। जैसे—पढ़ना, लिखना, चलना, खेलना, आना, घूमना, इत्यादि।

'मानक हिंदी' की वाक्य-संरचना का स्वरूप

(1) मानक हिंदी का वाक्य-गठन-संबंधी सर्वप्रथम उल्लेखनीय लक्षण यह है कि इसमें पद-न्यास कर्त्ता—कर्म—क्रिया के क्रम से रहता है।

(2) मानक हिंदी की वाक्य-रचना संबंधी दूसरी विशेषता यह है कि इसमें प्रायः वाक्य के 'उद्देश्य' भाग के विस्तारक अंश तथा 'विधेय' भाग के विस्तारक अंश को क्रमशः उद्देश्य और विधेय से पूर्व ही रखा जाता है।

(3) विशेषण को प्रायः विशेष्य से तथा क्रिया-विशेषण को क्रिया से पूर्व नियोजित करने की प्रवृत्ति भी मानक हिंदी की वाक्य-गठन-संबंधी उल्लेखनीय विशेषता है।

इस प्रकार 'मानक हिंदी' का अंतरंग स्वरूप उपर्युक्त पच्चीस सामान्य लक्षणों पर आधारित है। इनके अतिरिक्त, सूक्ष्म विवेचन द्वारा यद्यपि अनेक अन्य लक्षण भी खोजे जा सकते हैं (जैसे—अल्पप्राण ध्वनि के बाद 'ह' ध्वनि होने पर उसका महाप्राण ध्वनि में बदल जाना—कब ही—कभी; तब ही—तभी; संधि और समास में संस्कृत-प्रविधि का अनुसरण करने पर भी लोक-सुविधानुसार संक्षिप्त तद्भव रूप गढ़ लेना—अठन्नी, घुड़दौड़, तिराहा, चौमासा, आदि); तथापि मुख्य रूप से उल्लेखनीय लक्षण वही हैं, जिनका संक्षिप्त परिचय दे दिया गया है।

5. प्रयोजनात्मक हिंदी : विविध रूप और क्षेत्र

भाषा का एकमात्र प्रकार्य है—संप्रेषण, मानव से मानव का संलाप, हृदय का हृदय से संवाद, विविध मानवीय संकल्पनाओं और गतिविधियों का संचार। इस प्रकार्य को संपन्न करने के लिए भाषा शब्द और अर्थ के जिस आवरण का वरण करती है वह बहुआयामी और बहुप्रयोजनात्मक है। मूलतः, उत्स के स्तर पर भाषा प्रायः एक सुनिश्चित ध्वनि-समूह, रूप-संरचना एवं वाक्य-विन्यास का साँचा लिये रहती है किंतु ज्यों-ज्यों वह (भाषा) विकास और प्रसार के विविध पड़ाव पार करती है, त्यों-त्यों उसके प्रकार्यात्मक-प्रयोजनों के दायरे भी विस्तृत होने लगते हैं। तब उन बहुविध प्रयोजनों का निर्वाह करने के लिए भाषा की ध्वनि-रूप-वाक्यपरक संरचना की विभिन्न रेखाएँ मूलतः एक-सी होते हुए भी अनायास अलगाने लगती हैं। उदाहरणतया 'संज्ञा' शब्द की ध्वनि-व्यवस्था और रूपरचना सदा एक-सी रहेगी किंतु सामान्य मानव-व्यवहार में यह शब्द 'चेतना' का द्योतन कराता है (दुर्घटना के कारण वह संज्ञा-शून्य हो गया, कुछ उपचार के पश्चात् उसकी संज्ञा लौट आई), जबकि यही शब्द व्याकरणिक प्रयोजन के दायरे में आते ही एक विशिष्ट पारिभाषिक प्रयुक्ति बन जाता है (संज्ञा-पद विकारी होते हैं, व्यक्ति, जाति और भाव के आधार पर संज्ञा तीन प्रकार की है, संज्ञा के स्थान पर प्रयुक्त होनेवाला पद सर्वनाम है, संज्ञा-पद की विशेषता का बोध करानेवाला शब्द विशेषण कहलाता है ...आदि)। इस तरह प्रयोजन का दायरा बदलते ही किसी भाषिक इकाई का संदर्भ, अर्थ और प्रकार्य एकदम भिन्न हो जाता है। 'रस' शब्द के प्रायोगिक स्वरूप की विविधता इसका एक अन्य प्रमाण है। दो ध्वनियों से संरचित यह छोटा-सा शब्द-रूप वनस्पतिशास्त्रीय प्रयोजन की सार्थकता के लिए जिस पदार्थ, तत्त्व या तात्पर्य का अवबोधक है (नींबू का रस, आम का रस), काव्यशास्त्रीय परिधि में आते ही यह उससे एकदम भिन्न हो जाता है (शृंगार रस, वीर रस, हास्य रस)। यहाँ 'रस' शब्द 'अलौकिक आनंद' की ओर संकेत करता है जबकि वनस्पतिशास्त्र में इसका प्रयोजन है—एक विशिष्ट स्वादयुक्त तरल पदार्थ का बोध कराना। यही शब्द आयुर्विज्ञान में किसी वस्तु के 'सार तत्त्व' का प्रयोजन व्यक्त करता है। एक

अन्य बहुप्रयुक्त शब्द है—'टिप्पणी'। इस शब्द का सामान्य अर्थ है—राय, मत, अभिमत आदि। साहित्यिक प्रयोजन के क्षेत्र में 'टिप्पणी' शब्द 'संदर्भ विशेष' का द्योतन कराता है (मूल पाठ में दिये गये किसी उद्धरण का संदर्भ पृष्ठांत में रेखा के नीचे 'पाद-टिप्पणी' के रूप में दिया जाता है)। समीक्षा-शास्त्र में यही शब्द आलोचनात्मक अभिव्यक्ति का संकेतक है (शुक्लजी की निबंध-शैली पर टिप्पणी करते हुए डॉ. नगेंद्र ने रसवादी दृष्टि को महत्त्व दिया है), तो कार्यालयी अथवा प्रशासनिक प्रयोजन के क्षेत्र में आते ही यह शब्द किसी विशेष निर्देश, अनुदेश अथवा आकलन-सूचक अवधारणा प्रस्तुत करता है। पत्रकारिता-प्रयोजन के अंतर्गत इसी शब्द को एक संक्षिप्त अथवा लघु संपादकीय लेख का समतुल्य माना जाता है (आज के नवभारत में पाकिस्तान की परमाणु नीति पर बहुत सटीक संपादकीय टिप्पणी छपी है)। 'भाव' शब्द की भी प्रयोजन-भिन्नता के आधार पर अर्थ-भिन्नता उल्लेखनीय है। सामान्य व्यावहारिक धरातल पर अथवा साहित्यिक प्रयोजन के दायरे में यह शब्द अनुभूति का समकक्ष है तो वाणिज्य-व्यवसाय के संदर्भ में इसका प्रयोग 'मूल्य-दर' का बोध कराता है (चीनी के भाव बढ़ते जा रहे हैं, गन्ने के भाव गिर रहे हैं...आदि)।

प्रयोजनात्मक स्तर पर, किसी विशेष संकल्पना या अवधारणा की अभिव्यक्ति के लिए एक ही शब्द किस प्रकार सर्वथा भिन्न तात्पर्य का द्योतक बन जाता है, इसके अनेक उदाहरण अनुवाद क्षेत्र में भी दृष्टिगत होते हैं। भाषिक प्रकार्यों की संपन्नता में अनुवाद अत्यंत महत्त्वपूर्ण भूमिका निभाता है और आज तो इसके बिना विश्व-मानवता की परिकल्पना ही असंभव है। आज हिंदी को राजभाषा, संचार-भाषा एवं अंतर्राष्ट्रीय प्रयोजनों की संवाहिका भाषा के रूप में सक्षम और समृद्ध बनाने के लिए पग-पग पर अनुवाद का आश्रय लेना पड़ रहा है। इस संदर्भ में, उदाहरणतया दो शब्द लें—'प्रेज़िडेंट' (President) और 'स्पीकर' (Speaker)। सामान्य सामाजिक-राजनीतिक व्यवहार में इस शब्द के लिए हिंदी के अनेक समतुल्य शब्द प्रयुक्त हो रहे हैं—अध्यक्ष, सभापति, प्रधान इत्यादि (अग्रवाल सभा के प्रधान ने यह कहा, श्री क, ख, ग अमुक बैठक में सभापति के आसन पर विराजमान थे, क ख दल के अध्यक्ष श्री अमुक हैं); किंतु संवैधानिक प्रयोजन के संदर्भ में इसी 'प्रेज़िडेंट' शब्द के लिए केवल 'राष्ट्रपति' शब्द ही मान्य है। 'स्पीकर' शब्द जब विधानमंडलीय प्रयोजन-हेतु प्रयुक्त होता है तब उसके समतुल्य 'अध्यक्ष' शब्द का प्रयोग संगत होगा किंतु जब किसी आम सभा की कार्रवाई की प्रस्तुति का प्रयोजन होगा तब इसका समकक्ष शब्द 'वक्ता' ग्रहण किया जायेगा। एक अन्य शब्द है—'स्पेस' (Space)। सामान्य व्यावहारिक प्रयोजनों में यह शब्द आमतौर पर 'स्थान', 'जगह' आदि का द्योतक समझा जाता है, किंतु वैज्ञानिक प्रयोजन की सीमाओं में प्रवेश करने पर इसका समतुल्य शब्द 'अंतरिक्ष' माना जाता है। पत्रकारिता-प्रयोजन की दृष्टि से यही 'स्पेस' शब्द 'अंतराल' (दो शब्दों या पंक्तियों

के मध्य की दूरी) का बोध कराता है। अंग्रेजी शब्द 'बर्थ' (Birth) के समतुल्य हिंदी शब्दों की तलाश करते समय भी प्रयोजन-भिन्नता निर्णायक भूमिका निभाती है। सामान्य सामाजिक प्रयोजनों में इस शब्द के लिए 'जन्म' शब्द उपयुक्त है, किंतु रेल-परिवहन के प्रयोजनांतर्गत इस शब्द का अभिप्राय 'बैठने का स्थान—सीट' लिया जाता है (हमें दो बर्थ और एक शयनयान (Sleaper स्लीपर) का आरक्षण कराना है)।

कहने की आवश्यकता नहीं कि इस प्रकार 'हिंदी' अथवा 'मानक-हिंदी' के प्रयोजनात्मक अनुप्रयोग एक विशेष शब्द-चयन और अर्थ-छायाओं की सूक्ष्म-विभेदक रेखाओं के प्रति सतर्कता की अपेक्षा रखते हैं जो संरचना-प्रक्रिया के सम्यक् ज्ञान के बिना संभव नहीं। तात्पर्य यह है कि प्रयोजनात्मक हिंदी के विविध रूपों, क्षेत्रों और आयामों की संदर्भगत सार्थकता की मूल धुरी उसकी संरचना-प्रक्रिया है। समान ध्वनियों से संरचित शब्द-रूप किस प्रकार भिन्न अर्थ अथवा प्रयोजन के संवाहक बन जाते हैं—इसका उल्लेख पीछे किया जा चुका है। यहाँ यह जान लेना भी उपयुक्त होगा कि संरचना-प्रक्रिया की तनिक-सी भिन्नता किस प्रकार भाषिक प्रयोजनों को भिन्न बना देती है। अंचल-आंचल, अनल-अनिल, अपेक्षा-उपेक्षा, अचार-आचार, आसन-आसन्न, करोड़-क्रोड़, कोड़ी-कोढ़ी, पढ़ना-पड़ना, तरणि (सूर्य) तरणी (नौका), तरुणी (युवती), वस्तु (पदार्थ), वास्तु (स्थापत्य), सज़ा (दंड), सजा (सजाने), सज्जा (शोभा) आदि विविध संरचनाएँ बहुत-कुछ समान होते हुए भी एकदम भिन्न प्रयोजन, क्षेत्र और संदर्भ की संवाहिका हैं।

प्रयोजनात्मक हिंदी के संरचनापरक आयाम को हृदयंगम करने के लिए एक अन्य उदाहरण द्रष्टव्य है। 'अंतर्राष्ट्रीय' और 'अंतरराष्ट्रीय' शब्दों की संरचना ध्वनि-उच्चारण के स्तर पर एक-सी प्रतीत होती है किंतु लिप्यंकन (लेखन) और वर्तनी-विन्यास के स्तर पर यदि ये दोनों शब्द सही रूप में अनुप्रयुक्त हों तो दोनों की अलग-अलग प्रयोजनात्मकता स्पष्ट हो जायेगी। 'अंतर्', शब्द अंदर अथवा अंदरूनी अथवा भीतरी की संकल्पना का बोधक है (वस्तुतः मूल शब्द 'अंतः' में प्रयुक्त विसर्ग 'र्' के रूप में उच्चरित है—अंतः+आत्मा=अंतरात्मा)। इस प्रकार अंतः+राष्ट्रीय शब्द का प्रयोजन 'राष्ट्र के भीतरी' मामलों की ओर इंगित करता है, जबकि 'अंतर-राष्ट्रीय' शब्द द्वारा 'विभिन्न राष्ट्रों के पारस्परिक मामलों' का प्रयोजन लक्षित होता है।

स्पष्ट है कि 'प्रयोजनात्मक हिंदी' और उसकी 'संरचना-प्रक्रिया' के अंतः संबंधों को ध्यान में रखकर ही विभिन्न क्षेत्रों में उस (प्रयोजनात्मक हिंदी) के सार्थक अनुप्रयोग संभव हैं। किसी विषय को अति संक्षेप में प्रस्तुत करते समय एक विशेष प्रकार की रूप-रचना पर आधारित भाषा-विन्यास अपेक्षित है। किसी विचार-बिंदु को विशुद्ध रूप से स्पष्ट करने के लिए अन्य प्रकार की वाक्य-संरचना सहायक हो सकती है। प्रशासनिक स्तर पर विभिन्न कार्यालयों में विभिन्न प्रयोजनों के लिए

होनेवाला भाषा-अनुप्रयोग एक विशिष्ट प्रकार के शब्द-चयन और वाक्य-विन्यास की माँग करता है तो पत्रकारिता-प्रयोजन हेतु अपनाये गये भाषिक-स्वरूप का साँचा अलग प्रकार का होगा। भाषिक अनुप्रयोग के ये सब संदर्भ और स्तर किसी भी भाषा-अध्येता के लिए पूर्णतया स्पष्ट होने चाहिए। आगामी पृष्ठों में इन्हीं रेखाओं पर हिंदी भाषा, हिंदी भाषा की संरचनात्मक प्रक्रिया और उसके अनुप्रयोग-वैविध्य का विशद विवेचन किया गया है।

द्वितीय खण्ड

संरचनात्मक आयाम

1. भाषा-संरचना : स्वरूप और स्तर
2. मानक हिंदी की संरचना
3. हिंदी की संरचना-प्रक्रिया और देवनागरी लिपि
4. हिंदी-संरचना, देवनागरी लिपि एवं वर्तनी का अंतरस्संबंध
5. भाषा-संरचना की विसंगतियाँ और उनका परिष्कार (अशुद्धि-शोधनं)
6. हिंदी : राष्ट्रभाषा और राजभाषा के रूप में
7. राजभाषा संबंधी संवैधानिक प्रावधान

1. भाषा-संरचना : स्वरूप और स्तर

'संरचना' का अभिप्राय

'संरचना' का अभिप्राय है—निर्माण की प्रक्रिया। लकड़ी पौधे के रूप में उत्पन्न होकर, वृक्ष के तने और शाखा-उपशाखाओं के रूप में विकसित होती है। यह उसकी संरचना नहीं। उस लकड़ी के छोटे-बड़े खंडों को जोड़कर मेज़, कुर्सी, अलमारी आदि का जो रूप दिया जाता है वह उसकी संरचना है। उस संरचना में विभिन्न काष्ठ-खंड किसी विशेष व्यवस्था और रचना-नियमों के अनुसार एक-दूसरे से जुड़कर एक उपयोगी रूप धारण करते हैं। एक यंत्र में कुछ पुर्ज़ों का मिश्रित संयोजन रहता है, वे पुर्ज़े भी अन्य छोटे-छोटे पुर्ज़ों, पेचों-नटों से आकार प्राप्त करते हैं। इन दोनों उदाहरणों में लकड़ी या लोहा आधारिक वस्तुएँ हैं, वे संरचित नहीं, उत्पन्न होती हैं। उनके संयोग, सम्मिश्रण, संयोजन से विभिन्न आकृतियों के उपयोगी पदार्थों की संरचना होती है। भाषा-संरचना में भी यह प्रक्रिया दृष्टिगत होती है। **'भाषा की 'आधारिक' इकाई ध्वनि है।'** हम जब दो व्यक्तियों की बातचीत सुनते हैं तो सर्वप्रथम हमारे कानों में कुछ ध्वनियाँ ही टकराती हैं। यदि हम उन दोनों व्यक्तियों के द्वारा प्रयुक्त की जा रही भाषा से अनभिज्ञ हैं तो वे ध्वनियाँ, मात्र ध्वनियाँ ही रहेंगी, उनका अर्थ हम नहीं समझ पाएँगे। यदि हम उस भाषा से परिचित हैं तो हम अनुभव करेंगे कि उन दोनों के द्वारा उच्चरित ध्वनियों से निर्मित कौन-से शब्द किस प्रकार के वाक्यों द्वारा उन व्यक्तियों के आंतरिक भावों को अभिव्यक्ति प्रदान कर रहे हैं। इस प्रकार पहले ध्वनि, फिर ध्वनि से शब्द, शब्द से वाक्य और वाक्य से अर्थ तक की यह प्रक्रिया भाषा की संरचनात्मक प्रक्रिया कहलाएगी।

ध्वनियाँ किसी व्यवस्थित क्रम से संग्रथित होंगी, तभी वक्ता (या लेखक) के मन्तव्य के बोधक शब्दों की संरचना होगी। शब्द किसी व्यवस्थित क्रम से संयोजित होंगे, तभी उनसे संरचित वाक्य सार्थक समझा जाएगा। अतः **'संरचना' का अभिप्राय केवल 'निर्माण की प्रक्रिया' नहीं, 'व्यवस्थित निर्माण की प्रक्रिया'** है।

कैसी निर्माण-प्रक्रिया व्यवस्थित है और कैसी नहीं ? इसके निर्णय हेतु कुछ विशेष नियमों का ध्यान रखना होगा। उदाहरणतः 'ख ता लि' और 'स्तकपु' शब्दों में कुछ ध्वनियाँ हैं किंतु ऐसी 'व्यवस्था' में नहीं कि इनका कोई तात्पर्य ग्रहण किया जा सके। 'लिखता' और 'पुस्तक' शब्दों में वही ध्वनियाँ एक निश्चित **'व्यवस्था'** में आबद्ध होने के कारण क्रमशः किसी क्रिया और संज्ञा का बोध कराने में समर्थ हैं। अब 'लिखना है पुस्तक जाता कार्य अच्छी माना कठिन'—इस कथन में अनेक शब्दों का मेल है। **'सार्थक शब्दों के समूह को वाक्य कहते हैं'**—के अनुसार यह वाक्य माना जाना चाहिए; परंतु इसमें स्वीकृत, परंपरागत भाषा-नियम का पालन नहीं हुआ जिसके अनुसार कर्त्ता-कर्म-क्रिया का क्रम होना चाहिए। 'अच्छी पुस्तक लिखना कठिन कार्य है।'—यह वाक्य-संरचना नियमानुसार व्यवस्थित होने के कारण, अपने प्रकार्य (उद्देश्य, कथ्य, प्रयोजन या अर्थ) में सफल है। इससे स्पष्ट है कि **'संरचना का अभिप्राय है—नियमानुसार व्यवस्थित निर्माण की प्रक्रिया'**, चाहे वह किसी कलात्मक वस्तु की संरचना हो या भाषा की।

भाषा-संरचना का स्वरूप

भाषा शब्दार्थमयी है। जब कोई हिंदी-भाषी किसी अपरिचित आगंतुक मुख से अरबी भाषा में कुछ ध्वनियाँ, शब्द या वाक्य सुनता है तब वह सोचता है—'न जाने यह कौन-सी भाषा बोल रहा है ?' यदि उसी श्रोता को अरबी भाषा का भी ज्ञान होगा तो वह उस वक्ता की बात सुनकर, अपने प्रतिकथन द्वारा कोई प्रतिक्रिया व्यक्त करेगा, क्योंकि वह वक्ता द्वारा प्रयुक्त भाषा के शब्दार्थ को ग्रहण कर सकेगा। स्पष्ट है कि **'भाषा शब्द और अर्थ के संयोग से आकार ग्रहण करती है।'** शब्द उसका 'शरीर' और अर्थ उसकी 'आत्मा' है; शब्द 'रूप' (Form) और अर्थ 'कथ्य' (Content) है। इसी को विद्वानों ने 'अभिव्यक्ति' (Expression) और 'प्रयोजन' (Idea) अथवा संदर्भ (Context) की संज्ञा प्रदान की है। भाषा-संरचना का अभिप्राय है—भाषा के रूप (शरीर) की संरचना, उसकी अभिव्यक्ति-संरचना अर्थात् शब्द-संरचना। अर्थ, प्रयोजन या कथ्य (Content) तो उसका आधारभूत कारण या प्रतिफलित परिणाम अथवा प्रभाव है जो मानसिक है, अमूर्त्त है, संकल्पनात्मक है। शब्द, रूप अथवा अभिव्यक्ति एक मूर्त्त, भौतिक आकार है जिसकी संरचना विभिन्न अवयवों के संयोग से संभव है और होती है। **भाषिक संरचना एक ऐसी सुव्यवस्थित योजना है जिसमें प्रत्येक अवयव के पश्चात् नियोजित अन्य अवयवों की कोटियाँ सुनिश्चित हैं।** वह (अभिव्यक्ति अथवा संरचना) बताती है कि भाषा क्या है, कैसी है ? वह यह नहीं बताती कि भाषा क्या कहती है। यह क्षेत्र अर्थ अथवा संप्रत्यय का है जो संरचना नहीं, संरचना का प्राप्तव्य (प्रयोजन) है। **'संरचना से अभिप्राय भाषा के उस रूप से है जो एक भौतिक प्रक्रिया के**

रूप में हमारे वाग्यंत्र से उच्चरित होकर, हमारी श्रवणेद्रिंय द्वारा गृहीत होता है।'

'वाग्यंत्र' द्वारा 'उच्चरित' तथा 'श्रवण-यंत्र' द्वारा 'गृहीत' भौतिक प्रक्रिया के दो छोर हैं—'उच्चारण' और 'श्रवण' अर्थात् 'वक्ता' और 'श्रोता' (भाषा के लिखित रूप के संदर्भ में 'लेखक' और 'पाठक')। इन्हीं को भाषा के संप्रेषण-व्यापार के संदर्भ में 'संबोधक' और 'संबोधित' भी कहा जा सकता है। उच्चरित (लेखन में लिपिबद्ध) भाषा-रूप इन दोनों छोरों में संपर्क स्थापित करनेवाला सेतु (माध्यम) है। यह सेतु अथवा माध्यम सर्वप्रथम 'ध्वनि' अथवा 'स्वन' (Sound) के रूप में प्रकट होता है। किसी भी 'ध्वनि' अथवा 'स्वन' का स्वतंत्र रूप से अपना कोई अर्थ, संदर्भ या प्रयोजन नहीं; किंतु अन्य ध्वनियों अथवा स्वनों के साथ एक व्यवस्था में जुड़ जाने पर उसकी जो रूप-संरचना होती है वह किसी-न-किसी अर्थ, संदर्भ या प्रयोजन का बोध कराती है। **इस प्रकार 'स्वन' या 'ध्वनि' या 'वाक्-प्रतीक' हैं जिनका व्यवस्थित रूप भाषा की एक सार्थक इकाई की संरचना कहलाता है।** इसका तात्पर्य यह है कि **'संरचना एक व्यवस्था है'**—वाक्-प्रतीकों की व्यवस्था। यह व्यवस्था हर भाषा में भिन्न-भिन्न प्रकार की हो सकती है। अँग्रेज़ी में N (न ध्वनि या स्वन Sound) से पहले जुड़ी हुई के K (क ध्वनि Sound) विद्यमान होते हुए भी उच्चरित या श्रवण-गोचर नहीं होती; जैसे—Know (नौ), Knite (नाईट), संस्कृत एवं हिंदी में ऋ, र, ष के पश्चात् 'न' की अपेक्षा 'ण' की व्यवस्था स्वीकार्य है; जैसे—ऋण, कारण, भाषण। 'ऋन, कारन, भाषन' अशुद्ध माने जायेंगे, परंतु पंजाबी में ऐसे प्रयोग अशुद्ध नहीं माने जाते। इसका अभिप्राय यह हुआ कि हर भाषा में वाक्प्रतीकों की व्यवस्था के भी कुछ **'नियम'** हैं। अतः **'भाषा की नियमित व्यवस्था'** अथवा **'भाषा के व्यवस्थाधारित नियम' को संरचना कहना उचित है।**

वाक्-प्रतीकों की यह व्यवस्था और इस व्यवस्था से संबंधित ये नियम यद्यपि संख्या में बहुत अधिक नहीं होते, तथापि वे अनेकानेक रूपों में ढलकर असंख्य बन जाते हैं; अर्थात् भाषा-व्यवस्था के नियमों (संरचना-रूपों) की प्रकृति सर्जनात्मक (एक नियम से अनेक प्रयोगों की सर्जना-संरचना करनेवाली) होती है। एक उदाहरण लें—'स्' 'फ्' 'ल्' ध्वनियों का अपना अलग से कोई अर्थ (प्रयोजन) नहीं। जब ये ध्वनियाँ एक व्यवस्था में जुड़ जाती हैं, तब 'सफल' शब्द (या रूप अथवा रूपिम) की संरचना हुई जिसका अर्थ है—फल सहित, सार्थक, पूर्णकाम आदि। इसमें एक नियम यह विद्यमान है कि 'स' उपसर्ग जुड़ने से संज्ञा के अर्थ में 'सहित', 'युक्त' आदि संप्रत्यय (भाव) का विस्तार हो जाता है और बहुधा वह शब्द संज्ञा से विशेषण में बदल जाता है। अब, इसी एक नियम के आधार पर सैकड़ों शब्दों की संरचना की जा सकती है—सबल, सहित, सटीक, सप्रसंग इत्यादि। 'व्यवस्थापरक नियमों के सीमित होने पर भी उनकी प्रकृति 'सर्जनात्मक होने' का यही अभिप्राय है।

अभी तक हमने विभिन्न ध्वनियों से होनेवाली शब्द-संरचना की चर्चा की है; किंतु शब्द-मात्र भाषा की सार्थक एवं पूर्ण इकाई नहीं। भाषा-संरचना की अपने-आप में पूर्ण एवं सार्थक इकाई 'वाक्य' है। भाषा का प्रकार्य (Function) है 'संप्रेषण', और संप्रेषण वाक्य के बिना संभव नहीं। 'आओ', 'बैठो' आदि एकल शब्द भी वस्तुतः 'तुम इधर आओ', 'इधर बैठो' आदि वाक्यों की संरचना अमूर्त्तरूप से अपने भीतर समाहित किये हुए हैं। **वाक्य किसी कथ्य (Content) की पूर्णता की इकाई है** जिसे हम एक लंबे विराम (लेखन में पूर्ण विराम-सूचक चिह्न) द्वारा ज्ञापित करते हैं। एक वाक्य में संग्रथित या संयोजित अनेक शब्द किसी-न-किसी रूप में परस्पर संबद्ध होते हैं। 'हम एक भाषा-विज्ञान की पुस्तक पढ़ रहे हैं'—इस वाक्य में आठ शब्द हैं। आठों का एक-दूसरे से कोई-न-कोई संबंध है। 'हम' 'पढ़ रहे हैं' क्रिया का कर्त्ता है। 'एक' 'पुस्तक' का विशेषण है। 'भाषा-विज्ञान की' भी पुस्तक का विशेषण पद-बंध है। 'पुस्तक', 'हम' (कर्त्ता) और 'पढ़ रहे हैं' क्रिया का कर्म है। 'पढ़ रहे हैं' 'हम' (कर्त्ता) की सकर्मक ('पुस्तक'—कर्म), अपूर्ण वर्तमानकालिक क्रिया है। इस प्रकार, **भाषिक संरचना किसी भाषिक इकाई (शब्द या वाक्य) के भीतर पाये जानेवाले** संबंधों की नियमाधारित व्यवस्था है। उपर्युक्त वाक्य की संरचना कुछ सार्थक शब्दों की ऐसी व्यवस्था के रूप में हुई है जो कतिपय व्याकरणिक नियमों पर (जैसे कर्त्ता, कर्म, क्रिया क्रम; विशेषण (एक) का विशेष्य (पुस्तक) से पहले जुड़ना; क्रिया का रूप कर्त्ता के लिंग-वचन के अनुसार होना; कर्तृवाच्य में अपूर्ण वर्तमानकालिक क्रिया के कर्त्ता के साथ 'ने' परसर्ग (विभक्ति-चिह्न) न जुड़ना आदि) तथा आपसी संबंधों पर आधारित है। व्याकरण के इन्हीं नियमों पर आधारित ऐसे ही अन्य असंख्य वाक्यों की संरचना हो सकती है।

उपर्युक्त विवेचन में चर्चित तथ्यों और उदाहरणों को ध्यान में रखते हुए भाषा-संरचना का स्वरूप इस प्रकार निर्धारित किया जा सकता है—**''किसी शब्द, पदबंध या वाक्य की सार्थक इकाइयों में निहित संबंधों तथा व्याकरणिक नियमों पर आधारित व्यवस्था भाषिक संरचना कहलाती है।''**

भाषिक संरचना के विभिन्न स्तर

भाषिक संरचना के विभिन्न स्तरों का परिचय प्राप्त करने से पहले इस प्रश्न का समाधान कर लेना आवश्यक है कि **'भाषिक संरचना की दृष्टि से भाषा की मूल इकाई क्या है ?'** व्याकरण के क्षेत्र में प्रायः 'ध्वनि' (वर्ण या अक्षर) को भाषा की मूल इकाई माना जाता रहा है, क्योंकि भाषा से हमारा सर्वप्रथम साक्षात्कार विभिन्न ध्वनियों के माध्यम से होता है। ध्वनियाँ (स्वन Sounds) ही परस्पर व्यवस्था में बँधकर शब्द (रूपिम Morpheme) में संरचित होती हैं जिन (शब्दों-रूपिमों) की सार्थक, नियमाधारित और परस्पर संबंधाधारित व्यवस्था वाक्य-संरचना कहलाती

है। किंतु ध्यान रखना चाहिए कि कोई भी भाषिक 'ध्वनि' (स्वन Sound) अपने आप में भाषिक-संरचना से अभिहित नहीं की जा सकती, क्योंकि भाषिक संरचना में अर्थसंबंध और नियमाधारित व्यवस्था आवश्यक है, जबकि कोई ध्वनि-मात्र अपने आपमें किसी अर्थ का वहन नहीं करती अथवा द्योतन नहीं कराती। अतः, **ध्वनि** अथवा **स्वन** को **एक आधारिक भाषिक इकाई नहीं माना जा सकता।**

भाषिक-संरचना के संदर्भ में न्यूनतम अर्थवाही इकाई 'शब्द' है, चाहे वह एक ही ध्वनि से संरचित हो; जैसे—'आ' (अभिप्राय—तू इधर आ), ऐ (संबोधन के अर्थ में) अथवा अनेक ध्वनियों से; जैसे—आज, आकाश, कमल, पुस्तक आदि। इसीलिए आदि काल से भाषा-संरचना के नियामक काव्य शास्त्री 'शब्द' और 'अर्थ' की चर्चा करते रहे हैं—'ध्वनि' और 'अर्थ' की नहीं (यथा—'शब्दार्थौ काव्यम्', 'शब्दार्थौ सहितौ काव्यम्' अथवा 'रमणीयार्थ-प्रतिपादकः शब्दः काव्यम्' इत्यादि)। किंतु, तनिक अधिक गहराई से विचार करने पर ज्ञात होगा कि शब्द अपने आपमें सार्थक होते हुए भी तब तक वक्ता (लेखक या संबोधक) के आशय को पूर्णतः संप्रेषित नहीं कर सकता, जब तक वह एक वाक्य के अवयव के रूप में अन्य किसी शब्द या शब्दों के साथ अर्थ-संबंध तथा व्याकरणिक नियमों पर आधारित व्यवस्था में न बँधा हो। उदाहरणतः 'चमक पर आकाश हैं उज्ज्वल रहे नील तारक'—इस शब्द-गुच्छ के सभी शब्द अपने-आपमें सार्थक होते हुए भी किसी कथ्य-विशेष अथवा पूर्ण आशय (प्रयोजन) को संप्रेषित करने में असमर्थ हैं। इन्हीं शब्दों की व्याकरणिक नियमों और अर्थ-संबंध पर आधारित व्यवस्था सार्थक वाक्य-संरचना होगी; जैसे—'नीलाकाश पर उज्ज्वल तारक चमक रहे हैं।' स्पष्ट है कि **'भाषिक-संरचना की पूर्णतः सार्थक इकाई वाक्य है।'** संभवतः इसी तथ्य को सम्मुख रखकर संस्कृत के परवर्ती काव्यशास्त्रीय आचार्य विश्वनाथ ने काव्यलक्षण प्रस्तुत करते समय 'शब्द' के स्थान पर 'वाक्य' का प्रयोग किया—'रसात्मकं वाक्यं काव्यम्।' (साहित्य दर्पण)।

आधुनिक भाषावैज्ञानिक 'वाक्य' को ही पूर्ण एवं सार्थक भाषिक इकाई स्वीकार नहीं करते। उनके कथनानुसार, **''भाषिक संरचना की पूर्ण सार्थक इकाई एक ऐसा 'कथन' अथवा ऐसी 'प्रोक्ति' है, जिसमें एक से अधिक सार्थक वाक्य परस्पर व्यवस्थित रूप से जुड़े हों।'** उनका यह अभिमत इस तथ्य पर आधारित है कि केवल एक वाक्य 'आलाप' तो हो सकता है, संलाप नहीं; और संप्रेषण (जो कि भाषिक संरचना का मूल प्रकार्य है) के लिए वक्ता-श्रोता (लेखक-पाठक अथवा संबोधक-संबोधित) में संलाप-संभाषण आवश्यक है। इस संदर्भ में, ध्यान रखने योग्य बात यह है कि किसी भी 'कथन' या 'प्रोक्ति' की कोई सीमा निर्धारित नहीं की जा सकती। कक्षा में एक घंटे तक दिया गया किसी प्राध्यापक का भाषण, आकाशवाणी या दूरदर्शन से प्रसारित किसी का पूरा वक्तव्य, यहाँ तक कि कोई पूरा निबंध, नाटक या उपन्यास भी एक 'कथन' या 'प्रोक्ति' कहला सकता है,

क्योंकि उस समग्र भाषिक व्यापार का कोई एक 'कथ्य' (Content) हो सकता है। ऐसी स्थिति में उसे 'इकाई' तक सीमित नहीं किया जा सकता। तात्पर्य यह है कि मूलतः **'भाषिक संरचना की पूर्ण एवं सार्थक इकाई वाक्य ही है, यद्यपि उसकी आधारिक इकाई ध्वनि है।'**

उपर्युक्त विवेचन के आधार पर भाषिक-संरचना के निम्नलिखित पाँच स्तरों का आकलन किया जा सकता है—(1) वाक्योपरि स्तर, (2) वाक्य-स्तर, (3) पदबंध-स्तर, (4) शब्द-स्तर, (5) स्वन-स्तर।

वाक्योपरि स्तर की संरचना का विश्लेषण उसमें परस्पर जुड़े हुए विभिन्न वाक्यों के रूप में किया जा सकता है।

वाक्य-स्तर की संरचना विभिन्न **पद-बंधों** में विश्लेषित की जाती है।

पद-बंध-स्तर की संरचना विभिन्न शब्दों की नियमबद्ध सार्थक व्यवस्था पर आधारित होती है।

शब्द-संरचना का आधार विभिन्न **ध्वनियाँ हैं।**

इस प्रकार भाषिक संरचना एक सोपानित अथवा विविधस्तरीय व्यवस्था है। इसका उच्चतम स्तर वाक्योपरि स्तर है तथा सबसे निचला स्तर स्वन-स्तर है। ये स्तर भाषिक संरचना की दृष्टि से क्रमशः जटिल से सरल होते चले जाते हैं। आज के भाषावैज्ञानिक इसी क्रम को मान्यता देते हैं, अर्थात् वे पहले प्रोक्ति-संरचना (वाक्योपरि संरचना) का विश्लेषण उपयुक्त मानते हैं, फिर क्रमशः वाक्य, पदबंध, शब्द और स्वन के विश्लेषण में प्रवृत्त होते हैं। इसके विपरीत, जब हम स्वन-स्तर से वाक्योपरि स्तर की ओर उन्मुख होते हैं तो यह भाषिक संरचना की प्रक्रिया क्रमशः जटिल होती चली जाती है। वाक्-स्वनों (ध्वनियों) से शब्द-रूपों की संरचना होती है, शब्द वाक्य-रूप में संग्रथित होकर भाषिक संरचना को पूर्ण बनाते हैं और परस्पर जुड़े हुए एकाधिक स्वतः संपूर्ण सार्थक वाक्य वाक्योपरि स्तर की संरचना का आधार प्रस्तुत करते हैं। **इनमें से मुख्य संरचना-स्तर तीन ही हैं—(1) वाक्य संरचना-स्तर, (2) पदबंध-संरचना-स्तर, (3) शब्द-संरचना-स्तर।** इन्हीं में भाषिक संरचना के तीनों तत्त्वों का समाहार दिखाई देता है—व्याकरणिक नियमों पर आधारित होना, अर्थ संबंध से परस्पर जुड़ा होना तथा व्यवस्थित होना। अन्य दोनों संरचना-स्तर—'स्वन-स्तर' और 'वाक्योपरि स्तर' गौण हैं, क्योंकि पहले में तो अर्थ-वहन की संभावना अत्यल्प है तथा दूसरे में, अतिव्याप्ति के कारण, अंततोगत्वा वाक्य संरचना-स्तर को ही विश्लेषण का आधार बनाना पड़ता है।

2. मानक हिंदी की संरचना

भाषिक संरचना एक विशिष्ट सोपानिक प्रक्रिया है जिसके प्रमुख स्तर हैं—ध्वनि, शब्द, पद एवं वाक्य। मानक हिंदी की संरचना का अध्ययन इन्हीं प्रमुख स्तरों की दृष्टि से अपेक्षित है।

(क) ध्वनि-संरचना

मानक हिंदी की ध्वनि-संरचना पर्याप्त व्यवस्थित, वाग्यंत्र से उच्चरित होने के क्रमानुसार व्याकरण-बद्ध तथा वैज्ञानिक है। मानव-मात्र द्वारा उच्चरित प्रायः सभी ध्वनियाँ, थोड़े-बहुत अपवाद के साथ, मानक हिंदी के ध्वनि-समूह में समाविष्ट हैं। इन ध्वनियों की संख्या सत्तावन (57) है जिनमें बारह (12) स्वर (अ, आ, ऑ, इ, ई, उ, ऊ, ऋ, ए, ऐ, ओ, औ), तेतालीस (43) व्यंजन (क्, क़्, ख्, ख़्, ग्, ग़्, घ्, ङ्; च्, छ्, ज्, ज़्, झ्, ञ्; ट्, ठ्, ड् ड़्, ढ्, ढ़्, ण्; त्, थ्, द्, ध्, न्; प्, फ्, फ़्, ब्, भ्, म्; य्, र्, ल्, व्; श्, ष्, स्, ह्; क्ष्, त्र्, ज्ञ्,) तथा दो अयोग वाह—अनुनासिक (अं—हंस) और विसर्ग (अः—अतः, प्रातः आदि) हैं।

मानक हिंदी की इन सत्तावन ध्वनियों में ऑ (डॉक्टर, बॉक्स) स्वर-ध्वनि अँगरेज़ी से एवं क़्, ख़्, ग़्, ज़्, फ़् (क़ौल, ख़ास, ग़रूर, ज़ब्त, फ़र्ज़,)—ये पाँच व्यंजन-ध्वनियाँ फारसी से गृहीत हैं। ड़् तथा ढ व्यंजन-ध्वनियाँ (लड़ना, पढ़ना, चिड़िया, बढ़िया आदि) खड़ी बोली की निजी देन हैं। ये आठों ध्वनियाँ पुरानी हिंदी में नहीं मिलतीं। शेष उनचास (49) ध्वनियाँ मानक हिंदी में परपंरा-प्राप्त हैं।

ऋ, अं, (अनुस्वार) तथा अः (विसर्ग) के संबंध में कुछ विवाद अवश्य है। 'ऋ' का उच्चारण 'रि' जैसा है जिसकी ध्वनि 'र्' और 'इ' के मिश्रित रूप में सुनी जा सकती है। अनुस्वार और विसर्ग की ध्वनियाँ क्रमशः व्यंजन-वर्गों के पंचमाक्षर (अंक-अङ्क, पंजाब-पञ्जाब, ठंड-ठण्ड, संत-सन्त) तथा ह् व्यंजन (प्रातः—प्रातह) में अंतर्भुक्त कही जा सकती हैं; किंतु मानक हिंदी का विशाल शब्द-भंडार अधिकांशतः तत्सम शब्दों से निर्मित है जिनमें उपर्युक्त तीनों ध्वनियों का 'स्वर'—रूप में अलग

अस्तित्व मान्य है (ऋण, ऋषि, कृपा, पृथक्, मंत्र, स्वतः आदि); अतः शुद्धता, एकरूपता एवं बहुसंख्यक प्रयोक्ता-समाज की सर्वानुमोदित स्वीकृति की दृष्टि से इन ध्वनियों को मानक हिंदी के ध्वनि-समूह में स्थान दिया जाना उपयुक्त ही है।

मानक हिंदी की सभी ध्वनियाँ उच्चारण-अवयवों के क्रमानुसार कंठ्य, तालव्य, मूर्धन्य, दंत्य, ओष्ठ्य आदि वर्गों में वर्गीकृत हैं। इनके श्रवणगोचर स्वरूप के अनुसार इन्हें घोष-अघोष; स्पृष्ट-अस्पृष्ट-विवृत-संवृत; अंतःस्थ-ऊष्म, तथा अल्पप्राण-महाप्राण आदि वर्गों में विभाजित किया गया है। इससे इनकी संरचनात्मक व्यवस्था पर्याप्त वैज्ञानिक और हिंदी की मानकता और शुद्धता को अक्षुण्ण बनाये रखने में सहायक है।

अनेक भाषावैज्ञानिक विद्वानों ने मानक हिंदी की ध्वनि-संरचना में खंड्येतर (लिखित रूप में न होकर अमूर्त अथवा अदृश्य) ध्वनियों—बलाघात, अनुतान, दीर्घता अनुनासिकता तथा संहिता का भी महत्त्वपूर्ण स्थान माना और निर्धारित किया है; किंतु, इनका उपयोग कतिपय विशिष्ट संलापात्मक कथनों में, और वह भी मात्र उच्चरित रूप में होता है, अन्य ध्वनियों की भाँति (जैसे आ पर चंद्र लगाकर ऑ और क, ख, ग आदि के नीचे बिंदु लगाकर, क़, ख़, ग़ रूप लेखन में बना लिये जाते हैं) मानक हिंदी के लिखित रूप में अभी प्रचलित नहीं हुआ। वास्तव में इन्हें 'ध्वनियाँ' न कहकर 'ध्वनि-गुण' कहना अधिक उपयुक्त होगा।

(ख) शब्द-संरचना

ध्वनियों के क्रमबद्ध सार्थक समूह को 'शब्द' कहते हैं। यद्यपि कुछ स्थितियों में केवल एक ध्वनि भी शब्द का प्रकार्य सिद्ध कर सकती है; यथा—आ (इधर आ), न (नहीं), ए—(संबोधन), इत्यादि; तथापि सूक्ष्मता से देखा जाए तो इन् एकल प्रतीत होनेवाली ध्वनियों में भी मूलतः एकाधिक ध्वनियाँ समाहित हैं—आ (अ+अ), न (न्+अ), ए (अ+इ)। स्पष्ट है कि'**शब्द उस स्वन-गुच्छ का नाम है जो किसी विशेष अर्थ का बोध कराता है।'**

मानक हिंदी की शब्द-संरचना बहु-आयामी और विविधोन्मुखी है। इसकी सम्यक् जानकारी के लिए मानक हिंदी की समग्र रूप-रचना के भाषावैज्ञानिक अध्ययन-विश्लेषण की आवश्यकता होगी। यहाँ संक्षेप में, इतना जान लेना अपेक्षित है कि मानक हिंदी का शब्द-भंडार प्रायः तीन वर्गों में प्राप्त है—(1) रूढ़ि, (2) यौगिक, (3) योगरूढ़ि। **जो शब्द अपने मूल रूप में अविभाज्य हैं, जिनकी ध्वनियों को अलग-अलग करके कोई अन्य अर्थवाची शब्द नहीं बन सकता, जो परंपरा, कोश एवं प्रयोग में अपना मूल रूप सुरक्षित रखे हुए हैं, वे 'रूढ़' अथवा 'रूढ़ि' शब्द कहलाते हैं।** दो उदाहरण लीजिए—हाथ, पुस्तक। ये 'रूढ़' अथवा 'रूढ़ि' शब्द हैं। 'हा' का यदि अलग अर्थ (हाय) ले भी लिया जाए, तो भी

'थ' कोई अलग अर्थ-संवाहक स्वन-गुच्छ नहीं है। 'पुस्तक' शब्द की भी यही स्थिति है। मानक हिंदी की मूल शब्द-संपदा इन्हीं 'रूढ़' अथवा 'रूढ़ि' शब्दों से समृद्ध है। **यही 'मूल' अथवा 'रूढ़ि' शब्द 'यौगिक' एवं 'योगरूढ़ि' शब्दों की संरचना करते हैं।** 'हथगोला' (हाथों द्वारा प्रयुक्त किया जानेवाला गोला, बम अथवा पटाखा) या 'पुस्तकालय' यौगिक शब्दों के उदाहरण हैं। पहले में 'हाथ' और 'गोला' तथा दूसरे में 'पुस्तक' और 'आलय' इन दो-दो शब्दों का योग है। यह योग दो से अधिक शब्दों का भी हो सकता है; जैसे—'हथगोलाधारी', 'पुस्तकालयाध्यक्ष', 'महालेखापाल', 'उपमंडलाधिकारी' आदि। **'योगरूढ़ि' शब्द भी मूलतः यौगिक ही हैं** किंतु प्रयोग के स्तर पर उनमें निहित अर्थ-तत्त्व किसी एक विशेष संकल्पना में 'रूढ़' (प्रायः निश्चित) हो जाता है। जैसे 'खग' शब्द में 'ख' (आकाश) और 'ग' (गमन करना) का योग है; इससे यह यौगिक शब्द है। किंतु इसका अर्थ 'पक्षी' के लिए रूढ़ (प्रसिद्ध, प्रचलित, निश्चित) है। विमान, हेलीकॉप्टर, गुब्बारे आदि भी आकाश में गमन करते हैं, किंतु 'खग' नहीं कहलाते। 'जलज' या 'जलजात' यौगिक शब्द हैं जिनका रूढ़ अर्थ है—कमल, क्योंकि वह जल में उत्पन्न होता है। जल में उत्पन्न होनेवाले अन्य अनेक पदार्थ (काई, सिंघाड़े, घोंघे आदि) और जीवजंतु (मेंढक, मच्छर, कछुए आदि) जलज नहीं कहलाते। अस्तु; यह अर्थ-विश्लेषण तो भाषा-शास्त्र की अर्थविज्ञान शाखा का विषय है। यहाँ केवल यह तात्पर्य है कि **मानक हिंदी की शब्द-संरचना के मूल आधार रूढ़ि, यौगिक और योगरूढ़ि शब्द हैं।** मानक हिंदी में सभी स्रोतों (संस्कृत (तत्सम), अंग्रेजी-फ़ारसी (विदेशी) तथा देशज (स्थानीय या आंचलिक) से प्राप्त शब्दों की संरचना में यह प्रवृत्ति लक्षित की जा सकती है। यथा—किंकर्त्तव्यविमूढ़, मोटरचालक, ज़िलाधीश, घुसपैठिया आदि।

उपर्युक्त विवेचन से यह निष्कर्ष कदापि ग्रहण नहीं कर लेना चाहिए कि केवल ऊपर दिये गये यौगिक शब्दों में ही मानक हिंदी की शब्द-संरचना सीमित है। किसी एक शब्द को, उसमें कोई अन्य शब्द जोड़े बिना भी अनेक रूपों में संरचित किया जा सकता है। यथा—हाथ-हाथों, पुस्तक-पुस्तकें-पुस्तकों, गोला-गोले-गोलों, आलय-आलयों इत्यादि। मूल (रूढ़ि) शब्दों में ए, एं, ओं आदि अतिरिक्त ध्वनियों के योग से नये शब्दों की संरचना हो गई, अर्थ में भी परिवर्तन हो गया। संस्कृत के प्राचीन वैयाकरणों और भाषा-शास्त्रियों ने इसे 'प्रकृति' और 'प्रत्यय' का योग कहा है। 'लड़का' मूल शब्द (प्रकृति) है, ए, ओ, ओं प्रत्यय के योग से तीन नये शब्दों की संरचना संभव हुई—लड़के (बहुवचन), लड़कों (संबोधन), लड़के-लड़कों (कारक-रूप की संरचना—लड़के ने, लड़कों ने, लड़के से, लड़कों से इत्यादि)। इसी (लड़का) प्रकृति (मूल शब्द) में ई, इयाँ, इयो, इयों 'प्रत्यय' जोड़कर इन शब्दों की संरचना की जा सकती है—लड़की (स्त्रीलिंग), लड़कियाँ (स्त्री. बहुवचन), लड़कियो (संबोधन), लड़कियों (कारक में संरचित तिर्यक् रूप)। (इस प्रकार की

व्याकरणिक कोटि की शब्द-संरचना पर विशेष रूप से आगे 'पद-संरचना' के अंतर्गत विचार किया गया है।)

इस प्रकार 'प्रकृति' और 'प्रत्यय' के योग से शब्द-संरचना की प्रवृत्ति मानक हिंदी की प्रमुख विशेषता है। **इसका और विशद परिचय प्राप्त करने के लिए हमें उपसर्ग, प्रत्यय, संधि और समास आदि पर ध्यान देना होगा जो मानक हिंदी में शब्द-संरचना के प्रमुख आधार हैं।**

'उपसर्ग' भाषा-संरचना की वह लघुतम इकाई है जिसका अपना अलग भाषिक प्रयोग के रूप में अर्थगत अस्तित्व न होते हुए भी, शब्द-संरचना में महत्त्वपूर्ण योगदान रहता है। 'उपसर्ग' शब्द न होकर 'शब्दांश' है। 'उप' का अर्थ है—छोटा, गौण, पूर्व, पहले, निकट आदि और 'सर्ग' का अर्थ है—जुड़ना। **'उपसर्ग वे शब्दांश हैं जो किसी शब्द के पूर्व (आदि में) जुड़कर उसके अर्थ में अतिरिक्त विशेषता अथवा परिवर्तन ला देते हैं।'** एक उदाहरण लीजिए—'निर्'। इसका स्वतंत्र रूप से अलग भाषिक प्रयोग नहीं होता; किंतु आकार, धन, द्वंद्व, दया आदि शब्दों के शुरू में इसे जोड़कर ऐसे (नये) शब्दों की संरचना की जा सकती है जो अपने मूल शब्द के अर्थ से सर्वथा भिन्न (प्रायः विपरीत अथवा निषेधवाचक—Negative) अर्थ के वाहक होते हैं—निराकार, निर्धन, निर्द्वंद्व, निर्दय आदि। स्पष्ट है कि **मानक हिंदी की शब्द-संरचना में** 'उपसर्ग' बहुत महत्त्वपूर्ण उपादान है।

मानक हिंदी की शब्द-संरचना अधिकांशतः संस्कृत शब्द-संरचना की अनुगामिनी है, अतः संस्कृत के प्रायः सभी उपसर्ग मानक हिंदी द्वारा ज्यों के त्यों गृहीत कर लिये गये हैं। इनके अतिरिक्त, जैसा पीछे कई उदाहरणों से स्पष्ट हो चुका है कि मानक हिंदी अपनी संप्रेषण-क्षमता को लोकानुकूल बनाने की प्रवृत्ति के कारण, अन्य भाषाओं के संरचनात्मक उपकरणों (उपादानों अथवा माध्यमों) को आत्मसात् करने में बड़ी सक्षम है अतः अरबी-फारसी (जिसके लिए अब विद्वान् 'उर्दू' शब्द प्रयोग करने लगे हैं) के अनेक ऐसे उपसर्ग भी मानक हिंदी की शब्द-संरचना में प्रयुक्त हो रहे हैं जो उसकी मूल प्रकृति को कोई ठेस पहुँचाये बिना उसकी समृद्धि में सहायक हैं। साथ ही मानक हिंदी के अपने कुछ निजी उपसर्ग भी हैं।

आजकल मानक हिंदी की शब्द-संरचना में प्रायः निम्नलिखित उपसर्ग प्रयुक्त हो रहे हैं—

संस्कृत—प्र (प्रसिद्ध, प्रबल), परा (पराभव, पराजय), अप (अपशब्द, अपमान, अपकर्ष), सम् (सम्वाद, सम्मति), अनु (अनुपूरक, अनुसंधान, अनुवाद), अव (अवगुण, अवमानना), निस् (निस्तार), निश् (निश्शंक, निष्कपट), निर् (निर्धन, निर्मल), दुस् (दुस्साहस, दुश्-दुश्चरित्र, दुष्-दुष्कर्म) दुर् (दुर्दशा, दुर्गति), वि (विकल्प, विविध, विशेष, विज्ञान), आ (आपात, आभार, आजीवन), नि (निदेश, निषेध, निकम्मा), अधि (अधिपति, अधिकार, अधि + ईक्षक=अधीक्षक, अधिवक्ता), सु (सुराज, सुपुत्र,

सुकर्म), कु (कुपूत, कुकर्म), उत् (उत्प्रेरित, उत् + मूलन=उन्मूलन, उत्पात), अभि (अभिवादन, अभिव्यक्ति, अभिकरण), परि (परिसंवाद, परिपूर्ण) उप (उपकार, उपमंत्री, उपसर्ग, उपकुलपति)।

अरबी-फ़ारसी (उर्दू)--ब (बनाम, बकौल) बा (बाकायदा, बा-अदब), बर (बरजोरी, बरामद), बिला (बिला वजह, बिला शक), बे (बेकार, बेशक, बेकसूर), दर (दरअसल, दरम्यान), ना (नाउम्मीद, नापसंद), ला (लामिसाल, लाजवाब, लापरवाह), सर (सरपंच, सरज़मीन), हम (हमराह, हमजोली)।

मानक हिंदी के अपने उपसर्ग--अ (अयोग्य, असफल) अन (अनपढ़, अनजान), उन (उनत्तीस, उनसठ), क (कपूत), स (सपूत, सधन्यवाद, सकुशल सपरिवार), पर (परवर्ती, परलोक), सह (सहपाठी, सहचरी)।

'प्रत्यय' विभिन्न शब्दों के पश्चात् जुड़कर उनके विभिन्न परिवर्तित रूपों की संरचना में सहायक होते हैं। 'उपसर्ग' के समांतर इन्हें 'परसर्ग' भी कहा जाता है। अंगरेज़ी में इनके लिए क्रमशः प्रिफिक्स (Prefix) तथा सफिक्स (Suffix) शब्द प्रचलित हैं। **परसर्ग अथवा प्रत्यय वे शब्दांश हैं जो किसी शब्द के पश्चात् (अंत में) जुड़कर, उनके अर्थ में विशेषता (अथवा परिवर्तन) ला देते हैं।**

मानक हिंदी में प्रत्ययों (परसर्गों) की सहायता से शब्द-संरचना की प्रवृत्ति बहुत प्रबल है। संस्कृत से गृहीत 'कृदंत' और 'तद्धित' प्रत्यय-प्रणाली तो इसमें विद्यमान है ही, विभिन्न शब्दों की लिंग-वचन-कारक-अनुसार संरचना के लिए भी अनेकानेक प्रत्यय मानक हिंदी में अपनाये जाते हैं। कृदंत, अर्थात् क्रियापदों के अंत में जुड़नेवाले प्रत्यय (यथा क—अध्यापक, रक्षक, एरा-लुटेरा, आई-लड़ाई-पढ़ाई, आलू-झगड़ालू, आक-तैराक आदि)। तद्धित, अर्थात् क्रिया (धातु) के अतिरिक्त अन्य (संज्ञा आदि) के अंत में जुड़नेवाले प्रत्यय (यथा आ—बाल-बाला, प्यास-प्यासा, पा-बुढ़ापा, पन-बचपन, इक-धार्मिक, राजनीतिक आदि)।

लिंग, वचन, कारक, काल और वाच्य आदि के प्रयोग-संदर्भों में मानक हिंदी में शब्द-संरचना के विधायक अनेक प्रत्यय प्रचलित हैं : आ (सुत-सुता, बाल-बाला), इका (बालक-बालिका, प्राध्यापक-प्राध्यापिका), ई (पहाड़-पहाड़ी, लड़का-लड़की), ए (लड़का-लड़के), एं (पुस्तक-पुस्तकें, माला-मालाएँ), इया (चिड़ा-चिड़िया), इयाँ (नदी-नदियाँ,) ओ (बालको, राजाओ), ओं (पुस्तकों, सज्जनों), ता (पढ़ता), ते (पढ़ते), गा (पढ़ेगा, पढ़ूँगा), गे (पढ़ेंगे), गी (पढ़ेंगी), इत्यादि।

प्रत्ययों द्वारा शब्द-संरचना की दृष्टि से मानक हिंदी की एक महत्त्वपूर्ण विशेषता यह है कि इसमें संस्कृत अथवा किसी अन्य भाषा का यथावत् अनुकरण नहीं होता, अपितु मानक हिंदी की प्रत्यय-संबंधी संकल्पना पूर्णतः अपनी आवश्यकता, प्रयोगसंदर्भ एवं संप्रेषण-सटीकता पर आधारित है। उदाहरणतः 'आ' प्रत्यय की सहायता से मानक हिंदी में संज्ञा, विशेषण, क्रिया एवं काल—सभी वर्गों की शब्द-संरचना संभव है। यथा—'आप' सर्वनाम में 'आ' प्रत्यय

लगने से 'आपा' भाववाचक संज्ञा की संरचना होगी, 'रंग' भाववाचक संज्ञा इसकी सहायता से 'रँगा' विशेषण बन जाएगा, 'पढ़' क्रिया में 'आ' जुड़ने से उसका भूतकालिक रूप 'पढ़ा' संरचित होगा। एक ओर यह प्रत्यय पुल्लिंग-सूचकता का वाहक होगा (आया, गया, रखा, आदि) और दूसरी ओर स्त्रीलिंग-सूचकता का (सुता, अनुजा, बाला आदि)। इसी प्रकार 'आई' प्रत्यय 'तद्धित' भी हो सकता है (बुरा (विशेषण)+आई=बुराई) और 'कृदंत' भी (पढ़ा (क्रिया)+आई=पढ़ाई)। अतः **मानक हिंदी की प्रत्ययपरक शब्द-संरचना पूर्णतः निजी और मौलिक है जिसका आधार केवल संप्रेषण एवं प्रयोगमूलक संदर्भ हैं।**

मानक हिंदी में शब्द-संरचना हेतु प्रयुक्त होनेवाले प्रत्ययों की सूची बहुत लंबी है। व्याकरण की दृष्टि से इनके कर्तृवाचक, भाववाचक, कालवाचक, गुणवाचक, लिंगबोधक, वचनबोधक, संबंधवाचक आदि अनेकानेक वर्गभेद निर्धारित हैं, किंतु उसका विश्लेषण व्याकरणशास्त्र अथवा भाषा-विज्ञान का विषय है। यहाँ मानक हिंदी की शब्द-संरचना के संदर्भ में प्रत्ययों की भूमिका जान लेना-भर अपेक्षित है। मानक हिंदी में कतिपय बहुप्रयुक्त प्रत्यय इस प्रकार हैं—

अक्कड़ (भुलक्कड़), आ (महोदया), आई (भलाई, लिखाई), आऊ (टिकाऊ, कमाऊ), आक (तैराक), आना (मस्ताना), आड़ी (अनाड़ी, खिलाड़ी), आनी (मास्टरानी), आपा (मोटापा), आर (लोहार, कुम्हार), आरी (जुआरी, पुजारी, भिखारी), आलु (दयालु), आलू (झगड़ालू), आव (ठहराव, बनाव), आवा (दिखावा, छलावा, पहनावा), आवट (बनावट, रुकावट), आस (मिठास, खटास), आहट (फुसफुसाहट, सरसराहट), इक (मौखिक, लौकिक), इत (लिखित, उच्चरित, अंकित), इमा (लालिमा, कालिमा), इयत (इंसानियत, काबिलियित), इयल (अड़ियल), इया (बढ़िया, चुटिया), इल (फेनिल, स्नेहिल), ई (लाड़िली, लोभी, सूती, बंगाली, डॉक्टरी, चोरी), ईय (राष्ट्रीय), ईला (बर्फीला, चमकीला), ऊ (खाऊ, पेटू, चालू), एरा (चचेरा, लुटेरा), ऐत (लठैत), ऐया (गवैया), औना (बिछौना, डिठौना), क (रक्षक, शिक्षक, निंदक), कार (लेखाकार, साहित्यकार, निबंधकार, कशीदाकार), गर (जादूगर, ज़रगर, सिकलीगर), ची (खजानची, तोपची), तः (वस्तुतः, मूलतः, संक्षेपतः), ता (वीरता, दीर्घता, लघुता), त्व (निजत्व, कृतित्व), दार (शानदार, आबदार, ईमानदार), नी (चोरनी, मोरनी), पन (बचपन, पागलपन), बाज़ (चालबाज़, धोखेबाज़), मंद (अक्लमंद), ला (अगला, पिछला, निचला), वान (गाड़ीवान, बलवान), हारा (लकड़हारा, पालनहारा) इत्यादि।

'संधि' और **'समास'** व्याकरणिक अध्ययन की दृष्टि से पृथक् भाषिक उपकरण होते हुए भी, शब्द-संरचना की दृष्टि से प्रायः पृथक् नहीं हैं, क्योंकि **दोनों का मूल प्रकार्य यौगिक शब्दों की संरचना है।**

समास द्वारा संरचित अधिकांश शब्दों (समस्त पदों) में प्रायः कोई-न-कोई (स्वर, व्यंजन या विसर्ग-संबंधी) संधि-नियम भी देखा जा सकता है। उदाहरणतः

हिमालय--हिम+आलय--दीर्घ स्वर संधिः हिम का आलय है जो, बहुब्रीहि समास; रजनीश--रजनी+ईश--दीर्घ स्वर संधि, रजनी का ईश है जो अर्थात् चंद्रमा--बहुब्रीहि समास, सज्जन--सत्+जन--व्यंजन संधि, अच्छा है जो जन, कर्मधारय समास, निस्संदेह--निः+संदेह-विसर्ग संधि, नहीं संदेह (संदेह का अभाव)--नञ् तत्पुरुष समास, इत्यादि। संधि के विभिन्न भेदों और उनसे संरचित भाषिक रूपों का विश्लेषण व्याकरण का विषय है। **शब्द-संरचना की दृष्टि से, मानक हिंदी का उल्लेखनीय उपादान समास ही है।**

समास का अभिप्राय है--संक्षेप (उदाहरणतः शुक्लजी ने, 'समास' शैली का प्रयोग किया है)। जहाँ दो स्वतंत्र शब्द पास-पास (सम्-निकट, आस-रखना) होने पर, जुड़कर एक शब्द का रूप ले लेते हैं वहाँ 'समास' होता है। यदि उन दोनों शब्दों के मध्य कोई अन्य योजक अव्यय, कारक चिह्न अथवा संबंध तत्त्व सूचक शब्द होता है (होते हैं) तो उसका (उनका) लोप हो जाता है। जैसे--'राह के लिए खर्च' में दो शब्द मुख्य हैं--'राह' और 'खर्च'। 'के लिए' संप्रदान कारक का विभक्ति चिह्न है जिसका लोप करके, समास द्वारा एक शब्द संरचित होगा--'राहखर्च'।

उपर्युक्त उदाहरण से स्पष्ट है कि समास दो शब्दों को एक करने के लिए ही होता है। उन दोनों शब्दों में कभी पहला शब्द प्रधान होता है, (यथाशक्ति, यथासमय) दूसरा गौण, कभी दूसरा प्रधान तथा पहला गौण (देशप्रेमी, धर्मप्रेमी, पुस्तकप्रेमी), कभी दोनों ही शब्द प्रधान होते हैं (यातायात--यात+आयात) तथा कभी दोनों शब्द अपने-आपमें प्रधान न होकर, एक नये अन्य शब्द का संकेत करते हैं (चतुर्भुज चार हैं भुजाएँ जिसकी, विष्णु)। इसी आधार पर **मानक हिंदी में चार प्रकार के समास शब्द-संरचना में सहायक देखे जाते हैं**--(1) जिनमें प्रथम शब्द प्रधान होता है--**अव्ययीभाव,** (2) जिनमें द्वितीय शब्द प्रधान होता है--**तत्पुरुष,** (3) जिनमें दोनों शब्दों की समान महत्ता प्रतीत होती है--**द्वंद्व,** (4) जिनमें प्रयुक्त दोनों शब्दों की अपेक्षा, उनके माध्यम से एक अन्य तीसरे शब्द का बोध होता है--**बहुव्रीहि।** इनके अतिरिक्त दो अन्य समास भी मानक हिंदी में प्रचलित हैं--(1) **कर्मधारय**--जिसमें दोनों शब्दों में प्रायः विशेषण-विशेष्य अथवा उपमेय-उपमान-संबंध होता है, (2) **द्विगु**--जिसमें पहला पद संख्यावाचक विशेषण और दूसरा शब्द प्रायः उसी का विशेष्य होता है। अधिकांश विद्वान् **'द्विगु'** समास का अलग अस्तित्व स्वीकार करने पर सहमत नहीं हैं, क्योंकि इसके अंतर्गत संरचित शब्द **कर्मधारय** (विशेषण-विशेष्य-संबंध के कारण) अथवा **बहुव्रीहि** (तीसरे शब्द का अर्थबोध कराने के कारण) समास के वर्ग में समाविष्ट हो सकते हैं। इस प्रकार, मानक हिंदी में मुख्यतः पाँच समास शब्द-संरचना में सहायक हैं जिनका उदाहरणों-सहित विशद विवेचन व्याकरण-पुस्तकों में प्राप्त है। यहाँ केवल शब्द-संरचना की स्पष्टता हेतु कुछेक उदाहण दिये जा रहे हैं--

अव्यवीभाव--यथाशक्ति (शक्ति के अनुसार), रातोंरात (रात ही रात में),

प्रतिदिन (दिन-दिन के प्रति), इत्यादि।

तत्पुरुष—कर्ता और संबोधन कारक को छोड़कर, अन्य छहों (कर्म, करण, संप्रदान, अपादान, संबंध एवं अधिकरण) कारकोंवाले शब्द-युग्मों में विद्यमान विभक्ति चिह्न का लोप हो जाने से रचे जानेवाले शब्द इस वर्ग के अंतर्गत आते हैं। यथा : दिवंगत—दिव्यलोक (स्वर्ग) को गत, जेबकतरा—जेब को कतरनेवाला; हस्तलिखित—हस्त द्वारा लिखित, सूररचित--सूर द्वारा रचित, हथकड़ी—हाथ के लिए कड़ी, देशप्रेम—देश के लिए प्रेम, भयभीत—भय से भीत, कालातीत—काल से अतीत; देशभक्त—देश का भक्त, लोकनायक—लोक का नायक, जनलेखक—जन का लेखक; वनवास--बन में वास, गृहप्रवेश—गृह में प्रवेश, शरणागत—शरण में आगत इत्यादि।

कई बार जिन दो शब्दों में तत्पुरुष समास होता है, उनके मध्यवर्ती संबंध तत्त्व (विभक्ति चिह्न) का लोप नहीं होता। उसे **'अलुक् तत्पुरुष'** (लोप-रहित तत्पुरुष) कहते हैं। ऐसे शब्दों की संरचना मानक हिंदी में प्रायः संस्कृत से ज्यों-की-त्यों गृहीत है। जैसे—खेचर (पक्षी) खे (आकाश में) चर (संचरण करनेवाला)। यहाँ 'ख' में 'ए' (अधिकरण, सप्तमी) विभक्ति चिह्न है जिसका लोप नहीं हुआ। मानक हिंदी में इस प्रकार की शब्द-संरचना के उदाहरण बहुत कम हैं। यथा—विश्वंभर, युधिष्ठिर, मनसिज आदि।

व्याकरणशास्त्र में तत्पुरुष समास का एक अन्य रूप भी मान्य है—**'नञ् तत्पुरुष'**। इसमें पहला पद निषेध (अभाव) सूचक होता है। जैसे—असफल—न सफल। किंतु मानक हिंदी में शब्द-संरचना की यह कोटि 'उपसर्ग' के अंतर्गत आती है; क्योंकि 'नञ् तत्पुरुष' के प्रायः सभी उदाहरण अ, अन, नि, निस्, निर् आदि उपसर्गों द्वारा संरचित होते हैं—अयोग्य, अनदेखा, निडर, आदि।

द्वंद्व—दिनरात (दिन और रात), सुखदुख (सुख और दुख), यातायात (यात और आयात), आवागमन (आवा और गमन), आरोहावरोह (आरोह और अवरोह), धर्माधर्म (धर्म और अधर्म), घुसपैठ (घुस और पैठ) इत्यादि।

कर्मधारय—सदाचार (सत् (अच्छा) है जो आचार), भ्रष्टाचार, पीतपट (पीत है जो पट), शुभागमन (शुभ है आगमन), महापुरुष (महान् पुरुष), कमलनयन (कमल जैसे नयन), चरणकमल (चरण रूपी कमल), आदि।

द्विगु—चौराहा (चार राहों का समाहार), त्रिभुज (तीन भुजाओं (रेखाओं) का समाहार) चौपाल, त्रिआयामी, चतुर्मुखी, चौरंगी, पंचवटी, इत्यादि।

बहुव्रीहि—नीलकंठ (नीले कंठवाला (नील है कंठ जिसका), शिव), चतुर्मुख (चार हैं मुख जिसके, ब्रह्मा), गजानन (गज जैसा है आनन जिसका, गणेश), दशानन (दश हैं आनन जिसके, रावण) इत्यादि।

इस प्रकार, मानक हिंदी की शब्द-संरचना में विभिन्न उपादानों का उपयोग होता है।

(ग) पद-संरचना

शब्द और पद में अंतर है। सामान्यतः 'शब्द' और 'पद' का प्रयोग हम पर्याय रूप में कर लेते हैं। उदाहरणतः 'हम और तुम मिलकर पहले पढ़ेंगे, फिर खेलेंगे।' इस वाक्य में आठ 'शब्द' हैं, या—इस वाक्य में आठ 'पद' हैं—दोनों प्रयोग संभव हैं। हम तुम कर्ता सर्वनाम शब्द हैं और पढ़ेंगे-खेलेंगे क्रिया-शब्द है। इन्हीं को कोई संज्ञा-पद (कर्त्ता-पद) और क्रिया-पद भी कह सकता है। इस प्रकार 'शब्द' और 'पद' को एक समझ लिया जाता है; परंतु **'शब्द' और 'पद' सर्वथा भिन्न हैं।** शब्द सामान्यतः 'ध्वनियों का एक सार्थक समूह है।' पुस्तक, पढ़ना, विद्यालय, केवल—ये सभी शब्द हैं। यही शब्द जब वाक्य में बँधकर व्यवस्थित हो जायेंगे, इनका अपना-अपना कोई व्याकरणिक नाम, स्तर और प्रकार्य निश्चित होगा; तब ये मात्र 'शब्द' न रहकर 'पद' बन जायेंगे। 'पुस्तक केवल विद्यालय में नहीं पढ़ी जाती।' इस वाक्य में सात पद हैं जिनमें कोई संज्ञा-पद है, कोई क्रिया-पद, कोई अव्यय-पद है, कोई किसी कारक का सूचक परसर्ग है। 'पुस्तक' किसी वाक्य में कर्त्ता पद है तो किसी अन्य वाक्य में कर्म-पद भी हो सकती है (उसे एक पुस्तक दे दो); एक अन्य व्याकरणिक स्तर पर यही पुस्तक विशेष्य-पद है ('एक' विशेषण का विशेष्य)। इस प्रकार किसी 'अर्थवाही स्वतंत्र स्वन-गुच्छ' के रूप में शब्द का संकल्पनात्मक बोध एक ही रहेगा किंतु एक वाक्य में प्रयुक्त होते ही उसके अर्थ में अंतर आये-न-आये, उसके दर्जे, नाम और प्रकार्य अनेक हो जायेंगे। जैसे—'राम' किसी भी व्यक्ति का नाम है, किंतु 'राम अयोध्या में वापस आ गये' में कौशल्यादि के लिए राम 'पुत्र' है, भरत के लिए 'भाई', प्रजा के लिए 'शासक' है। इसी प्रकार व्याकरण की दृष्टि से 'राम' 'व्यक्तिवाचक संज्ञा' है, 'आना' क्रिया का 'कर्त्ता' है, पूरे वाक्य-संरचना की दृष्टि से यह 'उद्देश्य' है जिसका विधेय है—'अयोध्या में वापस आ गये।'

उपर्युक्त विवेचन के आधार पर स्पष्ट हो जाता है कि **'किसी विचार अथवा वस्तु के वाक्-प्रतीक को 'शब्द' कहते हैं। दूसरी ओर 'जो शब्द वाक्य-विन्यास की प्रक्रिया में ढलकर किसी व्याकरणिक प्रकार्य का निर्वाह करता है, उसे 'पद' कहते हैं।'** अर्थवाही प्रत्येक स्वन-गुच्छ शब्द है किंतु प्रत्येक शब्द 'पद' नहीं है, 'पद' वह तभी कहलायेगा जब वह व्याकरणिक तत्त्वों से युक्त होकर वाक्य में प्रयुक्त होने की योग्यता प्राप्त कर लेगा।

मानक हिंदी की पद-संरचना बड़ी व्यवस्थित, वैज्ञानिक और नियमबद्ध है। व्याकरणिक स्तर पर मानक हिंदी के सभी पद दो वर्गों में विभाज्य हैं—विकारी और अविकारी। कोई भी पद या तो लिंग-वचन-कारक, काल-वाच्य आदि व्याकरणिक प्रकार्य अथवा प्रक्रिया के आधार पर रूपांतरित (विकृत या परिवर्तित) हो सकता है या नहीं हो सकता। सभी संज्ञा, सर्वनाम, विशेषण तथा क्रियापद 'विकारी' हैं।

इनकी रूप-संरचना में विविधता संभव है। यथा, नर-नारी-नरों-नारियाँ-नारियों, उड़ान-उड़ानें-उड़ाका-उड़ाकू उड़ाके-उड़ाकों, मोटा-मोटे-मोटी, चलना-चाल-चलाना-चलवाना-चलता-चलते-चलती-चलेगा-चलूँगा-चलेंगे-चलेंगी, इत्यादि। मानक हिंदी के दूसरे प्रकार के पद 'अविकारी' अथवा 'अव्यय' हैं। ये हर अवस्था में, वाक्य-विन्यास में किसी भी लिंग-कारक, काल-वाच्य आदि से संबंधित होने पर, सदा एक से (अपरिवर्तित, अविकृत, अव्यय) रहते हैं। मानक हिंदी के सभी क्रियाविशेषण (अब, अभी, आज, कल, आगे, पीछे, धीरे, शीघ्र, आदि), योजक (और, तथा, किंतु, परंतु, अथवा, आदि), समुच्चयबोधक (बिना, तक, भर आदि) और विस्मयादिबोधक (अहा ! वाह ! हाय ! काश ! आदि) पद 'अविकारी' अथवा 'अव्यय' हैं।

मानक हिंदी में अव्यय पदों के रूप निश्चित हैं अतः इनमें संरचना-वैविध्य संभव नहीं; किंतु शेष (विकारी) पदों की संरचना स्थिति-अनुसार भिन्न-भिन्न हो सकती है, की जा सकती है। उदाहरणतः—व्यक्तिवाची (व्यक्तियों, स्थानों आदि के नाम) संज्ञाओं को छोड़कर, अन्य (जातिवाची या भाववाची) **संज्ञा-पदों की संरचना** लिंग-वचन-कारक आदि के अनुसार भिन्न रूप ग्रहण कर लेती है। अंगरेज़ी में संज्ञा चाहे कर्त्ता हो या कर्म, उसका रूप एक-सा रहता है (Girls come here. Girls ! Come here. Preference should be given to Girls.); किंतु मानक हिंदी में ऐसी स्थिति नहीं। उसमें प्रत्येक संज्ञा-पद की संरचना व्याकरणिक प्रकार्य के अनुसार अलग-अलग होगी (**लड़कियाँ** यहाँ आती हैं। **लड़कियो !** यहाँ आओ ! **लड़कियों** को प्राथमिकता दी जानी चाहिए; इत्यादि)।

मानक हिंदी के भाववाची संज्ञा-पदों की संरचना क्रिया अथवा विशेषण पदों में रूपांतरण-द्वारा भी हो सकती है (उड़ना-उड़ान, पढ़ना-पढ़ाई; श्रेष्ठ-श्रेष्ठता, सुंदर-सौंदर्य, सुंदरता)।

सर्वनाम पदों की संरचना में भी इसी प्रकार की विविधता है। उत्तम पुरुष में 'मैं' से मुझे, मेरा, मेरे (एकवचन); हम, हमें, हमारा, हमारे (बहुवचन); मध्य पुरुष में तू, तुम, तुझे, तुम्हें, तेरा, तुम्हारा, तेरे, तुम्हारे; अन्य पुरुष में यह, इस, इन, इन्हें, वह, उस, उन, उन्हें आदि रूपों की संरचना संभव है। **मानक हिंदी की सर्वनाम पद-संरचना की एक उल्लेखनीय विशेषता यह है कि इसमें वचन-भेद के अनुसार तो रूपांतरण हो जाता है, लिंग-भेदानुसार नहीं** (**वह** आया, वह आई, **मैं** अब चलूँगा, **मैं** अब चलूँगी, **तुम** कब जाओगे, तुम कब आओगी); जबकि संस्कृत और अंग्रेजी की सर्वनाम पद-संरचना में अन्य पुरुषवाचक लिंग-भेदानुसार भी रूपांतरण मिलता है—अयम्, सः (पु.), इयम्, सा (स्त्री.) इदम् (नपुं.); He came, She came.)

मानक हिंदी की विशेषण पद-संरचना संज्ञा और सर्वनाम-पदों का अनुसरण करती है। संख्यावाची और परिमाणवाची विशेषण-पदों को छोड़कर (**दो** लड़के, दो लड़कियाँ, (कम दूध, कम मलाई), अन्य प्रायः सभी (गुणवाचक) विशेषणों की

संरचना उनके विशेष्य (संज्ञा या सर्वनाम) पदों के अनुसार बदल जाती है। जैसे—**मोटे** आदमी, **मोटी** औरतें, **मोटा** बालक; **निचली** मंजिल, **निचला** दर्जा, **निचले** इलाके; परिचायक-परिचायिका; इत्यादि।

क्रिया-पदों की पद-संरचना की दृष्टि से मानक हिंदी में सर्वाधिक विविधता दिखाई देती है। कर्त्ता, कर्म (अकर्मक, सकर्मक, एककर्मक द्विकर्मक), लिंग (लिखता-लिखती), वचन (जाता है, जाते हैं), काल (आता है, आ रहा है, आयेगा, आ रहा होगा), वाच्य (चलता है, चला जाता है) आदि अनेक कारणभूत तत्त्वों के आधार पर मानक हिंदी के क्रिया-पदों की संरचना भिन्न-भिन्न रूपों में हो सकती है। अपूर्ण क्रिया, संयुक्त क्रिया, नामधातु क्रिया एवं प्रेरणार्थक क्रिया-पदों की संरचना के संबंध में मानक हिंदी की निजी विशेषता उल्लेखनीय है। मूल क्रिया प्रकृति (धातु) में ही मध्यसर्ग या परसर्ग के योग से भिन्न-भिन्न क्रिया-रूप संरचित किये जा सकते हैं। जैसे—खेलकूद (संयुक्त), खेलना, खिलाना, खिलवाना (प्रेरणार्थक) आदि। संज्ञा-पदों से क्रिया-पदों (नामधातु क्रिया) की संरचना मानक हिंदी की एक अन्य विशेषता है। (हाथ-हथियाना, लाज-लजाना, बात-बतियाना, आदि)। मानक हिंदी में, आवश्यकतानुसार, विशेषण-पदों से भी क्रियापदों की संरचना की जा सकती है (गर्म-गर्माना)।

संक्षेप में, मानक हिंदी की पद-संरचना के यही प्रमुख आयाम हैं। इन सभी का विशद विवेचन और उदाहरणपरक विश्लेषण व्याकरणशास्त्र का दायित्व है। हिंदी के व्यावहारिक प्रयोग के संदर्भ में उपर्युक्त रूपरेखा की जानकारी पर्याप्त है।

(घ) वाक्य-संरचना

सार्थक शब्दों का ऐसा व्यवस्थित और क्रमबद्ध समूह 'वाक्य' है जो किसी अभिप्राय को स्पष्ट करने में पूर्णतः समर्थ हो। व्याकरणशास्त्रियों की दृष्टि में अर्थ-स्तर पर भाषिक संरचना की मूल इकाई 'वाक्य' ही है। 'खेत गाय जाना' इन तीन शब्दों के समूह को वाक्य नहीं कह सकते, न ही ये वक्ता के आशय का स्पष्ट बोध कराते हैं। 'गाय खेत की ओर जा रही है' या 'गाय को खेत में ले जाना' अथवा 'गाय को खेत में मत जाने देना' आदि शब्द-समूह एक विशेष क्रम से व्यवस्थित हैं, अतः यह वाक्य है और वक्ता के आशय को स्पष्ट करने में समर्थ होने के कारण, भाषिक संरचना की मूल इकाई भी। केवल 'बंबई' या 'आइए' शब्द सार्थक होते हुए भी यह स्पष्ट नहीं करते कि इनके प्रयोग द्वारा वक्ता कहना क्या चाहता है। हाँ, किसी अन्य वक्ता के प्रश्न के उत्तर में यदि ये शब्द बोले जाएँ तो अवश्य एक वाक्य के ही दायित्व का निर्वाह करेंगे। जैसे 'आप कहाँ गए थे ?'—'बंबई !' अथवा 'क्या मैं अंदर आ सकता हूँ ?'—'आइए।' यहाँ अभिप्राय यही है कि 'मैं बंबई गया था' या 'आप अंदर आ जाइए।'

उपर्युक्त उदाहरणों से स्पष्ट है कि वाक्य का संपूरक अवयव क्रिया-पद है। क्रिया के अभाव में वाक्य-संरचना हो ही नहीं सकती। 'मोहन बड़ी कुशलता से', 'उपवन में रंग-बिरंगे फूलोंवाले वृक्ष'—ये कथन तब तक अपने में निहित अर्थ का **संप्रेषण** नहीं कर सकते जब तक इनके साथ क्रमशः 'खेला' और 'हैं' क्रियाएँ न जोड़ी जाएँ। संस्कृत के प्राचीन भाषा-विज्ञ और वैयाकरण 'पतंजलि' और 'भर्तृहरि' ने तो यहाँ तक कहा है कि 'क्रिया ही वाक्य है।' इसका प्रमाण हम ऊपर 'आइए' वाले उदाहरण में देख चुके हैं जिसमें वाक्य की संकल्पना निहित है (आप अंदर आ जाइए)।

सामान्यतः **वाक्य-संरचना में तीन तत्त्व अपेक्षित हैं—योग्यता, आकांक्षा, सन्निधि।** संस्कृत के काव्याचार्य विश्वनाथ ने कहा है—'वाक्यं स्याद् योग्यताकांक्षासत्तियुक्तः पदोच्चयः' (साहित्यदर्पण) अर्थात् योग्यता, आकांक्षा और सत्ति (सन्निधि-निकटता) युक्त पदों का समुच्चय (समूह) वाक्य (कहलाता) है। वाक्य में पूर्ण अर्थ संप्रेषित करने की **योग्यता** तो होनी ही चाहिए, व्याकरणिक औचित्य के निर्वाह की योग्यता भी अपेक्षित है। 'किसान खेतों को आग से सींचता है' यह वाक्य व्याकरणिक नियमानुसार शुद्ध है क्योंकि इसमें कर्त्ता-कर्म-क्रिया के क्रमानुसार अवस्थित शब्द एक कथन-विशेष का संप्रेषण करते हैं, परंतु अर्थ-स्तर पर इसे शुद्ध नहीं कहा जा सकता क्योंकि खेतों को 'पानी' से सींचा जाता है, आग से नहीं। इसी प्रकार 'किसान खेतों को **सींचती** है', 'किसान खेतों सींचता है।' आदि कथन व्याकरणिक बाधा (योग्यता से वंचित) होने के कारण (किसान पुल्लिग है, सींचती स्त्रीलिंग; 'खेतों सींचता है' में कर्म-कारक-विभक्ति 'को' नहीं है) 'वाक्य' कहलाने के अधिकारी नहीं। **आकांक्षा** का अभिप्राय है—श्रोता की जिज्ञासा। जिस कथन को सुनकर श्रोता के मन में कुछ और आकांक्षा (जिज्ञासा-जानने की इच्छा) न रहे वही 'वाक्य' कहला सकता है। 'पुस्तक' कहने से कई आकांक्षाएँ होंगी—पुस्तक का क्या करना है ? किसकी पुस्तक ? आदि। जब यह कहा जाए कि 'मेरी पुस्तक लेते आना' तभी वाक्य-संरचना होगी, क्योंकि इसमें अर्थ पूर्ण है, कोई आकांक्षा शेष नहीं रहती। इसे एक अन्य प्रकार से भी स्पष्ट किया जा सकता है—'वही पद-समूह वाक्य है जो साकांक्ष हो।' इस कसौटी की व्याख्या करने के लिए 'क्रिया' को 'केंद्रक' मानकर, की जानेवाली आकांक्षाओं का जिस कथन से समाधान हो जाए वही 'वाक्य' है। यथा—'मोहनसिंह बहुत तेज़ मोटर चलाता है।' यहाँ 'चलाता है' क्रिया से संबंधित तीन आकांक्षाएँ संभव हैं—'कौन, क्या, कैसे ?' उत्तर है—'मोहनसिंह', 'मोटर', 'बहुत तेज़'। अतः यह कथन 'वाक्य' कहला सकता है। **'सन्निधि'** का अर्थ है—समीपता। वाक्य में नियोजित पद अपने से संबंधित पदों के निकटतम होने चाहिए। 'बहुत मेरे सैनिक देश बहादुर के हैं।' यह कथन अटपटा-सा लगता है क्योंकि इसमें नियोजित पदों की अपने से संबंधित अन्य पदों से 'सन्निधि' नहीं है। 'मेरे देश के सैनिक बहुत बहादुर हैं।' शुद्ध एवं पूर्ण वाक्य

है। कौन बहादुर हैं—'सैनिक'। कौन से सैनिक—'मेरे देश के'। अतः 'मेरे देश के' विशेषण पदबंध 'सैनिक' संज्ञा (विशेष्य) पद के साथ रहना चाहिए। कितने बहादुर—'बहुत'। 'बहुत' और 'बहादुर' में भी क्रमिक सन्निधि अपेक्षित है।

संक्षेप में, **वाक्य की कसौटी उसका आकार-प्रकार नहीं, अभिव्यक्ति की पूर्णता है। अतः 'अन्वितार्थ की प्रतीति करानेवाले पद या पद-समूह को वाक्य कहते हैं।'**

मानक हिंदी की वाक्य-संरचना प्रमुखतया संस्कृत के अनुसार है।

(1) उसमें सर्वत्र **कर्त्ता-कर्म-क्रिया के क्रम का पालन होता है**; अर्थात् कर्त्ता-पद सबसे पहले और क्रियापद सबसे अंत में रहता है और कर्म क्रिया से पहले।

(2) **विशेषण-पद विशेष्य-पद (संज्ञा) से पहले रखने का नियम है** (वह **योग्य छात्र है**); किंतु सर्वनाम का विशेषण उसके बाद आता है, पहले नहीं। (वह बहुत **अच्छा** है।) इसी प्रकार **क्रिया-विशेषण क्रिया से पूर्व प्रयुक्त होता है। (आप कल आ जाएँ)।**

(3) कारक-संबंधी विभक्ति-चिह्न उसी संज्ञा या सर्वनाम पद के साथ; उसके तुरंत बाद जुड़ता है जो उस कारक-विशेष का घटक होता है।

(4) **प्रश्नवाचक अव्यव उस शब्द से पूर्व आता है जिससे वह संबद्ध हो।** तुम **क्या** कर रहे हो ?—यह प्रश्न 'करना' क्रिया से संबंधित है; '**क्या** मैं अंदर आ सकता हूँ ?' यहाँ प्रश्न 'मैं' से संबंधित है)।

(5) भूतकालिक क्रिया के कर्त्ता पद के साथ यदि कारक-सूचक परसर्ग 'ने' लगा हो तो उस क्रिया के लिंग-वचन का रूप **कर्म** के अनुसार होता है, कर्त्ता के अनुसार नहीं। यथा—'शिकारी शिकार खेलने गये।' इस वाक्य में तो क्रिया कर्त्तानुसारी है क्योंकि 'ने' परसर्ग प्रयुक्त नहीं हुआ; किंतु 'शिकारी ने एक शेर **मारा।**' 'शिकारी ने एक चिड़िया **मारी।**' 'शिकारी ने कई तीतर **मारे।**'—इन वाक्यों में भूतकालिक क्रिया कर्म-अनुसार है क्योंकि कर्त्ता (शिकारी) के साथ 'ने' परसर्ग लगा है।

(6) जिस वाक्य में भिन्न-भिन्न लिंग और वचन वाली अनेक संज्ञाएँ होती हैं उसमें क्रिया का रूप अंतिम संज्ञा-पद के अनुसार होता है। जैसे—'शिकारी ने एक शेर, कई तीतर और **एक हिरनी मारी।'**

(7) मानक हिंदी की वाक्य-संरचना प्रायः दो घटकों पर आधारित है—'उद्देश्य' और 'विधेय'। कर्त्ता और उसके विशेषक पद 'उद्देश्य' के तथा क्रिया और उसके विशेषक पद विधेय के अंतर्गत आते हैं। योजक पद उन पदों (या संयुक्त वाक्य में वाक्यों) के मध्य रहता है जिन्हें वह जोड़ता है—'मैं तुम और वह साथ चलेंगे।' अथवा 'दुनिया चाँद पर पहुँच गई है किंतु हम अभी मध्ययुग की बातें कर रहे हैं।'

(8) संबोधन पद और विस्मयादिबोधक पद (यदि हों तो) सदा वाक्य के आरंभ में आते हैं—'अरे ! मेरी बात तो सुनो।'

(9) निषेधात्मक 'न' या 'नहीं' का प्रयोग प्रायः क्रियापद से पहले होता है। किंतु आग्रहसूचक 'न' का वाक्य के अंत में। जैसे—'तुम्हारा पत्र अभी तक हमें **नहीं** मिला', अथवा 'तुम परसों तक वापस आ जाना **न** !'

(10) कर्त्ता यदि आदरणीय हो तो उसके एकवचन में होने पर भी उसकी क्रिया बहुवचन में होगी—'प्रधानमंत्री कल ही विदेश से **लौटे हैं।'**

(11) यदि कर्त्ता के लिंग का पता न हो (कौन, कोई आदि) तो क्रियापद पुल्लिग में रहता है—'कल आपसे मिलने **कौन आया था ?'** या **'कोई** तो **होगा** जो मेरी समस्या का समाधान करेगा।'

(12) मानक हिंदी की वाक्य-संरचना कुछ पदबंधों पर आधारित है, पदबंध पदों के संयोग से बनते हैं, पद विभिन्न व्याकरणिक कोटियों का प्रतिनिधित्व करते हैं। **जब एक से अधिक पद किसी एक ही व्याकरणिक इकाई अथवा कोटि में बँध जाते हैं तब वे 'पदबंध' कहलाते हैं।** 'पद-संरचना' के अंतर्गत स्पष्ट किया जा चुका है कि मानक हिंदी का पद-विभाग आठ वर्गों में विभाजित है—चार प्रकार के विकारी पद—संज्ञा, सर्वनाम, विशेषण, और क्रिया; तथा चार प्रकार के अविकारी (अव्यय) पद—क्रिया-विशेषण, योजक, समुच्चयबोधक और विस्मयादिबोधक। **पदबंध भी 'पद' की भाँति 'एक व्याकरणिक इकाई'** होने के कारण आठ प्रकार के **हो सकते हैं**—(1) संज्ञा पदबंध, (2) सर्वनाम पदबंध, (3) विशेषण पदबंध, (4) क्रिया पदबंध, (5) क्रियाविशेषण पदबंध, (6) योजक पदबंध, (7) समुच्चयबोधक पदबंध, (8) विस्मयादिबोधक पदबंध। व्याकरणशास्त्र एवं भाषाशास्त्र में इन पदबंध-रूपों के आगे और भी भेदोपभेद विवेचित हैं; यथा—'संज्ञा पदबंध' को आठ कारकों के आधार पर आठ उपवर्गों में विभाजित किया गया है—कर्त्ता पदबंध, कर्म पदबंध आदि।

(13) मानक हिंदी की वाक्य-संरचना तीन रूपों में प्राप्त है—(1) सरल वाक्य, (2) संयुक्त वाक्य, (3) जटिल या मिश्रित वाक्य। सामान्यतः एक 'उद्देश्य' और एक 'विधेय' वाले वाक्य, अर्थात् एक ही कर्त्ता पद (पदबंध) और क्रिया पद (पदबंध) से संरचित वाक्य 'सरल' कहलाते हैं; यथा—'भारत हर क्षेत्र में शांति चाहता है।'

सरल वाक्य प्रधानतया 'कर्म' के आधार पर तीन प्रकार के हो सकते हैं—(1) अकर्मक (जिसकी क्रिया का फल कर्त्ता तक ही सीमित रहता है, अर्थात् इसमें कर्म नहीं होता)—'मैं कल जाऊँगा।' (2) सकर्मक (जिसमें कर्म हो अर्थात् क्रिया का फल कर्म में हो)—'मैं कल **बंबई** जाऊँगा।' सकर्मक वाक्य की संरचना दो रूपों में संभव है—'एककर्मक' (उपर्युक्त वाक्य इसका उदाहरण है, इसमें एक कर्म 'बंबई' है) और **'द्विकर्मक'**—मैं कल अपने **भाई** को **बंबई** ले जाऊँगा। (इसमें 'भाई' और 'बंबई' दो कर्म हैं।) (3) कर्तृपूरक (जिसमें संज्ञा अथवा विशेषण पद द्वारा 'कर्त्ता' का प्रकार्य या दायित्व निभाया जाता है—'फूल सुंदर है।' 'कमला नर्स है।') (4) कर्मपूरक (जिसमें संज्ञा या विशेषण पद 'कर्म' का प्रकार्य निभाता है—'उसने मुझे धोखा दिया।')

संयुक्त वाक्य में दो या दो से अधिक स्वतंत्र वाक्य किसी योजक अव्यय द्वारा संयुक्त होते हैं—'उसने मुझे धोखा दिया, **किंतु** 'मैं चुप रहा।' 'मैं कल बंबई जाऊँगा **अतः** तुम घर से बाहर मत निकलना।' अथवा 'वह कल ही बंबई से लौटा **और** मुझे मिला **किंतु** तुरंत चला गया।'

जटिल अथवा मिश्रित वाक्य में एक प्रधान उपवाक्य होता है तथा शेष (एक या अधिक) उपवाक्य उसके आश्रित होते हैं। दोनों प्रकार के (प्रधान और आश्रित) वाक्य एक-दूसरे के पूरक या सहायक होते हैं। उनके मिश्रित अस्तित्व द्वारा ही वाक्य-संरचना का भाषिक एवं अर्थस्तरीय प्रकार्य संपन्न हो पाता है। प्रायः प्रधान उपवाक्य पहले तथा आश्रित उपवाक्य बाद में रखा जाता है (रखे जाते हैं)। योजक अव्यय उपवाक्यों के मध्य नियोजित होता है। यथा—'मैं इस बात की सूचना तुरंत आपको देना चाहता था, किंतु वर्षा के कारण अचानक बीमार पड़ गया और न तो आपके पास आकर सूचना दे सका तथा न ही पत्र लिख पाया।'—यह जटिल अथवा मिश्रित वाक्य-संरचना का उदाहरण है।

(14) **अर्थ-स्तर पर मानक हिंदी में वाक्य-संरचना के ये आठ रूप प्रचलित हैं—**

(1) **विधानवाचक (विध्यात्मक)** (जिसमें क्रिया के होने या किए जाने का सामान्य सूचनात्मक उल्लेख हो)—'हिमालय पर सदा बर्फ़ जमी रहती है।'

(2) **निषेधवाचक (निषेधात्मक, नकारात्मक)** (जिसमें क्रिया का निषेध हो)—'मुझे उसके भाषण का एक भी शब्द समझ में नहीं आया।'

(3) **प्रश्नवाचक** (जिसमें प्रश्न किये जाने का बोध हो)—'क्या आप मुझे कुछ रुपये उधार दे सकते हैं ?'

(4) **संदेहवाचक** (जिसमें क्रिया के होने या किये जाने के संबंध में संदेह व्यक्त हो या संभावना का आभास हो)—'विमान दुर्घटना में एक भी यात्री जीवित नहीं बचा होगा।' अथवा 'आपने मेरी नौकरी के संबंध में उनसे बात कर ली होगी।'

(5) **इच्छावाचक** (जिसमें वक्ता की इच्छा या आशा ज्ञापित हो)—'भगवान तुम्हें सुबुद्धि प्रदान करे।' या 'सोचता हूँ, शाम को चला ही जाऊँ।'-

(6) **आज्ञावाचक (आदेशात्मक)** (जिससे वक्ता द्वारा किसी को आदेश, निदेश, आग्रह, अनुरोध आदि करने का बोध हो)—'घर पहुँचते ही पत्र लिख दीजिएगा।'

(7) **बंध या शर्तवाचक (संकेतात्मक)** (जिसमें क्रिया का होना, या किया जाना किसी अन्य क्रिया के होने या किये जाने पर आधारित होने का आभास हो)—'यदि इस वर्ष अच्छी वर्षा हो गई तो हम अनाज के संबंध में आत्मनिर्भर हो जायेंगे।' अथवा 'आप पूछते तो मैं बताता।'

(8) **विस्मयादिवाचक** (जिससे विस्मय, हर्ष, शोक, घृणा आदि के भाव व्यक्त हों)—'आहा ! घर बैठे ही काम बन गया !' या 'ओह ! उस दृश्य की याद आते ही रोंगटे खड़े हो जाते हैं !'

3. 'हिंदी' की संरचना-प्रक्रिया और देवनागरी लिपि

'लिपि' का स्वरूप एवं महत्त्व

'लिपि' शब्द का अर्थ है—'लिखावट'। हम 'भाषा' के रूप में जिन ध्वनियों का उच्चारण एवं शब्दों-वाक्यों आदि में प्रयोग करते हैं, वे श्रोताओं के कानों तक पहुँचने के बाद अस्तित्वहीन हो जाती हैं। उनकी सत्ता केवल 'श्रव्य' होने तक सीमित है। भाषा की उन्हीं ध्वनियों को 'दृश्य' रूप में संप्रेषण अर्थात् भावों और विचारों के संचार का माध्यम बनाने के लिए हम कुछ विशेष 'आकृतियों' में—रेखाओं या चित्राकृतियों द्वारा प्रस्तुत करते हैं, तब वही भाषा 'लिपि' का रूप धारण कर लेती है। इस आधार पर कहा जा सकता है कि—

'भाषा की सभी ध्वनियों के लिए निर्धारित प्रतीक-चिह्नों का सामूहिक नाम लिपि है।'

किसी भी भाषा के लिखित रूप को उसकी लिपि कहा जा सकता है। इन पृष्ठों में 'देवनागरी लिपि' के संबंध में जो कुछ बताया जा रहा है, उसे यदि कक्षा में, अथवा किसी गोष्ठी-सभा आदि में बोलकर बताया जाता तो संप्रेषण का माध्यम 'भाषा' होती। वह 'भाषा' का माध्यम तो हम यहाँ, इस विवेचन में भी अपना रहे हैं, परंतु 'मौखिक' स्तर पर नहीं अपितु 'लिखित' स्तर पर। दूसरे, शब्दों में, यहाँ हम अपनी बात किसी विशेष लिपि (देवनागरी) के माध्यम से प्रस्तुत कर रहे हैं। इस प्रकार, 'लिपि' मनुष्य द्वारा अपने भावों, विचारों तथा अनुभवों आदि को संप्रेषित करने का 'दृश्य' माध्यम है। वैसे, दृश्य माध्यम तो चित्र, मूर्ति एवं अन्य कलाएँ भी हैं, किंतु वे माध्यम सूक्ष्म, संकेतात्मक और अस्पष्ट हैं। लिपि भाषा की हरएक व्यक्त ध्वनि को एक सुनिश्चित आकृति के रूप में प्रत्यक्ष कर देती है। एक प्रकार से, 'लिपि' भाषा का प्रत्यक्ष, लिखित पर्याय ही है।

भाषा और लिपि

मानव-मन की अनंत अनुभूतियों के संचार-संप्रेषण के विभिन्न माध्यमों में 'भाषा' और 'लिपि' दोनों का स्थान सर्वाधिक महत्त्वपूर्ण है। 'भाषा' और 'लिपि'—दोनों में व्यक्त ध्वनि-संकेतक प्रयोग में लाये जाते हैं। दोनों का मूलभूत आधार मानव-मुख से उच्चरित ध्वनियाँ हैं। अंतर यह है कि भाषा में ये ध्वनियाँ 'श्रव्य' रूप में व्यक्त होती हैं, जबकि लिपि में वही ध्वनियाँ 'दृश्य' रूप ले लेती हैं। भाषा 'मौखिक' रहती है और 'लिपि' लिखित। भाषा का क्षेत्र सीमित है और लिपि का विस्तृत। भाषा समय और स्थान के दायरे में बँधी रहती है। वाल्मीकि, व्यास, कालिदास या कबीर-सूर-तुलसी ने जो कुछ गा-गाकर सुनाया उसे केवल उनके समय में, उनके सामने उपस्थित लोग ही सुन पाए। जबकि 'लिपि' के द्वारा हम आज हज़ारों वर्ष बाद भी उनके काव्य का रसास्वादन कर रहे हैं। 'लिपि' समय और स्थान की सीमाओं को लाँघकर हर युग में, हर समय में, हर स्थान पर पहुँच सकती है। इस दृष्टि से, 'लिपि' का दायरा 'भाषा' से कहीं अधिक विस्तृत प्रतीत होता है, पर वास्तविकता इससे भिन्न है। भाषा का संचार हर शिक्षित-अशिक्षित व्यक्ति तक समान रूप से हो सकता है। वर्षभर के छोटे शिशु से लेकर वयोवृद्ध मनुष्यों तक—स्त्री-पुरुष, साक्षर-निरक्षर—सभी भाषा के माध्यम से जीवन का कार्य-कलाप चलाते हैं। भारत में, जहाँ लगभग आधी जनता पढ़ना-लिखना नहीं जानती, वह लिपि के बिना भी, मात्र भाषा-संचार द्वारा जीवन, समाज और राष्ट्र की धारा से जुड़ी है। फिर, अब तो इलैक्ट्रॉनिक उपकरणों के माध्यम से उच्चरित ध्वनियाँ (भाषा) को भी 'टेप' में सुरक्षित करके, हर युग तथा हर स्थान पर उसका उपयोग किया जा सकता है।

फिर भी, 'लिपि' अन्य कई पहलुओं से 'भाषा' की अपेक्षा अधिक महत्त्वपूर्ण है। इस संबंध में सबसे पहला उल्लेखनीय आयाम यह है कि 'लिपि' ही किसी 'भाषा' को उसके पूर्ण शुद्ध, मूल, वास्तविक रूप में सुरक्षित रखती है। सहस्रों वर्ष पुराना, वैदिक, प्राकृत, अपभ्रंश साहित्य आज भी यदि अपने मूल रूप में हमें उपलब्ध है तो केवल 'लिपि' के कारण। विश्व-भर में ज्ञान-विज्ञान, शिक्षाशास्त्र, प्रौद्योगिकी-तकनीक, शिक्षा, प्रशासन, न्याय-विधि, राजनीति, समाज, भूगोल, इतिहास, ज्योतिष, चिकित्सा आदि अनेकानेक विषयों की सामग्री 'लिपि' के माध्यम से उपलब्ध है। किसी भी प्रकार का अध्ययन आज 'लिपि' के माध्यम से संभव है।

'टंकण' और 'मुद्रण' की जो कला आज अधिकाधिक विकसित होकर, हर समाज और देश के जीवन का एक अनिवार्य एवं अभिन्न अंग बनी हुई है, उसका मूल आधार भी 'लिपि' ही है। परंतु उसी 'लिपि' का मूल आधार है—'भाषा'। जिस प्रकार धरती पर ही वनस्पतियाँ उग सकती हैं, उसी प्रकार 'भाषा' की भूमि पर ही 'लिपि' आकार ग्रहण कर सकती है।

इस प्रकार, भाषा और लिपि में समानता और भिन्नता के विविध आयाम होते हुए भी, दोनों का अन्योन्याश्रय-संबंध स्पष्ट है।

'देवनागरी लिपि' की विकास-परंपरा

'लिपि' सबसे पहले कब अस्तित्व में आई ?—इस प्रश्न का कोई निश्चित उत्तर आज तक कोई भी भाषावैज्ञानिक नहीं खोज पाया। जिस प्रकार 'भाषा' को अनेक लोग 'ईश्वरीय' देन मानते हैं और 'सृष्टि' अथवा 'जीव' के 'जन्म' के साथ ही 'भाषा' का जन्म स्वीकार करते हैं, उसी प्रकार वे तथा उनके अन्य समर्थक 'लिपि' को भी 'दैवी' वरदान कहते हैं। किंतु यह मान्यता किसी भी तर्क के आधार पर प्रमाणित नहीं होती। ऐसा होता तो जैसे बच्चा एक वर्ष की आयु तक आते-आते 'बोलने' लगता है, वैसे ही 'लिखने' भी लगता। 'लिपि' का आविष्कार निश्चय ही मानव-जाति ने अपने अस्तित्व में आने के बहुत समय बाद किया होगा। 'आवश्यकता आविष्कार की जननी है'—इस सिद्धांत-सूत्र के अनुसार, जैसे मनुष्य ने अपनी सुविधाओं के लिए अन्य साधन खोज निकाले, या गढ़ लिये, उसी प्रकार, अपने भावों, विचारों तथा अनुभवों को बिना प्रत्यक्ष साक्षात्कार के दूसरों तक पहुँचाने के लिए 'लिपि' का आविष्कार किया। इसका प्रमाण यह है कि विश्व-भर में जो भी प्राचीन अवशेष प्राप्त हैं उनमें 'लिपि' का स्वरूप कठिन से सरल और सरल से सरलतर एवं वैज्ञानिक रूप ग्रहण करता प्रतीत होता है।

सबसे पहले मनुष्य द्वारा **'चित्र-लिपि'** के प्रयोग के प्रमाण मिलते हैं। विभिन्न क्षेत्रों के वनवासी और गिरिवासी लोग जो भाव या विचार (अथवा बात) व्यक्त करना चाहते थे उसके प्रतीक-रूप में चित्र बना देते थे। 'प्यास' के लिए 'नदी', 'छाया' के लिए 'पेड़' आदि का रेखाचित्र बना देना उनके संप्रेषण का आधार थे। ये चित्र पूर्ण या सजीव न होकर, मात्र रेखाओं से संकेतित होते थे।

इसके उपरांत **'सूत्र-लिपि'** के संकेत मिलते हैं। छोटे-बड़े धागों या विभिन्न आकार की रस्सियों, पेड़ की पतली छालों आदि को घुमाफिराकर ऐसी आकृतियाँ बना दी जाती थीं जिससे कोई-न-कोई विचार संकेतित हो जाता था। 'गाँठ बाँध लेना' (अच्छी तरह याद रख लेना) मुहावरा शायद इसी लिपि की देन रहा होगा।

इसी क्रम में झंडियों, फूलों अथवा अन्य वस्तुओं द्वारा कुछ प्रतीक-संकेतों के संप्रेषण का भी उल्लेख मिलता है। इसे भाषावैज्ञानिकों ने **प्रतीकात्मक लिपि** का नाम दिया है। फिर एक ऐसी **भावमूलक लिपि** अस्तित्व में आई जिसमें विभिन्न भावों की अभिव्यक्ति कुछ विशेष लक्षणों के सूचक चित्र या आकार बनाकर की जाती थी। जैसे 'प्रकाश' के लिए 'सूर्य', 'दुःख' के लिए 'आँसू', 'चलने' के लिए 'पैर' की आकृति का रेखांकन कर देना।

उपर्युक्त लिपियों के बहुत समय पश्चात् **आक्षरिक लिपि** का आविष्कार तब

हुआ जब मनुष्य के ज्ञान का दायरा पर्याप्त विस्तृत होने लगा। इस संबंध में, सबसे पहले जिस लिपि के प्रमाण उपलब्ध हैं, वह है—**सिंधु घाटी की लिपि।** बीसवीं शताब्दी के आरंभ में भारतीय उपमहाद्वीप के 'हड़प्पा' तथा 'मोहन-जो-दड़ो' नामक स्थान पर जो खुदाई हुई, उसमें इसके बहुत-से नमूने प्राप्त हुए हैं। इस लिपि को न तो पूरी तरह **चित्र-लिपि** कहा जा सकता है और न ही **अक्षर-लिपि**। इसलिए अधिकतर भाषावैज्ञानिक इसे 'संधिकालीन' अथवा 'संक्रमणकालीन' लिपि (ट्रांजीशनल स्क्रिप्ट—Transitional Script) कहते हैं—अर्थात् यह लिपि पुरानी अपूर्ण लिपियों की समाप्ति तथा नई अक्षर-लिपि की शुरुआत की परिचायक है। **चीनी लिपि** का विकास **सिंधु घाटी की लिपि** के बाद माना जाता है। उसके पश्चात् ही, वास्तव में संसार की वे वर्तमान लिपियाँ अस्तित्व में आईं जो या तो **अक्षरात्मक** हैं, या **वर्णात्मक**।

अक्षरात्मक लिपियाँ वे हैं जिनमें सभी ध्वनियों के चिह्न एक 'स्वर' के सहारे उच्चरित होते हैं। 'देवनागरी' इसी प्रकार की 'अक्षरात्मक' लिपि है। इसकी सभी ध्वनियाँ 'अ' स्वर के संयोग से उच्चरित होती हैं। जैसे—'कमल' में 'क्+अ, म्+अ, ल्+अ' ध्वनियों के संयोग से तीन 'अक्षर' हैं, पर वर्ण छः हैं।

वर्णात्मक लिपियाँ वे हैं, जिनके ध्वनि-चिह्न स्वतंत्र रूप से उच्चरित होते हैं। जैसे—'रोमन' लिपि में ए, बी, सी (A, B, C) आदि सभी वर्ण स्वतंत्र रूप से बोले जाते हैं। इनके उच्चारण में किसी अन्य वर्ण की सहायता आवश्यक नहीं। ये तीन ध्वनियाँ ही तीन वर्ण हैं।

भारत में 'लिपि' का विकास प्रायः 'अक्षरात्मक' आधार पर ही हुआ। 'देवनागरी' भी एक अक्षरात्मक लिपि है, क्योंकि इसमें ध्वनियों के लिए निर्धारित प्रतीक-चिह्न अपने-आपमें पूर्णतः स्वतंत्र न होकर अन्य ध्वनियों से परस्पर संबद्ध है। जैसे—पुस्तक > प्+उ+स्+त्+अ+क्+अ।

अब तक जो प्रमाण उपलब्ध हुए हैं, उनके आधार पर सभी विद्वान इस बात पर सहमत हैं कि **'ब्राह्मी लिपि' भारत की सबसे प्राचीन लिपि है।** इसी से बाद में भारत की अन्य सभी वर्तमान लिपियों का विकास हुआ जिनमें से **'देवनागरी' सबसे प्रमुख एवं महत्त्वपूर्ण है।**

ब्राह्मी से **देवनागरी** तक की विकास-परंपरा का संक्षिप्त परिचय आगे दिया जा रहा है।

ब्राह्मी—अनेक पाश्चात्य भाषावैज्ञानिक **ब्राह्मी** अथवा भारत की सबसे पहली लिपि को ढाई हज़ार वर्ष से अधिक पुराना नहीं मानते। किंतु जिस 'वैदिक' साहित्य को संसार भर के विद्वान् पाँच हज़ार वर्ष से भी अधिक प्राचीन मानते हैं, उसमें 'लिपि' के स्पष्ट संकेत मिलते हैं—

(1) ऋग्वेद (6-53-7) में 'आलेख' (Script) का उल्लेख है जो 'लिपि' का पर्याय है।

(2) उसी (10-71-4) में भाषा को 'श्रव्य' के साथ 'दृश्य' भी बताया गया है। 'दृश्य भाषा' अर्थात् 'लिपि'।

(3) यजुर्वेद (15-4) में 'अक्षरबद्ध छंद' का वर्णन है।

(4) अथर्ववेद (20-23-8) में 'प्राचीन लेख' शब्द आया है जो बहुत पहले से 'लिपि' के विद्यमान होने का प्रमाण है।

इसी प्रकार संस्कृत के प्रसिद्ध प्राचीन ग्रंथ 'रामायण' और 'महाभारत' में भारतीय 'लिपि' के स्पष्ट प्रमाण हैं। **वाल्मीकि रामायण** में जब हनुमान अशोक वाटिका में सीता को 'राम नाम से अंकित अँगूठी' दिखाते हैं तो सीता को उन पर विश्वास हो जाता है। यह 'अंकन' लिपि में ही तो था। इससे यह भी प्रमाणित होता है कि रामायण-काल में स्त्रियाँ तो शिक्षित थीं ही, वनवासियों को भी अक्षर-ज्ञान था। 'महाभारत' तो महर्षि व्यास ने बोल-बोलकर शीघ्रलिपिक 'गणेश' से लिखवाया ही था।

बाद में, बुद्ध और अशोक से बहुत पहले, चीन, यूनान आदि से आनेवाले यात्रियों ने भारत में बहुत महत्त्वपूर्ण साहित्य होने का उल्लेख किया है। कई सौ ग्रंथ तो वे अपने साथ ले भी गये। यह सब 'लिपि' के बिना संभव नहीं था। बौद्ध गुफाओं तथा प्राचीन जैन विहारों में अनेक लेख खुदे होने के ऐतिहासिक प्रमाण तो मिलते ही हैं, साथ ही बौद्ध और जैन ग्रंथों में अनेक भारतीय लिपियों के नाम भी गिनाये गये हैं। इनमें 'ब्राह्मी' का उल्लेख सर्वप्रथम हुआ। (देखिये बौद्ध ग्रंथ 'ललितविस्तर' तथा जैन ग्रंथ 'पद्मवणासूत्र'।) स्पष्ट है कि **ब्राह्मी लिपि** अत्यंत प्राचीन भारतीय लिपि है।

'ब्राह्मी' शब्द का अर्थ ही है—'वैदिकी'। वैदिक साहित्य में 'ब्राह्मण' ग्रंथों का विशेष महत्त्व है। वैसे भी वेद, उपनिषद् आदि प्राचीन ग्रंथों में 'ब्रह्म' का विशद विवेचन है। अतः इसका नाम 'ब्राह्मी' उपयुक्त ही है।

खरोष्ठी—भारत की दूसरी महत्त्वपूर्ण, प्राचीन लिपि **'खरोष्ठी'** मानी जाती है। प्राचीन भारतीय व्यापारी इसी के माध्यम से विदेशों से व्यापारिक संपर्क स्थापित करते थे। पहले यह लिपि दायें से बायें लिखी जाती थी (जैसे आजकल भी 'फ़ारसी' लिपि लिखी जाती है), बाद में इसे 'ब्राह्मी' लिपि के समान बायें से दायें लिखा जाने लगा।

'खरोष्ठी' नाम के अनेक आधार बताये जाते हैं। 'खर' शब्द का अर्थ है—'गधा' तथा 'ओष्ठ' का अर्थ है—'होंठ'। कुछ विद्वान् इसे भारत के सीमावर्ती उन प्रदेशों के आदिवासी लोगों की लिपि मानते हैं जिनके 'होंठ' गधे के होंठ जैसे होते थे। कुछ पाश्चात्य भाषावैज्ञानिकों का मत है कि इस लिपि का प्रयोग पहले प्रायः 'गधे' की खाल पर किया जाता था। कुछ अन्य विद्वानों का कहना है कि इस लिपि के वर्ण गधे के होंठों की तरह लंबाई और फैलावट वाले हैं, अतः इसे 'खरोष्ठी' कहा गया। परंतु सबसे संगत मत यह प्रतीत होता है कि 'खरोष्ठ' मूल रूप से एक

'हिब्रू' शब्द है जिसका अर्थ है—'लिखावट'।

यह लिपि भारत में अधिक प्रचलित न हो सकी। बाद में, इसी से 'फ़ारसी' आदि आर्मेनिक लिपियों का विकास हुआ।

भारत में 'ब्राह्मी' लिपि ही अपने भाषावैज्ञानिक गुणों के कारण प्रचलित और लोकप्रिय हुई। इसी से भारत की अन्य लिपियों का विकास हुआ।

सबसे पहले **'ब्राह्मी'** लिपि के दो निम्न रूप भारत के दक्षिण और उत्तर में प्रचलित हुए—**(1) दक्षिणी ब्राह्मी, (2) उत्तरी ब्राह्मी।**

'दक्षिणी ब्राह्मी' से दक्षिण भारत की तमिल, तेलुगु, कन्नड़ आदि आधुनिक लिपियों का विकास हुआ।

'उत्तरी ब्राह्मी' से सर्वप्रथम **'गुप्त लिपि'** अस्तित्व में आई। इसका यह नाम मगध साम्राज्य के 'गुप्त' वंश के शासकों के आधार पर पड़ा।

गुप्त लिपि ही जब साधारण प्रयोग में कुछ टेढ़े-मेढ़े अक्षरोंवाली हो गई तो उसे **'कुटिल लिपि'** कहा जाने लगा। अर्थात् 'गुप्त लिपि' के पश्चात् उत्तर भारत में 'कुटिल लिपि' प्रचलित हुई।

इसी से, बाद में **'शारदा लिपि'** का विकास हुआ। 'शारदा' (अर्थात् सरस्वती) काश्मीर के विद्वान्, पंडित-वर्ग की आराध्या देवी रही हैं। उन्होंने ही 'कुटिल लिपि' को कुछ सौम्य-सुंदर रूप में ढालकर इस नयी लिपि को प्रचलित किया। अतः इसे 'शारदा लिपि' कहा गया।

काश्मीर से इतर, गुजरात, महाराष्ट्र, मध्यदेश, कुरुदेश आदि अन्य भारतीय क्षेत्रों में 'कुटिल लिपि' से जो नई लिपि विकसित हुई वह **'प्राचीन नागरी'** कहलाती है। इसी से वर्तमान **'देवनागरी'** के अतिरिक्त गुजराती, मराठी, बँगला, कैथी, महाजनी आदि लिपियों का विकास हुआ।

संक्षेप में, **'देवनागरी लिपि'** की विकास-परंपरा की रूपरेखा इस प्रकार समझी जा सकती है—

(1) आक्षरिक लिपि, (2) सिंधु घाटी की लिपि, (3) ब्राह्मी लिपि (गुप्त लिपि), (4) कुटिल लिपि (शारदा लिपि), (5) प्राचीन नागरी, (6) देवनागरी लिपि।

'देवनागरी लिपि' का सामान्य परिचय

भारत में लिपि की विकास-परंपरा के विवरण से स्पष्ट है कि 'देवनागरी लिपि' का उद्भव 'ब्राह्मी' लिपि से हुआ। सातवीं शताब्दी में भारत के अंतिम एकच्छत्र सम्राट् हर्षवर्धन की मृत्यु के पश्चात् जब देश की केंद्रीय एकता छिन्न-भिन्न हो गई तो इसका प्रभाव 'लिपि' पर भी पड़ा। उत्तर भारत में अनेक छोटे-छोटे राज्य स्थापित हो गये। अलग-अलग क्षेत्रों में अलग-अलग लिपियाँ विकसित हुईं। उनमें से तीन प्रमुख थीं—(1) शारदा लिपि, (2) कुटिल लिपि और (3) नागर लिपि। 'देवनागरी' 'नागर' लिपि का ही परवर्ती विकसित रूप है।

'देवनागरी' लिपि के **सर्वप्रथम प्रयोग** का प्रमाण **सातवीं शताब्दी** से ही, सम्राट् हर्षवर्धन के समय से मिलने लगता है। **इस युग की नागरी लिपि अत्यंत अलंकृत है और सम्राट् का हस्ताक्षर तो प्राचीन नागरी का उत्कृष्ट नमूना है** (डॉ. उदयनारायण तिवारी, पाणिनि के उत्तराधिकारी, पृष्ठ 104)। इसी समय के आस-पास, अर्थात् सातवीं-आठवीं शताब्दी में गुजरात के राजा जयभट्ट के एक शिलालेख में देवनागरी का प्रयोग मिलता है। आठवीं शताब्दी में राष्ट्रकूट राजाओं तथा नवीं शताब्दी में बड़ौदा-नरेश ध्रुवराज के शासन-काल में भी 'देवनागरी लिपि' व्यवहार में लायी जाती थी।

दसवीं शताब्दी तक 'देवनागरी' पंजाब से बंगाल तक तथा उत्तर में नेपाल तक और दक्षिण में भी केरल से आगे श्रीलंका तक प्रयुक्त होने लग गई थी।

'देवनागरी' के प्रचार-प्रसार और महत्त्व का अनुमान इसी बात से लगाया जा सकता है कि विदेश से आये आक्रमणकारी **महमूद ग़ज़नवी ने भी अपनी मुद्राओं (सिक्कों) पर 'देवनागरी' में अपना नाम खुदवाया।** सन् 1027-28 ई. में लाहौर की टकसाल से ढलनेवाले सिक्कों के एक तरफ संस्कृत भाषा और **'देवनागरी लिपि'** में लिखा है—**'प्रत्यक्षमेव मुहम्मद अवतार नृपति महमूद'**। इन्हीं सिक्कों के किनारों पर भी **'देवनागरी लिपि'** में खुदा है।—**'अंचं टंकं हत महमूदपुर संवती 418'**। यह इस्लामी संवत् हिजरी है।

इसी प्रकार ग्यारहवीं-बारहवीं शताब्दी में गुजरात, राजस्थान तथा महाराष्ट्र में ताड़पत्रों पर अंकित **'देवनागरी'** लेख भी प्राप्त हुए हैं। इसके बाद तो **'देवनागरी'** शासकों, संतों, जोगियों, भक्तों, कवियों और साहित्यकारों की सामान्य प्रचलित लिपि बन गई। मुग़ल शासन के दौरान फ़ारसी लिपि के कारण, इसकी विकास-गति कुछ धीमी हुई, परंतु उन्नीसवीं शताब्दी से राष्ट्रीय और सामाजिक आंदोलनों को साथ इसे भी प्रोत्साहन मिला। मालवीयजी ने उत्तर प्रदेश में तथा अयोध्याप्रसाद खत्री ने बिहार में इसे अदालती लिपि बनवाया। अपनी इसी क्षमता और समृद्धि के कारण ही आज 'देवनागरी' एक मान्य संवैधानिक राष्ट्रीय लिपि है।

'देवनागरी' : नामकरण का आधार

'देवनागरी लिपि' पिछले लगभग एक हज़ार वर्ष से, भारत के अधिकांश भागों में प्रचलित है। अब तक विदेशों में भी (पिछली डेढ़ शताब्दी से) इसका प्रयोग एवं मुद्रण हो रहा है। इसका नाम 'देवनागरी' कैसे पड़ा—इस संबंध में अनेक मत प्रचलित हैं—

(1) भारतवासी आरंभ से ही आस्थावादी और ईश्वरवादी रहे हैं। ब्राह्मी के बाद, इसी (देवनागरी) लिपि में सर्वप्रथम और सर्वाधिक धार्मिक (देव-विषयक) और शिष्ट

(नागर) साहित्य लिपिबद्ध हुआ, इसलिए इसे 'देवनागरी' कहा गया।

(2) कुछ अन्य विद्वानों का विचार है कि गुजरात के 'नागर' (संभ्रांत उच्चस्तर के, बहुशिक्षित और विशिष्ट विद्वान्) ब्राह्मणों ने इस लिपि को विकसित तथा प्रचलित किया, इसलिए यह 'देवनागरी' कहलायी।

(3) कतिपय विद्वान् इस लिपि का 'नगरों' में ही अधिक प्रचलित होना इसके 'देवनागरी' नाम का आधार मानते हैं, परंतु यह मत अधिक संगत प्रतीत नहीं होता। क्योंकि प्राचीन समय में ग्रंथ-लेखन का कार्य नगरों की अपेक्षा वनों, तपोवनों, आश्रमों आदि में अधिक होता था।

(4) 'देवनागरी' नाम का एक अन्य आधार यह बताया जाता है कि जिस प्रकार भारतवासी संस्कृत को 'देववाणी' मानते हैं, उसी प्रकार संस्कृत ग्रंथों को लिखने में प्रयुक्त होनेवाली 'नागरी' 'देवनागरी' कहलाने लगी।

(5) एक विद्वान् की धारणा यह है कि 'देवनागरी' अक्षरों का विकास वास्तव में 'देवनागर' नामक तांत्रिक यंत्र (चौकोर आकृति के तावीज़ जैसे मंत्रलिखित पदार्थ) के अनुकरण पर हुआ। उन्हीं यंत्रों के आधार पर जो चिह्न बनाये गये, वे 'देवनागर' कहलाये। उन चिह्नों से ही 'देवनागरी' लिपि विकसित हुई।

(6) अनेक विद्वान् शिक्षा और विद्या के प्राचीन केंद्र 'काशी' के पुराने नाम 'देवनगर' के आधार पर इस नामकरण को उचित बताते हैं। उनके विचार में, 'काशी' अर्थात् 'देवनगर' से इस लिपि का विकास हुआ है।

(7) कुछ अन्य विद्वान् मगध के प्राचीन केंद्र 'पाटलिपुत्र' से इस नाम का संबंध जोड़ते हुए कहते हैं कि यहाँ के पराक्रमी शासक चंद्रगुप्त द्वितीय 'देव' की उपाधि से विभूषित थे। इस प्रकार 'देव' के 'नगर' (पाटलिपुत्र) से विकसित होनेवाली लिपि का नाम 'देवनागरी' प्रसिद्ध हुआ।

वास्तव में उपर्युक्त सभी मत केवल अनुमानों पर आधारित हैं। 'नागर' अर्थात् संभ्रांत-शिष्ट-सुशिक्षित विद्वान्-पंडितों द्वारा 'देववाणी' संस्कृत की रचनाओं को लिखने के लिए विकसित लिपि को 'देवनागरी' कहने की मान्यता सबसे अधिक संगत प्रतीत होती है।

'देवनागरी लिपि' की प्रमुख विशेषताएँ

'देवनागरी' विश्व की अन्य प्रचलित लिपियों की तुलना में अधिक वैज्ञानिक, सुसंगत, सरल, सुंदर, समृद्ध और समर्थ है। उसकी इन विशेषताओं को भली भाँति स्पष्ट करने से पहले यह जान लेना आवश्यक है कि वास्तव में किसी **आदर्श लिपि के मूलभूत तत्त्व** क्या हैं ? प्रसिद्ध विद्वान् श्री शं. दा. चितले ने अपनी पुस्तक 'देवनागरी लिपि : स्वरूप, विकास और समस्याएँ' तथा हिंदी के भाषावैज्ञानिक डॉ. उदयनारायण तिवारी ने 'पाणिनि के उत्तराधिकारी' नामक ग्रंथ में लिपि के मानकीकरण के ये आधार बताए हैं—

(1) एक ध्वनि को व्यक्त करने के लिए एक चिह्न हो।

(2) एक चिह्न केवल एक ध्वनि का बोधक हो।

(3) मात्रा एवं वर्ण-बोधक चिह्न इतने भिन्न हों कि किन्हीं दो चिह्नों के स्वरूप में परस्पर कोई भ्रम न हो।

(4) चिह्न सुंदर और कलात्मक होने के साथ-साथ आधुनिक लेखन और मुद्रण के यांत्रिक साधनों के लिए सरलता से अपनाये जा सकें।

इसके अतिरिक्त जहाँ अनेक लिपियाँ प्रचलित हों वहीं सामान्य लिपि के रूप में अपनायी जानेवाली लिपि की कतिपय और विशेषताएँ आवश्यक हैं; यथा—

(5) देश की अधिकांश जनता उस लिपि से परिचित हो।

(6) देश में प्रचलित अन्य लिपियों से उसका घनिष्ठ संबंध हो।

(7) उस लिपि के वर्ण प्रचलित लिपियों के वर्णों के अनुरूप हों तथा उसकी वर्णमाला का क्रम भी अन्य लिपियों के समान हो।

(8) उस लिपि की देश में प्रतिष्ठा हो तथा जनता का उससे भावात्मक संबंध हो।

इन तथ्यों के आलोक में यह कहा जा सकता है कि किसी भी भाषा को उसी लिपि में लिखना आदर्श है जिसमें (1) उस भाषा की सभी ध्वनियों को व्यक्त करनेवाले चिह्न हों। (2) एक ध्वनि के लिए एक चिह्न हो और एक चिह्न केवल एक ध्वनि का बोधक हो। (3) लेखन और उच्चारण में एकरूपता, सुस्पष्टता और विभ्रांति हो। (4) लिपि स्वदेशी हो तथा देश के जातीय जीवन, संस्कृति और इतर लिपियों से संस्कारतः जुड़ी हुई हो। (5) आधुनिक यांत्रिक लेखन की सुविधाओं का उपयोग कर पाने की क्षमता भी उसमें हो, तो और भी अच्छा है।

'आदर्श लिपि' की उपर्युक्त कसौटी के आधार पर यदि हम 'देवनागरी लिपि' की परीक्षा और समीक्षा करें तो उसकी अनेक विशेषताएँ उभरकर सामने आतीं हैं। उनका संक्षिप्त विवेचन आगे किया जा रहा है—

(1) देवनागरी लिपि में कुछ विशिष्ट गुण हैं जिनके कारण यह देश के अधिकांश भाग में लोकप्रिय रही है। इसकी सर्वप्रथम विशेषता यह है कि इसके ध्वनि-चिह्न संस्कृत व्याकरण के अनुसार वैज्ञानिक रूप से इस प्रकार वर्गीकृत हैं कि एक स्थान विशेष से उच्चरित होनेवाले अक्षर एक ही वर्ग में सम्मिलित हैं। उदाहरणतः मनुष्य के मुख-विवर में से ध्वनियों के उच्चारण में सहायक होनेवाले स्थानों का यदि वैज्ञानिक विवेचन किया जाए तो उसका क्रम इस प्रकार होगा—कंठ, तालु, मूर्धा, दंत, ओष्ठ एवं नासिका। देवनागरी लिपि की अक्षरमाला के अक्षर भी इसी क्रम से वर्गीकृत हैं। उदाहरणतः—

कंठ से उच्चरित होनेवाली ध्वनियाँ —अ, आ, क्, ख, ग्, घ, ङ्, ह्, विसर्ग
तालु से उच्चरित होनेवाली ध्वनियाँ —इ, ई, च्, छ्, झ्, ञ्, य्, श
मूर्धा से उच्चरित होनेवाली ध्वनियाँ —ऋ, ट्, ठ्, ड्, ढ्, ण्, र्, ष्

दंत से उच्चरित होनेवाली ध्वनियाँ —त्, थ्, द्, ध्, न्, ल्, स्
ओष्ठ से उच्चरित होनेवाली ध्वनियाँ —उ, ऊ, प्, फ्, ब्, भ्, म्
नासिका से उच्चरित होनेवाली ध्वनियाँ —अनुस्वार (÷) ङ्, ञ्, ण्, न्, म्
कंठतालु से उच्चरित होनेवाली ध्वनियाँ —ए, ऐ
कंठोष्ठ से उच्चरित होनेवाली ध्वनियाँ —ओ, औ
दंतोष्ठ से उच्चरित होनेवाली ध्वनियाँ —व्

अन्य किसी भी भाषा की लिपि में वर्णमाला का इस प्रकार का वैज्ञानिक वर्गीकरण नहीं मिलता।

(2) नागरी लिपि की दूसरी विशेषता यह है कि इसके अक्षरों के नाम तथा इनके लिखित एवं उच्चरित रूप में भिन्नता नहीं जैसी कि अन्य लिपियों में है। उदाहरणतः रोमन लिपि में 'उ' की ध्वनि का बोध 'यू' (u) अक्षर से भी होता है (P U T) और द्वित्व 'ओ' (oo) से भी (FOOT)। इसके अतिरिक्त 'इ' के लिए कहीं रोमन लिपि का 'ई' (E) अक्षर प्रयुक्त होता है (BEGIN) कहीं आई (I) (THIS)। साथ ही एक अक्षर कई ध्वनियों का सूचक है। जैसे--'यू' (U) 'अ' की ध्वनि भी देता है (BUT) और 'उ' की भी (P U T)। 'सी' (C) से कभी 'स' (Central) का बोध होता है, कभी 'च' का (CHABRA) और कभी 'क' का (CAT)। देवनागरी लिपि में ऐसी अवैज्ञानिकता नहीं है। विश्व-भर की भाषाओं की कोई ऐसी ध्वनि नहीं जिसके उच्चारण का सूचक अक्षर देवनागरी में न हो जबकि अनेक भारतीय भाषाओं की ध्वनियों के लिए कुछ पाश्चात्य लिपियों में कोई भी अक्षर नहीं है। अरबी, फ़ारसी एवं अंगरेज़ी की कुछ ध्वनियों के लिए यदि पहले देवनागरी में उपयुक्त चिह्न नहीं भी थे, तो अब तनिक संशोधन से संभव हो गये हैं। जैसे—'कॉलिज' या 'डॉक्टर' में आधे ओ (O) की ध्वनि सूचित करने के लिये 'आ' की मात्रा (ा) पर अर्द्धचन्द्र (˘) का चिह्न लगा दिया जाता है। 'ज़ेड' (ज़) की ध्वनि के लिए ज के नीचे बिंदु का प्रयोग कर दिया जाता है। इसी प्रकार फ़ारसी शब्द क़लम, ख़ास, ग़रूर, ज़ोर, फ़ैसला आदि का सही उच्चारण और रूप प्रस्तुत करने के लिए मूल ध्वनियों--क, ख, ग, ज, फ—के नीचे बिंदु लगाकर, पाँच नई ध्वनियाँ शामिल कर ली गई हैं।

दूसरी ओर, 'देवनागरी लिपि' का हर अक्षर अपने नाम वाली ध्वनि के लिए ही प्रयुक्त होता है। 'च' की ध्वनि 'च' ही है। 'फ़ारसी' में 'च' ध्वनि वाले अक्षर का नाम 'चे' है और 'जीम' अक्षर से 'ज' की ध्वनि का बोध होता है।

(3) अक्षरों के क्रम की वैज्ञानिकता से संबंधित 'देवनागरी' की यह विशेषता भी उल्लेखनीय है कि इसमें पहले क्रमानुसार स्वर रखे गये हैं। कंठ से श्वास सीधे स्वरों के रूप में निकलती है। उसके पश्चात् ही व्यंजनों का क्रम है। रोमन लिपि में कोई स्वर कहीं है और कोई कहीं। ए (A) सबसे पहले है तो ई (E) पाँचवें क्रम पर। आई (I) आठवें और 'ओ' (O) चौदहवें क्रम पर है।

(4) 'देवनागरी लिपि' की एक प्रमुख विशेषता यह है कि इसमें जैसा लिखा जाता है, वैसा ही शुद्ध पढ़ा जाता (उच्चरित हो सकता) है तथा जैसे संसार की किसी भी भाषा का कोई भी शब्द बोला जाता है अर्थात् उच्चरित होता है, वैसे ही शुद्ध रूप में उसे लिपिबद्ध किया जा सकता है। 'अजमेर' शब्द देवनागरी में 'अजमेर' ही लिखा जायेगा जबकि रोमन लिपि में **AJMER** को कोई 'अजमेर' 'आजमर' आदि भी उच्चरित कर सकता है। **PUT** और **BUT** में वर्तनी एक-सी है, केवल '**P**' और '**B**' में अंतर है, पर उच्चारण एक-सा नहीं होता। पहले का उच्चारण 'पुट' और दूसरे का 'बट' होता है। रोमन लिपि में **NIGHT** भी 'नाईट' उच्चरित होता है और **KNIGHT** भी! कारण किसी को पता नहीं। 'देवनागरी लिपि' में यह अवैज्ञानिकता नहीं है।

(5) 'मात्रा' व्यवस्था भी 'देवनागरी लिपि' की उल्लेखनीय विशेषता है। 'अ' को छोड़कर, अन्य सभी स्वरों की ध्वनि को अन्य वर्णों के साथ उच्चरित करने के लिए, उन्हें (स्वरों को) नहीं लिखना पड़ता, बल्कि उनकी मात्रा से वही ध्वनि उच्चरित हो जाती है। उदाहरणतया 'अमेरिका' शब्द में 'म' के बाद 'ए' ध्वनि बोली जाती है और 'र' के साथ इ तथा 'क' के साथ 'अ' ध्वनि का उच्चारण होता है, पर इन्हें, `, ि और ा से सूचित कर दिया जाता है। 'रोमन' लिपि की भाँति **M** के बाद **E** और **R** के बाद **I** या **K** के बाद **A** अर्थात् पूरा वर्ण नहीं लिखना पड़ता। यदि हम देवनागरी में अमएरइका लिखेंगे तो उच्चारण भी 'अमेरिका' न होकर अमरएइकआ होगा।

(6) उपर्युक्त विशेषता के अंतर्गत ही एक अन्य विशेषता का उल्लेख किया जा सकता है। वह यह है कि 'देवनागरी लिपि' में ह्रस्व स्वरों (अ, इ, उ) में तनिक-सा परिवर्तन करके ही, इन्हें दीर्घ स्वर (आ, ई, ऊ) बनाया जा सकता है। इसी प्रकार 'ए' और 'ओ' में केवल एक ` मात्रा बढ़ाकर 'ऐ' 'औ' की ध्वनि साकार हो जाती है।

(7) व्यंजनों को जोड़कर (संयुक्त रूप में) लिखने की व्यवस्था केवल 'देवनागरी लिपि' की विशेषता है। इससे उच्चारण की शुद्धता बनी रहती है और स्थान भी कम घिरता है। 'द्वार' रोमन में **DWARA** लिखा जाएगा, जिसमें अशुद्धि की आशंका के साथ-साथ स्थान भी अधिक लगता है।

(8) **'देवनागरी लिपि' की प्राचीनता** इसकी एक अन्य विशेषता मानी जा सकती है। इस समय प्रचलित भारत की लिपियों में यह सर्वाधिक प्राचीन है। सातवीं शताब्दी से ही इसके प्रयोग के प्रमाण विभिन्न शिलालेखों, सिक्कों और ताड़पत्रों आदि में मिलने लगते हैं। इन संदर्भों में 'देवनागरी' का प्रयोग एकदम उसके शुरू होते ही नहीं होने लगा होगा। अवश्य वह (देवनागरी) पहले से ही प्रयोग में आनी शुरू हो चुकी होगी।

(9) साहित्य, काव्य, शास्त्र और अन्य विविध प्रकार की सामग्री के विशाल

भांडार की दृष्टि से विचार किया जाए तो **'देवनागरी'** एक अत्यंत समृद्ध और सक्षम लिपि प्रमाणित होती है। हजारों वर्ष प्राचीन वैदिक वाङ्मय, उपनिषद्, दर्शन, पुराण, संस्कृत का विपुल साहित्य, साहित्यशास्त्र, प्राकृत तथा अपभ्रंश की असंख्य रचनाएँ और बौद्ध एवं जैन रचनाकारों का अपार साहित्य-- यह सब कुछ आज 'देवनागरी लिपि' में प्राप्त है। यहाँ तक कि भारत के असंख्य अहिंदी-भाषी रचनाकारों की अन्यान्य भाषाओं में प्रस्तुत की गई रचनाएँ भी आज मूल पाठ और अर्थभाष्य-व्याख्या सहित 'देवनागरी लिपि' में प्राप्त हैं। इस बात का अनुमान लगा पाना सहज नहीं कि कब, किस-किस युग में किन-किन सरस्वती-पुत्रों ने **'देवनागरी लिपि'** के इस अथाह भांडार को भरने में कितनी साधना से योगदान किया होगा।

(10) 'देवनागरी लिपि' की एक अन्य विशेषता है—लेखन और मुद्रण (लिखाई और छपाई) में एकरूपता। रोमन लिपि के विद्यार्थी को उसके कई भिन्न रूप सीखने और प्रयोग में लाने पड़ते हैं। हर वर्ण के बड़े और छोटे (Capital कैपिटल तथा Small स्माल) रूप जानना आवश्यक है। फिर हाथ से लिखने में रोमन का जो रूप प्रयुक्त होता है, टंकण और मुद्रण में उससे भिन्न दूसरा रूप अपनाया जाता है। फ़ारसी लिपि के हस्तलेख तथा मुद्रित रूप में भी भिन्नता रहती है। देवनागरी में इस प्रकार की कोई भिन्नता नहीं। उसे जिस रूप में टंकित या मुद्रित किया जाता है, उसी रूप में हाथ से लिखा भी जाता है।

(11) 'देवनागरी लिपि' लिखावट में सुंदरता, सुडौलता तथा कलात्मकता लिये हुए है। वर्णों की बनावट में 'पाई' की पद्धति इसे सरलता से सीखने में सहायता देती है। जैसे, ा को आसानी से क जोड़कर क, ग जोड़कर ग, घ जोड़कर घ, च जोड़कर च आदि अन्य वर्णों का रूप दिया जा सकता है। अधिकांश वर्ण गोलाई लिये हुए हैं जिन्हें कलात्मक साँचे में ढालकर प्रस्तुत करना सुगम है। इसके वर्ण स्थान भी कम घेरते हैं। 'सर्वेश्वर' लिखने में SARVESHWARA लिखने से कम स्थान लगता है।

'देवनागरी लिपि' के कुछ दोष और उनका समाधान

यद्यपि देवनागरी लिपि पर्याप्त मानक-रूप लिये हुए हैं तथापि पूर्ण मानकीकरण के लिए इसमें अनेक सुधारों की आवश्यकता थी। उदाहरणतः कुछ वर्ष पहले तक देवनागरी लिपि के स्वरों में दीर्घ ॠ, ऌ, दीर्घ ॡ—ये स्वर भी थे जो प्राचीन वैदिक ध्वनियों के लिए निर्धारित थे। आधुनिक युग में मानकीकरण की दृष्टि से इन्हें अनावश्यक मानकर हटा दिया गया। इसी प्रकार विद्वानों ने देवनागरी के निम्नलिखित दोषों की ओर भी संकेत किया--

(1) इसके अक्षरों की बनावट बड़ी जटिल है। इन अक्षरों को लिखना और सीखना-सिखाना बहुत कठिन तथा परिश्रम-साध्य है। नन्हें बच्चों के मस्तिष्क पर

इससे बहुत बोझ पड़ता है।

(2) इसकी वर्णमाला बहुत लंबी है अर्थात् इसके अक्षरों की संख्या अधिक है। स्वरों की मात्राओं, आधे अक्षरों, द्वित्व अक्षरों तथा विभिन्न अक्षरों के नीचे अथवा ऊपर लगनेवाले चिह्नों की संख्या इससे पृथक् है। इतनी बड़ी वर्णमाला को स्मरण रखना, समझना और ठीक-ठीक प्रयोग करना एक सामान्य छात्र के लिए तो कठिन है ही, साथ ही मुद्रण (छपाई) और टंकण (टाइप) के लिए भी बहुत दुरूह है।

(3) देवनागरी लिपि के अनेक अक्षर अनावश्यक हैं। उन्हें हटाकर अक्षरमाला की संख्या कम की जा सकती है। उदाहरणतः वे कहते हैं कि सभी स्वरों का कार्य केवल 'अ' के साथ उनकी मात्राएँ लगाकर चलाया जा सकता है। इ, ई, उ, ऊ, ए, ऐ, ओ, औ आदि की आवश्यकता नहीं। ये अि, अी, अु, अू आदि के रूप में लिखे जा सकते हैं। कुछ भाषावैज्ञानिक मात्राओं में भी अवैज्ञानिकता समझते हैं। उनका कथन है कि कुछ मात्राएँ बायीं ओर और कुछ दायीं ओर क्यों लगती हैं ? इसी प्रकार कुछ मात्राएँ अक्षरों के नीचे और कुछ ऊपर लगाई जाती हैं। यह भी अवैज्ञानिक है।

(4) देवनागरी में 'श' ध्वनि के लिए दो अक्षर 'श' और 'ष' प्रयुक्त होते हैं। 'ऋ' और 'रि' के उच्चारण में भी पर्याप्त समानता है। कृपा को क्रिपा क्यों नहीं लिखा जा सकता ? 'र' के स्वतंत्र प्रयोग के अतिरिक्त ऊपर (जैसे—कर्म) और नीचे (जैसे—क्रम) दो अन्य प्रयोग भी हैं जबकि इनकी कोई पृथक् आवश्यकता नहीं।

(5) इस लिपि में अ (**अं**), झ (**झ**), ण (**ण**) आदि अक्षरों को दो प्रकार से लिखने की प्रथा होने के कारण भ्रांति की आशंका रहती है।

(6) प्राचीन देवनागरी में ड़ (लड़ना) और ढ़ (चढ़ना) ध्वनियों का अभाव था।

(7) विदेशी भाषाओं के संपर्क से हिंदी में क़ (क़त्ल), ख़ (ख़याल), ग़ (ग़ैर), ज़ (ज़मानत) आदि जो ध्वनियाँ समाविष्ट हो गई हैं इन्हें भी मानक देवनागरी में स्थान मिलना चाहिए।

(8) ख-र व, ध-घ, भ-म आदि के लेखन में एक-दूसरे वर्ण की भ्रांति हो सकती है।

(9) अनेक अक्षरों को संयुक्त रूप में (द्वंद्व) और अलग (द्वन्द्व) लिखना भी भ्रामक हो सकता है।

(10) पंचम अक्षर के प्रयोग (सन्त, पञ्जाब) के अतिरिक्त अनुस्वार (संत, पंजाब) का प्रयोग भी भ्रामक हो सकता है।

उपर्युक्त बातें देवनागरी के मानक रूप की स्थिरता में बाधक थीं। इन सबके निवारण के लिए समय-समय पर अनेक प्रयास हुए जिनमें निम्नलिखित महत्त्वपूर्ण हैं—

(1) महादेव गोविंद रानाडे के सुझाव। (सन् 1904)।

(2) महाराष्ट्र साहित्य परिषद् पुणे द्वारा गठित लिपि सुधार समिति।

(3) काका कालेलकर की अध्यक्षता में गठित सुधार समिति। (सन् 1935 ई.)

(4) आचार्य नरेंद्रदेव की अध्यक्षता में गठित सुधार समिति। (सन् 1948 ई.)

(5) डॉ. राधाकृष्णन् की अध्यक्षता में गठित परिषद्। (सन् 1935 ई.)

इन सुधार-समितियों की ओर से देवनागरी को मानक-रूप प्रदान करने के लिए अनेक सुझाव आये, किंतु सभी व्यावहारिक नहीं थे। उदाहरणतः केवल अ में सभी मात्राएँ लगाना, इ की मात्रा ि और ई की ी रखना, ऋषि को रिशि लिखना या क्रम को करम लिखना आदि।

वास्तव में मानकीकरण की सबसे बड़ी कसौटी लोक-प्रयोग है। उपर्युक्त समितियों के जिन सुझावों को लोक-व्यवहार में स्वीकृति मिल गई है, वही मान्य हैं। इसमें संदेह नहीं कि इन कुछ परिवर्तनों से अब देवनागरी पूर्णतया एक मानक लिपि बन चुकी है। इसका वर्तमान मानक रूप इस प्रकार है--

(1) हिंदी में दीर्घ ॠ नहीं चलता अतः इसे स्वरों में सम्मिलित नहीं किया गया।

(2) खड़ी पाईवाले व्यंजनों का संयुक्त रूप खड़ी पाई हटाकर ही बनाया गया है—भक्त, तख्त, प्राप्त। छ, ट, ठ, ड, ढ, द और ह के संयुक्ताक्षर हलंत लगाकर बनाए जाते हैं (उच्छ्वास, लट्ठ, शरद् आह्लाद)।

(3) अ, ख, घ, भ, झ और ण इन रूपों को मानक मानकर अन्य प्रचलित रूप छोड़ दिये गये हैं।

(4) मराठी ल् को वर्णमाला में स्थान दिया गया है।

(5) र के तीनों रूप मान्य हैं। जैसे—भारत, राष्ट्र, धर्म।

(6) विराम चिह्न सब अंगरेज़ी से यथावत ले लिये गये हैं किंतु पूर्ण विराम का चिह्न (।) ही रखा गया है।

(7) क्ष, ज्ञ और श्र यथावत हैं। किंतु त्र के स्थान पर **त्र** मान्य है।

(8) स्वर या मात्राएँ पूर्ववत् हैं। हाँ, विसर्ग के चिह्न (:) को ही कोलन का चिह्न माना जाता है।

इन संशोधनों के पश्चात् देवनागरी का भारत सरकार द्वारा स्वीकृत जो रूप प्रचलित हो रहा है वह इस प्रकार है—

स्वर— अ आ इ ई उ ऊ ऋ ए ऐ ओ औ अं अः

मात्राएँ— ा ि ी ु ू ृ े ै ो ौ ं :

व्यंजन— क (क़) ख (ख़) ग (ग़) घ ङ

च छ ज (ज़) झ ञ

ट ठ ड (ड़) ढ (ढ़) ण

त थ द ध न

प फ (फ़) ब भ म

य र ल (ल़) ल व
श ष स ह
क्ष त्र ज्ञ श्र।

देवनागरी लिपि की समृद्धि का पता इसी से चल जाता है कि प्रायः संपूर्ण संस्कृत साहित्य एवं हिंदी तथा उसकी उपभाषाओं—अवधी, ब्रज, मैथिली, मगही, बाँगरू, राजस्थानी आदि का समूचा साहित्य इसी लिपि में सुरक्षित है। इसके अतिरिक्त दक्षिण की एक समृद्ध भाषा मराठी भी इसी लिपि में लिखी जाती है। गुजराती भाषा की लिपि देवनागरी से थोड़ी ही भिन्न है। बंगला, गुरुमुखी (पंजाबी लिपि) और टाकरी लिपियों की अक्षरमाला का भी देवनागरी से बहुत निकट का साम्य प्रतीत होता है। इसका अभिप्राय यह है कि देश के बहुत बड़े भाग की जनता, चाहे वह पूर्णतः हिंदी-भाषी नहीं भी हो, देवनागरी लिपि को सरलतापूर्वक समझ और अपना सकती है। इसी कारण अनेक भाषावैज्ञानिक और लिपि-विशेषज्ञ विद्वान इस बात का प्रबल आग्रह करने लगे हैं कि भारत की सभी भाषाओं की लिपि देवनागरी मान ली जाए।

4. हिंदी-संरचना, देवनागरी लिपि एवं वर्तनी का अंतःसंबंध

'वर्तनी' लिपि का एक महत्त्वपूर्ण पक्ष है। वास्तव में भाषिक ध्वनियों के लिए निर्धारित प्रतीक-चिह्नों (लिपि-वर्णों) के सार्थक, व्यवस्थित और व्यावहारिक अनुप्रयोग का आधार-तत्त्व वर्तनी ही है। अन्य शब्दों में, अमूर्त भाषा का मूर्त रूप यदि 'लिपि' है तो 'लिपि' का व्यावहारिक रूप 'वर्तनी' है। यों, भाषा-लिपि-वर्तनी परस्पर अभिन्न रूप से संबद्ध हैं। 'लिपि' भाषा को दृश्य रूप देती है। वह दृश्य रूप मात्र कतिपय ध्वनि-चिह्नों का जमघट नहीं होता। जिस रूप में कोई भाषा किसी भाव, विचार, नाम, संकल्पना आदि को व्यक्त करना चाहती है उसके लिए, उसके पास कुछ निश्चित-निर्धारित-प्रचलित शब्द-पद-वाक्य-वाक्यांश आदि होते हैं। उन शब्दों-पदों-वाक्यों-वाक्यांशों का सही-शुद्ध उच्चरित और लिखित रूप उपयुक्त एवं संगत वर्तनी पर निर्भर है। 'पाट' और 'पाठ', 'काल' और 'खाल', 'जरा' और 'ज़रा', 'अवधि' और 'अवधी', 'सुत' और 'सूत' शब्द कुछ विशेष पदार्थों-प्रयोजनों के संवाहक शब्द हैं जिनका समावेश एक विशेष भाषा (हिंदी) के अंतर्गत है। प्, आ, ट्, ठ्, क्, ल्, ज्, ज़्, इ (ि), ई (ी), उ (ु), ऊ (ू) आदि प्रतीक-चिह्नों अर्थात् एक विशेष लिपि (देवनागरी) के माध्यम से ये साकार रूप में प्रत्यक्ष हो पाये हैं। किंतु इन भाषिक रूपों के लिखित स्वरूप की 'सार्थकता' अथवा 'संगति' या 'उपयुक्तता' सही वर्तनी के माध्यम से ही संभव है। विभिन्न ध्वनियों के प्रतीक-चिह्नों में तनिक भी उलट-फेर या अव्यवस्था किसी भी भाषिक प्रकथन या प्रोक्ति के वास्तविक प्रयोजन (कथ्य) को विकृत, परिवर्तित या नष्ट कर सकती है। 'मानस' की रचना 'अवधि' में हुई है, अध्यापक पाट पढ़ाता है, दशरथ के चार सूत थे—आदि वाक्यों के प्रयोजन-संप्रेषण में यदि व्यवधान प्रतीत होता है तो उसका कारण 'देवनागरी लिपि' को सही 'वर्तनी' में प्रस्तुत या प्रयुक्त न किया जाना है। इस प्रकार 'लिपि' और 'वर्तनी' का अंतःसंबंध स्पष्ट है।

कहने की आवश्यकता नहीं कि भाषागत प्रयोजनात्मक अनुप्रयोग 'लिपि' पर

और लिपिगत प्रयोजनात्म अनुप्रयोग 'वर्तनी' पर आधारित हैं। पिछले लगभग एक हजार वर्ष से देवनागरी लिपि में जो सुधार-परिष्कार हुआ है, उसका प्रयोजन संयुगीन भाषायी अनुप्रयोग की आवश्यकताओं, अपेक्षाओं और समस्याओं के प्रति सजगता ही थी। आज के संदर्भ में, पिछली एक शताब्दी में देवनागरी लिपि तथा वर्तनी के मानकीकरण के जो प्रयास हुए या हो रहे हैं, उन सबके मूल में वस्तुतः मानक हिंदी की संरचनात्मक अनुप्रयुक्तियों की संगति प्रमुख प्रयोजन है। यह एक संयोग है कि 'हिंदी' और 'देवनागरी' का उदय-काल लगभग एक ('दसवीं-ग्यारहवीं) शताब्दी है। दोनों का साथ-साथ विकास भी एक ऐतिहासिक तथ्य है। दोनों विगत लगभग एक सहस्राब्द से समान सामाजिक-सांस्कृतिक विरासत के संरक्षण का माध्यम बनी हुई हैं। फिर, स्वतंत्र भारत के संविधान द्वारा तो हिंदी और देवनागरी की अभिन्नता पर प्रामाणिक मोहर ही लगा दी गई है—भारतीय संविधान के अनुच्छेद 343, भाग-एक, खंड-क में कहा गया है—"भारत संघ की राजभाषा **हिंदी** और लिपि **देवनागरी** होगी।"

इस दृष्टि से, हिंदी रूप-रचना की वर्तनी और उसके देवनागरी में उपयुक्त लिप्यंकन का विषय निस्संदेह अत्यंत महत्त्वपूर्ण और विचारणीय है।

हिंदी (देवनागरी)-वर्तनी के इस मानकीकरण की ओर बहुत पहले से ध्यान दिया जाता रहा है। बीसवीं शताब्दी के प्रथम चरण में, जब भारत के सभी राष्ट्रीय नेताओं ने यह अनुभव कर लिया कि स्वाधीनता आंदोलन की प्रतिध्वनि को जन-जन तक पहुँचाने के लिए देवनागरी में लिपिबद्ध हिंदी ही अधिक सकारात्मक भूमिका निभा सकती है तब उसके सर्वमान्य और एकरूपता-युक्त मानक स्वरूप की विशेष आवश्यकता प्रतीत हुई। पत्रकारिता तथा अन्य संचार माध्यमों के विस्तार के साथ असंख्य नयी संकल्पनाओं के संवाहक शब्द गढ़े जाने लगे। राजनीतिक और सामाजिक क्षेत्र की आधुनिक प्रवृत्तियों को लोकभाषा में व्यक्त करने के लिये भी नये-नये शब्दों की संरचना होने लगी। इन सभी परिवर्तनों के साथ वर्तनी का दायरा निरंतर व्यापक होते जाना स्वाभाविक था। उल्लेखनीय है कि बीसवीं शताब्दी के प्रथम दशक में आचार्य महावीरप्रसाद द्विवेदी और प्रख्यात पत्रकार बालमुकुंद गुप्त जैसे मनीषियों में इस विषय पर बहुत उत्तेजक और सार्थक बहस बहुत लंबे समय तक चलती रही। तीसरे दशक के आरंभ में अकेले बाबूराव विष्णु पराड़कर ने दैनिक 'आज' के माध्यम से दो-ढाई सौ नये शब्द हिंदी को दिये और अनेक शब्दों की वर्तनी की विविधता को असंगत ठहराते हुए उनकी शुद्ध वर्तनी स्थिर करने का प्रयास किया। मुद्रण और टंकण प्रक्रिया के विकास के साथ वर्तनी संबंधी अव्यवस्था हिंदी-देवनागरी के प्रसार में एक अवरोधक तत्त्व बनकर सामने आयी। उसके निवारण-हेतु भाषाविदों ने बहुत गंभीर और उपयोगी ग्रंथ प्रस्तुत किये। नयी-नयी पाठ्य-पुस्तकों तथा व्याकरणिक एवं भाषाशास्त्रीय कृतियों के माध्यम से भी इस विषय में सराहनीय कार्य हुआ। फिर भी हिंदी भाषा और

देवनागरी लिपि के मानकीकरण की प्रक्रिया में, एक सुनिश्चित मानक वर्तनी के अधिकृत रूप का अभाव होने के कारण, पूर्ण सफलता संदिग्ध रही। इस दृष्टि से स्वतंत्रता प्राप्ति (सन् 1947 ई.) के पश्चात् इस दिशा में बहुविध प्रगति हुई। देवनागरी-सुधार हेतु सन् 1948 और 1953 ई. में क्रमशः आचार्य नरेंद्र देव और डॉ. राधाकृष्णन् की अध्यक्षता में गठित समिति द्वारा जो सुझाव मान्य किये गये उनका आधार अधिकांशः वर्तनीपरक समस्याएँ थीं। इसी क्रम में सन् 1961 ई. में भारत सरकार द्वारा एक विशेषज्ञ-समिति गठित की गई जिसका प्रयोजन मानक वर्तनी का सुनिश्चित निर्धारण था। इस समिति ने अप्रेल सन् 1962 में हिंदी-देवनागरी-वर्तनी के मानकीकरण के लिए अनेक महत्त्वपूर्ण सुझावों के साथ अपना प्रतिवेदन प्रस्तुत किया। इसके आधार पर भारत सरकार के केंद्रीय हिंदी निदेशालय ने सन् 1967 ई. में **हिंदी वर्तनी का मानकीकरण** नाम से एक पुस्तक प्रकाशित की जिसमें विभिन्न उदाहरणों और व्याख्याओं सहित हिंदी-देवनागरी की मानक वर्तनी का स्वरूप प्रस्तुत किया गया है। इसके अंतर्गत दिए गए वर्तनी-संबंधी प्रमुख नियम संक्षेप में आगे दिए जा रहे हैं।

(1) संयुक्त वर्णों (व्यंजनों) की वर्तनी में, खड़ी पाईवाले वर्णों की पाई हटाकर लिखना उपयुक्त है जैसे ख्याति, न्यास, व्यास, उल्लेख, सत्कार, स्वास्थ्य इत्यादि। परंतु 'श्र' और 'त्र' इसके अपवाद हैं। 'पत्र' और 'श्रम' मानक हैं, 'पत्‍र' और 'श्‍रम' नहीं।

(2) क, फ जैसे वर्णों की दाईं घुंडी हटाकर (क़, फ़) इनके हलंत रूप आगामी व्यंजनों के साथ जोड़ने चाहिए। जैसे भक्त, मुफ्त, रफ्तार, शक्ति इत्यादि।

(3) छ, ट, ठ, ड, ढ, द, ह—इन व्यंजनों में हलंत चिह्न लगाकर, इन्हें अगले व्यंजनों से जोड़ना चाहिए। जैसे उच्छ्वास, खट्टा, पाठ्यक्रम, ड्यूक, धनाढ्य, उद्धृत, चिह्न्।

(4) रेफ (र) का अन्य व्यंजनों से संयोजन करने के लिए प्रचलित तीनों रूप मान्य हैं—क्रम, कर्म, राष्ट्र।

(5) श्+र का संयुक्त रूप 'श्र' मानक माना गया है, बल्कि नागरी के पूर्व प्रचलित तीन संयुक्ताक्षरों—क्ष-त्र-ज्ञ के साथ 'श्र' को भी मानक वर्तनी की दृष्टि से देवनागरी वर्णमाला का चौथा संयुक्ताक्षर मान लिया गया है। उदाहरण श्रम, श्रीमान, हश्र। इसी प्रकार 'त्र' और 'त्र' ये दोनों रूप तो मान्य हैं किंतु 'त्‍र' नहीं।

(6) मानक वर्तनी के अंतर्गत किसी हलंत व्यंजन से पहले ह्रस्व 'इ' की मात्रा 'ि' लगाने से भ्रांति हो सकती है इसलिए 'द्‌वितीय' मानक है, 'दिवतीय' अमानक।

(7) मानक वर्तनी संबंधी उपर्युक्त नियमों का पालन करते हुए भी कुछ विशिष्ट तत्सम शब्दों के देवनागरी लिप्यंकन में पुरानी परंपरा विकल्प रूप में मान्य हो सकती है। जैसे सङ्कल्प-संकल्प दोनों मान्य हैं। इसी प्रकार कण्ठ-कंठ, चञ्चल-चंचल, दण्ड-दंड इत्यादि दोनों रूप मानक हैं।

(8) संयुक्त क्रियाएँ सदा अलग-अलग लिखी जानी चाहिए, मिलाकर नहीं—'निर्णय कर लिया गया है।' मानक है, 'करलियागयाहै।' अमानक।

(9) योजक चिह्न (-) प्रायः इन स्थितियों में लगाना उपयुक्त है—

(क) द्वंद्व समासवाले शब्दों के बीच—दिन-रात, सुख-दुख, माता-पिता।

(ख) साम्यमूलक 'सा'-'से'-'सी', जैसा-जैसे-जैसी से पहले—एक-सा, बहुत-सी, तुम-जैसा इत्यादि।

(ग) तत्पुरुष समासवाले शब्दों के बीच (केवल भ्रम-निवारण-हेतु) भी योजक चिह्न लगाया जा सकता है। जैसे भू-विज्ञान, राम-राज्य। (किंतु रामराज्य, भूविज्ञान, राजदूत रूप भी मान्य हैं।)

(घ) हिंदी की भाषिक संरचना के अंतर्गत संधि-व्यवस्था का विशेष महत्त्व है, किंतु वर्तनी के मानकीकरण की दृष्टि से कठिन संधि-युक्त संरचना से बचना वांछनीय है। उदाहरणतया 'द्वि-अर्थक' लिखना उपयुक्त होगा, द्वयर्थक लिखना ठीक नहीं होगा।

(10) अव्यय (अविकारी) पदों का प्रयोग करते समय विशेष सावधानी अपेक्षित है। कुछ प्रमुख लेखन-संकेत इस प्रकार हैं—(क) किसी समस्त पद का आरंभिक शब्द अव्यय होने पर (अर्थात् अव्ययीभाव समास में) वह अव्यय अगले पद के साथ शिरोरेखा मिलाकर लिखा जाना चाहिए। जैसे यथाशक्ति, प्रतिपल इत्यादि। 'यथा-शक्ति', अथव। 'यथा शक्ति' लिखना अमानक होगा।

(ख) सम्मान-सूचक अव्यय आरंभ में होने पर अगले शब्द के साथ मिलाकर लिखना चाहिए। जैसे श्रीमान, मान्यवर, श्रीयुत।

(ग) 'तक', 'साथ', 'बिना' आदि द्योतक अव्यय अपने से पहले के शब्दों से सदा अलग करके लिखने चाहिए। जैसे 'हम मंजिल तक पहुँचकर रहेंगे', 'आपके बिना काम नहीं चलेगा', 'हमारे साथ आप भी चलिए।'

(11) नासिक्य स्वर के लिप्यंकन में आजकल सदा अनुस्वार (÷) का प्रयोग ही मानक माना जाता है। जैसे—संत, पंथ, संबल, कंघा, झंडा आदि।

(12) श्रुतिमूलक—'य' और 'व' के संदर्भ में बहुत सावधानी अपेक्षित है। आम प्रयोग में जाएगा—जायेगा; नई-नयी, नए-नये आदि रूप प्रचलित हैं। मानक एकरूपता की दृष्टि से इस बात का ध्यान रखना चाहिए कि यदि मूल शब्द 'य'—तत्त्व से युक्त हो तो उसके तिर्यक रूपों की वर्तनी में भी 'य' का प्रयोग होना चाहिए, 'ए', 'इ' आदि का नहीं। जैसे—नयाÛनये Ûनयी, गयाÛगयेÛगयी आदि। इसी प्रकार स्थायी, स्थायित्व, दायित्व आदि रूप मानक समझे जायेंगे।

(13) तत्सम शब्दों के नागरी लिप्यंकन में हलंत (्) और विसर्ग (:) के चिह्न यथावत प्रयुक्त होने चाहिए—अर्थात्, सम्यक्, अंतःकरण, अतः, अंततः इत्यादि।

(14) पूर्वकालिक क्रियाओं के संकेतक परसर्ग सदा उस क्रिया के साथ

जोड़कर एक ही शिरोरेखा के अंतर्गत लिखने चाहिए—खाकर, पढ़कर, लिखकर, पाकर, जाकर आदि मानक हैं, खा कर, पढ़ कर आदि नहीं।

(15) सर्वनामों के साथ प्रयुक्त होनेवाले कारकीय परसर्ग उनसे मिलाकर (एक शिरोरेखा के अंतर्गत) लिखने चाहिए, जबकि संज्ञाओं के साथ प्रयुक्त होनेवाले कारकीय परसर्ग अलग लिखे जाने चाहिए। जैसे उसका, किसका, मैंने, तूने, उसमें, मुझमें, तुमसे, उनसे, उसपर इत्यादि मानक हैं। इसी प्रकार बालक ने, सोहन को, हाथ से, वृक्ष से, नगर का, वन में, छत पर इत्यादि प्रयोग मानक होंगे।

(16) हिंदी-देवनागरी लिप्यंकन की मानक वर्तनी संबंधी नियम-पुस्तिका में कुछ शब्दों के सामान्यतः प्रचलित दोनों रूपों को मानक मान लिया गया है। जैसे—गर्म-गरम, बर्फ-बरफ, सर्दी-सरदी, दुकान-दूकान, दुबारा-दोबारा, बिमारी-बीमारी, बहन-बहिन, बाहर-बाहिर, वापस-वापिस इत्यादि।

5. भाषा-संरचना की विसंगतियाँ और उनका परिष्कार (अशुद्धि-शोधन)

भाषा-प्रयोग के विविध संदर्भ

भाषा निरंतर प्रयोग के सहारे जीवित रहती है, विकसित और पल्लवित होती है। भाषा का मूल प्रकार्य है—संप्रेषण। संप्रेषण की पूर्णता पारस्परिक संलाप द्वारा ही संभव है। यह संलाप किसी व्यक्ति द्वारा अकेले न होकर, अपने ही वर्ग, समुदाय या क्षेत्र के अन्य व्यक्तियों के साथ होता है। संलाप में सदा एकरूपता संभव नहीं। **व्यक्ति, स्थान, संदर्भ और विषय के अनुसार एक ही भाषा का प्रयोग विभिन्न रूपों में संभव है।** इस प्रकार, भाषा के गतिचक्र की धुरी 'प्रयोग' है। जैसे किसी यंत्र के निरंतर प्रयोग में न रहने पर, उसमें मोरचा (ज़ंग) लग जाता है, उसकी कार्यक्षमता और गतिशीलता अवरुद्ध हो जाती है, वैसे ही **प्रयोग के अभाव में भाषा किसी गड्ढे में ठहरे जल के समान धीरे-धीरे सूखकर समाप्त हो सकती है।** प्रयोग की खराद पर चढ़कर ही भाषा निखरती, सँवरती और वैविध्य का वरण करती है।

भाषा-प्रयोग के विभिन्न स्तर और संदर्भ संभव हैं। एक व्यक्ति किसी नगर का बहुत बड़ा व्यापारी है। वह प्रायः मिली-जुली भाषा (हिंदुस्तानी) के प्रयोग का अभ्यस्त है; क्योंकि समाज के विभिन्न वर्गों के लोगों से उसका संपर्क बना रहता है। फिर भी उसके भाषा-प्रयोग में विविधता देखी जा सकती है। उदाहरणतः—

(1) (अपने ही वर्ग के व्यापारी से)—देखो भाई, अपना तो एक उसूल है—कम कमाई, खरी कमाई। माल लायेंगे बढ़िया, दाम लेंगे बढ़िया !

(2) (अपने मुनीम (अकाउंटेंट) से)—अरे तुम उसूल को मारो गोली ! ऐसा अकाउंट तैयार करो कि आमदनी कम और खर्च अधिक दिखायी दे !

(3) (आयकर अधिकारी से)—हुजूर ! मेरा बिजनेस तो शीशे की तरह साफ है। रिकार्ड देख लीजिए, निश्चित मियाद से पहले ही हमारी रिटर्न जमा हो जाती है। रिटर्न और अकाउंट बुक्स में कभी एक पैसे का फर्क नहीं मिलेगा। सेल्ज़ टैक्स

भी सदा समय पर जमा करा देता हूँ। हुजूर, आपने जो एसेसमेंट की है वह तो बहुत ज़्यादा है। ज़रा फिर से ग़ौर फरमाने की कृपा करें।

(4) (पत्नी से)—अजी ! सुनती हो, उस आई. टी. ओ. के बच्चे को आज मैंने ऐसा मस्का लगाया, ऐसा उल्लू बनाया कि देखता ही रह गया। बच्चू को उसी वक्त एसेसमेंट काटकर आधी करनी पड़ी। बिजनेस चलाना मजाक नहीं। तिकड़म चाहिए और चाहिए दिमाग़ !

(5) (विद्यालय के वार्षिकोत्सव पर अध्यक्ष-पद से)—आदरणीय प्राचार्य महोदय, अध्यापक महानुभाव और प्यारे विद्यार्थियो ! आप लोगों ने मुझे यहाँ आमंत्रित कर जो सम्मान दिया है, उसके लिए मैं आप सबका हृदय से आभारी हूँ। मैं शिक्षा के सिद्धांतों से अपरिचित हूँ। बस, इतना कह सकता हूँ, आप ही हमारे समाज के, देश के निर्माता हैं, कर्णधार हैं। आज का कार्यक्रम देखकर मुझे बड़ी प्रसन्नता हुई। हमारे बच्चे जिस प्रकार सत्य, न्याय और आत्मनिर्भरता का पाठ पढ़ रहे हैं, यह हमारे लिए, सारे देश के लिए गौरव की बात है। मैं यहाँ के प्रिंसिपल महोदय व अन्य अधिकारियों को पुनः बधाई देता हूँ।

(6) (अपने छोटे पुत्र से)—क्यों बे ! मेरी आँखों में धूल झोंकता है ! स्कूल में पढ़ने जाता है कि ड्रामा करने ? बड़ा आया हीरो कहीं का ! कोई पैसा नहीं मिलेगा ! ये मास्टर लोग भी आए दिन बच्चों के माँ-बाप को लूटने के लिए कोई-न-कोई तमाशा करते रहते हैं।

उपर्युक्त उदाहरणों में भाषा-प्रयोग की विविधता स्पष्ट है। ये सभी भाषा के **सामान्य प्रयोग** के उदाहरण हैं; क्योंकि इनमें भाषा का असामान्य (अशुद्ध, प्रतीकात्मक या आलंकारिक) प्रयोग नहीं किया गया।

सामान्य प्रयोग

भाषा के सभी बहुप्रचलित प्रयोग उसके सामान्य प्रयोग हैं। भाषा के प्रायः जिस रूप का हम अपने विचार-विमर्श, कार्य-व्यवहार एवं वार्त्तालाप-संभाषण आदि में प्रयोग करते हैं वह उसका 'सामान्य' रूप ही होता है। वह व्याकरण-सम्मत, समाज द्वारा स्वीकृत एवं संरचना और अर्थ के स्तर पर सामान्यतः शुद्ध होता है। 'असामान्यता' अर्थात् अनोखापन, नयापन या विलक्षणता उसमें तभी होगी जब किसी शब्द का उससे प्रचलित अर्थ से हटकर, किसी 'नवीन अर्थ' में प्रयोग किया जाए (जैसे साहित्य में), किसी वाक्य का गठन व्याकरण-सम्मत नियमों से भिन्न किसी अन्य प्रकार से हो (जैसे काव्य की लाक्षणिक भाषा में) या कोई ऐसा प्रयोग जो हमारे तात्पर्य का सम्यक् संप्रेषण न करा सके (जैसे किसी एक विषय की शब्दावली का प्रयोग अन्य विषय में)। इन व्यवधानों से मुक्त अर्थात्—**(1) व्याकरणसम्मत, (2) समाजस्वीकृत, (3) प्रायः शुद्ध एवं (4) तात्पर्य (प्रयोजन) के संप्रेषण में समर्थ**

भाषा-प्रयोग 'सामान्य' ही कहलायेगा चाहे, उसकी शब्दावली कैसी भी हो; वक्ता और श्रोता किसी भी सामाजिक वर्ग से संबंधित हों; अथवा भाषा-प्रयोग का कोई भी संदर्भ हो। पत्र-पत्रिकाओं में, विद्यालय या विश्वविद्यालय के कक्षा-कक्षों में, दूरदर्शन और आकाशवाणी में, धर्म-चर्चा या चुनाव-चर्चा में, घर-बाज़ार या बस-रेलयात्रा में, मिल-मज़दूरों की किसी गोष्ठी अथवा किसानों की चौपाल में, बच्चों के क्रीड़ांगन में या युवकों के आलाप-संलाप में—सर्वत्र भाषा का सामान्य प्रयोग ही देखा-सुना जाता हैं। इसके लिए वक्ता-श्रोता को किसी विशेष प्रशिक्षण की आवश्यकता नहीं। परंपरा, संस्कार और अभ्यास द्वारा स्वतः ही भाषा के सामान्य प्रयोग की दक्षता का विकास होता रहता है।

श्रमिकों, व्यापारियों, वकीलों, डॉक्टरों, इंजीनियरों, राजनैतिक नेताओं, छात्रों, अध्यापकों तथा घर-परिवार और समाज के विभिन्न घटकों (सदस्यों) की भाषा अपने-अपने क्षेत्र में संदर्भ और स्तर में 'सामान्य' ही होती है।

असामान्य प्रयोग

'असामान्य' शब्द 'सामान्य' का विपरीतार्थी है। 'सामान्य' का अभिप्राय है परंपरागत, बहुप्रचलित एवं प्रायः व्याकरण-सम्मत। इसी संदर्भ में 'भाषा के असामान्य प्रयोग' का अभिप्राय है—इसके बहुप्रचलित, समाज-स्वीकृत, परंपराबद्ध और व्याकरण-सम्मत रूप से हटकर, उससे भिन्न रूप में किया गया प्रयोग। इस प्रकार का प्रयोग जो कथन में निहित कथ्य का सहज रूप से संप्रेषण न करा सके। भाषा के 'सामान्य' और 'असामान्य' प्रयोग का अंतर आगे दिये गये उदाहरणों से समझा जा सकता है।

सामान्य

(क) मैं जब स्टेशन पर पहुँचा, तब गाड़ी छूट चुकी थी।

(ख) यहाँ हर वस्तु का भाव चार रुपये किलो है। जो चाहिए ले जाइए।

(ग) मोटर की स्पीड जरा कम रखो, रास्ता बहुत ऊबड़-खाबड़ है।

(घ) हमें केवल स्वार्थ की चिंता न करके, उन लोगों के संबंध में भी सोचना चाहिए जिनकी आवश्यकताएँ हमसे अधिक हैं, किंतु जिन्हें सुविधाएँ हमसे कम प्राप्त हैं।

उपर्युक्त चारों उदाहरणों में भाषा का 'सामान्य' प्रयोग हुआ है क्योंकि इनमें कथित प्रयोजन का संप्रेषण सहज रूप से हो सकता है। ये प्रयोग परंपरागत और सर्वमान्य हैं, इनमें व्याकरणिक संरचना का सही रूप दिखाई देता है, अर्थात् व्याकरण की दृष्टि से ये व्यवस्थाबद्ध कथन हैं। इसके विपरीत इन्हीं प्रयोजनों के निमित्त निम्नलिखित प्रकार की भाषा का प्रयोग 'असामान्य' होगा।

असामान्य—

(क) मैं जब स्टेशन पर **चला** तब गाड़ी उड़ चुकी थी।

(ख) वस्तु जो चार है हर भाव का रुपये किलो यहाँ ले चाहिए जाइए।

(ग) मोटर की स्पीड **तेज कर दो,** रास्ता बहुत ऊबड़-खाबड़ है।

(घ) **हमारे को चिंता स्वार्थ की** न करके वह लोगों के संबंधित में भी सोचना चाहिए, **सभी की** आवश्यकताएँ हमारे से अधिक **थी ताकि वह को सुविधाएँ** हमारे से कम प्राप्त हुई।

यहाँ पहले वाक्य में 'स्टेशन पर.चला' और 'गाड़ी उड़ चुकी थी' असामान्य प्रयोग हैं। 'स्टेशन **की ओर** चला' या 'स्टेशन पर पहुँचा' **परंपरासम्मत** हैं। गाड़ी **उड़ती** नहीं, **चलती** है।

दूसरे वाक्य में भाषा का **अव्यवस्थित** प्रयोग होने के कारण **असामान्य** है। न तो कर्त्ता-कर्म-क्रिया की नियमित व्यवस्था है, न विशेषण-विशेष्य क्रमानुसार व्यवस्थित हैं। योजक अव्ययों तथा कारक विभक्तियों का प्रयोग भी अव्यवस्थित है।

तीसरे वाक्य में **प्रयोजन (तात्पर्य) की असंगति के कारण** असामान्यता है। कार्य (स्पीड तेज़ करना) और कारण (रास्ता ऊबड़-खाबड़ होना) में संगति नहीं है। 'तेज़' के स्थान पर 'कम' या 'ऊबड़-खाबड़' के स्थान पर 'साफ-समतल' प्रयोग सामान्य होता।

चौथे उदाहरण में **व्याकरणिक नियमों का पालन न होने के कारण तो** भाषा-प्रयोग 'असामान्य' है ही, सर्वमान्यता की अनुरूपता का न होना भी इसे 'असामान्य प्रयोग' बना देता है। 'वह लोगों', 'आवश्यकताएँ थी', 'सुविधाएँ हुई' इनमें वचन की असमानता है। 'हमारे को' 'हमारे से' आदि अमान्य प्रयोग हैं। 'उन' के साथ 'जिन' संबंधवाचक सर्वनाम का और 'ताकि' के स्थान पर 'किंतु' योजक अव्यय का प्रयोग नियमानुकूल होता जो यहाँ नहीं है।

सामान्य एवं असामान्य प्रयोग में अंतर

भाषा के 'सामान्य' और 'असामान्य' प्रयोग का अंतर एक रूपक द्वारा सरलता से समझा जा सकता है। भाषा का सामान्य प्रयोग किसी खिड़की के उस साथ-सुथरे, अखंडित, पारदर्शी शीशे के समान है जो अपने पीछे के संपूर्ण अर्थ-जगत् की झाँकी स्पष्ट दिखला देने में सक्षम है। दूसरी ओर 'असामान्य प्रयोग' उस खंडित शीशे के समान है जिसमें जगह-जगह आड़ी-तिरछी दरारें होने के कारण, वह केवल छोटे-बड़े टुकड़ों के ढेर-सा प्रतीत होता है और उसके माध्यम से पार के वस्तु-जगत् (अर्थ-प्रयोजन) को स्पष्टतः देख और पहचान पाना संभव नहीं हो पाता।

भाषा के 'असामान्य' प्रयोग का अभिप्राय केवल यही है कि उसमें लोक-परंपरा, सर्वमान्य नियमित व्यवस्थाबद्धता तथा प्रचलित व्याकरणिक संहिता का अनुसरण न होने के कारण एक विलक्षणता, असंगति और विपरीतता-सी प्रतीत होती है। यही

'असंगति' अथवा **विसंगति** प्रयोग के स्तर पर **'अशुद्धि'** कहलाती है; अतः भाषा-प्रयोग में अंतर्गत अशुद्धियों के विभिन्न संदर्भों तथा उनके निराकरण के प्रति सजगता वांछनीय है।

'अशुद्धि' का अभिप्राय

भाषा का एकमात्र प्रयोजन और प्रकार्य संप्रेषण (Communication) है। संप्रेषण की सार्थकता वक्ता-श्रोता (लेखक-पाठक या संबोधक-संबोधित) के ऐसे संलाप में निहित है जिसे वे भली-भाँति समझकर उसका तात्पर्य ग्रहण कर सकें। यह तभी संभव है, जब भाषा का प्रयोग व्यवस्थाबद्ध, व्याकरणिक नियमानुकूल तथा परंपरा में बहुप्रचलित एवं प्रायः सर्वमान्य रूप में हो। भाषिक संरचना की अपनी एक व्यवस्था है। उस व्यवस्था के अनुकूल भाषिक प्रयोग ही संगत, साभिप्राय अथवा शुद्ध माने जा सकते हैं। **'बालक-टूटना-का-रोना-का खिलौना'** आदि शब्दों के उच्चारण या इन्हें लिपिबद्ध कर देने मात्र से, इनके प्रयोग का प्रयोजन (तात्पर्य—अर्थ-संप्रेषण) पूर्ण नहीं हो पायेगा; क्योंकि इन भाषिक ध्वनियों अथवा उनसे संरचित शब्दों में संरचनात्मक व्यवस्था का अभाव है। **'खिलौने टूट जाने के कारण बालक रोने लगा'** प्रयोग इसीलिए स्वीकार्य (शुद्ध) है क्योंकि इसमें भाषिक संरचना-व्यवस्था का निर्वाह सही रूप में हुआ है। इन्हीं शब्दों के आधार पर की गई निम्नलिखित प्रकार की वाक्य-संरचना में भी अशुद्धियाँ हैं—

(क) बालक टूटने के कारण खिलौना रोने लगा। (शब्द-सह प्रयोग की असंगति)

(ख) बालक टूटने लगा रोने कारण के खिलौने। (वाक्य-संरचना की व्याकरणिक व्यवस्था का क्रम-भंग)

(ग) खिलोना टुटने के कारन बालक रौनै लगा। (वर्तनी-संबंधी त्रुटियाँ)

अशुद्धियों के कारण

स्पष्ट है कि भाषा के अशुद्धिपरक असामान्य प्रयोग कई कारणों से होते हैं। यथा—

(1) भाषिक संरचना के नियमों की अवहेलना,

(2) व्याकरणिक व्यवस्था का भंग,

(3) अर्थबोध में असंगति,

(4) परंपरा में मान्य प्रयोगों से भिन्नता,

(5) उच्चारण अथवा लेखन में ध्वनियों के सही रूप की अप्रस्तुति।

इस आधार पर हम कह सकते हैं कि—

भाषा की व्याकरणिक तथा संरचनात्मक व्यवस्था से हटकर असंगत या अनुचित अर्थ प्रकट करनेवाले असामान्य प्रयोग 'अशुद्ध' कहलाते हैं।

'अशुद्धि' के प्रकार

असामान्य भाषिक प्रयोग की अशुद्धियाँ मूलतः दो प्रकार की ही सकती हैं—(1) अव्यवस्थित प्रयोग पर आधारित अशुद्धियाँ, (2) व्यवस्थापरक अशुद्धियाँ।

(1) **अव्यवस्थित प्रयोग पर आधारित अशुद्धियाँ** वे हैं, ।जिनमें भाषिक व्यवस्था के क्रम एवं नियम आदि की अवहेलना दिखाई देती है। यथा—

हम तब तक उधर नहीं जायेगा जब तक मेरे को मेरी रुपया वापस नहीं मिल जाती।

इस वाक्य में वचन और लिंग-संबंधी व्याकरणिक व्यवस्था की अवहेलना हुई है। कर्त्ता (हम) बहुवचन है किंतु क्रिया (जायेगा) एकवचन; इसी प्रकार रुपया (विशेष्य) पुल्लिग है किंतु इसका विशेषण 'मेरी' और इसकी क्रिया 'मिल जाती' स्त्रीलिंग है। 'मेरे को' भी असंगत प्रयोग है। मानक हिंदी की व्याकरणिक व्यवस्था के अनुसार 'मैं' सर्वनाम का कर्मकारक एकवचन में 'मुझे' रूप मान्य है।

(2) **व्यवस्थाबद्ध अशुद्धियाँ** वे हैं, जिनमें व्याकरणिक व्यवस्था का ठीक-ठीक निर्वाह होने पर भी अन्य किसी कारण से अर्थबोध में अनौचित्य, असंगति या बाधा प्रतीत होती है। यथा—

(क) **दूध का एक गर्म प्याला ले आओ।**

(ख) 'इस उपन्यास की कथावस्तु इतनी कठोर है कि उसे पचाना बहुत सरल है।'

व्याकरणिक व्यवस्थाबद्धता की दृष्टि से इन वाक्यों में कोई असंगति दिखाई नहीं देती। कर्त्ता-कर्म-क्रिया का क्रम सही है। लिंग-वचन-कारक का प्रयोग तथा वाक्य-विन्यास भी नियमानुकूल है; फिर भी अर्थ-बोध (तात्पर्य, संप्रेषण, प्रयोजन) स्पष्ट नहीं होता। प्रथम वाक्य में गर्म 'विशेषण' प्याले की अपेक्षा 'दूध' के साथ प्रयुक्त होना चाहिए (गर्म दूध का एक प्याला लाओ)। दूसरे वाक्य में प्रयुक्तिपरक अशुद्धि है। 'कठोर' कोई धातु या पदार्थ (किसी का हृदय भी) हो सकता है, 'कथावस्तु' जटिल, अस्वाभाविक, अरोचक आदि हो सकती है। उसे (कथावस्तु को) 'पचाना' प्रयोग भी असंगत है। 'समझना' उचित होता। फिर, 'कठोर' और 'सरल' विरोधी प्रयोग हैं जिन्हें एक ही वस्तु (कथा) से जोड़ना असंगत है। वाक्य यों होना चाहिए—'इस उपन्यास की कथावस्तु इतनी अस्वाभाविक है कि उसे समझ पाना बहुत कठिन है।' अथवा 'इस उपन्यास की कथावस्तु इतनी स्वाभाविक (रोचक) है कि उसे समझना बहुत सरल है।'

स्पष्ट है कि यहाँ वाक्य-संरचना व्यवस्थित होते हुए भी अर्थ और प्रयोग के स्तर पर भाषा के असामान्य प्रयोग 'अशुद्धियों' के अंतर्गत आ जाते हैं।

व्यवस्थाबद्ध अशुद्धियों के प्रकार

संरचना संबंधी अशुद्धियाँ—भाषा जहाँ एक व्यवस्था है, वहीं उसका स्वरूप सघटनात्मक भी है। उसकी यह संघटना उसकी विभिन्न इकाइयों के संरचनात्मक गुच्छ के रूप में साकार होती है। भाषा ध्वनि-प्रतीकों की व्यवस्था है; अतः संरचना के स्तर पर उसकी लघुतम इकाई ध्वनि (लिपि में वर्ण) है। ये ध्वनियाँ जब शब्द-संरचना में प्रवृत्त होती हैं, तभी भाषा अर्थवाहिनी बनती है। इसका अभिप्राय यह है कि अर्थ के स्तर पर भाषा की मूल इकाई शब्द हो सकता है, मात्र ध्वनि नहीं। शब्द अपने-आपमें किसी वस्तु मात्र का संकेत या अर्थ-बोध करा सकता है, उसमें हमारे मंतव्य (प्रयोजन, कथ्य) को पूर्णतः संप्रेषित करने की क्षमता नहीं। वह क्षमता विभिन्न सार्थक शब्दों के व्यवस्थित समूह के रूप में संरचित वाक्य में ही संभव है। कई बार तो एक ही वाक्य द्वारा हमारे तात्पर्य का संप्रेषण हो जाता है, कई बार एक से अधिक वाक्य हमारे कथ्य को श्रोता, पाठक आदि तक संप्रेषित करते हैं। ध्वनि से लेकर वाक्य या वाक्य-समूह (कथन या प्रोक्ति) तक की यह भाषा-संघटना उसकी संरचना है। इनमें से किसी भी स्तर पर दिखायी देनेवाली अशुद्धि 'संरचनात्मक अशुद्धि' कहलायेगी। अर्थात् यदि ध्वनियों (वाक्-प्रतीकों या वर्णों), ध्वनि-गुच्छों (शब्दों) अथवा शब्द-समूहों अर्थात् वाक्यों की संरचनात्मक व्यवस्था में यदि कोई ऐसी शिथिलता, त्रुटि या असंगति है, जो संप्रेषण में बाधक है तो वह 'संरचनात्मक अशुद्धि' होगी। इस प्रकार, संरचना की दृष्टि से तीन प्रकार की अशुद्धियाँ हो सकती हैं—

(1) ध्वनि-संरचना (वर्तनी) संबंधी अशुद्धियाँ
(2) शब्दगत (शब्द-संरचना या रूप-संरचना) संबंधी अशुद्धियाँ
(3) वाक्य-संरचना संबंधी अशुद्धियाँ

अर्थपरक अशुद्धियाँ

कई बार यह संरचना सुव्यवस्थित होने पर भी अर्थबोध में व्यतिक्रम या व्यवधान प्रतीत होता है। 'कमल' छह ध्वनियों की संरचना से निर्मित शब्द है। आकाश, उद्यान, सरोवर भी इसी प्रकार के सार्थक शब्द हैं। इनसे कई प्रकार के वाक्यों की संरचना संभव है—

(1) उसने आकाश में कमल देखे।
(2) आकाश में एक उद्यान था।
(3) सरोवर और उद्यान मिलकर आकाश बनता है।

इन तीनों वाक्यों का संरचनात्मक ढाँचा तो सही है, क्योंकि भाषिक व्यवस्था

में कोई गड़बड़ नहीं; किंतु अर्थ-स्तर पर ये प्रयोग अशुद्ध हैं। इसका तात्पर्य यह है कि व्यवस्थाबद्ध अशुद्धियों में दूसरा प्रकार 'अर्थपरक अशुद्धियों' का है।

ध्वनि-संरचना (वर्तनी) संबंधी अशुद्धियाँ

संरचना अथवा अर्थ-स्तर पर होनेवाली अशुद्धियों के दो अन्य भिन्न-भिन्न संदर्भ यहाँ उल्लेखनीय हैं—एक, उच्चरित अर्थात् मौखिक और दूसरा, लिखित अर्थात् लिपिबद्ध। ऊपर दिया गया कथन सुधारकर यदि यों कर दिया जाए—**उसने सरोवर में कमल देखे। मानो कमलों का पूरा उद्यान था। साथ ही सरोवर में पड़ता हुआ आकाश का प्रतिबिंब उस दृश्य को और भी मनोहर बना रहा था।** तो अर्थपरक अशुद्धि दूर हो जायेगी। किंतु इसकी अशुद्धता केवल मौखिक स्तर तक ही सीमित होगी। जब इसी कथन को लिपिबद्ध करते समय कोई इस प्रकार लिख दे—

उसने स्रोवर में कमल देखे, मानौ कमलों का पूरा उदिआन था। साथ ही स्रोवर में पड़ता हुवा अकास का पर्तिबिंब उस द्रिष्य को और भि मनौहर बना रिहा था।

तो मौखिक रूप में अर्थ-स्तर पर यह कथन शुद्ध प्रतीत होते हुए भी, लिखित रूप लेते ही 'अशुद्ध' माना जायेगा। इस प्रकार की—ध्वनि-चिह्नों (वर्णों) को उच्चारण-अनुसार सही न लिखने की—अशुद्धि **'वर्तनी-संबंधी अशुद्धि'** कहलायेगी।

इस विवेचन से स्पष्ट है कि व्यवस्थाबद्ध अशुद्धियाँ मुख्यतः तीन प्रकार की हैं—

(क) **संरचनात्मक अशुद्धियाँ;**
(ख) **अर्थपरक अशुद्धियाँ;**
(ग) **वर्तनी-संबंधी अशुद्धियाँ।**

(क) **संरचनात्मक अशुद्धियाँ**—पीछे स्पष्ट किया जा चुका है कि **भाषिक संरचना की व्यवस्था को भंग करनेवाले असामान्य प्रयोग संरचनात्मक अशुद्धियों के अंतर्गत आते हैं।** संरचना के चार प्रमुख स्तर हैं—ध्वनि (वर्ण), शब्द, पद और वाक्य। इनमें से किसी भी स्तर पर यदि संरचना की व्यवस्था की अवहेलना की जाती है तो वह संरचनात्मक अशुद्धि होगी।

ध्वनिगत अशुद्धियाँ—ध्वनि के स्तर पर होनेवाली अधिकांश अशुद्धियाँ भाषा के लिखित (लिपिबद्ध) रूप में दिखाई देती हैं (जिनका अलग से विशद विवेचन आगे 'वर्तनी-संबंधी अशुद्धियाँ' शीर्षक के अंतर्गत किया गया है) क्योंकि मुख से सही उच्चारण करते हुए भी लिखते समय वर्णों की आकृति के अंतर (क्ष को ज्ञ, ज्ञ को क्ष), ह्रस्व-दीर्घ स्वरों (मात्राओं) के विपर्यय (कीसि, किसी), मैरा (मेरा), सूंदर (सुंदर),

आदि), तथा द्वित्व (द्द-द्व-द्ध) या संयुक्त अक्षरों के लिप्यंकन में भूलें हो जाती हैं। (विस्तार के लिए देखिए—'वर्तनी-संबंधी अशुद्धियाँ')। फिर भी कई बार मौखिक प्रयोग में भी दोषपूर्ण ध्वनि-संरचना अथवा उच्चारण सुनने में आता है। जैसे—स्कूल, स्टेशन, स्त्री को इस्कूल, इस्टेशन, इस्त्री बोलना, 'श' का 'स'; 'व-ब, ब-व' अथवा हलंत अक्षर का सस्वर उच्चारण ('बल्कि' को 'बलिक', 'तादात्म्य' को 'तादातम्य' बोलना आदि)।

शब्दगत अशुद्धियाँ—शब्द और पद के स्तर पर संरचनात्मक अशुद्धियाँ प्रायः अधिक देखी जाती हैं। हिंदी में अधिकांशतः शब्द और पद-रचना विभिन्न उपसर्गों के संयोग से होती हैं। कई बार मूल शब्द (प्रकृति या धातु) के अन्य शब्दों के साथ सहप्रयोग के समय, उसमें कुछ परिवर्तन हो जाता है। जैसे—

उपसर्ग से—अ—असमर्थ,

प्रत्यय से—समाज+इक—सामाजिक,

परसर्ग—में—मुझे, मैंने, मुझसे।

मूल शब्द (प्रकृति) में परिवर्तन—लड़का, लड़के (ने), लड़कों (ने, को, से)।

धातु-रूप में परिवर्तन—खेल-खेलना, खेलता-खेलते-खेलती, खेला, खेली-खेले-खेलूँ, खेलेगा आदि।

जब कभी भाषा-प्रयोग में इन संरचनात्मक रूपों और इनके लिए निर्धारित नियमों की अवहेलना होगी, उसका परिणाम होगा—'संरचनात्मक अशुद्धि।' उदाहरणतः—

(1) माँजी चाकू से फल **काटता हैं।** (कर्त्ता के अनुसार क्रिया का लिंग-वचन न होने से अशुद्धि)।

(2) माँजी चाकू से फल **काटी।** (सकर्मक क्रिया के भूतकालिक होने के कारण कर्त्ता के साथ 'ने' परसर्ग का प्रयोग नहीं हुआ। 'काटी' भी अशुद्ध है, क्योंकि सकर्मक भूतकालिक क्रिया का लिंग कर्म के अनुसार होता है।)

(3) यह धावक तेज़ **दौड़ते है।** (दौड़ते' अशुद्ध)

(4) भारत में **कितने नदियें हैं ?** ('कितने', 'नदियें' अशुद्ध)

(5) यह क्लर्क तो बड़ा **झगड़ावान** है। (झगड़ा में 'वान' प्रत्यय अशुद्ध)

(6) तुम बहुत ही **चुस्तालु, चुस्तीमान हो।** (दोनों प्रत्ययों का असंगत प्रयोग)

(7) वह लड़का ने **तुम्हारे** को कितना सहायता किया ? (भूतकालिक सकर्मक क्रिया के कर्त्ता का सर्वनाम 'वह' अशुद्ध है, 'उस' शुद्ध। 'ने' परसर्ग के कारण 'लड़के' होना चाहिए। 'तुम' का कर्मकारक एकवचन में 'तुम्हें' रूप बनता है। विशेषण 'कितना' का लिंग विशेष्य 'सहायता' के अनुसार न होने से अशुद्धि है। इसी प्रकार भूतकालिक सकर्मक क्रिया कर्म के अनुसार न होने के कारण 'क्रिया' अशुद्ध है, 'की' शुद्ध।)

स्पष्ट है कि इन उदाहरणों में 'शब्द' या पद' के स्तर की **संरचनात्मक**

अशुद्धियाँ हैं।

शब्दगत अशुद्धियों के विभिन्न उदाहरण—(शुद्ध रूप कोष्ठकों में हैं।)

1. जहाँ तक दृष्टि जाती थी, **सब** बर्फ ही बर्फ दिखाई देती थी।
   (**सब** के स्थान पर **वहाँ तक** होना चाहिए। अव्यय-संबंधी अशुद्धि है।)
2. आपको वह इस कारण नहीं मिला **ताकि** आप समय पर नहीं पहुँचे।
   (**ताकि** की जगह **क्योंकि** शुद्ध। योजक अव्यय का ग़लत प्रयोग)
3. जो अपनी योग्यता के **द्वारा** कार्य करते हैं, वे अवश्य सफल होते हैं।
   (**'के द्वारा'** अशुद्ध प्रयोग है। **'योग्यता के अनुसार'** शुद्ध है। परसर्ग-संबंधी अशुद्धि है।)
4. हम तुम्हारी बात मान लें **जबकि** तुम हठ छोड़ दो।
   (शुद्ध—यदि तुम हठ छोड़ दो तो हम तुम्हारी बात मान लें।)
5. अरबी **घोड़े** और घोड़ियों का मूल्य अधिक है।
   (अरबी **घोड़ों** और घोड़ियों का मूल्य अधिक है। बहुवचन के विकारी रूप की अशुद्धि)
6. **चार-दो** मिनट रुको, फिर चलेंगे।
   (**दो-चार** मिनट रुको...। शब्द-सहप्रयोग की अशुद्धि)
7. अतिथि का **सत्कार-आदर** तो करना ही चाहिए।
   (**आदर-सत्कार** शुद्ध)
8. साहित्य से ही किसी समाज के **सहन-रहन, पान-खान, विचार-आचार** का पता चलता है।
   (**रहन-सहन, खान-पान, आचार-विचार** शुद्ध)
9. ज़रा-सी बात पर **सफेद-पीला** होना ठीक नहीं।
   (**लाल-पीला** शुद्ध)
10. बंदर ने मेरी पुस्तक **चीर** दी।
    (पुस्तक **फाड़ दी** शुद्ध है।)
11. काश्मीर की **सौंदर्यता** देखने योग्य है।
    (**'सौंदर्यता'** के स्थान पर **'सुंदरता'** होना चाहिए। 'सौंदर्य' स्वयं भाववाचक संज्ञा है। 'सुंदर' विशेषण में 'ता' प्रत्यय से 'सुंदरता' शुद्ध है।)
12. आपने **आपका** परिचय नहीं दिया।
    (**'अपना'** परिचय शुद्ध)
13. तुम **तुम्हारा** काम करो, मैं **मेरा** काम करता हूँ।
    (तुम **अपना** काम करो, **मैं अपना** काम करता हूँ।)
14. बच्चे खिलौने पाकर **खुशी** होते हैं।
    (**'खुश'** विशेषण का प्रयोग होना चाहिए, 'खुशी' भाववाची संज्ञा का प्रयोग यहाँ अशुद्ध है। **'खुशी अनुभव करते हैं'** प्रयोग ठीक है।)

15. इस काम में अनेक **क्लर्कें** लगे हुए हैं।
(अनेक **क्लर्क** लगे हुए हैं।)
16. उसकी लिखावट में **अनेकों** त्रुटियाँ हैं।
(**'अनेक'** शुद्ध है। यह स्वयं बहुवचन है, अतः ' ों ' लगाकर बहुवचन बनाना अशुद्ध है।)
17. बच्चे की बात सुनकर मैं **विस्मय** हुआ।
(**'विस्मित** हुआ' शुद्ध है।)
18. इस बार **इतनी** वर्षा हुई **जैसी** पहले कभी नहीं हुई थी।
(इस बार **'ऐसी'** वर्षा...शुद्ध है। या—**'इतनी वर्षा** के बाद **'जितनी'** पहले कभी...शुद्ध होगा।)
19. राम के **'साथो-साथ'** लक्ष्मण भी वन को गया।
(राम के **साथ-साथ'**...शुद्ध है।
20. **तुम के** पास मेरी पुस्तक है।
(**'तुम्हारे'** पास...शुद्ध)
21. **कोई भी** आदमी को मत बताना।
(किसी भी आदमी को मत बताना।)
22. यहाँ **नहीं** बैठो।
(यहाँ **मत** बैठो।)
23. **गुण-अगुण** तो सबमें होते हैं।
(गुण-**अवगुण**... शुद्ध है। 'उपसर्ग'-प्रयोग संबंधी अशुद्धि है।)
24. आप किस दल का **परिचार** कर रहे हैं ?
(**'प्रचार'** शुद्ध है।)
25. वह बहुत भागा, पर **अनसफल** रहा।
(**अनसफल** के स्थान पर **असफल** होना चाहिए।)
26. सपूत और **दुपूत** कर्मों से पहचाने जाते हैं।
(**'कपूत'** शुद्ध है, 'दुपूत' अशुद्ध)
27. मेरा सारा प्रयत्न **दुष्फल** रहा।
(**'निष्फल'** शुद्ध है।)
28. वह हमारे विरोध का **कुस्साहस** नहीं कर सकता।
('**कुस्साहस'** अशुद्ध प्रयोग है, **'दुस्साहस'** शुद्ध है।)
29. वह अच्छा घुमक्कड़ भी है और अच्छा **खिलक्कड़** तथा **पढ़क्कर भी।**
(वह अच्छा घुमक्कड़ भी है और अच्छा **खिलाड़ी** तथा **पढ़ाकू** भी।)
30. आज आपने बड़ी **साहसता** दिखाई।
(**साहस** दिखाया।)
31. वह शर्मीला तो है, **झगड़ीला** नहीं।

(**झगड़ालू** नहीं।)

32. **चमकालू** काग़ज़ पर कलम नहीं चलती।
(**चमकीले** काग़ज़ पर...)

33. वह उत्साही, साहसी और **कर्मठी** है।
(**कर्मठ** है)

34. **जातिक** और **राष्ट्रिक** हित वैयक्तिक हित से ऊँचा है।
(**जातीय** और **राष्ट्रीय** हित...शुद्ध)

35. **छोटे मंत्री बड़े मंत्री** के निर्देश पर काम करते हैं।
(**उपमंत्री मुख्यमंत्री** (या **प्रधानमंत्री**) के निर्देश पर काम करते हैं।)

36. **अर्थ के बिना** बातें करने का कोई लाभ नहीं।
(**निरर्थक** बातें करने का कोई लाभ नहीं।)

37. यद्यपि अन्न का उत्पादन बढ़ रहा है **किंतु** किसान दुखी हैं।
(यद्यपि अन्य का उत्पादन बढ़ रहा है **तथापि** किसान दुखी हैं।)

38. आप अनाज के बदले घी दे दीजिए **तथा** रुपये अदा कर दीजिए।
(आप अनाज के बदले घी दे दीजिए **अथवा** रुपये अदा कर दीजिए।)

39. सैनिकों ने **गोलियाँ छोड़ीं** और **राकेटें चलाईं।**
(सैनिकों ने **गोलियाँ** चलाईं और **राकेट** छोड़े।)

वाक्यगत अशुद्धियाँ—वाक्य स्तर पर संरचनात्मक अशुद्धियाँ भाषा के असामान्य प्रयोगों में पर्याप्त मिलती हैं। हिंदी की वाक्य-संरचना की अपनी एक निजी व्यवस्था है। वाक्य में कर्त्ता का स्थान सबसे पहले और पूर्ण क्रिया (तथा सहायक क्रिया भी, जहाँ हो) का स्थान सबसे अंत में होता है। अकर्मक क्रियाएँ कर्त्ता के लिंग और वचन के अनुसार बदलती हैं और सकर्मक क्रियाएँ (भूतकाल में) कर्म के अनुसार। इसी प्रकार काल, वाच्य आदि के अनुसार भी क्रियाओं में परिवर्तन के नियम निश्चित हैं। कर्तृवाच्य में कर्त्ता और क्रिया का जो रूप होगा, कर्म या भाववाच्य में वैसा नहीं होगा। कर्त्ता और कर्म का वाक्य में स्थान भी परिवर्तित हो जायेगा। जैसे—

कर्तृवाच्य—**आपने** ही तो यह पत्र **भेजा था।**

कर्मवाच्य—यह पत्र **आपके द्वारा** ही तो **भेजा/भिजवाया गया था।**

जिन वाक्यों में इस प्रकार के नियमों का उचित रूप से पालन या निर्वाह नहीं होगा वहाँ वाक्य-स्तर की संरचनात्मक अशुद्धि मानी जाएगी।

उदाहरण (शुद्ध रूप कोष्ठकों में है)—

(1) प्रधानमंत्री ने विदेश में अपनी अर्थ-नीति स्पष्ट **कर दी गई थी।**
(...कर दी थी—या—प्रधानमंत्री द्वारा...कर दी गई थी।)

(2) **मैं जो** कल तुम्हें पत्र दिया सो कहाँ है ?
(मैंने कल तुम्हें जो पत्र दिया था वह कहाँ है ?)

(3) **मैंने एक** किताबों वाली अलमारी खरीदनी होगी।
(मुझे किताबों वाली एक अलमारी खरीदनी होगी।)

(4) **तोबा-हाय** मत करो, **सात-पाँच** मिनट शांति **द्वारा बैठ,** पहले मेरी बात **सुन।**
(बहुत हाय-तोबा मत मचा/मचाओ, पाँच-सात मिनट शांति से बैठ/बैठो, पहले मेरी बात सुन/सुनो।)

(5) वह कितनी भी **कूद-उछल** मचाए, मैंने उसका काम **करना है नहीं।**
(वह कितना भी उछल-कूद मचाए, मुझे उसका काम नहीं करना है।)

वाक्यगत अर्थात् वाक्य-विन्यास संबंधी अशुद्धियों के विभिन्न उदाहरण (शुद्ध रूप कोष्ठकों में दिये गये हैं।)

1. कार्यकुशलता पर सफलता योजनाओं की निर्भर है।
(योजनाओं की सफलता कार्यकुशलता पर निर्भर है।)
2. नेहरू **पंडित** शांति के दूत थे।
(**पंडित** नेहरू शांति के दूत थे।)
3. कबीर **संत** और गांधी **महात्मा** के समान विनोबा भावे **आचार्य** आहिंसावादी था।
(**संत** कबीर और **महात्मा** गांधी के समान **आचार्य** विनोबा भावे अहिंसावादी थे।)
4. सुरेंद्र, तुम और मैं साथ **चलूँगा।**
(··· साथ **चलेंगे।)**
5. राष्ट्रपति महोदय पधार **चुका** है।
(राष्ट्रपति महोदय पधार **चुके** हैं।)
6. लड़कों ने बताया कि **हम** दुर्घटना के समय वहाँ नहीं थे।
(लड़कों ने बताया कि **वे** दुर्घटना के समय वहाँ नहीं थे।)
7. आप चुपके-चुपके बोलिये।
(आप धीरे-धीरे बोलिये।)
8. रोगी को अधिक बोलना उचित नहीं।
(रोगी के **लिए** अधिक बोलना उचित नहीं।)
9. **सरकार द्वारा पीड़ित** लोगों को एक लाख रुपए की सहायता दी गई है।
(पीड़ित लोगों को सरकार द्वारा...।)
10. भारत ने बहुत-सा सोना विदेशियों के **लिए** बेच दिया है।
(भारत ने बहुत-सा सोना **विदेशियों को** बेच दिया है।)
11. हम अपनी क्या **स्वाधीनता** को यों ही गँवा देंगे ?
(क्या हम अपनी स्वाधीनता को यों ही छिन जाने देंगे ?)

12. मुहम्मद हुसैन सैयद कल आयेंगे।
(**सैयद मुहम्मद हुसैन** कल आयेंगे।)
13. ज़ैलसिंह **ज्ञानी** भारत के राष्ट्रपति रह चुके हैं।
(**ज्ञानी** ज़ैलसिंह...)
14. **शर्मा श्री** शंकरदयाल ने उपराष्ट्रपति का पद सँभाला।
(श्री शंकरदयाल **शर्मा** ने... ... :.. ...।)
15. छोटे-से बालक का **वाह** ! साहस तो देखो !
(**वाह !** छोटे-से बालक का साहस तो देखो !)
16. मोहन, श्याम और वीरेंद्र आज यहाँ **आयेगा।**
(**...आयेंगे।**)
17. छात्र सदा **परिश्रमी** सफल होते हैं।
(**परिश्रमी** छात्र सदा सफल होते हैं।)
18. आपकी माताजी यहाँ कब आ रहे हैं ?
(...कब आ रही हैं ?)
19. प्रतिदिन में व्यायाम करना चाहिए।
(प्रतिदिन व्यायाम करना चाहिए।)
20. दरअसल **में** बात यह है।
(**दरअसल** बात यह है।)
21. वह मुझे अचानक **से** ही मिल गया।
(वह मुझे **अचानक** ही मिल गया।)
22. **लड़का** ने पत्र पढ़ा।
(**लड़के** ने पत्र पढ़ा।)
23. **तेरे को** अब कहाँ जाना है ?
(**तुझे** अब कहाँ जाना है ?)
24. अब आप यहीं **आ के** रहो।
(अब आप यहीं **आकर रहो।**)
25. तुम बीच में **काहे** को बोलते हो ?
(तुम बीच में **क्यों** बोलते हो ?)
26. सड़क पर एक बूढ़ा और एक जवान लड़ **रहा था।**
(सड़क पर एक बूढ़ा और एक जवान लड़ **रहे थे।**)
27. सभी पुस्तकें और कापियाँ मेज़ पर रखे हैं। (**रखी हैं**।)
28. क्या आपको सभी मित्रों **का** नाम याद है ?
(क्या आपको सभी मित्रों **के** नाम याद हैं ?)
29. हम आपकी दुकान **को** कल आयेगा।
(हम आपकी दुकान पर कल **आयेंगे।**)

30. जो भी वचन दो, **वह** पूरा अवश्य करो।
(जो भी वचन दो, **उसे** पूरा अवश्य करो।)
31. **आपने** तो रात को खूब **सोया।** (आप तो रात को खूब **सोये।**)
32. आज **उसने** दफ्तर नहीं जाना। (आज **उसे** दफ्तर नहीं जाना।)
33. सभी उत्तीर्ण और सफल छात्रों को बधाई !
(सभी **उत्तीर्ण** (या सफल) छात्रों को बधाई !)
34. धोबी से कहो, ये कपड़े जल्दी से प्रेस कर दो।
(धोबी से कहो, ये कपड़े जल्दी प्रेस कर दे।)
35. हमारे कहे बिना ही छात्र **पढ़ते जाते हैं। (पढ़ रहे हैं...।)**
36. अब तो इसका सवाल ही नहीं **उठने सकता।** **(...उठ सकता।)**
37. किसानों ने इस बार सरसों ही **बोया** है। (...**बोई** है।)
38. मेरा मित्र कल को आयेगा। (मेरा मित्र कल आयेगा।)
39. प्रातःकाल के समय व्यायाम करना चाहिए।
(प्रातःकाल (या प्रातः के समय)... ।)
40. **कृपया** किसी दिन मेरे घर **पधारने की कृपा करें।** (...**पधारें।**)
41. **सबों** ने मेरा समर्थन किया (**सबने** (या **सभी ने**)...)
42. अभी-अभी यहाँ एक लड़का और एक लड़की **खड़ी थी।**
(...खड़े थे।)
43. एक चाय का **गर्म** प्याला भेजना।
(**गर्म** चाय का **एक** प्याला भेजना।)
44. कम रोशनी में पढ़ना **मत** चाहिए। (...पढ़ना **नहीं** चाहिए।)
45. उसे लहूलुहान देखकर **मुझे घबराना पड़ा।** (...**मैं घबरा गया।**)
46. वह तो लड़ने पर कमर **कसा** बैठा है। (...कमर **कसे** बैठा है।)
47. जो पहले आवेंगे, वही प्रवेश **पावेंगे।**
(जो पहले आयेंगे, वही प्रवेश पायेंगे।)
48. नौकर **को** कहकर टैक्सी **मँगा** लो।
(नौकर **से** कहकर टैक्सी **मँगवा** लो।)
49. तुम्हें तो एक-एक पंक्ति **समझाना** पड़ती है।
(... **समझानी** पड़ती है।)
50. एक पुस्तकों का सूचीपत्र भिजवा दें।
(पुस्तकों का **एक** सूचीपत्र भिजवा दें।)
51. परीक्षा में **केवल मात्र दो** ही प्रश्नों के उत्तर लिखने होंगे।
(...**केवल दो** / या—**मात्र** दो / या—**दो** ही प्रश्नों के उत्तर लिखने होंगे।)
52. निम्नलिखित व्याकरण-संबंधी प्रश्नों का उत्तर लिखिये।

(व्याकरण-संबंधी निम्नलिखित प्रश्नों का उत्तर लिखिये।)

अर्थपरक अशुद्धियाँ

भाषा केवल ध्वनियों का शोर नहीं। प्रत्येक ध्वनि अन्य ध्वनियों के साथ संयोजित होकर कुछ ऐसे वाक्-गुच्छों की संरचना करती है जो किसी-न-किसी अर्थ का द्योतन करते हैं। अर्थहीन ध्वनि-समूह 'भाषा' की संज्ञा प्राप्त नहीं कर सकते। भाषा का मूल प्रयोजन या प्रकार्य (Function) ही अर्थ-संचार है। कई बार विभिन्न ध्वनि-गुच्छ, अर्थात् शब्द या पद अपने-आप में तो अर्थवान् होते हैं परंतु उनके संयोग से संरचित वाक्य कोई स्पष्ट अभिप्राय संप्रेषित नहीं कर पाता। उदाहरणतः **'बंदूक ने स्त्री चलाई।'**

इस वाक्य के सभी पद अपने-आप में सार्थक हैं। कर्ता-कर्म-क्रिया का क्रम भी हिंदी की वाक्य-संरचना-विधि के अनुकूल है। क्रिया सकर्मक और भूतकालिक है, अतः उसका लिंग-वचन कर्म के अनुसार है। तात्पर्य यह कि यहाँ संरचनात्मक अशुद्धि नहीं है—न शब्द या पद के स्तर पर, न वाक्य के स्तर पर, फिर भी यह स्पष्ट नहीं होता कि अभीष्ट अर्थ क्या है। इसे हम **'अर्थपरक अशुद्धि'** कहेंगे।

अर्थपरक अशुद्धियों के कई रूप संभव हैं—बोधात्मक अशुद्धियाँ, तथ्यपरक अशुद्धियाँ, तर्कपरक अशुद्धियाँ, तात्पर्यपरक अशुद्धियाँ, विशिष्ट प्रयोग अर्थात् प्रयुक्ति-संबंधी अशुद्धियाँ आदि।

सामान्यतः कथन के अर्थ-बोध में बाधा का कारण **बोधात्मक** अशुद्धि होगी। यथा—

'पहले उस रोगी ने आह मारी, फिर चीख भरी और उसके आँसू छूट पड़े।'

(शुद्ध—पहले उस रोगी ने आह भरी, फिर चीख मारी और उसके आँसू निकल आये।)

वाक्य-संरचना और उसके द्वारा संप्रेषित अर्थ-बोध में कोई व्यतिक्रम न होने पर भी कथन में तथ्य-संबंधी भूल **'तथ्यात्मक अशुद्धि'** का कारण बनती है। जैसे—

'भारत के उत्तर में कन्याकुमारी और दक्षिण में काश्मीर, पूर्व में हिमालय और पश्चिम में आसाम—सभी प्रकृति के रमणीय स्थल हैं।'

इस कथन में तथ्यों की असंगति अर्थ को खंडित कर देती है। इसी प्रकार—

'तुलसी-रचित अभिज्ञान-शाकुंतल की दो प्रतियाँ लेते आना।'

अथवा 'रामधारीसिंह दिनकर की कामायनी पढ़कर मन झूम उठा।'

ये दोनों **तथ्यात्मक अशुद्धियों** के उदाहरण हैं। (पहले वाक्य में 'तुलसी' के स्थान पर 'कालिदास', दूसरे में 'दिनकर' के स्थान पर 'प्रसाद' या 'कामायनी' के स्थान पर 'उर्वशी' होना चाहिए।)

तर्कपरक अशुद्धियाँ वहाँ होती हैं, जहाँ किसी कथन में तर्क-संगति न होने के कारण अर्थ-संप्रेषण बाधित हो। जैसे—

'इतनी गर्मी पड़ी कि दीवार पिघल गई।' ('दीवार का पिघलना' तर्क-संगत नहीं।)

अथवा 'भीषण सर्दी के कारण मैं पसीना-पसीना हो गया।'

तात्पर्यपरक अशुद्धियाँ अच्छे पढ़े-लिखे भाषा-प्रयोक्ताओं से भी हो जाती हैं। ऐसी अशुद्धियाँ प्रायः भाषा-प्रयोगों में असावधानी के कारण होती हैं। भाषिक संरचना, व्याकरणिक नियमों एवं तथ्यों से अवगत होते हुए भी अनजाने में वाक्य-विन्यास कुछ ऐसा हो जाता है कि अभीष्ट तात्पर्य भली भाँति संप्रेषित नहीं हो पाता। उदाहरणतः—

'तुम **अच्छी** तरह जानते थे कि वह **शायद** चला गया होगा, फिर भी मुझे उसके **घर भेजने** में शायद तुम नहीं **चूके**।'

यहाँ 'अच्छी तरह' से निश्चयात्मकता का बोध होता है किंतु 'शायद' से 'अनिश्चयात्मकता' का। यही स्थिति 'चूके' और 'शायद' के प्रयोग में है। अतः यह **'तात्पर्यपरक' अशुद्धि** है। इसी प्रकार—

'हम हैं निम्नलिखित कमलानगर के निवासी'

इस कथन में 'निवासी' का विशेषण निम्नलिखित 'कमलानगर' से पहले प्रयुक्त होने के कारण **तात्पर्यपरक अशुद्धि समझी** जाएगी।

विशिष्ट प्रयोग या प्रयुक्ति-संबंधी अशुद्धियाँ प्रायः तकनीकी या पारिभाषिक स्तर के कथनों में उन प्रयोक्ताओं द्वारा होने की संभावना रहती है जो उस क्षेत्र-विशेष या विषय-विशेष की शब्दावली से भली-भाँति परिचित नहीं होते। उदाहरणतः 'स्पेस' शब्द विज्ञान में 'अंतरिक्ष' तथा पत्रकारिता में 'अंतराल' के अर्थ में प्रचलित है। अब यदि इन प्रयुक्तियों से अनभिज्ञ व्यक्ति मकान बनाने के लिए 'खाली प्लाट' खरीदकर 'स्पेस' शब्द का प्रयोग 'जगह' के अर्थ में करते हुए यह कहे कि 'आज मैंने बहुत महँगी स्पेस खरीदी है।' तो यह प्रयुक्तिपरक अशुद्धि होगी।

वर्तनी-संबंधी अशुद्धियाँ

'वर्तनी'-संबंधी अशुद्धियाँ, मूलतः संरचनात्मक (रूपात्मक) अशुद्धि का ही अंग हैं। किसी शब्द में प्रयुक्त ध्वनियों का ग़लत उच्चारण (शर्बत-सरबत, भाषण-भासन) अथवा किसी शब्द का उसके उच्चरित रूप से भिन्न रूप में लेखन 'वर्तनी-संबंधी अशुद्धि' के अंतर्गत माना जायेगा। जैसे—सकूल (स्कूल), सवासथ्य (स्वास्थ्य), महिना (महीना), किरपा (कृपा), इत्यादि।

'वर्तनी' का अभिप्राय है—अक्षर-विन्यास। भाषा विभिन्न कथनों (प्रोक्तियों) का विशाल संग्रहालय है, वे कथन (प्रोक्तियाँ) असंख्य वाक्यों के संयोग से रूपायित होती हैं, वाक्य शब्दों से निर्मित होते हैं और शब्दों की संरचना अक्षर-विन्यास अर्थात्

विभिन्न ध्वनियों वर्णों के समुचित संयोग पर निर्भर है। विभिन्न ध्वनियों के उपयुक्त संयोजन अथवा आवश्यकतानुरूप अर्थवाही अक्षर-विन्यास का ही अन्य पर्याय है—**'वर्तनी'**। इस प्रकार **वर्तनी भाषिक संरचना की रीढ़ है** जिसका स्वस्थ एवं सुदृढ़ (यथानुरूप व्यवस्थित और शुद्ध) होना भाषा की सम्यक् समृद्धि, बहुआयामी संचरणशीलता एवं मानकता-प्रक्रिया के लिए आवश्यक है। अतः भाषा के प्रत्येक प्रयोक्ता के लिए वर्तनी-संबंधी, विभिन्न प्रकार की संभावित अशुद्धियों के प्रति (विशेषतः भाषा के लिखित प्रयोग में) सावधानी अपेक्षित है।

हिंदी का ध्वनि-समूह प्रमुखतया 'स्वर' एवं 'व्यंजन' वर्गों में विभक्त है। 'स्वर-ध्वनियों को ('अ' को छोड़कर) व्यंजन-ध्वनियों से जोड़ने के लिए, उनके मात्रा-चिह्न निश्चित हैं। इनका उच्चारण के अनुरूप शुद्ध लिप्यंकन (लेखन) वांछनीय है। इसी प्रकार व्यंजनों में कुछ की उच्चरित ध्वनियाँ आपस में मिलती-जुलती हैं (श-ष-स, व-ब, न-ण, रि-ऋ, ह- : (विसर्ग) आदि। इनके सही प्रयोग का अभ्यास आवश्यक है। द्वित्व एवं संयुक्त व्यंजनों के लेखन में तो विशेष सजगता द्वारा ही संभावित अशुद्धियों से बचा जा सकता है।

यहाँ वर्तनी-संबंधी कतिपय संभावित भूलों का निर्देश उपयुक्त होगा।

1. स्वर एवं मात्रा-संबंधी अशुद्धियाँ—हिंदी स्वर-ध्वनियाँ उच्चारण में लगनेवाले समय के आधार पर ह्रस्व और दीर्घ वर्गों में विभाजित हैं। इनके विपर्यय के कारण जो अशुद्धियाँ होती, हैं उनके कथित (या लिखित) भाषिक रूप का अर्थ ही बदल जाता है। जैसे—

अचार (खाद्य पदार्थ), आचार (आचरण, चाल-चलन)।

उन (वह का बहुवचनीकृत रूपांतर), ऊन (भेड़ आदि के बालों से तैयार गर्म धागा।)

इस दृष्टि से **'अचार-विचार'**. में शुद्धता होनी चाहिए।' या 'ग्रामीण लोग **आचार** के साथ ही खाना खा लेते हैं।' प्रयोग में वर्तनी-संबंधी अशुद्धि के कारण अभीष्ट अर्थ-सिद्धि में व्याघात होगा। वर्तनी की अशुद्धि के कारण, यही स्थिति 'मैंने ऊन का सारा ऋण चुकता कर दिया है।' या 'गर्मियों में उनके वस्त्र सस्ते हो जाते हैं।' प्रयोगों में होगी।

मात्रा-प्रयोग में ह्रस्व और दीर्घ स्वरों के विपर्यय के कारण विशेष रूप से बहुत अशुद्धियाँ संभावित हैं। 'दिन-दीन, सुत-सूत, मेल-मैल, शोक-शौक' आदि शब्दों के अर्थ सर्वथा भिन्न हैं। अतः 'चार **दीन** का मेहमान', 'वह **दिन-हिन** व्यक्ति किसी का क्या बिगाड़ेगा ?', 'गुजरात में **सुत** की कई मिलें हैं।', 'मैल-जोल से रहने में ही **सूख** है', 'मुझे अपने मित्र की मृत्यु का बहुत शौक है।' आदि वाक्य प्रयोक्ता के लिए बड़ी हास्यास्पद स्थिति उत्पन्न कर सकते हैं। इस प्रकार की अशुद्धियाँ बहुवचन-निर्माण के इस नियम की अवहेलना के कारण भी होती हैं कि **एकवचन** में प्रयुक्त दीर्घ 'ई' और 'ऊ' बहुवचन में ह्रस्व हो जाते हैं।' यथा—

नदी-नदियों, भालू-भालुओं आदि। नदीयों, भालूओं, चाबीयाँ आदि प्रयोग 'अशुद्ध' हैं। इसी प्रकार, 'इक' प्रत्ययवाले शब्दों का पहला स्वर प्रायः दीर्घ हो जाता है—सामाजिक, स्वाभाविक, आर्थिक आदि। समाजिक, स्वभाविक, अर्थिक प्रयोग अशुद्ध होंगे।

कुछ अन्य उदाहरण इस प्रकार हैं—

अशुद्ध	शुद्ध	अशुद्ध	शुद्ध
परिक्षा	परीक्षा	मालुम	मालूम
अभीमान	अभिमान	झाडु	झाड़ू
स्त्रि	स्त्री	कृपालू	कृपालु
पत्नि	पत्नी	ईर्ष्यालू	ईर्ष्यालु
त्रुटी	त्रुटि	झगड़ालु	झगड़ालू
मूर्ती	मूर्ति	मैथिलिशरण	मैथिलीशरण
मुकती	मुक्ति	कोशीश	कोशिश
लड़ाकु	लड़ाकू		

ऋ (हिंदी में इस ध्वनि-चिह्न की गणना स्वरों में की जाती है) का मात्रा-चिह्न (ृ) है। यथा—कृपा, वृक्ष, तृण आदि। इसका उच्चारण 'रि' जैसा होने के कारण, लिखित रूप में भी क्रिपा, व्रिक्ष, त्रिष्णा आदि रूप दिखाई देते हैं जो 'अशुद्ध' हैं।

इसी प्रकार विसर्ग (:) का उच्चारण हलंत 'ह' जैसा है जिसके अनुकरण पर, लिखित भाषा में प्रातह्, अंतह्करण, स्वतह् आदि प्रयोग अशुद्ध होंगे—प्रातः, अंतःकरण, स्वतः शुद्ध रूप हैं।

इसी प्रकार, अन्य उदाहरण हैं—

अशुद्ध	शुद्ध	अशुद्ध	शुद्ध
द्रष्टि	दृष्टि	बृजभूषण	ब्रजभूषण
स्त्रष्टि	सृष्टि	भृष्ट	भ्रष्ट
प्रष्ठ	पृष्ठ	अनूग्रह	अनुग्रह
क्रत्रिम	कृत्रिम	संगृह	संग्रह
घ्रणा	घृणा	अनुग्रहीत	अनुगृहीत
संग्रहीत	संगृहीत		

ए-ऐ, ओ-औ की मात्राओं के प्रयोग में संभावित अशुद्धियों के कुछ उदाहरण इस प्रकार हैं—

अशुद्ध	शुद्ध	अशुद्ध	शुद्ध
एब	ऐब	अक्षोहिणी	अक्षौहिणी
चाहै	चाहे	कौना-कौना	कोना-कोना
कसेला	कसैला	ओरत	औरत
नैपथ्य	नेपथ्य	ओसान	औसान
एनक	ऐनक	कटोती	कटौती
टैलीफोन	टेलीफोन	कोन	कौन
इतिहासिक	ऐतिहासिक	ओने-पोने	औने-पौने
झैंपना	झेंपना	मोजूद	मौजूद
मेल (मलिनता)	मैल	केद	कैद

अनुस्वार (ं) और अनुनासिक (ँ) के प्रयोग में कई प्रकार की अशुद्धियाँ हो जाती हैं। जैसे—

(1) दोनों का विपर्यय—कँठ (शुद्ध-कंठ), आंत (आँत) आदि।

(2) एक सर्वसामान्य प्रचलित नियम यह है कि व्यंजन-वर्गों के पंचम अक्षर (ङ्, ञ्, ण्, न्, म्) के स्थान पर अनुस्वार (ं) का प्रयोग होता है, अनुनासिक (ँ) का नहीं—अङ्क-अंक, पञ्जा-पंजा, कण्ठ-कंठ, सन्त-संत, सम्वाद-संवाद।

(3) एक अन्य प्रचलित नियम यह है कि प्रायः ह्रस्व वर्णों पर अनुस्वार (ं) और दीर्घ पर अनुनासिक (ँ) का प्रयोग होता है—अंध-आँधी, कंस-खाँसी, मंत्र-माँस, इत्यादि।

(4) इस संदर्भ में एक अन्य बहुसंभावित अशुद्धि भी उल्लेखनीय है। भाषा के लिखित प्रयोग में भूलवश अनुस्वार का चिह्न जिस अक्षर पर लगना चाहिए उसके पूर्व या पश्चात् के अक्षर पर लग जाता है। जैसे—सतांन (शुद्ध-संतान), आनंद (आनंद), इत्यादि।

इसी प्रकार की अनेक अन्य अशुद्धियाँ संभव हैं। यथा—

अशुद्ध	शुद्ध	अशुद्ध	शुद्ध
हँस (पक्षी)	हंस	मांजना	माँजना
हंसी	हँसी	यहां	यहाँ
ससांर	संसार	औंधा	औँधा
उन्होंने	उन्होंने	सँत	संत
भाइयों	भाइयो	जाएं	जाएँ
मै	मैं	बोलेगें	बोलेंगे
शातं	शांत	आंएगे	आएँगे
वदंना	वंदना	अधंकार	अंधकार

2. व्यंजन-संबंधी अशुद्धियाँ—'व्यंजन-संबंधी अशुद्धियाँ, अधिकांशतः अक्षर-विपर्यय के कारण होती हैं। **मिलती-जुलती आकृति** अथवा **समान प्रतीत होनेवाली ध्वनि के सूचक** अक्षरों के प्रयोग में असावधानीवश विपर्यय हो जाता है, जो 'अशुद्धि' बन कर अर्थ-संचार को भी क्षति पहुँचा सकता है। उदाहरणतः क्ष-छ, क्ष-ज्ञ, ड-ड़, ढ-ढ़, ड़-ढ़, न-ण, व-ब आदि अक्षरों में परस्पर विपर्यय की आशंका है। परिणामतः प्रतीछा, रिक्षा, रज्ञा, आक्षा, लडना, ड़ाकू, ढ़ाल, पढाई, चड़ाई, कारन, आसण, वादल, बियोग आदि 'अशुद्ध' प्रयोग देखे जाते हैं, जिनके 'शुद्ध' रूप हैं—प्रतीक्षा, रिक्शा, रक्षा, आज्ञा, लड़ना, डाकू, ढाल, पढ़ाई, चढ़ाई, कारण, आसन, बादल, वियोग आदि। इसी प्रकार **श-ष का विपर्यय** एक आम बात है—दृष्य, मनुश्य, अभिलाशा, निश्फल, भाशण आदि। (शुद्ध रूप—दृश्य, मनुष्य, अभिलाषा, निष्फल, भाषण।)

अल्पप्राण और महाप्राण व्यंजन-ध्वनियों (विशेषतः ट-ठ) का विपर्यय भी अशुद्धि का कारण है। जैसे—अभीष्ठ, पृष्ट, रुष्ठ, कनिष्ट, क्लिष्ठ आदि। (शुद्ध—अभीष्ट, पृष्ठ, रुष्ट, कनिष्ठ, क्लिष्ट)।

हिंदी की व्यंजन-ध्वनियों में रेफ (र) **के प्रयोग में** पर्याप्त सावधानी अपेक्षित है, विशेषतया जब इसका प्रयोग अन्य व्यंजन-ध्वनियों के साथ संयुक्त रूप से हो। 'क्रम' और 'कर्म' के अर्थ में पर्याप्त अंतर है। 'क्रम' की रूप-रचना इस प्रकार है—क्+र्+अ+म्+अ अर्थात् क् हलंत और र पूर्णाक्षर है। दूसरी ओर 'कर्म' में 'र्' हलंत है। सामान्य नियम यह है कि 'र' से पूर्व यदि हलंत अक्षर हो तो र उस अक्षर के नीचे (प्र, क्र, द्र) लगता है और यदि र् हलंत हो तो उसका चिह्न आगामी अक्षर के ऊपर (र्ग) के रूप में प्रयुक्त होता है, (धर्म, दर्प, सर्व)। परकाश-पर्काश, करमसंख्या-कर्म-संख्या, कदर-कर्द आदि के स्थान पर क्रमशः प्रकाश, क्रमसंख्या, कद्र शुद्ध वर्तनी-रूप हैं।

हलंत र् के प्रयोग में एक अन्य अशुद्धि प्रायः यह हो जाती है कि इसका अंकन उपयुक्त अक्षर के ऊपर न होकर, पूर्व या परवर्ती अक्षर पर कर दिया जाता है—अर्निवचनीय, सवार्त्मा, शबर्त, दुर्ष्कम, आदि। (शुद्ध रूप—अनिर्वचनीय, सर्वात्मा, शर्बत, दुष्कर्म)।

व्यंजन-संबंधी सर्वाधिक संभावित अशुद्धियाँ द्वित्व और संयुक्त वर्णों में दिखाई देती हैं। 'द्द' के स्थान पर 'द्व' या 'द्ध'; हलंत के स्थान पर पूर्णाक्षर और पूर्णाक्षर के स्थान पर हलंत व्यंजन का प्रयोग वर्तनी को अशुद्ध बना देता है। यथा—द्धिवेदी, विद्दा, उद्वार, पुसतक, पर्मातमा, परसाद, पर्साद, आन्नद, अतिआचार, प्रशन, तदातम्य, विआखा आदि अशुद्धियाँ इसी प्रकार की हैं। (शुद्ध रूप—द्विवेदी, विदा-विद्या, उद्धार, पुस्तक, परमात्मा, प्रसाद, आनन्द, अत्याचार, प्रश्न, तादात्म्य, व्याख्या।)

वर्तनी-संबंधी अशुद्धियों का अन्य प्रमुख क्षेत्र संधि-युक्त वर्ण हैं। हिंदी में स्वर, व्यंजन एवं विसर्ग-संबंधी संधियों के विभिन्न नियम निर्धारित और प्रचलित हैं।

उनकी अवहेलना अनेक अशुद्धियों का कारण बन जाती है। ये अशुद्धियाँ स्वर-संधि-युक्त शब्दों में अधिक दिखाई देती हैं। जैसे—अत्याधिक (शुद्ध-अत्यधिक)। 'अति+अधिक' में इ को य् हो जाने के बाद 'अधिक' का 'अ' उसी (य्) में मिलकर 'य' बन जाता है। इस अशुद्धि का कारण 'अत्याचार' (अति+आचार) का अनुकरण है। यहाँ 'आचार' में दीर्घ 'आ' है, इसलिए 'अति' की 'इ' को 'य्' हुआ तथा 'आचार' के 'आ' की दीर्घ मात्रा (ा) उसमें मिलने से 'अत्याचार' बन गया। इसी प्रकार 'संधि' से बननेवाले कुछ अन्य शब्दों का ध्यान रहना चाहिए—

अशुद्ध		शुद्ध
उद्वार	(उत्+हार)	उद्धार
उदघाटन	(उत्+घाटन)	उद्घाटन
भगवतगीता	(भगवत्+गीता)	भगवद्गीता
अभिशेक	(अभि+सेक)	अभिषेक
निश्पाप	(निः+पाप)	निष्पाप
निश्कर्म	(निः+कर्म)	निष्कर्म
निष्चल	(निः+चल)	निश्चल
उपरियुक्त, उपरोक्त	(उपरि+उक्त)	उपर्युक्त
उज्जवल	(उत्+ज्वल)	उज्ज्वल
कवेन्द्र	(कवि+इन्द्र)	कवीन्द्र
गणीश	(गण+ईश)	गणेश
नाइक	(नै+अक)	नायक
नाइका	(नै+इका)	नायिका
सच्चदानंद	(सत्+चित्+आनंद)	सच्चिदानंद
सन्सार	(सम्+सार)	संसार
नमश्कार	(नमः+कार)	नमस्कार
पुनश्जन्म	(पुनः+जन्म)	पुनर्जन्म

इस प्रकार, भाषा-लेखन में कई स्तरों की अशुद्धियाँ संभव हैं, जिनसे बचना आवश्यक है।

6. हिंदी : राष्ट्रभाषा और राजभाषा के रूप में

राष्ट्रभाषा के रूप में हिंदी

आज़ादी (15 अगस्त, 1947 ई.) से पहले पूरे भारत देश को एकता के सूत्र में बाँधने के लिए एक अखिल भारतीय भाषा की अवधारणा आवश्यक मानी जाती रही। इस अवधारणा के सबल होने का मुख्य कारण था विदेशी ब्रिटिश साम्राज्य द्वारा भारतीयों पर अंगरेज़ी थोपने की कूटनीति। भारत में अंगरेज़ों के शासन से पहले, यद्यपि पाँच-छः सौ वर्षों तक मुस्लिम शासन रहा तथापि राष्ट्रभाषा (हिंदी) और राजभाषा (फ़ारसी) में कभी कोई विरोध-वैमनस्य या द्वंद्व-संघर्ष की स्थिति उत्पन्न नहीं हुई। शाही प्रयोजनों के लिए भले ही फ़ारसी का प्रयोग होता रहा, लेकिन आम जनता के विचार-व्यवहार और संपर्क-संचार की भाषा हिंदी ही रही। मुस्लिम-शासक-वर्ग ने देश की आम जनता से संपर्क बनाये रखने के लिए न केवल उसी (जनता की) भाषा को माध्यम बनाया, बल्कि उस वर्ग के अनेक प्रमुख व्यक्तियों ने हिंदी में श्रेष्ठ साहित्य की रचना भी की।

इस तथ्य से प्रायः सभी परिचित हैं कि भाषा और साहित्य के स्तर पर हिंदी का उदय लगभग ग्यारहवीं शताब्दी से माना जाता है। तब से लेकर आज तक **'राष्ट्रभाषा के रूप में हिंदी'** की विकास-परंपरा को मुख्य रूप से तीन चरणों या सोपानों में बाँटा जा सकता है—(1) आदिकाल, (2) मध्यकाल, और (3) आधुनिक काल।

आदिकाल के आरंभिक समय में, तेरहवीं शताब्दी तक भारत देश में जिन लोक-बोलियों का प्रयोग होता था वे प्रायः संस्कृत की उत्तराधिकारिणी प्राकृत और अपभ्रंश से विकसित हुई थीं। कहीं उन्हें 'देश-भाषा' कहा गया, कहीं 'अवहट्ठ' और कहीं डिंगल या पिंगल। ये सभी बोलियाँ या उपभाषाएँ बोलचाल, लोकगीतों, लोक-वार्ताओं तथा कहीं-कहीं काव्य-रचना का भी माध्यम थीं। बौद्ध मत के अनुयायी भिक्षुओं, जैन-साधुओं, नाथ-पंथियों, जोगियों और महात्माओं ने विभिन्न प्रदेशों में घूम-घूमकर, वहाँ की स्थानीय बोलियों या उपभाषाओं में अपने विचार और सिद्धांत

प्रचारित किए। असम और बंगाल से लेकर पंजाब तक और हिमाचल से लेकर महाराष्ट्र तक सर्वत्र इन सिद्ध-साधुओं, मुनियों-जोगियों ने जनता में जिस धार्मिक-आध्यात्मिक-सांस्कृतिक चेतना का संचार किया उसका माध्यम लोक-बोलियाँ या जनभाषाएँ ही थीं जिन्हें पंडित चंद्रधर शर्मा गुलेरी, राहुल सांकृत्यायन तथा आचार्य हज़ारीप्रसाद द्विवेदी जैसे साहित्य-मनीषियों ने, **'पुरानी हिंदी'** का नाम दिया है। इन्हीं के समानांतर, मैथिल कोकिल विद्यापति ने जिस सुललित-मधुर भाषा में राधाकृष्ण के प्रेम-रस से ओत-प्रोत पदावली की रचना की उसे उन्होंने 'देसिल बयना' (देश भाषा) या 'अवहट्ठ' कहा। पंजाब के अद्दहमाण (अब्दुर्रहमान) ने 'संदेश रासक' की रचना परवर्ती अपभ्रंश में की जिसे **'पुरानी हिंदी'** का ही पूर्ववर्ती रूप माना जा सकता है।

भारत के मध्यदेश में विभिन्न चारणों और लोकगायकों ने समकालीन परिस्थितियों के अनुसार ओजस्वी वीरगाथाओं की रचना की। उनकी भाषा को 'डिंगल' कहा गया जबकि वह भी वास्तव में 'पुरानी हिंदी' की ही एक विशेष कोटि (किस्म) थी।

इस प्रकार भारत के अधिकांश भू-भाग में 'पुरानी हिंदी' जन-भावनाओं की अभिव्यक्ति का माध्यम बन रही थी। इसे सर्वप्रथम **'हिंदुई', 'हिंदवी'** अथवा **'हिंदी'** के नाम की पहचान दी अमीर खुसरो ने। वे दिल्ली के शाही दरबार से संबद्ध थे। उन्होंने कई शाही अभियानों और युद्धों में सक्रिय भाग लिया। साथ ही वे एक सूफी भी थे। उन्होंने फ़ारसी के अतिरिक्त, भारत में बहुचर्चित विभिन्न लोक-बोलियों में भी अनेक रचनाएँ लिखीं जिनमें समकालीन ब्रज, बुंदेलखंडी, कन्नौजी, बाँगरू और कौरवी (जो बाद में खड़ी बोली के रूप में विकसित हुई) प्रमुख थीं। उन्होंने सबसे पहला फ़ारसी-हिंदी-कोश बनाया जो पद्यबद्ध है। इसी में उन्होंने 'पुरानी हिंदी' की विविध बोलियों और शैलियों को पहली बार **हिंदुई, हिंदवी** अथवा **हिंदी** कहा।

संयोगवश, तेरहवीं शताब्दी के अंतिम दशक में जब दिल्ली की खिलजी सल्तनत का दक्षिण (गोलकुंडा, बीजापुर, विजयवाड़ा, देवगिरि आदि) तक विस्तार हो गया तब दिल्ली और मध्यदेश की लोक-बोलियों (अर्थात् पुरानी हिंदी की विविध प्रयोग-शैलियों) का प्रचार-प्रसार दक्षिण में भी होने लगा। अमीर खुसरो स्वयं वहाँ गये। उन्हीं का अनुसरण कर, दक्षिण के सूफियों, संतों तथा अन्य साहित्यकारों ने जिस फारसी-हिंदी-मिश्रित भाषा-शैली में रचनाएँ कीं वही 'दक्षिणी', 'दक्खिनी' या 'दक्कनी' हिंदी के नाम से जानी जाती हैं। चौदहवीं-पंद्रहवी शताब्दी में साहित्य-क्षेत्र में ही नहीं, जन-सामान्य के लोक-व्यवहार तथा शासकीय स्तर पर शाही दरबारों की भाषा भी 'दक्षिणी' हिंदी हो गई। इतिहास साक्षी है कि पंद्रहवीं शताब्दी के बहमनी वंश के शासनकाल में बीजापुर, गोलकुंडा तथा औरंगाबाद का राज-काज भी इसी दक्षिणी हिंदी में होता था। आज की शब्दावली में कहा जा सकता है कि पंद्रहवीं शताब्दी में दक्षिण के शाही दरबारों की राजभाषा 'हिंदी'

(अर्थात् 'दक्षिणी हिंदी') थी। ('दक्षिणी हिंदी' वास्तव में ब्रज-बाँगरू-कौरवी का ही वह विकसित रूप है जिसमें फ़ारसी शब्दों और शैलियों का विशेष पुट है। व्याकरणिक साँचा, वाक्यविन्यास और भाषायी संरचनात्मक स्वरूप पूर्णतया हिंदी का है।)

स्पष्ट है, कि आदिकाल में लोक-स्तर से लेकर शासन-स्तर तक और सामाजिक-सांस्कृतिक क्षेत्र से लेकर साहित्यिक क्षेत्र तक हिंदी राष्ट्रभाषा की कोटि की ओर अग्रसर हो रही थी।

मध्ययुग में भक्ति-आंदोलन के प्रभाव से हिंदी भारत के एक छोर से दूसरे छोर तक जन-भाषा बन गई। यह युग सांस्कृतिक पुनरुत्थान का युग था। लोक-संस्कृति लोक-भाषा का माध्यम पाकर ही विकसित होती है। उस युग के निर्गुण-संतों तथा सगुणोपासक भक्तों ने लोक-आस्थाओं तथा लोक-विश्वासों की अभिव्यक्ति समकालीन लोक-भाषा में ही की। भाषाशास्त्र की दृष्टि से भले ही उस लोक-भाषा को पूर्वी या पश्चिमी अथवा अवधी, ब्रज, सधुक्कड़ी आदि कहा जाए, पर थी वह 'हिंदी' ही। प्राचीन समय का समस्त आध्यात्मिक और सांस्कृतिक, दार्शनिक और व्यावहारिक ज्ञान संस्कृत में सुरक्षित था जिसे सामान्य जनता नहीं समझ सकती थी। संतों और भक्तों ने समस्त पौराणिक प्रवृत्तियों को जनता की अपनी भाषा में, सहज-मधुर और गेय शैली में प्रस्तुत किया। उस लोक-भाषा को 'संस्कृत' के समानांतर 'भाषा' या 'भाखा' (अर्थात् लोक-बोली) कहा गया–

(क) संसिकरत है कूप जल **भाषा** बहता नीर। (कबीर)

(ख) लिखि **भाषा** चौपाई कहै। (जायसी)

(ग) **भाषा** भनिति मोर मति थोरी।(तुलसी)

(घ) **भाषा** बोल न जानहीं, जेहि के कुल के दास। (केशव)

(ङ) दसम कथा भागौत की **भाषा** कही बनाई। (गुरु गोविंदसिंह)

मध्ययुग में यही 'भाषा', 'भाखा' अथवा 'बोली' या 'बुलि' समस्त भारत में जन-भावना की अभिव्यंजना का माध्यम बनी। असम में शंकरदेव, महाराष्ट्र में नामदेव, पंजाब में नानकदेव, सिंध में फरीद और मध्यदेश में कबीर, जायसी, सूर, तुलसी, मीरा आदि की वाणी इसी लोक-भाषा 'हिंदी' में प्रस्फुटित हुई। शाही दरबारों में भी इसी की गूँज सुनाई देने लगी। रहीम और रसखान, तानसेन और बीरबल, घनानन्द और वृन्द, मतिराम और भूषण आदि अनेकानेक रचनाकार इसके प्रमाण हैं। उल्लेखनीय है कि मध्ययुग में असंख्य क्षेत्रीय शासकों, राजाओं और नवाबों के भी राजकीय कार्यकलाप का माध्यम यही 'भाषा' अर्थात् हिंदी थी। जैसे आदिकाल में खुसरो ने इसे 'हिंदवी' अथवा 'हिदवी' कहा था, उसी प्रकार मध्य युग के विभिन्न सूफी कवियों ने भी इस लोक-भाषा को 'हिंदवी' अथवा 'हिंदी' के नाम से संबोधित किया–

(क) अरबी, तुरकी **हिंदवी,** भाषा जेति आहिं। (जायसी)

(ख) का बहुतै जो **हिंदी** भाखौं। (नूर मुहम्मद)

मध्ययुग में हिंदी के माध्यम से भारत के विभिन्न वर्गों और क्षेत्रों में सांस्कृतिक ऐक्य के सूत्र सुदृढ़ हुए। दक्षिण के विभिन्न दार्शनिक आचार्यों ने उत्तर भारत में आकर संस्कृत का दार्शनिक चिंतन हिंदी के माध्यम से लोक-मानस में संचरित किया। इसी प्रकार उत्तर-पश्चिम भारत के अनेक संतों, फकीरों और भक्तों ने विभिन्न प्रदेशों में घूमकर हिंदी के माध्यम से अध्यात्म-ज्ञान, मानव-प्रेम, सदाचरण और भक्ति-भाव का संदेश लोगों तक पहुँचाया। इस संबंध में सिख-मत के संस्थापक गुरु नानकदेव का नाम विशेष रूप से उल्लेखनीय है जिन्होंने पाँच बार पूरे भारत का भ्रमण कर सामान्य जनता को सरल वाणी (हिंदी) में सत्य, धर्म और अलौकिक आनंद का मार्ग दिखलाया। सिख-मत के 'आदिग्रंथ' (गुरु ग्रंथ साहिब) में पंजाब के सिख-गुरुओं के अतिरिक्त भारत-भर के अनेक संतों-भक्तों और भाट-कवियों की वाणी संकलित है और इस समूचे ग्रंथ की भाषा मध्यकालीन हिंदी है।

तात्पर्य यह है कि मध्ययुग में हिंदी व्यावहारिक रूप में राष्ट्रभाषा बन गई। धर्म, जाति, वर्ग, प्रदेश या व्यवसाय आदि किसी भी प्रकार की कोई सीमा-रेखा इसमें नहीं रही।

आधुनिक युग में हिंदी भारत की राष्ट्रीय अस्मिता की प्रतीक बन गई। इसका कारण पीछे बताया जा चुका है कि एक विदेशी भाषा (अंगरेज़ी) को बलपूर्वक और छल-पूर्वक यहाँ प्रतिष्ठित करके, देशवासियों को जिस प्रकार दासता के जाल में जकड़ने का प्रयास किया गया उससे जागरूक लोकचेता मनीषियों का चौकन्ना होना स्वाभाविक था। इस संबंध में अमर कथाशिल्पी, उपन्यास-सम्राट् **मुंशी प्रेमचंद** का यह कथन अत्यंत महत्त्वपूर्ण है—

भारत की राष्ट्रीयता एक राष्ट्रभाषा पर निर्भर है। और दक्षिण के हिंदी-प्रेमी राष्ट्रभाषा का प्रचार करके राष्ट्र का निर्माण कर रहे हैं। राष्ट्रभाषा के बिना राष्ट्रभाषा का बोध हो ही नहीं सकता। जहाँ राष्ट्र है, वहाँ राष्ट्रभाषा का होना लाज़िमी है। अगर संपूर्ण भारत को एक राष्ट्र बनाना है तो उसे एक भाषा का आधार लेना पड़ेगा।

ईस्ट इंडिया कंपनी के शासन-काल में हिंदी—हिंदी भाषा और हिंदी साहित्य के संदर्भ में आधुनिक युग का आरंभ सन् 1850 ई. के आसपास से माना जाता है। यद्यपि इससे एक सौ वर्ष पहले से ही 'ईस्ट इंडिया कंपनी' के रूप में अंगरेज़ विदेशियों ने अपनी भाषायी कूटनीति का जाल फैलाना आरंभ कर दिया था तथापि अनेक वर्षों तक उनका यह षड्यंत्र भारतीय जनता समझ नहीं पाई। इसका एक कारण यह भी था कि ब्रिटिश शासन ने भारत में अपने साम्राज्य की जड़ें मज़बूत करने के लिए जो शिक्षा-नीति और भाषा-नीति अपनायी उसमें हिंदी को भी प्रमुख स्थान प्राप्त था, क्योंकि उसके बिना वे भारतीय जनता पर शासन कर ही नहीं

सकते थे। सन् 1800 ई. में कलकत्ता में जब फोर्ट विलियम कॉलिज की स्थापना की गई तो उसमें हिंदी (जिसे वे 'हिंदुस्तानी' कहते थे) विभाग भी खोला गया। यहीं भारत की बहुप्रचलित कौरवी बोली को 'स्टैंडर्ड डायलेक्ट' (खड़ी बोली) 'हिंदी' के रूप में विकसित होने का अवसर मिला। कालिज की शिक्षा-नीति के अंतर्गत इस खड़ी बोली हिंदी में अनेक पुस्तकें लिखवायी गयी। धीरे-धीरे हिंदी का यही रूप देश-भर में, शिक्षा और साहित्य, बोलचाल और पत्र-व्यवहार, संवाद-संचार (समाचारपत्र) आदि में विकसित और प्रचलित होता गया। सन् 1801 ई. में ईस्ट इंडिया कंपनी ने यह घोषणा की कि प्रशासनिक सेवा (सिविल सर्विस) में केवल उसी व्यक्ति को ज़िम्मेदारी के पद पर नियुक्त किया जाए जिसे गवर्नर जनरल द्वारा बनाये गये कानूनों को अमल में लाने के लिए हिंदुस्तानी (अर्थात् खड़ी बोली हिंदी) का भी ज्ञान हो। इसीलिए विलियम प्राइस, फ्रेडरिक जॉन शोर, वैलंटाइन मैटकॉफ, फ्रेडरिक पिन्कॉट आदि ने हिंदी सीखी। उल्लेखनीय है कि यह सब काम भारत के एक अहिंदी भाषी क्षेत्र (कलकत्ता) में हो रहा था, दिल्ली या मध्यप्रदेश के किसी इलाके में नहीं। स्पष्ट है कि आधुनिक काल की वास्तविक शुरुआत से पहले ही हिंदी प्रकारांतर से राष्ट्रभाषा के रूप में मान्य हो चुकी थी। फोर्ट विलियम कॉलिज के प्रिंसिपल गिलक्रिस्ट से हिंदी सीखकर, मैटकॉफ महोदय ने जब दिल्ली के 'असिस्टेंट रेजिडेंट' का पद सँभाला तो उन्होंने 29 अगस्त 1806 ई. को अपने हिंदी-शिक्षक के नाम जो पत्र लिखा वह उस समय हिंदी के राष्ट्रभाषा होने का ज्वलंत प्रमाण है—

"भारत के जिस भाग में भी मुझे काम करना पड़ा है, कलकत्ता से लेकर लाहौर तक, कुमाऊँ के पहाड़ों से नर्मदा तक, अफगानों, मराठों, राजपूतों, जाटों, सिखों और उन प्रदेशों के सभी कबीलों में जहाँ मैंने यात्रा की है, मैंने उस भाषा का आम व्यवहार देखा है जिसकी शिक्षा आपने मुझे दी थी। मैं कन्याकुमारी से काश्मीर तक इस विश्वास से यात्रा करने की हिम्मत कर सकता हूँ कि मुझे हर जगह ऐसे लोग मिल जायेंगे जो हिंदुस्तानी बोल लेते हैं।" (जे. बी. गिलक्रिस्ट : 'ए वैकुबलरी हिंदुस्तानी एंड इंगलिश, इंगलिश एंड हिंदुस्तानी' से अवतरित) 'हिंदुस्तानी' से यहाँ अभिप्राय सहज-सुबोध खड़ी बोली हिंदी से है। इससे स्पष्ट हो जाता है कि विदेशी अंगरेज़ शासकों को समूचे भारत राष्ट्र में जिस भाषा का सर्वाधिक प्रयोग, प्रसार और प्रभाव दिखाई दिया वह हिंदी (उनके शब्दों में हिंदुस्तानी) थी।

पत्रकारिता का योगदान—आधुनिक युग में हिंदी को राष्ट्रभाषा के रूप में विधिवत प्रतिष्ठित कराने में हिंदी पत्रकारिता का योगदान सर्वाधिक महत्त्वपूर्ण है। 30 मार्च, सन् 1826 ई. को कलकत्ता से प्रारंभ होनेवाले हिंदी के सबसे पहले पत्र 'उदंत मार्तण्ड' के प्रकाशन का उद्देश्य ही यही था कि लोगों को परायी भाषा (अंगरेज़ी) से विरत करके अपनी भाषा (हिंदी) की ओर उन्मुख किया जाए—

यह उदंत मार्तण्ड अब पहले-पहल हिंदुस्तानियों के हित के हेत जो आज तक किसी ने भी नहीं चलाया पर अंगरेज़ी ओ बंगाले में जो समाचार का कागज छपता है, उसका सुख उन बोलियों को जानने और पढ़नेवालों को ही होता है और सब लोग पराये सुख सुखी होते हैं जैसे पराये धन धनी होना। (प्रथम संपादकीय का एक अंश)

अंगरेज़ी को परायी भाषा मानकर, अपनी निजी भाषा हिंदुस्तानी (अर्थात् सरल खड़ी बोली हिंदी) में अखबार निकालने की यह तड़प वास्तव में राष्ट्रीय चेतना के संदर्भ में राष्ट्रभाषा (हिंदी) के महत्त्व को ही स्वीकार करने की शुरुआत थी। राष्ट्रकवि रामधारी सिंह 'दिनकर' के कथनानुसार यह एक अद्‌भुत संयोग ही कहा जायेगा कि—

जैसे उन्नीसवीं शताब्दी में बंगोत्पन्न भारतीय नेताओं ने देश की धार्मिक एवं जातीय एकता के विषय में सावधान किया, उसी प्रकार पहले-पहल यह आवाज़ भी बंगाल से उठी कि भारतीय राष्ट्रीयता की अभिवृद्धि के लिए अंगरेज़ी के स्थान पर किसी भारतीय भाषा को प्रतिष्ठित करना नितांत आवश्यक है। और वह भाषा एकमात्र हिंदी ही हो सकती है।'' (राष्ट्रभाषा और राष्ट्रीय एकता)

बंगाल के ही एक समकालीन वरिष्ठ पत्रकार केशवचंद्र सेन ने अपने समाचारपत्र में सन् 1857 ई. में यह लेख प्रकाशित किया—''हिंदी ही अखिल भारत की जातीय भाषा या राष्ट्रभाषा बनाने के योग्य है।'' इस लेख की कुछ पंक्तियाँ यहाँ उल्लेखनीय हैं—

यदि भारतवर्ष के एक हुए बिना भारत में एकता नहीं हो सकती तो उसका उपाय क्या है ? उपाय है—भारत में एक ही भाषा का व्यवहार। अभी जितनी भाषाएँ भारत में प्रचलित हैं उनमें हिंदी लगभग सभी जगह प्रचलित है। उस हिंदी भाषा को अगर भारतवर्ष की एकमात्र भाषा बनाया जाए तो यह काम सहज ही और शीघ्र संपन्न हो सकता है। (डॉक्टर कृष्णविहारी मिश्र, हिंदी पत्रकारिता, पृ. 282)

प्रथम स्वाधीनता-संग्राम—सन् 1857 ई. में भारत का प्रथम स्वाधीनता-संग्राम लड़ा गया। इसमें सर्वत्र हिंदी ही माध्यम थी, अंगरेज़ी या फ़ारसी नहीं। सभी क्रांति-समाचार, संवाद और संदेश हिंदी में प्रसारित किये जाते थे। उस प्रथम स्वाधीनता-संग्राम का मुखपत्र 'पयाम-ए-आज़ादी' (जिसका हिंदी अर्थ है—स्वतंत्रता-संदेश) था जो दिल्ली से देवनागरी (हिंदी) और फ़ारसी (उर्दू)—दोनों लिपियों में निकलता था। प्रसिद्ध राष्ट्रभक्त और स्वतंत्रता-सेनानी अज़ीम-उल्ला-खान इसके संपादक थे।

भारतेंदु, दयानंद और अन्य विचारक—सन् 1873 ई. में 'अपनी' भाषा अर्थात् राष्ट्र की जनता की भाषा को 'स्वदेशीपन' के साथ जोड़ते हुए आधुनिक युग के प्रवर्तक भारतेंदु हरिश्चंद्र ने यह उद्‌घोष किया—

निज भाषा उन्नति अहै, सब उन्नति को मूल।
बिन निज भाषा ज्ञान कै, मिटै न हिय को सूल।।
प्रचलित करहु जहान मैं, निज भाषा करि जत्न।
राज-काज दरबार में, फैलावहु यह रत्न।।

इसी वर्ष, अर्थात् सन् 1873 ई. में गुजरात के प्रसिद्ध दार्शनिक, विचारक और समाज-सुधारक विद्वान् महर्षि दयानंद सरस्वती ने 'आर्य-समाज' की स्थापना की और उसके दस नियमों के अंतर्गत पाँचवाँ नियम यह बताया कि प्रत्येक आर्यसमाजी को हिंदी पढ़ना अनिवार्य है। इससे धार्मिक एवं सामाजिक स्तर पर हिंदी को समूचे राष्ट्र की जन-भाषा बनने में बहुत सहायता मिली।

सन् 1904 ई में, कलकत्ता के प्रमुख हिंदी-पत्र 'भारत मित्र' में, प्रसिद्ध बंगला कथाकार बंकिमचंद्र चट्टोपाध्याय का एक लेख 'भारत की एकता' शीर्षक से छपा जिसमें उन्होंने कहा—

अंगरेज़ी भाषा में चाहे जो हो लेकिन हिंदी सीखे बिना नहीं चल सकता। हिंदी भाषा में किताब और भाषण से भारत के अधिकांश का मंगल होगा।.. .हिंदी भाषा के सहारे जो लोग विभिन्न प्रदेशों में एकता कायम कर सकेंगे, वही वास्तव में 'भारत-बंधु' के नाम से पुकारे जायेंगे। (भारत मित्र, 1904)

योगीराज अरविंद के कथनानुसार भी राष्ट्रीय एकता और स्वाधीनता का एकमात्र आधार-सूत्र राष्ट्रभाषा हिंदी हो सकती थी—

जिस दिन हम अखंड स्वरूप भारत-मूर्ति के दर्शन करेंगे... उस दिन यह बाधा तिरोहित हो जायेगी, भारत की एकता, स्वाधीनता और उन्नति सहज साध्य हो जायेगी, उस दिन भाषा-भेद के कारण कोई बाधा उपस्थित नहीं होगी। सब लोग अपनी-अपनी मातृभाषा की रक्षा करते हुए आधारिक भाषा के रूप में हिंदी भाषा को ग्रहण करेंगे और वह बाधा दूर हो जाएगी। (धर्म और जातीयता, पृष्ठ 94)

स्पष्ट है कि हिंदी-क्षेत्र से बाहर के प्रदेशों के अधिकांश विद्वान और विचारक भी राष्ट्रभाषा के रूप में हिंदी की प्रतिष्ठा में संलग्न थे। इसी संदर्भ में, गुजरात के बड़ौदा-नरेश, बंगाल के रमेशचंद्र दत्त तथा महाराष्ट्र के डॉक्टर रामकृष्ण गोपाल भंडारकर महोदय ने मिलकर सन् 1909 ई. में बड़ौदा में एक महत्त्वपूर्ण आयोजन किया जिसमें हिंदी को राष्ट्रभाषा के रूप में मान्य कराने का संकल्प व्यक्त किया गया।

स्वाधीनता आंदोलन और महात्मा गांधी—धार्मिक, सामाजिक, सांस्कृतिक और साहित्यिक स्तर पर तो हिंदी को राष्ट्रभाषा के रूप में प्रतिष्ठित करने के अनेक उल्लेखनीय प्रयास बीसवीं शताब्दी के पूर्वार्द्ध तक हुए ही, राजनैतिक स्तर पर इस दिशा में सबसे अधिक योगदान मिला भारत के स्वाधीनता आंदोलन से

जिसके सूत्रधार थे महात्मा गाँधी। उनकी मातृभाषा गुजराती थी और उच्चशिक्षा उन्होंने अंगरेज़ी के माध्यम से प्राप्त की। भारत के राजनैतिक मंच पर उनका अभ्युदय सन् 1916 ई. के आसपास हुआ। इससे पहले वे हिंदी अच्छी तरह नहीं जानते थे, कुछ-कुछ समझ सकते थे। तब उन्होंने स्वाध्याय के बल पर हिंदी का समृद्ध ज्ञान प्राप्त कर लिया। सन् 1916-17 ई. में कलकत्ता के कांग्रेस-अधिवेशन में वे पहली बार एक राष्ट्रीय नेता के रूप में उभरे और तभी से उन्होंने एक राष्ट्रभाषा के रूप में हिंदी को प्रतिष्ठित करना अपने समूचे स्वदेशी आंदोलन तथा राष्ट्रीय कार्यक्रम का अभिन्न अंग बना लिया। 1916 ई. में ही, उन्होंने अधिवेशन का सारा कार्य हिंदी में चलाने का शुभारंभ कराया। यहाँ तक कि अधिवेशन के अध्यक्ष लोकमान्य तिलक से भी उन्होंने हिंदी में भाषण देने का आग्रह किया। श्रीमती एनी बेसेंट द्वारा इस पर तनिक असहमति का भाव दिखाने पर गाँधीजी ने स्पष्ट कहा—

कांग्रेस का करीब-करीब सारा ही काम अंगरेज़ी में चलाने से राष्ट्र को बहुत नुकसान उठाना पड़ा है।...इन तमाम वर्षों के लंबे समय में कांग्रेस दिखावे भर को राष्ट्रीय रही है। लोक-शिक्षा की सच्ची कसौटी पर उसे कसें, उसकी कीमत कूतें तो कहना होगा कि वह कभी राष्ट्रीय नहीं थी। (यंग इंडिया, 20 जनवरी 1920 ई.)

गाँधीजी की इस भावना को श्रेष्ठ मराठी विद्वान और अंगरेज़ी के ओजस्वी वक्ता लोकमान्य तिलक ने सच्चे हृदय से स्वीकार किया। कलकत्ता से लौटते हुए, कानपुर में उन्होंने (सन् 1917 ई.) में एक सार्वजनिक सभा में कहा—"यद्यपि मैं उन लोगों में हूँ जो चाहते हैं और जिनका विचार है कि **हिंदी ही भारत की राष्ट्रभाषा हो सकती है,** किंतु मैं हिंदी समझ सकता हूँ और टूटी-फूटी बोल भी सकता हूँ... पर व्याख्यान नहीं कर सकता।" (सरस्वती, फरवरी 1920 ई.) इससे पहले, दिसंबर 1916 ई. में लखनऊ में गाँधीजी के निर्देश पर, हिंदी और देवनागरी को राष्ट्रीय दर्जा देने के संबंध में जो प्रस्ताव पास हुआ, उसके समर्थकों में श्री रामस्वामी अय्यर तथा श्री रंगस्वामी आयंगर जैसे दक्षिण भारतीय प्रतिनिधि अग्रणी थे।

सन् 1918 ई. में, प्रथम विश्वयुद्ध के दौरान भारत की अंगरेज़ी सरकार द्वारा गठित युद्ध-परिषद् (War Council) में जब गाँधीजी को भी आमंत्रित किया गया तो उन्होंने पहली शर्त यह रखी कि **'मुझे हिंदी में बोलने की इजाज़त दी जाए।'** और तत्कालीन अंगरेज़ वाइसराय को उनकी यह शर्त स्वीकार करनी पड़ी। सन् 1939 ई. में जब भारत के कई प्रदेशों में कांग्रेस की निर्वाचित सरकारों का गठन हुआ तो मद्रास के तत्कालीन मुख्यमंत्री (जो स्वाधीनता के बाद सन् 1947 ई. में भारत के प्रथम गवर्नर जनरल बने) श्री राजगोपालाचारी ने मद्रास प्रांत (वर्तमान तमिलनाडु) के सभी विद्यालयों में हिंदी-शिक्षण अनिवार्य कर दिया। उस समय

महात्मा गाँधी ने अन्य राज्यों को भी इस नीति का अनुसरण करने की प्रेरणा देते हुए लिखा—**अगर हमें अखिल भारतीय राष्ट्रीयता प्राप्त करनी है तो प्रांतीय आवरण को भेदना ही पड़ेगा।... जो लोग यह मानते हैं कि भारत एक देश है, उन्हें राजा (राजगोपालचारी) जी का समर्थन करना ही चाहिए।** (हरिजन-सेवक, 10 सितंबर 1939 ई.)

इस प्रकार अन्य भी अनेक ऐसे उदाहरण प्रस्तुत किये जा सकते हैं, जिनसे यह स्पष्ट हो जाता है कि स्वाधीनता आंदोलन के दौरान हिंदी का राष्ट्रभाषा के रूप में बड़ी तेज़ी से विकास हुआ। स्वाधीनता आंदोलन का प्रत्यक्ष या परोक्ष समर्थन करनेवाले असंख्य नेताओं, क्रांतिकारियों, बलिदानी वीरों, लेखकों, कवियों और पत्रकारों ने हिंदी को राष्ट्रभाषा के रूप में प्रतिष्ठित करने में भरपूर योगदान किया। इन सब प्रयत्नों के पीछे गाँधीजी का यही संकल्प था—

अगर यह स्वराज्य करोड़ों भूखों मरनेवालों का, करोड़ों निरक्षरों का, निरक्षर बहनों व दलितों व अन्त्यजों का हो तो इन सबके लिए हिंदी एकमात्र राष्ट्रभाषा हो सकती है। (यंग इंडिया, जून 1931 ई.)

महात्मा गाँधी ने 'मेरे सपनों का भारत' नामक पुस्तक में जहाँ अपने अन्य अनेक अनमोल और प्रेरक विचार प्रस्तुत किये हैं वहीं राष्ट्रभाषा के रूप में हिंदी की प्रतिष्ठा के संबंध में भी बार-बार आग्रह किया है। उदाहरणतया—

(क) "लाखों लोगों को जबर्दस्ती अंगरेज़ी का ज्ञान कराना उन्हें गुलाम बनाना है। मैकाले ने भारत में जिस शिक्षा की नींव रखी उसने हम सबको गुलाम बना दिया है।"

(ख) "आप और हम चाहते हैं कि करोड़ों भारतीय आपस में अंतःप्रांतीय संपर्क कायम करें। स्पष्ट है कि अंगरेज़ी के द्वारा, कई पीढ़ियाँ गुज़र जाने पर भी हम परस्पर संपर्क स्थापित न कर सकेंगे।" ('मेरे सपनों का भारत')

इसी दृष्टिकोण को साकार करने के लिए महात्मा गाँधी ने, देश के स्वाधीन होते ही, समकालीन जन-प्रतिनिधियों को सचेत करते हुए कहा—

हिंदी को राष्ट्रभाषा घोषित करने में एक दिन भी खोना देश को भारी सांस्कृतिक नुकसान पहुँचाना है।...जिस तरह हमारी आजादी को जबरदस्ती छीननेवाले अंगरेज़ों की सियासी हुकूमत को हमने सफलतापूर्वक इस देश से निकाल दिया; उसी तरह हमारी संस्कृति को दबानेवाली अंगरेज़ी भाषा को भी यहाँ से निकाल बाहर करना चाहिए।

स्वतंत्र भारत के प्रथम प्रधानमंत्री पंडित जवाहरलाल नेहरू का यह कथन भी महात्मा गाँधी के उक्त मत की पुष्टि करता है—**अंगरेज़ी निश्चय ही एक थोपी हुई भाषा है। इसने हमारे लिए ज्ञान-विज्ञान की खिड़कियाँ ज़रूर खोलीं और हमें बहुत कुछ ज्ञान दिया भी, पर इस पर एक ऐसी भाषा होने का लांछन भी है जो हमारी अपनी भाषाओं और हमारी सांस्कृतिक परंपराओं के ऊपर**

जमकर बैठ गई है।

स्पष्ट है कि सन् 1947 ई. तक हिंदी राष्ट्रभाषा के रूप में प्रतिष्ठित होने के साथ-साथ राजभाषा का दर्जा प्राप्त करने में भी सक्षम हो चुकी थी। तब तक 'राष्ट्रभाषा' और 'राजभाषा' का अभिप्राय एक ही था। बाद में जब भारत की संविधान-सभा में इस पर विधिवत विचार-विमर्श हुआ तो मान लिया गया कि राष्ट्रभाषा के रूप में तो हिंदी पहले से ही प्रतिष्ठित है, अब इसे वैधानिक रूप से राजभाषा का भी दर्जा दिया जाना चाहिए।

राजभाषा : तात्पर्य और स्वरूप

भारत की स्वाधीनता (15 अगस्त, 1947 ई.) से पहले, हिंदी में 'राजभाषा' शब्द का प्रयोग प्रायः नहीं मिलता। सबसे पहले सन् 1949 ई. में भारत के महान् नेता श्री राजगोपालाचारी ने भारतीय संविधान सभा में 'नैशनल लैंग्वेज' (National Language) के समांतर 'स्टेट लैंग्वेज' (State Language) शब्द का प्रयोग इस उद्देश्य से किया कि 'राष्ट्रभाषा' (National Language) और 'राजभाषा' (State Language) में अंतर रहे और दोनों के स्वरूप को अलगानेवाली विभेदक रेखा को समझा जा सके। संविधान सभा की कार्रवाई के हिंदी-प्रारूप में 'स्टेट लैंग्वेज' (State Language) का हिंदी-अनुवाद 'राजभाषा' किया गया और इस प्रकार पहली बार यह शब्द प्रयोग में आया। बाद में संविधान का प्रारूप तैयार करते समय, 'स्टेट लैंग्वेज' (State Language) के स्थान पर 'ऑफिशियल लैंग्वेज' (Official Language) शब्द का प्रयोग अधिक उपयुक्त समझा गया और 'ऑफिशियल लैंग्वेज' का हिंदी-अनुवाद 'राजभाषा' ही किया गया ('सरकारी' या 'कार्यालयी' भाषा नहीं)। इस परिप्रेक्ष्य में, 'राजभाषा' शब्द का तात्पर्य है—

(क) राजा (शासक) अथवा राज्य (सरकार) द्वारा प्राधिकृत भाषा।

भारतीय लोकतंत्र में शासन या सरकार का गठन संविधान की प्रक्रिया के अंतर्गत होता है, अतः दूसरे शब्दों में 'राजभाषा' का तात्पर्य है—

(ख) संविधान द्वारा सरकारी कामकाज, प्रशासन, संसद और विधान-मंडलों तथा न्यायिक कार्यकलाप के लिए स्वीकृत भाषा।

'राजभाषा' के स्वरूप को भली भाँति समझने के लिये 'राष्ट्रभाषा' शब्द के व्यापक अर्थ पर ध्यान देना आवश्यक है। **'राष्ट्रभाषा'** का अभिप्राय है—**(क) राष्ट्र की भाषा** अथवा **(ख) समूचे राष्ट्र में प्रयुक्त होनेवाली भाषा।** इस दृष्टि से, भारत में प्रमुख रूप से प्रयुक्त होनेवाली सभी भाषाएँ 'राष्ट्रभाषा' कहलाने की अधिकारिणी हैं। (इन प्रमुख भारतीय भाषाओं का उल्लेख भारतीय **संविधान के अनुच्छेद 344 (1) और 351 के संदर्भ में, आठवीं अनुसूची** (Schadule VIII) के अंतर्गत किया गया है। मूल संविधान में, इस अनुसूची में चौदह भाषाएँ दर्ज थीं। बाद में हुए

संशोधनों के आधार पर अब इस अनुसूची में अठारह भाषाएँ शामिल हैं।) यदि किसी एक भाषा (उदाहरणतया 'हिंदी') को संविधान में 'राष्ट्रभाषा' (नेशनल लैंग्वेज—National Language) के रूप में मान्यता दी जाती तो भारत की अन्य समृद्ध भाषाएँ उपेक्षित रह जातीं। सभी प्रमुख भारतीय भाषाओं का अपना गौरवपूर्ण इतिहास और समृद्ध साहित्य भंडार है। इसलिए अपने-अपने प्रदेश और क्षेत्र में ये सभी भाषाएँ राष्ट्र के समग्र स्वरूप का समन्वित अंग है। किंतु सभी क्षेत्रों या प्रदेशों (राज्यों) की अपनी भाषाओं का अस्तित्व और महत्त्व स्वीकार करते हुए भी, समूचे राष्ट्र में पारस्परिक संपर्क, आदान-प्रदान, विचार-विमर्श, संचार-संवाद और राष्ट्रीय (अखिल भारतीय) स्तर पर पत्राचार आदि के लिए किसी एक **संपर्क भाषा** का होना आवश्यक है। इसके लिए भारत के सभी अग्रणी विचारक, शिक्षाविद् और राजनीतिज्ञ हिंदी को ही भारत की एकमात्र सर्वसक्षम भाषा मानते रहे हैं। सन् 1937 ई. में जब भारत में पहली बार आम चुनावों के आधार पर सरकारें गठित हुई तब **'एक अखिल भारतीय भाषा'** की आवश्यकता पर बल देते हुए, भारत के अग्रणी नेता पंडित जवाहरलाल नेहरू ने कहा था—

हर प्रांत की सरकारी भाषा राज्य में कामकाज के लिए उस प्रांत की भाषा होनी चाहिए। परंतु हर जगह, अखिल भारतीय भाषा होने के नाते हिंदुस्तानी को सरकारी तौर पर माना जाना चाहिए। अखिल भारतीय भाषा कोई हो सकती है तो वह सिर्फ हिंदी या हिंदुस्तानी कुछ भी कह लीजिए यही हो सकती है।

इस प्रकार 'राजभाषा' का अभिप्राय है—**अखिल भारतीय स्तर पर राजकीय कामकाज के लिए माध्यम के रूप में प्रयुक्त होनेवाली भाषा।**

राष्ट्रभाषा और राजभाषा में अंतर

स्वतंत्र भारत (15 अगस्त, 1947 ई.) के नये संविधान की रचना (14 सितंबर, 1949 ई.) और भारत के गणराज्य बन जाने पर (26 जनवरी, 1950 ई.) इस संविधान के लागू होने से पहले **'राष्ट्रभाषा'** शब्द का प्रयोग उसी अर्थ में होता था जिस अर्थ में आज 'राजभाषा' शब्द का प्रयोग होता है। हिंदी का लगभग एक हज़ार वर्ष का इतिहास इस बात का साक्षी है कि यह (हिंदी) ग्यारहवीं शताब्दी से ही प्रायः अक्षुण्ण रूप से 'राष्ट्रभाषा' के रूप में प्रतिष्ठित रही है। चाहे राजकीय प्रशासन के स्तर पर कभी संस्कृत, कभी फ़ारसी और बाद में अंगरेज़ी को मान्यता प्राप्त रही, किंतु समूचे राष्ट्र के जन-समुदाय के आपसी संपर्क, संवाद-संचार, विचार-विमर्श, सांस्कृतिक ऐक्य और जीवन-व्यवहार का माध्यम हिंदी ही रही। (इसका विशद विवरण और विवेचन पीछे 'राष्ट्रभाषा' के रूप में 'हिंदी' शीर्षक प्रकरण में है।) बीसवीं शताब्दी के मध्य (1947 ई.) में जब भारत विदेशी साम्राज्य के बंधन से मुक्त होकर स्वायत्त लोकतंत्र के रूप में प्रतिष्ठित हुआ तब संवैधानिक

दृष्टि से **'राष्ट्रभाषा'** और **'राजभाषा'** को पृथक् रूप से परिभाषित किया जाना आवश्यक था। (यद्यपि व्यावहारिक स्तर पर आज संयोगवश हिंदी **'राष्ट्रभाषा'** होने के साथ-साथ **'राजभाषा'** के रूप में भी मान्य है, तथापि सैद्धांतिक स्तर पर इन दोनों की अवधारणा अलग-अलग है।) संक्षेप में, दोनों के स्वरूप को अलगानेवाली प्रमुख विभाजक बिंदु-रेखाएँ निम्नलिखित रूप से समझी जा सकती हैं—

(1) **राष्ट्रभाषा** समूचे राष्ट्र के अधिकांश जन-सामान्य द्वारा प्रयुक्त होती है। देश के अधिकतर भागों में आम लोग जिस भाषा में आपसी बातचीत, विचार-विमर्श और लोक-व्यवहार करते हैं, वही **राष्ट्रभाषा** है।

दूसरी ओर, **राजभाषा** का प्रयोग प्रायः राजकीय, प्रशासनिक तथा सरकारी-अर्द्धसरकारी कर्मचारियों-अधिकारियों द्वारा होता है। विविध प्रकार के राजकीय कार्यकलाप की माध्यम भाषा **राजभाषा** कहलाती है।

(2) **राष्ट्रभाषा** का शब्द-भंडार देश की विविध बोलियों, उपभाषाओं आदि से समृद्ध होता है। उसमें लोक-प्रयोग के अनुसार नई शब्दावली जुड़ती चली जाती है। जबकि राजभाषा का शब्द-भंडार, एक सुनिश्चित साँचे में ढला है और प्रयोजन विशेष के लिए निर्धारित प्रयुक्तियों तक ही सीमित होता है।

(3) **राष्ट्रभाषा** जनता की भाषा है। **राजभाषा** प्रशासक वर्ग की भाषा है।

(4) **राष्ट्रभाषा** का प्रयोग अनौपचारिक रूप से, उन्मुक्त और स्वच्छंद शैली में होता है। **राजभाषा** औपचारिकता की मर्यादा-सीमाओं में बँधी रहती है। उसमें मानव-सुलभ सहजता, उन्मुक्तता या स्वच्छंद कल्पना के लिए विशेष स्थान नहीं। निर्धारित और मानक-रूप में मान्य भाषा-प्रयोग की नियमावली का अनुसरण **राजभाषा** में आवश्यक है।

(5) **राष्ट्रभाषा** में राष्ट्र की आत्मा बोलती है। समूचे देश की जनता की सोच, संस्कृति, विश्वास, धर्म और समाज संबंधी धारणाएँ, जीवन के विविधतापूर्ण व्यावहारिक पहलू, लौकिक-आध्यात्मिक प्रवृत्तियाँ, निजी और सामूहिक सुख-दुःख के भाव, लोक-नीति संबंधी विविध विचार और दृष्टिकोण **राष्ट्रभाषा** के माध्यम से ही साकार होते हैं।

राजभाषा की प्रकृति इससे कुछ भिन्न है। वह वैधानिक आवरण धारण किये रहती है। उसमें अधिकतर प्रशासकीय, कानूनी और संवैधानिक नियम-विधान, विधि-निषेध एवं उनसे संबंधित विवेचन-विश्लेषण किया जाता है।

(6) **राष्ट्रभाषा** राष्ट्र के समस्त सार्वजनिक स्थानों, तीर्थों, सांस्कृतिक केंद्रों, सभास्थलों, गली-मुहल्लों, हाट-बाज़ारों, मेलों-उत्सवों में प्रयुक्त होती है, जबकि **राजभाषा** का प्रयोग-क्षेत्र कार्यालयों की चार-दीवारी तक सीमित है।

संक्षेप में, कहा जा सकता है कि **राष्ट्रभाषा** तो एक विशाल उद्यान है, जबकि **राजभाषा** उसी विशाल उद्यान से चुने हुए एक विशेष प्रकार के फूलों का गुलदस्ता है। दोनों का अपना-अपना महत्त्व और वैशिष्ट्य असंदिग्ध है।

7. राजभाषा-संबंधी संवैधानिक प्रावधान

भारतीय संविधान के भाग 5,6 और 17 में राजभाषा-संबंधी उपबंध है। भाग 17 का शीर्षक **'राजभाषा'** है। इस भाग में चार अध्याय हैं जो क्रमशः संघ की भाषा, प्रादेशिक भाषाएँ, उच्चतम न्यायालय एवं उच्च न्यायालयों आदि की भाषा तथा विशेष निर्देश से संबंधित हैं। ये चारों अध्याय अनुच्छेद 343 से 351 के अंतर्गत समाहित हैं। इसके अतिरिक्त अनुच्छेद 120 में संसद एवं विधानमंडलों की भाषा के संबंध में विवरण दिया गया है।

संविधान में 'राजभाषा' का अभिप्राय–भारतीय संविधान में कहीं भी 'राजभाषा' शब्द की कोई परिभाषा या व्याख्या नहीं दी गई। इसका प्रारंभिक उल्लेख अनुच्छेद 343 (1) में इस प्रकार हुआ है–**संघ की राजभाषा हिंदी और लिपि देवनागरी होगी।**

इसके उपरांत, संविधान में जहाँ-जहाँ भी 'राजभाषा' शब्द का उल्लेख 'संघ की राजभाषा' या 'राज्यों की राजभाषाओं' के संदर्भ में हुआ है वहाँ उसके अनेक प्रयोजनों में एक प्रयोजन **'प्रशासकीय प्रयोजन'** बताया गया है। इसका अभिप्राय यह है कि संविधान में 'राजभाषा' शब्द का प्रयोग एक सीमित अर्थ में 'प्रशासकीय प्रयोजन' के लिए हुआ है। किंतु **अनुच्छेद-351** में हिंदी के प्रसार और विकास के संबंध में अनेक निर्देश समाविष्ट हैं। उन निर्देशों से यह बात स्पष्ट झलकती है कि संविधान निर्माताओं के मन में एक ऐसी सार्वदेशिक (राष्ट्रीय-अंतर्राष्ट्रीय) हिंदी के विकास की संकल्पना निहित थी जो राष्ट्र के अधिसंख्यक समुदाय के पारस्परिक संपर्क-संचार और शैक्षणिक-साहित्यिक-सांस्कृतिक प्रयोजनों के अतिरिक्त अन्य (प्रशासकीय एवं वैधानिक) प्रयोजनों को भी सिद्ध करने में सक्षम हो। इससे स्पष्ट है कि अनुच्छेद 351 में प्रयुक्त शब्द 'हिंदी भाषा' का अभिप्राय केवल 'राजभाषा' हिंदी तक न होकर 'राष्ट्रभाषा' और सार्वदेशिक 'संपर्क भाषा' तक व्याप्त है। उल्लेखनीय है कि इसी अनुच्छेद में 'हिंदी भाषा के विकास का लक्ष्य भारत की सामूहिक संस्कृति के सभी तत्त्वों की अभिव्यक्ति का माध्यम बन सकनेवाली भाषा जैसी क्षमता प्राप्त कर लेना बताया गया है।'' इससे स्पष्ट है कि संविधान

में 'राजभाषा' शब्द के प्रयोग के अंतर्गत राष्ट्रभाषा हिंदी, संपर्क भाषा हिंदी और भारत की सामासिक संस्कृति की अभिव्यंजना कर सकनेवाली भाषा हिंदी का अभिप्राय विद्यमान है।

यहाँ यह भी उल्लेखनीय है कि संविधान सभा में, भारतीय संविधान के अंतर्गत हिंदी को राजभाषा घोषित करनेवाला प्रस्ताव लानेवाले दक्षिण भारतीय नेता और विद्वान श्री गोपालस्वामी आयंगर थे। संविधान सभा में हिंदी, हिंदुस्तानी, और देवनागरी तथा अंतर्राष्ट्रीय अंकों को लेकर कई दिन तक जो लंबी बहस चली उसका समापन श्री गोपालस्वामी आयंगर और गुजरात के श्री कन्हैयालाल माणिकलाल मुंशी द्वारा प्रस्तुत किए गये फार्मूले के रूप में हुआ। **'मुंशी-आयंगर फार्मूला'** के नाम से प्रसिद्ध इस प्रस्ताव के मसौदे में कहा गया—

हमारी मूल नीति यह होनी चाहिए कि संघ के कामकाज के लिए हिंदी देश की सामान्य भाषा हो और देवनागरी सामान्य लिपि हो। मूल नीति का यह भी एक मुद्दा है कि सभी संघीय प्रयोजनों के लिए वे अंक काम में लायें जायें जिन्हें भारतीय अंकों का अंतर्राष्ट्रीय रूप कहा गया है।[1]

14 सितंबर 1949 ई. को जब संविधान सभा में 'राजभाषा' संबंधी भाग स्वीकृत हुआ तो संविधान सभा के अध्यक्ष डॉ. राजेंद्रप्रसाद (जो 26 जनवरी, 1950 ई. को स्वतंत्र भारत का नया संविधान लागू होने पर, सन् 1952 ई. में भारत के प्रथम राष्ट्रपति निर्वाचित हुए) ने कहा—

आज पहली बार हम अपने संविधान में एक भाषा स्वीकार कर रहे हैं जो भारत संघ के प्रशासन की भाषा होगी और जिसे समय के अनुसार अपने-आपको ढालना और विकसित करना होगा। हमने अपने देश का राजनीतिक एकीकरण संपन्न किया है। राजभाषा हिंदी देश की एकता को कश्मीर से कन्याकुमारी तक अधिक सुदृढ़ बना सकेगी। अंगरेज़ी की जगह भारतीय भाषा को स्थापित करने से हम निश्चय ही और भी एक-दूसरे के निकट आयेंगे।

राजभाषा-संबंधी अनुच्छेद, नियम, अधिनियम आदि—भारतीय संविधान में राजभाषा-संबंधी प्रमुख प्रावधानों एवं उपबंधों को चार वर्गों में बाँटकर समझा जा सकता है—

(1) संसद में प्रयुक्त होनेवाली भाषा।

(2) विधान-मंडलों में प्रयुक्त होनेवाली भाषा।

(3) संघ की राजभाषा।

(4) विधि-निर्माण और न्यायालयों में प्रयुक्त होनेवाली भाषा।

---

1. भारतीय अंक हैं—१, २, ३, ४, ५, ६, ७, ८, ९, १०
   इनका अंतर्राष्ट्रीय रूप है—1, 2, 3, 4, 5, 6, 7, 8, 9, 10

(1) **संसद में प्रयुक्त होनेवाली भाषा**—भाग-5, अनुच्छेद-120 (1) में कहा गया है—''**भाग**-17 में किसी बात के होते हुए भी, किंतु अनुच्छेद-**348** के अधीन, **संसद में कार्य हिंदी में या अंगरेज़ी में किया जाएगा।''**

आगे कहा गया है—''यदि कोई व्यक्ति हिंदी में या अंगरेज़ी में विचार प्रकट करने में असमर्थ है तो लोकसभा का अध्यक्ष या राज्यसभा का सभापति उसे अपनी **मातृभाषा में बोलने** की अनुमति दे सकता है।''

अनुच्छेद-120 (2) में यह उपबंध है—''जब तक संसद विधि द्वारा कोई और उपबंध न करे, तब तक **संविधान के आरंभ से पंद्रह वर्ष की अवधि समाप्त होने के पश्चात्,** 'या अंगरेज़ी में' वाला अंश नहीं रहेगा।'' (अर्थात् 26 जनवरी 1965 से संसद का कार्य केवल हिंदी में होगा।)

(2) **विधानमंडल में प्रयुक्त होनेवाली भाषा**—भाग-6, अनुच्छेद-210 (1) में कहा गया है—''भाग-17 में किसी बात के होते हुए भी, किंतु अनुच्छेद-348 के उपबंधों के अधीन रहते हुए, राज्य के विधानमंडल में कार्य **राज्य की राजभाषा या भाषाओं में या हिंदी में या अंगरेज़ी में** किया जायेगा।''

आगे कहा गया है कि विधानसभा का अध्यक्ष या विधान-परिषद् का सभापति ऐसे किसी सदस्य को **अपनी मातृभाषा में** बोलने की अनुमति दे सकता है जो उपर्युक्त भाषाओं में से किसी में भी विचार प्रकट नहीं कर सकता।

अनुच्छेद-210 (2) में कहा गया है—''जब तक विधान-मंडल विधि द्वारा कोई और उपबंध न करे, तब तक इस संविधान के आरंभ से पंद्रह वर्ष की अवधि समाप्त हो जाने के बाद 'या अंगरेज़ी में' वाला अंश नहीं रहेगा।'' (अर्थात् 26 जनवरी, 1965 ई. से विधान-मंडल का कार्य **राज्य की राजभाषा/भाषाओं या हिंदी में ही होगा।)**

इसी अनुच्छेद में, आगे हिमाचल प्रदेश, मणिपुर, मेघालय और त्रिपुरा में, **'पंद्रह वर्ष'** के स्थान पर **'पच्चीस वर्ष'** की छूट अंगरेज़ी-प्रयोग के लिए दी गई है।

(3) संघ की राजभाषा—भाग-17, अनुच्छेद-343 (1) में कहा गया है—**''संघ की राजभाषा हिंदी और लिपि देवनागरी होगी।''**

''संघ के शासकीय प्रयोजनों के लिए प्रयोग होनेवाले भारतीय अंकों का अंतर्राष्ट्रीय रूप होगा।''

अनुच्छेद-343 (2)—''खंड (1) में किसी बात के होते हुए भी, इस संविधान के आरंभ से **पंद्रह वर्ष की अवधि** तक संघ के उन प्रशासकीय प्रयोजनों के लिए अंगरेज़ी भाषा का प्रयोग किया जाता रहेगा, जिनके लिए उसका प्रयोग किया जा रहा था।''

इस संबंध में आगे कहा गया है कि राष्ट्रपति उक्त अवधि (26 जनवरी, 1950 से 25 जनवरी, 1965 तक) के दौरान अपने आदेश से, संघ के शासकीय प्रयोजनों में से किसी के लिए अंगरेज़ी भाषा के अतिरिक्त हिंदी भाषा का और भारतीय अंकों

के **अंतर्राष्ट्रीय रूप के अतिरिक्त देवनागरी रूप का प्रयोग प्राधिकृत कर सकेंगे।**

अनुच्छेद-343 (3) में कहा गया है—"इस अनुच्छेद में किसी बात के होते हुए भी, संसद उक्त पंद्रह वर्ष की अवधि के पश्चात् विधि द्वारा—(क) अंगरेज़ी भाषा का, या (ख) अंकों के देवनागरी रूप का ऐसे प्रयोजनों के लिए प्रयोग का उपबंध कर सकेगी जो ऐसी विधि में बताए जाएँ।"

राजभाषा के लिए आयोग और संसद की समिति—अनुच्छेद-344 (1) में कहा गया है—"राष्ट्रपति, इस संविधान के प्रारंभ से पाँच वर्ष की समाप्ति कर (अर्थात् 26 जनवरी, 1955 ई. को) और तत्पश्चात् ऐसे प्रारंभ से दस वर्ष की समाप्ति पर, आदेश द्वारा, एक आयोग का गठन करेंगे। इस आयोग में एक अध्यक्ष तथा आठवीं अनुसूची में बतायी गयी विभिन्न भाषाओं का प्रतिनिधित्व करनेवाले ऐसे अन्य प्रतिनिधि होंगे जिन्हें राष्ट्रपति द्वारा नियुक्त किया जायेगा। राष्ट्रपति के इस आदेश में आयोग द्वारा अपनायी जानेवाली प्रक्रिया भी निर्दिष्ट की जायेगी।

अनुच्छेद-344 (2) में उपर्युक्त आयोग के पाँच कर्तव्य बताये गये हैं—(क) संघ के शासकीय प्रयोजनों के लिए हिंदी भाषा के अधिकाधिक प्रयोग की सिफारिश, (ख) संघ के सभी या किन्हीं प्रयोजनों के लिए प्रयोग की जानेवाली भाषा की सिफारिश, (घ) संघ के किसी एक या अधिक विनिर्दिष्ट प्रयोजनों के लिए प्रयोग किये जानेवाले अंकों के रूप की सिफारिश, (ङ) संघ की राजभाषा तथा संघ और किसी राज्य के बीच या एक राज्य और दूसरे राज्य के बीच पत्रादि की भाषा और उनके प्रयोग के संबंध में राष्ट्रपति द्वारा आयोग को सौंपे गये किसी अन्य विषय में सिफारिश।

अनुच्छेद-344 (3) में उपर्युक्त आयोग के लिए यह कहा गया है कि "आयोग अनुच्छेद-344 (2) के अधीन अपनी सिफारिशें करते समय भारत की औद्योगिक, सांस्कृतिक और वैज्ञानिक प्रगति का और लोक-सेवाओं के संबंध में अहिंदीभाषी क्षेत्रों के व्यक्तियों के न्यायसंगत दावों और हितों का सम्यक् ध्यान रखेगा।"

अनुच्छेद-344 (4) में राजभाषा संबंधी संसदीय समिति के गठन का स्वरूप इस प्रकार बताया गया है—"इसमें कुल तीस सदस्य होंगे जिनमें से बीस लोकसभा के और दस राज्यसभा के सदस्य होंगे। इन सदस्यों का निर्वाचन क्रमशः लोकसभा और राज्यसभा के सदस्यों द्वारा आनुपातिक प्रतिनिधित्व पद्धति के अनुसार एकल संक्रमणीय मत द्वारा किया जायेगा।"

अनुच्छेद-344 (5) में उपर्युक्त संसदीय समिति का कर्तव्य स्पष्ट करते हुए कहा गया है—"समिति अनुच्छेद-344 (1) के अधीन गठित आयोग की सिफारिशों की जाँच करके, उस पर अपनी राय राष्ट्रपति को देगी।"

अनुच्छेद-344 (6) में कहा गया है—"अनुच्छेद-343 में किसी बात के होते हुए भी, राष्ट्रपति अनुच्छेद-344 (5) के अधीन समिति की रिपोर्ट पर विचार करने के पश्चात्, इस सारी रिपोर्ट या उसके किसी भाग के अनुसार आदेश जारी कर सकेंगे।"

राज्य की राजभाषा या राजभाषाएँ—संविधान के अनुच्छेद-345 में कहा गया है—''किसी राज्य का विधान-मंडल अनुच्छेद-346 और 347 के उपबंधों के अधीन रहते हुए, विधि द्वारा उस राज्य में प्रयोग होनेवाली भाषाओं में **किसी एक या अधिक भाषाओं को या हिंदी को,** उस राज्य के सभी या किन्हीं शासकीय प्रयोजनों के लिए प्रयोग की जानेवाली भाषा या भाषाओं के रूप में अंगीकार कर सकेगा।''

इसी अनुच्छेद-345 में आगे कहा गया है—''परंतु जब तक राज्य का विधान-मंडल, विधि द्वारा कोई अन्य उपबंध न करे तब तक राज्य के भीतरी उन शासकीय प्रयोजनों के लिए अंगरेज़ी भाषा का प्रयोग किया जाता रहेगा जिनके लिए वह इस संविधान से ठीक पहले प्रयोग किया जा रहा था।''

एक राज्य और दूसरे के बीच, अथवा राज्य और संघ के बीच संचार के लिए राजभाषा—संविधान के अनुच्छेद-346 में कहा गया है—''संघ के शासकीय प्रयोजनों के लिए प्रयोग किए जाने हेतु जो भाषा उस समय प्राधिकृत होगी, वही एक राज्य और दूसरे राज्य के बीच और किसी राज्य तथा संघ के बीच पत्रादि की राजभाषा होगी।''

आगे कहा गया है—''परंतु, यदि दो या अधिक राज्य यह करार करते हैं कि उन राज्यों के बीच पत्रादि की राजभाषा हिंदी भाषा होगी तो ऐसे पत्रादि के लिए उस भाषा का प्रयोग किया जा सकेगा।''

किसी राज्य के जनसमुदाय के किसी भाग द्वारा बोली जानेवाली भाषा के संबंध में विशेष उपबंध—संविधान के अनुच्छेद-347 में कहा गया है—''यदि किसी राज्य के जनसमुदाय का कोई भाग अपने द्वारा बोली जानेवाली भाषा के संबंध में विशेष उपबंध की माँग करता है और राष्ट्रपति को तसल्ली हो जाती है कि वह माँग संगत है तो राष्ट्रपति यह निदेश कर सकते हैं कि ऐसी भाषा को भी राज्य में सर्वत्र या उसके किसी में ऐसे प्रयोजन के लिए, जिसे वे विनिर्दिष्ट करें, शासकीय मान्यता दी जाए।

(4) उच्चतम न्यायालय, उच्च न्यायालयों आदि की भाषा—संविधान के भाग-17 में उच्चतम न्यायालय, उच्च न्यायालयों तथा अधिनियमों, विधेयकों आदि में प्रयोग की जानेवाली भाषा के संबंध में अनुच्छेद-348 उल्लेखनीय है।

अनुच्छेद—348 (1) में कहा गया है—''जब तक संसद विधि द्वारा कोई और उपबंध न करे, तब तक नीचे बतायी गयी कार्रवाइयों के प्राधिकृत पाठ अंगरेज़ी में होंगे—

(क) उच्चतम न्यायालय और प्रत्येक उच्च न्यायालय में सभी कार्रवाइयाँ;

(ख) (1) संसद के प्रत्येक सदन या किसी राज्य के विधान-मंडल के सदन या प्रत्येक सदन में प्रस्तुत किये जानेवाले सभी विधेयक या उनके प्रस्तावित संशोधन;

(2) संसद या किसी राज्य के विधान-मंडल द्वारा पारित सभी अधिनियम और

राष्ट्रपति या किसी राज्य के राज्यपाल द्वारा जारी किये गये अध्यादेश;

(3) इस संविधान के अधीन अथवा संसद या किसी राज्य के विधानमंडल द्वारा बनायी गयी किसी विधि के अधीन जारी किये गये सभी आदेश, नियम, विनियम और उपविधियाँ।

अनुच्छेद–348 (2) में, किसी राज्य के राज्यपाल को राष्ट्रपति की पूर्व सहमति से, सम्बद्ध राज्य के उच्च न्यायालय की कार्रवाइयों में हिंदी भाषा या उस राज्य के शासकीय प्रयोजनों के लिए प्रयोग की जानेवाली किसी अन्य भाषा के प्रयोग को प्राधिकृत करने का अधिकार दिया गया है। परंतु यह बात संबद्ध उच्च न्यायालय द्वारा दिये गये निर्णय, डिक्री या आदेश पर लागू नहीं होगी। (उदाहरणतः हरियाणा या उत्तरप्रदेश के राज्यपाल उच्च न्यायालय में हिंदी भाषा के प्रयोग को तो प्राधिकृत कर सकते हैं किंतु न्यायाधीश अपना फैसला हिंदी में सुनाने पर बाध्य नहीं होंगे।)

अनुच्छेद–348 (3) में यह स्पष्ट कर दिया गया है कि किसी राज्य के विधान-मंडल में प्रस्तुत विधेयकों तथा उनसे संबंधित संशोधनों में यदि राज्यपाल की अनुमति से अंगरेज़ी भाषा के अलावा किसी अन्य भाषा के प्रयोग की अनुमति है तो उसका अंगरेज़ी प्राधिकृत पाठ वही माना जायेगा जो राज्यपाल के प्राधिकार से प्रकाशित अंगरेज़ी भाषा में अनुवाद किया गया होगा।

अनुच्छेद–349 में कहा गया है–"इस संविधान के प्रारंभ से पंद्रह वर्ष की अवधि के दौरान, अनुच्छेद–348 (1) में उल्लिखित किसी प्रयोजन के लिए प्रयोग की जानेवाली भाषा के संबंध में कोई विधेयक या संशोधन राष्ट्रपति की पूर्व अनुमति के बिना संसद के किसी सदन में प्रस्तुत नहीं किया जायेगा।"

यह भी स्पष्ट कर दिया गया है कि "राष्ट्रपति इस संबंध में अपनी पूर्व अनुमति तभी देंगे जब वे संविधान के अनुच्छेद–344 (1) के अधीन गठित आयोग तथा अनुच्छेद–344 (4) के अधीन गठित संसदीय समिति की रिपोर्ट पर विचार कर लेंगे।

अनुच्छेद–350 में शिकायतों को दूर करने के लिए दी जानेवाली अर्ज़ी में प्रयोग की जानेवाली भाषा के संबंध में कहा गया है कि ऐसी अर्ज़ी संघ में या राज्य में प्रयोग होनेवाली किसी भी भाषा में (जैसी स्थिति हो) दी जा सकोगी।

हिंदी भाषा के विकास के लिए विशेष निर्देश–संविधान के अनुच्छेद–351 में कहा गया है–"संघ का यह कर्तव्य होगा कि वह हिंदी भाषा का प्रसार बढ़ाये, उसका विकास करे ताकि वह भारत की सामासिक संस्कृति के सभी तत्त्वों की अभिव्यक्ति का माध्यम बन सके ओर उसकी प्रकृति में हस्तक्षेप किए बिना हिंदुस्तानी के और आठवीं अनुसूची में बतायी गई भारत की अन्य भाषाओं के प्रयुक्त रूप, शैली और पदों को आत्मसात् करते हुए और जहाँ आवश्यक या वांछनीय हो वहाँ उसके शब्द-भंडार के लिए मुख्यतः संस्कृत से और गौणतः अन्य भाषाओं से शब्द ग्रहण करते हुए उसकी समृद्धि सुनिश्चित करे।•

संविधान के अनुच्छेद–344 (1) और अनुच्छेद–351 में आठवीं अनुसूची में विनिर्दिष्ट भारतीय भाषाओं का संदर्भ आया है। इस (आठवीं) अनुसूची में, पहले केवल चौदह भाषाएँ शामिल की गई थीं। बाद में संशोधन द्वारा इनमें 'सिंधी' को जोड़ने से यह संख्या पंद्रह हो गई। अगस्त 1992 में एक अन्य संशोधन द्वारा आठवीं अनुसूची में तीन अन्य भाषाएँ जोड़ दी गईं—कोंकणी, नेपाली और मणिपुरी। इस प्रकार, अब (सन् 1993 तक) संविधान की आठवीं अनुसूची में निम्नलिखित अठारह (18) भारतीय भाषाएँ सम्मिलित हैं—

(1) असमिया, (2) उड़िया, (3) उर्दू, (4) कश्मीरी, (5) कन्नड़, (6) कोंकणी, (7) गुजराती, (8) तमिल, (9) तेलुगु, (10) नेपाली, (11) पंजाबी, (12) बँगला, (13) मणिपुरी, (14) मराठी, (15) मलयालम, (16) संस्कृत, (17) सिंधी, (18) हिंदी।

महत्त्वपूर्ण संशोधन

राजभाषा-संबंधी उपर्युक्त अनुच्छेदों में, दो महत्त्वपूर्ण संशोधन हुए। सन् 1956 में एक तो **अनुच्छेद-350 में 350 (क)** जोड़ा गया जिसके द्वारा **प्राथमिक स्तर पर मातृभाषा में शिक्षा की** सुविधाएँ उपलब्ध कराने का उपबंध है। दूसरे, **350 (ख)** जोड़कर **भाषायी अल्पसंख्यकों के लिए राष्ट्रपति द्वारा विशेष अधिकारी नियुक्त करने का प्रावधान किया गया।** इस विशेष अधिकारी के कर्तव्य का निर्देश करते हुए अनुच्छेद-350 (ख)-2 में कहा गया है—"यह अधिकारी संविधान के अधीन भाषायी अल्पसंख्यक-वर्गों के लिए उपबंधित रक्षोपायों से संबंधित सभी विषयों की छानबीन करके, राष्ट्रपति को रिपोर्ट करेगा। राष्ट्रपति ऐसी सभी रिपोर्टों को संसद के प्रत्येक सदन के सामने रखवायेंगे तथा संबंधित राज्यों की सरकारों को भिजवायेंगे।

राष्ट्रपति द्वारा राजभाषा संबंधी जारी प्रमुख आदेश

(1) 27 मई, 1952 ई. को राष्ट्रपति द्वारा अनुच्छेद-343 (2) के अंतर्गत दी गई शक्तियों का उपयोग करते हुए **पहला आदेश** जारी किया गया जिसमें राज्यपालों, उच्च न्यायालय के न्यायाधीशों तथा उच्चतम न्यायालय के न्यायाधीशों के नियुक्ति-पत्रों में अंगरेज़ी भाषा के अतिरिक्त हिंदी भाषा के तथा अंतर्राष्ट्रीय अंकों के अतिरिक्त देवनागरी के अंकों के प्रयोग को प्राधिकृत किया गया।

(2) सन् 1955 ई. में राष्ट्रपति द्वारा एक अन्य आदेश जारी किया गया जिसमें संघ के निम्नलिखित सरकारी प्रयोजनों के लिए अंगरेज़ी भाषा के अतिरिक्त हिंदी के प्रयोग को प्राधिकृत किया गया—

(1) जनता के साथ पत्र-व्यवहार, (2) प्रशासनिक रिपोर्ट, सरकारी पत्रिकाएँ एवं संसद में पेश की जानेवाली रिपोर्ट, (3) सरकारी संकल्प और विधायी

अधिनियम, (4) हिंदी को राजभाषा के रूप में मान्यता देनेवाली राज्य सरकारों से पत्र-व्यवहार, (5) संधियाँ और उनके करार, (6) अन्य देशों की सरकारों, उनके दूतों तथा अंतर्राष्ट्रीय संगठनों के साथ पत्र-व्यवहार, (7) राजनयिक एवं कौंसलीय पदाधिकारियों एवं अंतर्राष्ट्रीय संगठनों में भारतीय प्रतिनिधियों के नाम जारी किये जानेवाले औपचारिक दस्तावेज़।

राजभाषा आयोग का गठन

राष्ट्रपति ने 7 जून, 1955 ई. को **अनुच्छेद-344 (1)** के अनुसरण में, राजभाषा आयोग के गठन का आदेश जारी किया। इसके अध्यक्ष श्री बी.जी. खेर थे तथा इसमें, संविधान की आठवीं अनुसूची में दर्ज विभिन्न भारतीय भाषाओं के बीस अन्य सदस्य शामिल थे। इस आयोग ने अपनी 76 बैठकों में राजभाषा के विभिन्न पहलुओं से संबंधित मामलों की छानबीन की। 1930 व्यक्तियों की गवाहियाँ ली गईं। अंत में, **सन्** 1956 ई. में इस आयोग ने अपनी रिपोर्ट राष्ट्रपति को प्रस्तुत कर दी।

राजभाषा संबंधी संसदीय समिति का गठन

संविधान के **अनुच्छेद-344 (4) और 344 (5)** के अनुसरण में, राष्ट्रपति द्वारा राजभाषा संबंधी संसदीय समिति के गठन का आदेश सन् 1956 ई. में जारी किया गया। इसमें तीस सदस्य थे जिनमें बीस लोकसभा के और दस राज्यसभा के सांसद थे। पं. गोविंदवल्लभ पंत इस समिति के अध्यक्ष बनाये गये। इस समिति का काम उपर्युक्त राजभाषा आयोग की सिफारिशों की जाँच कराना था। समिति ने अपनी 26 बैठकों में आयोग की रिपोर्ट पर विचार किया और 8 फरवरी, सन् 1959 ई. को अपनी रिपोर्ट राष्ट्रपति को प्रस्तुत कर दी।

उपर्युक्त **आयोग** तथा **समिति** की रिपोर्ट का सार यह था कि **सन् 1965 ई. तक राजकीय कार्यों में हिंदी भाषा को राजभाषा के रूप में लागू करना व्यावहारिक नहीं है,** इसलिए संसद यथावश्यक विधि द्वारा, निहित प्रयोजनों के लिए **अंगरेज़ी भाषा को सहराजभाषा के रूप में प्रयोग करने पर विचार करे।** अंगरेज़ी भाषा के स्थान पर हिंदी भाषा का प्रयोग करने की प्रक्रिया इस प्रकार विकसित तथा संचित की जाए कि किसी प्रकार की असुविधा और राजकाज के कामों में व्यवधान हुए बिना वह लागू हो सके।

सन् 1960 ई. का राजभाषा संबंधी आदेश

राष्ट्रपति द्वारा, **अनुच्छेद-344 (6)** के अनुसरण में, 27 अप्रैल, 1960 ई. को एक विस्तृत आदेश जारी किया गया जिसमें प्रमुख रूप से निम्नलिखित प्रावधान थे—

(1) शिक्षा मंत्रालय की ओर से वैज्ञानिक तथा तकनीकी शब्दावली के निर्माण के लिए एक स्थायी आयोग स्थापित किया जाए।

(2) शिक्षा मंत्रालय सांविधिक नियमों, विनियमों और आदेशों के अतिरिक्त सभी मैनुअलों (संहिताओं) तथा कार्यविधि संबंधी साहित्य का अनुवाद कराये। भाषा में एकरूपता सुनिश्चित करने की आवश्यकता को ध्यान में रखते हुए यह (अनुवाद का) कार्य केवल एक ही प्राधिकरण को सौंपा जाए।

(यह अनुवाद-कार्य शिक्षा-मंत्रालय के अधीन शुरू हुआ, पर बाद में गृह-मंत्रालय के **'राजभाषा विभाग'** के अंतर्गत **'केंद्रीय अनुवाद ब्यूरो'** को सौंप दिया गया।)

(3) ऐसे कानूनी विशेषज्ञों का एक स्थायी आयोग गठित किया जाए जो हिंदी में एक **मानक विधि कोश** तैयार कराए। इस आयोग में विभिन्न राष्ट्रीय भाषाओं के प्रतिनिधि हो।

(इसके अनुसार **'विधि शब्द कोश'** तैयार हो चुका है तथा **'विधायी आयोग'** अब भी **विधि मंत्रालय** के अंतर्गत महत्त्वपूर्ण दायित्व निभा रहा है।)

(4) तृतीय श्रेणी के नीचे के कर्मचारियों, औद्योगिक संस्थानों के कर्मचारियों तथा कार्य-प्रभारित कर्मचारियों को छोड़कर, उन सभी **केंद्रीय कर्मचारियों के लिए हिंदी भाषा का सेवाकालीन प्रशिक्षण अनिवार्य** कर दिया जाए जिनकी आयु पहली जनवरी 1961 ई. को पैंतालीस वर्ष से कम हो।

इसी प्रकार टंककों और आशुलिपिकों को हिंदी में टंकण और आशुलेखन के प्रशिक्षण की व्यवस्था भी गृहमंत्रालय की ओर से की जाए।

(इस समय गृहमंत्रालय के अंतर्गत **'राजभाषा प्रशिक्षण संस्थान'** की ओर से यह दायित्व निभाया जा रहा है।)

उपर्युक्त प्रमुख प्रावधानों के अतिरिक्त 'गृह मंत्रालय' की ओर से **सन् 1961 ई.** में एक सुनियोजित कार्यक्रम तैयार किया गया जिसके अंतर्गत, राजभाषा के रूप में हिंदी के प्रयोग, उसके प्रशिक्षण और संवैधानिक/कार्यालयी/प्रशासकीय साहित्य के हिंदी अनुवाद की एक निश्चित अवधि तय की गई। इस समूचे कार्यक्रम की देख-रेख के लिए एक **'कार्यान्वयन समिति'** बनी। अब सभी मंत्रालयों और विभागों में कार्यान्वयन समितियाँ हैं। इसके अतिरिक्त सभी मंत्रालयों में हिंदी सलाहकार समितियाँ भी हैं। एक **'केंद्रीय हिंदी समिति'** भी है जिसके अध्यक्ष प्रधानमंत्री हैं।

राजभाषा अधिनियम 1963 (यथासंशोधित 1967)

10 मई, 1963 को संसद द्वारा राजभाषा अधिनियम पारित किया गया। इसमें कुल **नौ** धाराएँ हैं जिनका संक्षिप्त विवरण आगे दिया जा रहा है–

धारा-1 के पहले खंड में अधिनियम के नाम और आरंभ का निर्देश है। इसके

दूसरे खंड में, इसके लिए लागू होने की तिथि 26 जनवरी, 1965 निर्दिष्ट की गई है।

धारा-2 में स्पष्ट किया गया है कि आगामी धाराओं में नियत दिन का अभिप्राय **26 जनवरी, 1965** है तथा **'हिंदी' का अभिप्राय वह हिंदी है जिसकी लिपि देवनागरी है।**

धारा-3 की उपधारा (1) में कहा गया है—"संविधान के आरंभ से पंद्रह वर्ष की अवधि समाप्त हो जाने पर भी अंगरेज़ी भाषा नियत दिन (26-1-1965) से ही (क) संघ के उन सब राजकीय प्रयोजनों के लिए प्रयोग में लायी जाती रहेगी जिनके लिए वह उस दिन से ठीक पहले प्रयोग में लायी जाती थी। (ख) संसदीय कार्य-व्यवहार में भी (अंगरेज़ी भाषा) प्रयोग में लायी जाती रहेगी।"

साथ ही जिन राज्यों ने हिंदी को अपनी राजभाषा घोषित नहीं किया उन्हें पत्रादि में अंगरेज़ी के प्रयोग का अधिकार होगा। इसी प्रकार हिंदी भाषा को राजभाषा माननेवाले राज्यों और हिंदी के अतिरिक्त अन्य भाषा को राजभाषा माननेवाले राज्यों के बीच पत्रादि में हिंदी के साथ अंगरेज़ी अनुवाद होना अनिवार्य होगा। किंतु जिन राज्यों ने हिंदी भाषा को राजभाषा के रूप में स्वीकार नहीं किया कि वे **केवल अंगरेज़ी भाषा** का प्रयोग पत्रादि में कर सकेंगे। उनके लिए हिंदी के प्रयोग की बाध्यता नहीं होगी।

धारा-3 की उपधारा (2) में यह प्रावधान है कि (क) केंद्रीय सरकार के विभिन्न मंत्रालयों, कार्यालयों, विभागों, कंपनी-कार्यालयों, निगमों, संस्थानों आदि के बीच तब तक हिंदी या अंगरेज़ी प्रयोग में लायी जाती रहेगी जब तक संबद्ध मंत्रालय, कार्यालय, विभाग आदि के संबद्ध कर्मचारी हिंदी का कार्यसाधक ज्ञान प्राप्त नहीं कर लेते। स्थिति के अनुसार, अंगरेज़ी के साथ हिंदी या हिंदी के साथ अंगरेज़ी का अनुवाद आवश्यक होगा।

धारा-3 की उपधारा (3) के अंतर्गत यह प्रावधान है कि केंद्रीय सरकार के मंत्रालयों, कार्यालयों, विभागों, संबद्ध संस्थानों, निगमों आदि से संबद्ध सभी संकल्पों, आदेशों, नियमों, अधिसूचनाओं, प्रशासनिक या अन्य प्रतिवेदनों तथा प्रेस विज्ञप्तियों, संविदाओं, करारों, अनुज्ञप्तियों आदि के लिए हिंदी और अंगरेज़ी प्रयोग में लायी जायेंगी।

उपधारा (4) में कहा गया है कि अंगरेज़ी या हिंदी दोनों में प्रवीण न हो पानेवाले कर्मचारियों के हितों पर आँच लानेवाले नियम सरकार नहीं बना सकेगी। (अर्थात् केवल हिंदी या केवल अंगरेज़ी में दक्ष कर्मचारियों को इच्छानुसार/सुविधानुसार भाषा में कामकाज करने की छूट होगी)।

उपधारा (5) में कहा गया है कि जब तक कोई राज्य अंगरेज़ी में प्रयोग समाप्त कर देने का संकल्प पारित नहीं कर लेते तब तक उन्हें अंगरेज़ी भाषा के प्रयोग की छूट रहेगी।

धारा-4 में एक ऐसी **राजभाषा समिति** बनाने का प्रावधान है जो धारा-3 के लागू होने की तिथि (26-1-1965) के दस वर्ष पश्चात्, राष्ट्रपति की पूर्व स्वीकृति से गठित की जायेगी। इसका गठन संसद के दोनों सदनों द्वारा किया जायेगा। इसमें तीस सदस्य होंगे—बीस लोकसभा के और दस राज्यसभा के। इन सदस्यों का चयन आनुपातिक प्रतिनिधित्व के अनुसार एकल संक्रमणीय मत द्वारा होगा।

समिति का कर्तव्य यह होगा कि वह संघ के राजकीय प्रयोजनों के लिए हिंदी के प्रयोग की प्रगति की समीक्षा करके, अपनी रिपोर्ट राष्ट्रपति को प्रस्तुत करेगी। राष्ट्रपति उस रिपोर्ट को सदन के दोनों सदनों के सामने रखवायेंगे और सभी राज्य सरकारों को भिजवायेंगे।

ऐसी रिपोर्ट पर, राज्य सरकारों से कोई अभिमत प्राप्त न होने पर, राष्ट्रपति उस रिपोर्ट की सिफारिशों के अनुसार आदेश जारी कर सकेंगे, परंतु वे आदेश धारा-3 के उपबंधों से असंगत नहीं होंगे।

धारा-5 में केंद्रीय अधिनियम आदि के प्राधिकृत हिंदी अनुवाद के संबंध में बताया गया है कि राष्ट्रपति द्वारा प्राधिकृत हिंदी अनुवाद मान्य होगा।

धारा-6 में, राज्य के विधान-मंडलों के नियमों, अधिनियमों आदि के हिंदी-अनुवाद का वही रूप प्राधिकृत मानने की बात कही गई है जिसे राज्यपाल द्वारा प्राधिकृत किया जायेगा।

धारा-7 में उच्च न्यायालयों के निर्णयों आदि में हिंदी या अन्य राजभाषा के वैकल्पिक प्रयोग का प्रावधान है। इसमें कहा गया है कि हिंदी या अन्य राजभाषा में दिये गये निर्णय का उच्च न्यायालय द्वारा प्राधिकृत अंगरेज़ी-अनुवाद देना आवश्यक होगा।

धारा-8 में केंद्रीय सरकार को यह अधिकार दिया गया है कि वह इस (राजभाषा) अधिनियम (1963) के प्रयोजनों को कार्यान्वित करने के लिए नियम बना सकेगी जिन्हें शासकीय राजपत्र (गज़ट) में अनुसूचित किया जायेगा। ऐसे नियम संसद के प्रत्येक सदन के सत्र के समय यथाशीघ्र कुल मिलाकर तीन दिन के लिए उसके सामने रखे जायेंगे। सदन द्वारा संबद्ध नियम में कोई उपांतरण किये जाने पर, यह उसी रूप में लागू होगा। परंतु ऐसा उपांतरण, उस नियम के अधीन पहले की गई किसी बात की वैधता पर प्रतिकूल प्रभाव डालनेवाला नहीं होगा।

धारा-9 में यह निर्देश है कि इस अधिनियम की धारा 6,7 जम्मूकश्मीर राज्य पर लागू नहीं होगी।

राजभाषा अधिनियम 1976 (यथासंशोधित 1987)

सन् 1963 ई. में राजभाषा अधिनियम की धारा-3 की उपधारा (4) तथा धारा-8 के अधीन प्राप्त शक्तियों का प्रयोग करते हुए, भारत सरकार ने सन् 1976 ई. में **'राजभाषा नियम'** लागू किया। फिर **9 अक्टूबर, 1987** को सन् 1976 ई.

के 'राजभाषा नियम' में कुछ संशोधन किये गये। इस 'राजभाषा नियम' की मुख्य बातें निम्नलिखित हैं—

(1) यह नियम संघ के शासकीय प्रयोजनों के लिए प्रयोग से संबंधित है।

(2) यह **तमिलनाडु को छोड़कर** संपूर्ण भारत में लागू होता है।

(3) इसके अनुसार **'क' क्षेत्र** के राज्यों द्वारा आपसी या संघ (केंद्र) के साथ पत्र-व्यवहार में **हिंदी का प्रयोग होगा।** 'ख' क्षेत्र के राज्यों के आपसी या संघ से पत्र-व्यवहार में समान्यतः **हिंदी का प्रयोग होगा।** यदि किसी को अंगरेज़ी में पत्रादि भेजे जाएँ तो उसके साथ **हिंदी-अनुवाद** भी भेजा जायेगा।

इसके साथ यह भी प्रावधान है कि 'ख' क्षेत्र के किसी राज्य या संघ राज्य क्षेत्र में किसी व्यक्ति को पत्रादि **हिंदी या अंगरेज़ी** में भेजे जा सकते हैं।

'ग' क्षेत्र के राज्यों के आपसी अथवा संघ क्षेत्र या किसी अन्य राज्य के साथ पत्र-व्यवहार में **अंगरेज़ी का प्रयोग** होगा।

यह प्रावधान भी किया गया कि यह पत्र-व्यवहार अंगरेज़ी या हिंदी में हो सकता है। लेकिन हिंदी में पत्र-व्यवहार उसी अनुपात में होगा जिसे केंद्रीय सरकार संबद्ध कार्यालयों में हिंदी का कार्यसाधक ज्ञान रखनेवाले कर्मचारियों की संख्या तथा हिंदी में पत्रादि भेजने की सुविधाओं के आधार पर तय करेगी।

(4) केंद्रीय सरकार के मंत्रालयों, विभागों आदि के कार्यालयों का आपसी पत्र-व्यवहार **हिंदी या अंगरेज़ी** में हो सकता है।

क्षेत्र 'क' में स्थित केंद्रीय कार्यालयों का आपसी पत्र-व्यवहार हिंदी में हो सकेगा। परंतु उसका अनुपात केंद्र सरकार, संबद्ध कार्यालय में हिंदी का कार्यसाधक ज्ञान रखनेवाले कर्मचारियों की संख्या तथा हिंदी में पत्र-व्यवहार की सुविधा आदि का ध्यान रखकर तय करेगी।

('क' क्षेत्र में हिंदी भाषी राज्य उत्तर प्रदेश, बिहार, मध्यप्रदेश, राजस्थान, हरियाणा, हिमाचल प्रदेश तथा संघ शासित क्षेत्र दिल्ली भी समाविष्ट है। 'ख' क्षेत्र में हिंदी क्षेत्र के सीमावर्ती पंजाब, गुजरात, महाराष्ट्र, चंडीगढ़, अंडमान आदि हैं। 'ग' क्षेत्र में अन्य शेष राज्य सम्मिलित हैं।)

क्षेत्र 'क' में स्थित केंद्रीय कार्यालयों का क्षेत्र 'ख' या क्षेत्र 'ग' में स्थित केंद्रीय कार्यालयों से पत्र-व्यवहार **हिंदी या अंगरेज़ी** में हो सकता है। लेकिन हिंदी में पत्र-व्यवहार का अनुपात केंद्र सरकार, हिंदी का कार्यसाधक ज्ञान रखनेवाले कर्मचारियों की संख्या और हिंदी में पत्रादि भेजने की सुविधा के आधार पर तय करेगी।

यही (उपर्युक्त) प्रावधान क्षेत्र 'ख' और 'ग' में स्थित केंद्रीय कार्यालयों के आपसी पत्र-व्यवहार के संबंध में भी है।

परंतु, यदि आवश्यक हो तो, किसी एक भाषा (हिंदी या अगरेज़ी) में भेजे जानेवाले पत्रों का दूसरी भाषा (अंगरेज़ी या हिंदी) में अनुवाद साथ भेजा जायेगा।

(5) **हिंदी में प्राप्त पत्रों के उत्तर, केंद्रीय कार्यालयों से हिंदी में ही भेजे जायेंगे।**

(6) राजभाषा अधिनियम 1963 (यथासंशोधित 1967) की धारा-3 की उपधारा (3) में बताये गये सभी दस्तावेज़ों के लिए **हिंदी और अंगरेज़ी दोनों का प्रयोग किया जायेगा।** दस्तावेज़ों पर हस्ताक्षर करनेवाले व्यक्तियों की यह ज़िम्मेदारी होगी कि वे यह सुनिश्चित कर लें कि दस्तावेज़ हिंदी और अंगरेज़ी दोनों में हैं।

(7) केंद्रीय सरकार के कर्मचारी आवेदन, अपील या अभ्यावेदन आदि में **हिंदी या अंगरेज़ी** का प्रयोग कर सकते हैं। **हिंदी में प्रस्तुत** या हस्ताक्षरित आवेदन आदि का उत्तर **हिंदी में** दिया जाएगा।

कोई कर्मचारी सेवा-संबंधी विषयों की जानकारी अपनी इच्छानुसार **हिंदी या अंगरेज़ी** में पाने का अधिकारी होगा।

(8) केंद्रीय सरकार के कार्यालयों में टिप्पणी-लेखन हिंदी या अंगरेज़ी में किया जायेगा। उसका अनुवाद देना आवश्यक नहीं होगा।

हिंदी का कार्यसाधक ज्ञान रखनेवाला कोई कर्मचारी किसी हिंदी-दस्तावेज़ का अंगरेज़ी अनुवाद तभी माँग सकता है जब वह दस्तावेज़ विधि-संबंधी या तकनीकी प्रकृति का हो। इस बात का निर्णय संबद्ध विभाग या कार्यालय का अध्यक्ष करेगा कि माँगा गया दस्तावेज विधिक या तकनीकी प्रकृति का है या नहीं।

(9) उन कर्मचारियों को **'हिंदी में प्रवीण'** माना जाएगा जिन्होंने (क) मैट्रिक या उसके समकक्ष या उससे उच्चतर कोई परीक्षा हिंदी के माध्यम से उत्तीर्ण कर ली हो, (ख) स्नातक या उसके समकक्ष या उससे उच्चतर परीक्षा में हिंदी को एक वैकल्पिक विषय के रूप में लिया हो, (ग) जो यह घोषणा करें कि उन्होंने हिंदी में प्रवीणता (कार्यसाधक ज्ञान या योग्यता) प्राप्त कर ली है।

(10) **'हिंदी में कार्यसाधक ज्ञान'**–(क) मैट्रिक या उसके समकक्ष या उससे उच्चतर परीक्षा हिंदी विषय के साथ उत्तीर्ण करना।

(ख) केंद्रीय सरकार की हिंदी-प्रशिक्षण योजना के अंतर्गत प्राज्ञ परीक्षा या सरकार द्वारा किसी विशेष प्रवर्ग के लिए निर्दिष्ट परीक्षा पास कर लेना।

(ग) केंद्रीय सरकार द्वारा इस संबंध में निर्दिष्ट कोई अन्य परीक्षा पास कर लेना।

(घ) कर्मचारी द्वारा यह घोषणा करना कि उसने हिंदी में कार्यसाधक ज्ञान प्राप्त कर लिया है। इसकी पुष्टि केंद्रीय सरकार द्वारा विनिर्दिष्ट अधिकारी करेगा।

(11) केंद्रीय सरकार के सभी मैन्युअल, संहिताएँ, प्रक्रिया संबंधी अन्य साहित्य, **हिंदी और अंगरेज़ी** द्विभाषिक रूप में होगा। रजिस्टरों के प्रारूप व शीर्षक आदि भी हिंदी और अंगरेज़ी में होंगे। केंद्रीय सरकार के कार्यालयों के सभी नामपट्ट, पत्रशीर्ष, लिफाफों आदि पर दी जानेवाली सामग्री भी द्विभाषिक होगी।

किंतु केंद्रीय सरकार, आवश्यक समझने पर, उपर्युक्त उपबंधों में छूट दे सकती है।

(12) केंद्रीय कार्यालय के प्रशासनिक प्रमुख की यह ज़िम्मेदारी होगी कि वह उपर्युक्त उपबंधों का नियमानुसार पालन सुनिश्चित करे।

राजभाषा संकल्प 1968

संसद के दोनों सदनों ने दिसंबर 1967 ई. में **राजभाषा संकल्प** पारित किया। यह संकल्प 18 जनवरी, 1968 ई. के राजपत्र (गज़ट) में राजपत्रित (अधिसूचित) किया गया, इसलिए इसे 'राजभाषा संकल्प 1968' कहा जाता है। इसमें संविधान के **अनुच्छेद-343** के अनुसार **'हिंदी के राजभाषा होने'** तथा **अनुच्छेद-351** के अनुसार **'हिंदी भाषा के विकास और प्रसार'** का हवाला देते हुए यह संकल्प किया गया कि—

(1) **हिंदी के प्रसार एवं विकास की गति बढ़ाने के लिए** और संघ के विभिन्न राजकीय प्रयोजनों के लिए उत्तरोत्तर प्रयोग हेतु भारत सरकार द्वारा एक अधिक गहन और व्यापक कार्यक्रम तैयार किया जायेगा। उसके कार्यान्वयन की विस्तृत समीक्षा-रिपोर्ट हर वर्ष संसद के दोनों सदनों के पटल पर रखी जायेगी और राज्य सरकारों को भेजी जायेगी।

(2) हिंदी के साथ-साथ, संविधान की आठवीं अनुसूची में उल्लिखित **भारत की अन्य सभी भाषाओं के समन्वित विकास** के लिए, भारत सरकार राज्य सरकारों के सहयोग से एक कार्यक्रम तैयार करेगी और उसे शीघ्र कार्यान्वित किया जायेगा।

(3) राष्ट्रीय एकता की भावना को प्रोत्साहन देने के लिए भारत सरकार द्वारा राज्य सरकारों के परामर्श से तैयार किये गये **'त्रिभाषा-सूत्र'** (फार्मूला) सभी राज्यों में प्रभावी ढंग से लागू किया जाना चाहिए। इस 'त्रिभाषा-सूत्र' के अनुसार हिंदी-भाषी क्षेत्रों में हिंदी और अंगरेज़ी के अतिरिक्त एक आधुनिक भारतीय भाषा पढ़ायी जाए जिसमें दक्षिण भारतीय भाषाओं को तरजीह दी जाए। इसी प्रकार अहिंदी-भाषी क्षेत्रों में प्रादेशिक भाषाओं और अंगरेज़ी के साथ-साथ हिंदी के अध्ययन की व्यवस्था की जाए।

(4) संघ की लोक-सेवाओं अथवा पदों की भर्ती करने के लिए उम्मीदवारों के चयन के समय **हिंदी अथवा अंगरेज़ी में से किसी एक का ज्ञान अनिवार्यतः अपेक्षित होगा।** किंतु यह बात उन विशेष सेवाओं या पदों पर लागू नहीं होगी जिससे संबंधित कर्तव्यों के निष्पादन-हेतु केवल हिंदी या केवल अंगरेज़ी अथवा दोनों (जैसी स्थिति हो) का ज्ञान आवश्यक समझा जाए।

इन (लोक-सेवा संबंधी) परीक्षाओं की भावी योजना व प्रक्रिया संबंधी पहलुओं एवं समय के विषय में संघ लोक-सेवा आयोग के विचार जानने के बाद, अखिल भारतीय एवं उच्चतर केंद्रीय सेवाओं से संबंधित परीक्षाओं के लिए **संविधान की**

आठवीं अनुसूची में सम्मिलित सभी भाषाओं तथा अंगरेज़ी को वैकल्पिक रूप में रखने की अनुमति होगी।

राजभाषा संकल्प (1991)

11 जनवरी, 1991 को संसद द्वारा उपर्युक्त राजभाषा संकल्प 1968 को पुनः पारित किया गया है।

(उल्लेखनीय है कि 'संकल्प' नियम, अधिनियम या कानूनी आदेश नहीं। यह एक प्रकार की सिफारिश है अथवा अनुरोध व आग्रह है कि ऐसा किया जाना चाहिए। इसकी कानूनी (वैधानिक) अनिवार्यता या बाध्यता नहीं है। इसीलिए 1968 के संकल्प के ठीक इक्कीस वर्ष बाद तक भी संघ लोकसेवा आयोग की परीक्षाओं में भारतीय भाषाओं को वैकल्पिक सुविधा न मिल पाने के कारण, सन् 1991 ई. में संसद ने वही संकल्प पुनः दोहराया।

राजभाषा हिंदी : समस्याएँ और समाधान

राष्ट्रभाषा और राजभाषा के रूप में हिंदी के विकास-इतिहास का अध्ययन करने से स्पष्ट हो जाता है कि सदियों से भारतीय जनता ने और पिछले पाँच दशकों से देश की लोकतंत्रीय सरकारों ने हिंदी को सच्चे अर्थों में राष्ट्रभाषा और राजभाषा के रूप में प्रतिष्ठित करने के लिए हरसंभव प्रयास किया। इस संबंध में समय-समय पर जारी किये गये नियमों/अधिनियमों, संकल्पों/आदेशों आदि से यह भी स्पष्ट होता है कि राष्ट्रभाषा और राजभाषा के रूप में हिंदी के प्रयोग-प्रसार और विकास में सदा लोकतंत्रीय, उदार और सहयोग-समन्वय का दृष्टिकोण अपनाया जाता रहा है। फिर भी वर्तमान स्थिति को पूर्णतया संतोषजनक नहीं कहा जा सकता। ऊपरी साँचा और ढाँचा भले ही यह प्रदर्शित करता है कि भारत की राजभाषा हिंदी है किंतु उस साँचे के भीतर की आत्मा हिंदी की न होकर अंगरेज़ी की ही प्रतीत होती है। कवि अज्ञेय ने ठीक ही कहा था—'जब हम राजनीतिक दृष्टि से पराधीन थे तब तो हमारे पास स्वाधीन भाषा थी। अब जब हम स्वधीन हो गये, हमारी भाषाएँ पराधीन हो गईं।''

भाषा का विकास-प्रसार और पोषण प्रयोग की उर्वर भूमि पर और व्यवहार के सिंचन से होता है। आज **सबसे बड़ी समस्या प्रयोग और व्यवहार के स्तर पर उपेक्षा और उदासीनता की है।** त्रिभाषा-फार्मूला काग़ज़ों में तो है, व्यवहार में नहीं। द्विभाषिक (हिंदी और अंगरेज़ी दोनों के प्रयोग की) स्थिति औपचारिक रूप से तो है (अर्थात् अधिकांश सरकारी दस्तावेज़, फार्म, पत्र-प्रपत्र आदि दोनों भाषाओं में हैं) परंतु व्यावहारिक रूप से उनमें कर्मचारी एवं संभ्रान्त नागरिक अंगरेज़ी ही लिखते और प्रयोग में लाते हैं। प्रतिवर्ष 14 सितंबर को **'हिंदी-दिवस'** धूमधाम से सभी

कार्यालयों में मनाया तो जाता है, उसमें संकल्प भी हिंदी में लिये जाते हैं किंतु तत्संबंधी सारी परियोजना, कार्रवाई, लिखा-पढी प्रायः अंगरेज़ी में होती है। अधिकांश सरकारी पत्र-व्यवहार अंगरेज़ी में चल रहा है क्योंकि **हिंदी या अंगरेज़ी के प्रयोग की छूट है।** फिर, दोनों स्थितियों में, या तो मूल पत्र हिंदी में होना चाहिए, या मूल अंगरेज़ी पत्र के साथ हिंदी अनुवाद होना चाहिए। किंतु प्रायः होता यह है कि "Hindi Translation Follows"—"हिंदी-अनुवाद संलग्न है" लिखा होने पर भी हिंदी अनुवाद दिया नहीं जाता क्योंकि यह सोच लिया जाता है काम तो अंगरेज़ी से चल ही जायेगा। इस प्रवृत्ति से कर्मचारियों में हिंदी-प्रयोग की इच्छा या आवश्यकता की अनुभूति उभरने ही नहीं पाती।

पहले यह समस्या बतायी जाती थी कि हिंदी में सभी राजकीय कार्यकलाप संपन्न करने के लिए उपयुक्त और पर्याप्त पारिभाषिक शब्दावली नहीं है। विधिक और तकनीकी मामलों में हिंदी-प्रयोग में कठिनाई होती है—इत्यादि। किंतु अब विभिन्न सरकारी और गैर-सरकारी संस्थानों द्वारा अनेक ऐसे शब्दकोश, पर्यायवाची कोश तथा अन्य मानक साहित्य प्रकाशित हो चुका है कि किसी भी स्तर पर, किसी भी क्षेत्र में हिंदी भाषा में सुगमतापूर्वक काम-काज हो सकता है। किंतु कमी है—इन सुविधाओं को उपयोग में लाने की इच्छाशक्ति की। आज जब टंकण, मुद्रण और कम्प्यूटर तक के क्षेत्र में हिंदी और देवनागरी में हर प्रकार का कार्य संभव हो गया है तो प्रशासकीय प्रयोजनों और कार्यालयों में हिंदी प्रयोग संभव क्यों नहीं हो सकता?

इसमें सबसे बड़ी समस्या संघ लोकसेवा आयोग द्वारा विभिन्न प्रशासनिक परीक्षाओं में हिंदी तथा अन्य भारतीय भाषाओं को उपयुक्त माध्यम न बनाने की है। **सन् 1968 और 1991** के संसदीय राजभाषा संकल्पों के बावजूद, इस ओर से संबद्ध अधिकारीगण उदासीन हैं। दिसंबर 1989 में संसदीय समिति ने अपनी रिपोर्ट में स्पष्ट कहा था—**सभी भर्ती परीक्षाओं के लिखित प्रश्नपत्रों में और साक्षात्कार में भी हिंदी के प्रयोग की सुविधा दी जाए। सभी प्रश्नपत्र हिंदी में भी अनिवार्य रूप से छपें। जहाँ अंगरेज़ी का एक पृथक् प्रश्नपत्र अनिवार्य है वहाँ उसके विकल्प में हिंदी भाषा का प्रश्नपत्र भी रखा जाए।** फिर भी अनेक प्रशासनिक परीक्षाओं में हिंदी का विकल्प नहीं दिया जा रहा है। 'सिद्धांत' को 'व्यवहार' में कार्यान्वित न करने की यही प्रवृत्ति सबसे प्रमुख समस्या है।

इसी का यह परिणाम है कि सरकारी नौकरी पाने, जीवन-स्तर तथाकथित रूप से 'ऊँचा' बनाने तथा राष्ट्रीय-अंतर्राष्ट्रीय प्रतियोगिताओं में टिक पाने के विचार से देश की युवा पीढ़ी का मोह अंगरेज़ी के प्रति बढ़ता जा रहा है। केंद्रीय सेवाओं के संदर्भ में तो यह हो ही रहा है, प्रादेशिक स्तर पर भी प्रांतीय सरकारों और लोकसेवा आयोग जैसे संस्थानों द्वारा प्रांतीय भाषाओं की अपेक्षा अंगरेज़ी को महत्त्व दिया जा रहा है।

इस प्रकार, राजभाषा के रूप में हिंदी की प्रतिष्ठा मात्र रस्मी खानापूरी बनकर

रह गई प्रतीत होती है। यद्यपि अंतर्राष्ट्रीय स्तर पर पाँच विश्व हिंदी सम्मेलन हो चुके हैं, संयुक्त राष्ट्रसंघ में भारत के दो विदेशमंत्री (अटलबिहारी वाजपेयी और पी. वी. नरसिंह राव) क्रमशः 1978 और 1984 में हिंदी में भारत की आवाज़ बुलंद कर चुके हैं और भारत के प्रथम अंतरिक्ष यात्री राकेश शर्मा आकाश से धरती पर भारतीय प्रधानमंत्री से हिंदी में संवाद कर चुके हैं, अंगरेज़ी के अनेक पत्र हिंदी में भी अपने हिंदी संस्करण निकाल रहे हैं, मॉरिशस, नेपाल, रूस, अमरीका, चीन, जापान, जर्मन और इंडोनेशिया, बर्मा, मलयेशिया आदि में उच्च स्तर पर हिंदी में शिक्षण-शोध आदि हो रहा है—यह सभी स्थितियाँ पर्याप्त आशाजनक हैं; तथापि अपने देश के प्रशासकीय तंत्र में, राजभाषा संबंधी विभिन्न प्रावधानों को व्यवहार में लाने के लिये प्रमुख रूप से निम्नलिखित सुझाव दिये जा सकते हैं—

(1) 'क' एवं 'ख' क्षेत्र के राज्यों के संदर्भ में द्विभाषिक (हिंदी और अंगरेज़ी दोनों के प्रयोग की छूट की) स्थिति समाप्त कर दी जाए। (अब इस छूट की आड़ में कर्मचारी/अधिकारीगण अंगरेज़ी प्रयोग को ही वरीयता देते हैं।)

(2) कई जगह 'असाधारण स्थिति' में हिंदी की बजाय अंगरेज़ी के प्रयोग की छूट है। उसे भी तुरंत हटा दिया जाना चाहिए। (कोई भी व्यक्ति अपनी सुविधा के अनुसार किसी भी स्थिति को 'असाधारण' सिद्ध कर सकता है।)

(3) भाषा की शुद्धि का विशेष आग्रह न करते हुए हिंदी भाषा के प्रयोग का आग्रह किया जाए। हिंदी को जटिल, अस्वाभाविक या अव्यावहारिक बनाये जाने के दोष से बचकर उसके सहज-सुगम स्वरूप को व्यवहार में लाया जाए। लिपि देवनागरी होने से किसी भी प्रकार के कामचलाऊ शब्दों का प्रयोग उपयुक्त होगा। संप्रेषण-संचार की सरलता मुख्य उद्देश्य होना चाहिए।

(इस संबंध में भारत सरकार के पूर्व सलाहकार और तत्कालीन राजभाषा सचिव श्री रामप्रसन्न नायक का 17 मार्च 1976 ई. को जारी किया गया परिपत्र विशेष ध्यान देने योग्य है जिसका शीर्षक है—"**सरकारी काम-काज में सरल हिंदी का प्रयोग।**")

(4) ऊपरी औपचारिकता जैसे पत्रशीर्ष, लिफाफे, नामपट्ट आदि पर हिंदी अंकित होने की अधिक परवाह न करके, उसके भीतर की वास्तविक सामग्री को (वर्तनी या व्याकरण की सामान्य भूलों की परवाह किये बिना) देवनागरी हिंदी में देने पर विशेष ध्यान दिया जाए।

(5) हिंदी दिवस, हिंदी समिति, कार्यान्वयन समिति आदि की रिपोर्टों की रस्म अदायगी छोड़कर, कर्मचारी/अधिकारी वर्ग में **'देवनागरी-हिंदी के प्रयोग की मानसिकता'** बनाने का विशेष प्रयास किया जाए। उन्हें प्रेरित किया जाए कि वे—

(क) अधिक से अधिक डाक हिंदी में निकालें।

(ख) कार्यालय का **सभी कार्य हिंदी** में करें।

(ग) पत्रों के पते हिंदी (देवनागरी) में लिखें।

(घ) सर्वत्र हिंदी (देवनागरी) में हस्ताक्षर करें।

(ङ) आपसी बातचीत और जन संपर्क में हिंदी बोलें।

(च) मूल पत्रों के अतिरिक्त टिप्पणियाँ आदि भी हिंदी (देवनागरी) मे लिखें।

(छ) सभी भारतीय भाषाओं का आदर करते हुए उनके साथ हिंदी प्रयोग को राष्ट्रीय अस्मिता का प्रतीक मानें।

(6) हिंदीभाषी क्षेत्रों से अहिंदीभाषी क्षेत्रों को भेजे जानेवाले हिंदी पत्रादि के साथ यदि संबंद्ध (अहिंदी) क्षेत्र की प्रादेशिक भाषा में अनुवाद भेजने की प्रवृत्ति अपनायी जाए तो इससे 'हिंदी थोपे जाने' की भ्रांति दूर होगी और आपसी समन्वय बढ़ेगा।

(7) विशेष रूप से संबद्ध कार्यालय, विभाग मंत्रालय, प्रतिष्ठान का अधिकारी वर्ग नौकरशाही परंपरा त्यागकर लोकतंत्रीय परंपरा के अनुसरण की मानसिकता बनाये।

(8) अंगरेज़ी के स्थान पर हिंदी (देवनागरी) और प्रांतीय भाषाओं में अधिकाधिक प्रशासकीय काम-काज करने और तदनुकूल वातावरण बनानेवालों का सार्वजनिक अभिनंदन किया जाए।

(इस संबंध में सन् 1992 का एक उदाहरण उल्लेखनीय है। इलाहाबाद उच्च न्यायालय के न्यायमूर्ति श्री प्रेमशंकर गुप्त ने अपने जीवन-काल में लगभग चार हज़ार मुकदमों की सुनायी हिंदी में की और हिंदी (देवनागरी) में ही अपने निर्णय लिखे। इस उपलक्ष्य में उत्तर प्रदेश हिंदी संस्थान ने उन्हें सार्वजनिक रूप से इक्यावन हज़ार रुपये के पुरस्कार से सम्मानित किया। उन्होंने इसमें अपनी ओर से बीस हजार रुपये और जोड़कर सारी राशि हिंदी-सेवियों की सहायतार्थ दान कर दी। जब उच्चतम न्यायालय में उनकी नियुक्ति (पदोन्नति) का समय आया तो उन्होंने उसे इस कारण अस्वीकार कर दिया क्योंकि उच्चतम न्यायालय में हिंदी में सुनवाई और निर्णय देने की छूट नहीं।)

अंत में, भारत के विख्यात मनीषी गुरुदेव रवींद्रनाथ टैगोर और भारत की पूर्व प्रधानमंत्री श्रीमती इंदिरा गाँधी के निम्नलिखित कथन प्रस्तुत करना असंगत न होगा—

(क) "आधुनिक भारत की संस्कृति एक विकसित शतदल कमल के समान है, जिसका एक-एक दल एक-एक प्रांतीय भाषा और उसकी संस्कृति है... हम चाहते हैं कि भारत की सब प्रांतीय बोलियाँ जिनमें सुंदर साहित्य-सृष्टि हुई है, अपने-अपने घर में (प्रांत में) रानी बनकर रहें... और **आधुनिक भाषाओं के हार की मध्यमणि हिंदी** भारत भारती होकर विराजती रहे।" (रवींद्रनाथ टैगोर)

(ख) "इतने बड़े देश में जहाँ इतनी भाषाएँ हैं, जहाँ देश की एकता के लिए आवश्यक है कि कोई भाषा ऐसी हो जिसे सब बोल सकें, जो एक कड़ी की तरह सबको मिला-जुलाकर रख सके। इसलिए हिंदी को बढ़ाना सबका काम है।"

(इंदिरा गाँधी)

तृतीय खंड

अनुप्रयोग

1. संक्षेपण
2. पल्लवन
3. कार्यालयी पत्राचार
4. कार्यालयी एवं प्रशासनिक संदर्भ में प्रयुक्त विशिष्ट शब्दावली
5. व्यावसायिक पत्राचार
6. विशिष्ट व्यावसायिक शब्दावली
7. टिप्पण
8. प्रमुख टिप्पणी-तालिका
9. प्रारूप-लेखन
10. प्रतिवेदन
11. बैंकों में हिंदी का प्रयोग
12. बैंक संबंधी प्रमुख शब्द-तालिका

1. संक्षेपण

'संक्षेपण' का तात्पर्य

'संक्षेपण' शब्द अंगरेज़ी के 'प्रेसी' (Precis) का हिंदी अनुवाद है। 'प्रेसी' मूलतः फ्रेंच भाषा के 'प्रेसीड्यूअर' शब्द से निकला है। अंगरेज़ी में इस शब्द के भाव को व्यक्त करनेवाला शब्द है—प्रिसाइज़ (Precise)। प्रिसाइज़ का अभिप्राय संक्षेप, संक्षिप्त, सार आदि से है। हिंदी भाषा में यह शब्द संस्कृत के माध्यम से आया। संस्कृत भाषा में 'क्षिप्' धातु में 'सम्' उपसर्ग और 'ल्युट्' प्रत्यय जोड़ दें तो 'संक्षेपण' शब्द की उत्पत्ति होती है। इसका अर्थ हुआ छोटा करना या संक्षिप्त करके प्रस्तुत करना।

'संक्षेपण' का प्रयोजन

व्यावसायिक क्षेत्र में 'संक्षेपण' एक पारिभाषिक शब्द के रूप में प्रयुक्त होता है। साथ ही साथ हमारे दैनिक जीवन में भी इसका महत्त्व कम नहीं है। किसी भी विचार, मन्तव्य या अनुभव को विस्तार से प्रस्तुत करना जितना सरल है उतना ही उसे संक्षेप में प्रस्तुत करना कठिन है। संक्षेप में प्रस्तुतीकरण के लिए हमें अपेक्षाकृत अधिक परिश्रम करना पड़ता है। अपनी समस्त विषयवस्तु को समेटना पड़ता है। उसके लिए समासबद्ध भाषा-शैली को अपनाना पड़ता है। यह सब सरल कार्य नहीं है। इसके लिए निरंतर अभ्यास अनिवार्य है। हम सब कभी न कभी इस प्रकार का अनुभव अवश्य करते हैं कि किसी उपन्यास, कहानी, नाटक या फिल्म की संक्षिप्त कहानी किसी मित्र या अन्य व्यक्ति से सुननी पड़े तो महसूस होगा कि कोई तो थोड़े समय में ही प्रभावशाली ढंग से उसे सुना गया और कोई अधिक समय ले गया तथा समझ में बहुत कम आया। इसी प्रकार किसी भी प्रशासनिक कार्यालय में अपने से उच्च अधिकारी के समक्ष कार्यालय की दैनिक विभिन्न कार्यवाही को, अथवा किसी विशिष्ट मामले को संक्षेप में प्रस्तुत करना होता है। इसका कारण यह है कि किसी भी उच्च अधिकारी के पास प्रत्येक पत्र, या मामले

को विस्तार से पढ़ने या विस्तार से समझने का समय नहीं रहता। यह स्वाभाविक भी है। यदि अधिकारी वर्ग प्रत्येक मामले को विस्तार से स्वयं ही पढ़ने या समझने लगेगा तो कार्यालय के अन्य अनेक कार्य पिछड़ जायेंगे। इसलिए यह आवश्यक होता है कि संबद्ध अन्य कर्मचारी वर्ग उन मामलों को संक्षिप्त करके उच्च अधिकारी के पास भेजे। यहाँ भी संक्षेपण की आवश्यकता होती है। संक्षेपण करनेवाला अपनी प्रतिभा और अभ्यास के बल पर जटिल मामलों पर आवश्यक कार्यवाही शीघ्र करवा सकता है।

हम किसी स्कूल, कॉलिज के अधिकारी वर्ग या अध्यापक वर्ग के पास अपनी प्रशासनिक या शैक्षणिक समस्या लेकर जाते हैं, अथवा किसी अन्य कार्यालय में अपनी कोई समस्या लेकर उपस्थित होते हैं तब भी हमें अपनी अपेक्षित विषयवस्तु को संक्षेप में और प्रभावी ढंग से प्रस्तुत करना पड़ता है। हमारे प्रस्तुतीकरण पर भी समस्या का शीघ्र या विलंब से समाधान निर्भर करता है। अस्तु, संक्षेपण-कला का महत्त्व प्रत्येक व्यक्ति के जीवन के प्रत्येक क्षेत्र, प्रत्येक क्रिया-कलाप से जुड़ा हुआ है। इसकी सार्थकता सर्वदा स्वयंसिद्ध है।

'संक्षेपण' का स्वरूप

व्यावसायिक क्षेत्र के पारिभाषिक शब्द के रूप में 'संक्षेपण' का अध्ययन यहाँ किया जा रहा है। स्वभावतः इस शब्द की जो परिभाषा और उसका स्वरूप निर्दिष्ट किया गया है उसे भी समझ लेना अपेक्षित है।

"किसी लिखित सामग्री को मूल के लगभग एक-तिहाई भाग में, संक्षिप्त रूप में, सहज भाषा और व्यवस्थित रूप से प्रस्तुत करना 'संक्षेपण' कहलाता है।"

"संक्षेपण उसे कहते हैं जिसमें एक विस्तृत मूल संदर्भ का यथार्थ, स्पष्ट, पूर्ण एवं सुसंबद्ध किंतु संक्षिप्त रूप में (संभव हो तो मूल के एक-तिहाई भाग में) तथा सहज भाषा में प्रस्तुत किया गया हो।"

"संक्षेपण से अभिप्राय ऐसी रचना से है जिसमें किसी वक्तव्य, लेख, निबंध, अनुच्छेद आदि में व्यक्त किये गये भावों को संक्षेप में प्रस्तुत किया जाता है। यह संक्षिप्त रूप स्वतःपूर्ण, स्पष्ट, तारतम्ययुक्त और प्रभावी होना चाहिए।"

'संक्षेपण' की विशेषताएँ

उपर्युक्त सभी परिभाषाओं से कुछ बातें स्पष्ट हो जाती हैं जिनका संक्षेपण करते समय ध्यान रखना चाहिए। इन्हें संक्षेपण के महत्त्वपूर्ण तत्त्व कह सकते हैं। ये तत्त्व ही संक्षेपण के गुण या विशेषताएँ भी हैं।

संक्षिप्तता : किसी विषयवस्तु का मूल से संक्षिप्त होना 'संक्षेपण' का आधार-स्तंभ है। प्रायः मान्यता यह है कि संक्षेपण का कलेवर मूल का एक-तिहाई भाग

होना चाहिए। किंतु यह कोई अंतिम और सर्वथा अनिवार्य नियम नहीं है। अर्थात् 150 शब्दों के अनुच्छेद का संक्षेपण करते समय मात्र 50 शब्दों का निर्देश ही आवश्यक नहीं। 5-10 शब्दों के कम या अधिक हो जाने से संक्षेपण निरर्थक नहीं हो सकता। फिर भी कलेवर का लघु होना अनिवार्य है। यह ध्यान रखना चाहिए। इसके लिए हम मूल अनुच्छेद में प्रस्तुत विभिन्न उदाहरणों, उद्धरणों और पुनरुक्ति वाली बातों को छोड़ सकते हैं।

पूर्णता—संक्षिप्तता का यह अर्थ कदापि नहीं है कि मूल अनुच्छेद की कुछ अपेक्षित बातें छूट जाएँ और कुछ आ जाएँ। ध्यान यह रखना पड़ेगा कि मूल के सभी महत्त्वपूर्ण, यथार्थ और उपयोगी तथ्य और सत्य पूर्ण रूप में संक्षेपण के अनिवार्य अंग होंगे। उनमें से यदि कोई छूट जाता है तो संक्षेपण की उपयोगिता समाप्त हो जाती है। वस्तुतः संक्षेपण में न तो अपनी ओर से मूल्यांकन शैली में कुछ टिप्पणी की संभावना होती है और न ही निष्कर्ष की शैली में कोई निर्णय देने की। आवश्यकता यहाँ यह है कि प्रस्तुत विषय-सामग्री का नीर-क्षीर विवेकसम्मत पूर्ण रूप संक्षेपण में उभरकर आना चाहिए।

सुसंबद्धता—संक्षेपण की तीसरी महत्त्वपूर्ण विशेषता यह है कि जब हम मूल का संक्षिप्त रूप प्रस्तुत करते हैं तो उसकी उपयोगी, यथार्थ, और महत्त्वपूर्ण बातों में पारस्परिक बिखराव नहीं आना चाहिए। उनका आपसी तारतम्य भी बनना चाहिए। संक्षेपण करते समय इस बात का खतरा बना रहता है। हम बीच-बीच में से कुछ-कुछ तथ्य चुनते हैं, तो उनकी संबद्धता मूल अनुच्छेद से छिन्न-भिन्न हो जाती है। उनमें दूरान्वय के दोष की संभावना रहती है। इन खतरों को दूर करने के लिए हमें संक्षेपण में सभी तथ्यों में एक व्यवस्था स्थापित करनी पड़ती है। कभी-कभी महत्ता के कारण तथ्यों का क्रम भी परिवर्तित करना पड़ता है।

'संक्षेपण' को पढ़ते समय हमें मूल अनुच्छेद जैसे कथ्य का अनुभव होना चाहिए। संक्षिप्त रूप भी अपने आपमें एक अन्य अनुच्छेद ही होता है। अतः इसमें व्यवस्था का रहना अनिवार्य है। अन्यथा यह केवल कुछ वाक्यों का समूह बनकर रह जाएगा। अनुच्छेद का प्रभाव न दे सकेगा।

सहज-स्पष्ट भाषा-शैली—मूल अनुच्छेद की सभी बातों को संक्षेपण में प्रस्तुत करते समय यह भी आवश्यक है कि सभी तथ्य स्पष्ट रूप में उभरने चाहिए। ऐसा न हो कि मूल की सहज स्पष्ट बातें संक्षिप्त रूप में आकर और उलझ जाएं या समझ में न आएं। जिस प्रकार किसी पैराग्राफ में कुछ बातें समझाई गई हैं उसी प्रकार संक्षेपण में हमें उन बातों को संक्षिप्त रूप में समझाकर लिखना होता है। यहाँ संक्षेपण करनेवाले की प्रतिभा और अभ्यास एक बार पुनः उपयोगी सिद्ध होते हैं। उसकी भाषा-शैली, शब्द-चयन, वाक्य-संरचना और प्रस्तुतीकरण सभी का समेकित प्रभाव संक्षेपण को स्पष्ट और सहज बनाता है। आवश्यकता तो इस बात की भी है कि मूल सामग्री को संक्षेपण में आकर सहज और सरल हो जाना चाहिए।

दो या अधिक अर्थवाले द्वयर्थक शब्दों को नहीं चुनना चाहिए। शैली सरल और सर्वजन-सहज होनी चाहिए ताकि उसका अपेक्षित प्रभाव पड़ सके। उनमें कुछ अधूरा-सा या उलझा-सा न लगे। संक्षेपण की भाषा में अन्य पुरुष का प्रयोग होना चाहिए।

'संक्षेपण' और अन्य निकटस्थ रूप

यहाँ एक बात और भी समझनी चाहिए कि 'संक्षेपण' शब्द के समान लगनेवाले अंगरेज़ी में और हिंदी भाषा में अनेक शब्द हैं जैसे सारांश, भावार्थ, निष्कर्ष, उपसंहार आदि। किंतु ध्यातव्य यह है कि संक्षेपण का पारिभाषिक अर्थ इनसे भिन्न है। यद्यपि इनकी कुछ-कुछ अर्थ-छवियाँ संक्षेपण में भी मिलेंगी। जैसे 'संक्षेपण' और 'सारांश' प्रायः एक ही अर्थ देते हैं, पर्यायवाची लगते हैं किंतु संक्षेपण मूल का लगभग एक-तिहाई होना चाहिए जबकि सारांश के लिए ऐसी कोई रूढ़ि नहीं है। जैसे यदि आज के टी.वी. या रेडियो के किसी 'समाचार बुलेटिन' का सारांश कोई अनजान व्यक्ति पूछ ले तो कुछ शीर्षक गिनाकर भी उसका सारांश बताया जा सकता है और उनका विस्तार करके भी। किंतु संक्षेपण में सभी महत्त्वपूर्ण समाचारों को क्रमशः ब्यौरेवार संक्षेपण के नियम में बाँधकर बताना अनिवार्य है।

इसी प्रकार भावार्थ भी एक-दो शब्द या एक-दो वाक्य में दिया जा सकता है। भावार्थ में कभी-कभी स्वयं मूल्यांकन का भी संकेत रह सकता है; किंतु संक्षेपण में नहीं। निष्कर्ष या उपसंहार भी संक्षिप्त तो होते हैं और मूल्यांकन की विशेषताएँ समेटे रहते हैं किंतु संक्षेपण में इसकी गुंजाइश नहीं है। किसी अनुच्छेद को पढ़कर यदि उसका संक्षेपण करना पड़े और निष्कर्ष देना पड़े तो—निष्कर्ष में हम यह कह सकते हैं कि यह अनुच्छेद अच्छा लगा अथवा निरर्थक या बेकार लगा। और हमारा कार्य समाप्त। परंतु संक्षेपण में ऐसा नहीं हो सकता। उसमें जो जैसा भी है, जो भी है उसकी मूल बातों को ग्रहणकर किसी-न-किसी व्यवस्था में प्रस्तुत करना पड़ता है। स्पष्ट है कि संक्षेपण अपना निश्चित और भिन्न कार्य-क्षेत्र रखता है। अन्य समान शब्दों से यह पर्याप्त भिन्न है।

'संक्षेपण' की विधि

संक्षेपण एक कला है। यह सामान्यतः मूल अनुच्छेद का एक-तिहाई रूप होता है—इतनी बात स्पष्ट हो चुकी है। यदि हमें किसी प्रस्तुत विषय-सामग्री का संक्षेपण करना पड़े तो उसके लिए विभिन्न नियमों की जानकारी होनी चाहिए। प्रायः इस रचना-प्रक्रिया का उपयोग करने से हम एक अच्छे संक्षेपणकार बन सकते हैं—

(1) दिये हुए उद्धरण को ध्यान से दो-तीन बार या तब तक पढ़ना चाहिए जब तक उस अवतरण का मूल भाव, मूल प्रतिपाद्य भली-भाँति स्पष्ट न हो जाए।

पहले या दूसरे पाठ के पश्चात् महत्त्वपूर्ण शब्दों को रेखांकित करते जाना चाहिए। इसका लाभ यह होगा कि फिर पढ़ने पर सभी महत्त्वपूर्ण तथ्य जैसे—तिथियाँ, व्यक्तिवाचक संज्ञाएँ, विशेषण, आँकड़े पारिभाषिक शब्द आदि को सरलता से ध्यान में रखा जा सके।

(2) बार-बार पढ़ने की प्रक्रिया में उस अनुच्छेद का शीर्षक भी चुनना चाहिए। कभी-कभी उपयुक्त शीर्षक की खोज करने से मूल-भाव को समझने में भी सुविधा होती है। और यदि मूल प्रतिपाद्य स्पष्ट हो जाता है तो शीर्षक का चुनाव सहजता से हो सकता है। ये दोनों एक-दूसरे के अनुपूरक हैं। शीर्षक छोटा और मूल प्रतिपाद्य को पूर्णतः व्यक्त करनेवाला कोई शब्द या पदबंध होना चाहिए। वाक्य या वाक्यांश को शीर्षक बनाने से बचना चाहिए।

(3) गद्यांश के सभी महत्त्वपूर्ण तथ्य तो रेखांकित कर लेने चाहिए किंतु किसी भाव-विशेष को स्पष्ट करनेवाले उदाहरण, उद्धरण अथवा कथांश को छोड़ देना चाहिए। कभी-कभी किसी सूत्र-वाक्य को समझाने के लिए कई प्रकार की पुनरुक्तियाँ की जाती हैं, उन्हें भी छोड़ देना चाहिए या किसी एक सर्वश्रेष्ठ को चुन लेना चाहिए।

(4) मूल गद्यांश में चुनी हुई रेखांकित सामग्री को अब एक अन्य जगह उतार लेना चाहिए। उनमें आपसी तारतम्य बैठाना चाहिए। उसके तथ्यों के लिए सरल वाक्य बनाने चाहिए। प्रायः हम मूल सामग्री के उन चुने हुए वाक्य या वाक्यांशों को ज्यों का त्यों रख देते हैं और समझ लेते हैं कि संक्षेपण ठीक हो गया। यह बहुत बड़ा भ्रम है। जब हम कुछ-कुछ तथ्यों को किसी पैराग्राफ से चुनते हैं तो तथ्यों और वाक्यों का तारतम्य टूट जाता है। इसलिए उनमें व्यवस्था बनाकर अपनी भाषा में उन्हें पुनः प्रस्तुत करना चाहिए।

(5) मूल उद्धरण में जो विचार संक्षिप्त या सूत्र-रूप में अभिव्यक्त किये गये हों, उनकी व्याख्या नहीं करनी चाहिए।

(6) संक्षेपण में मुहावरों, लोकोक्तियों, आलंकारिक भाषा और द्वयर्थक शब्दों के चुनाव से बचना चाहिए। इससे संक्षेपण के दुरूह होने का खतरा बना रहता है।

(7) इसके बाद उन सभी तथ्यों को लेकर सहज, स्पष्ट, अन्य पुरुष की भाषा का प्रयोग करते हुए अंतिम रूप में लिखना चाहिए। भाषा, वाक्य-संरचना संक्षेपणकार की अपनी होनी चाहिए।

(8) पुनरीक्षण करना संक्षेपण-विधि का अंतिम और महत्त्वपूर्ण सोपान है। इसका अर्थ है अपने द्वारा प्रस्तुत विषय-सामग्री की उपयुक्तता का मूल्यांकन करना। हमें उस संक्षेपण को एक बार पढ़ना चाहिए और यह पता लगाना चाहिए कि यह अनुच्छेद की परिभाषा के अंतर्गत आता है या कोरा वाक्यों का समूह बनकर रह गया है। इसके वाक्यों या वाक्यांशों में दूरान्वय दोष तो नहीं रह गया। कम

महत्त्वपूर्ण बात पहले और अधिक महत्त्वपूर्ण बात बाद में तो नहीं आई। सभी महत्त्वपूर्ण तथ्य, जानकारियों का समावेश हो गया है या किसी कारणवश कोई बात छूट गई है आदि। यदि ऐसा है तो उसे समाविष्ट कर लेना चाहिए।

'संक्षेपण' के भेद

संक्षेपण प्रायः दो प्रकार का होता है। 1. धाराप्रवाह संक्षेपण। 2. सारिणी संक्षेपण। अभी तक हमने धाराप्रवाह संक्षेपण की बात की है।

सारिणी संक्षेपण में प्रायः कार्यालयों में प्राप्त होनेवाले आवेदन-पत्रों या अन्य अनेक प्रकार के पत्रों की विषय-वस्तु का संक्षेपण एक तथ्यात्मक सारिणी या तालिका बनाकर प्रस्तुत किया जाता है। जैसे तालिका के शीर्षक होंगे। क्रमांक/पत्र प्राप्ति की तिथि/पत्र का दिनांक/प्रेषक/प्राप्तकर्ता/संदर्भ, विषयवस्तु/ आदि। इसी क्रम में 1, 2, 3... आदि सभी पत्रों का एक संक्षिप्त रूप हमारे सामने तैयार हो जाता है।

'संक्षपेण' के कुछ उदाहरण

मूल अनुच्छेद (1)

अंतर्राष्ट्रीय बाज़ार में भारतीय उद्योग, विदेशी उद्योगों से टक्कर लेने की क्षमता कैसे पैदा करें ? यह एक बहुत बड़ी चुनौती है। शुरू-शुरू में देश के अर्थ-तंत्र में मूल क्षेत्र के उद्योगों की स्थापना में सरकार ने मुख्य उद्यमी की महत्त्वपूर्ण भूमिका निबाही। राष्ट्रहित में आधारभूत उद्योगों की आवश्यकता को समझते हुए बहुत से उद्योगों को अनेक प्रकार से संरक्षण प्रदान किया और देश-विदेश के प्रतिद्वंद्वी उद्योगों द्वारा मुकाबले की चोट से बचाने की हरचंद कोशिश की गई। पिछले तीन दशकों में कुछ महत्त्वपूर्ण क्षेत्रों में कई उद्योगों ने काफी उन्नति की है। इलैक्ट्रॉनिक्स एवं बायोटैक्नोलॉजी आदि के क्षेत्र में नव्यतम उद्योगों के आगमन पर नज़र दौड़ाई जाए तो राष्ट्र की विकास-यात्रा से प्रभावित हुए बिना नहीं रहा जाता।

संक्षेपण : भारतीय उद्योग को विश्व-बाज़ार में टिकने के लिए कड़ी चुनौती का सामना करना पड़ रहा है। आरंभ में सरकार ने राष्ट्रहित में आधारभूत उद्योगों की कई प्रकार से सहायता की, उन्हें प्रोत्साहन दिया। परिणामस्वरूप अनेक उद्योग उन्नत भी हुए। विद्युत उत्पादन के क्षेत्र में भारतीय उद्योग की प्रगति विशेष सराहनीय है।

शीर्षक : भारतीय उद्योग की चुनौती

मूल अनुच्छेद (2)

मानव समाज की जटिल समस्याओं का निदान जानकर राजनीतिक, सामाजिक, आर्थिक आदि विभिन्न स्तर पर उनका समाधान खोजनेवाले दूरदर्शी नेता हर काल और हर देश में जन्म लेते रहे हैं। परंतु मानवसमाज की समग्र प्रगति एवं सर्वांगीण विकास के लिए भौतिक पक्ष के साथ–साथ आध्यात्मिक तथा साहित्यिक पक्ष को सुदृढ़ करने की ओर प्रायः किसी का ध्यान नहीं गया। इस दृष्टि से गुरु गोविंदसिंह की देन अभूतपूर्व तथा अद्वितीय कही जा सकती है। वे मूल रूप से संत थे, गुरुनानक देव के आध्यात्मिक उत्तराधिकारी। धर्म और दर्शन में उनकी गहरी बैठ थी। एक अकाल पुरुष के परम भक्त, सिद्ध, धर्माचार्य होने के साथ–साथ वे परम वीर, निर्भय, योद्धा, कुशल सेनानी तथा दूरदर्शी राजनीतिक नेता भी थे, किंतु भक्ति और शक्ति की यमुना–गंगा में साहित्य की सरस्वती को मिलाकर गुरु गोविंद ने विश्व के इतिहास में सर्वथा एक नया अध्याय जोड़ दिया।

संक्षेपण : मानव-समाज की विभिन्न समस्याओं को सुलझाने के लिए हर युग में अनेक विचारक होते रहे हैं, परंतु उनका क्षेत्र प्रायः आर्थिक, सामाजिक या राजनीतिक ही रहा। गुरु गोविंदसिंह ने मनुष्य-जीवन के आंतरिक और बाह्य पक्ष के समन्वित विकास के साथ-साथ साहित्य और संस्कृति को भी महत्त्व दिया। गुरु गोविंदसिंह के रूप में हमें भक्ति, शक्ति और सरस्वती के पवित्र संगम का साक्षात्कार होता है।

शीर्षक : गुरु गोविंदसिंह की देन

2. पल्लवन

'पल्लवन' मूल शब्द 'पल्लव' से बना है। इसका अर्थ है पत्ता। पल्लव अपने मूल रूप में संपूर्ण नहीं होता। इसका मूल होता है—बीज। बीज से पत्ते तक की प्रक्रिया को हम इस प्रकार भी समझ सकते हैं—

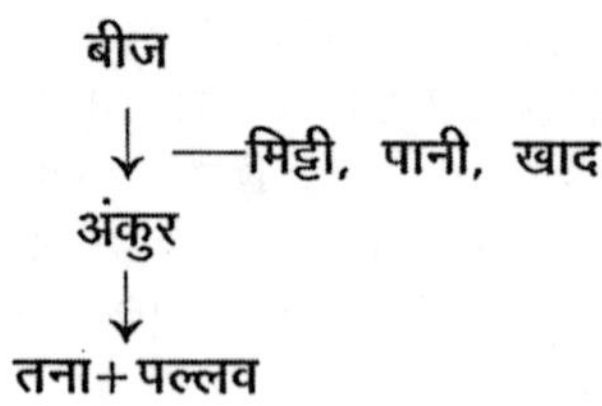

अर्थात् सबसे पहले कोई बीज मिट्टी में बोया जाता है। खाद और पानी देने से वह अंकुरित होता है। इसके बाद उसमें तना और पत्ते विकसित होते हैं। ठीक यही प्रक्रिया 'पल्लवन' में भी निहित है। 'पल्लवन' शब्द अंगरेज़ी के Expansion का हिंदी प्रतिशब्द है। उसका अर्थ है—विस्तार। 'पल्लवन' एक प्रकार की गद्य-रचना है, जिसमें किसी विचार या विषय का विस्तार मिलता है। किसी प्रबुद्ध सामाजिक प्राणी को किसी विषय पर अपने विचार व्यक्त करने के लिए जब अवसर मिलता है तब वह अपनी सामर्थ्य और समझ के अनुसार उसका मौखिक या लिखित गद्य रूप प्रस्तुत करता है। स्पष्ट है कि 'पल्लवन' में दक्षता प्राप्त करने के लिए प्रतिभा और निरंतर अभ्यास की आवश्यकता है। 'पल्लवन' का वास्तविक स्वरूप क्या है, इसकी रचना-प्रक्रिया से क्या अभिप्राय है ? इन बातों का विवेचन यहाँ अपेक्षित है।

'पल्लवन' : लक्षण एवं स्वरूप

'पल्लवन' की सर्वमान्य परिभाषा उपलब्ध है—ऐसा नहीं कहा जा सकता। इसका कारण यह है कि इस सर्जनात्मक गद्य-रूप के विषय में किसी शास्त्रीय या परंपरागत रूढ़ि का आग्रह नहीं मिलता। फिर भी विभिन्न विद्वानों ने अपने-अपने

शब्दों में इसकी परिभाषाएँ प्रस्तुत की हैं जिनसे हम 'पल्लवन' के अर्थ और स्वरूप को समझ सकते हैं—

एक निश्चित विषय अथवा विवेच्य-बिंदु या कथ्य से संबद्ध विचार एवं भाव को अपने ज्ञान, स्वानुभूति और कल्पना के सहारे विस्तृत कर सुललित प्रवाहमयी उन्मुक्त शैली के माध्यम से गद्य में अभिव्यक्त करना 'पल्लवन' कहलाता है।

जिस प्रकार खेती या बागवानी के समय पहले बीज बोते हैं और फिर वह अंकुरित एवं पल्लवित होता है, उसी प्रकार जब हम किसी विषय रूपी बीज को विस्तार देना शुरू करते हैं तब उसे पल्लवित करना कहते हैं।

पल्लवन भी निबंध जैसी एक गद्य-रचना है जिसमें किसी निर्धारित विषय का विस्तृत विवेचन मिलता है। किंतु निबंध और पल्लवन उद्देश्य, कलेवर और उक्ति-वैचित्र्य की दृष्टि से पर्याप्त भिन्न भी हैं।

इस आधार पर कहा जा सकता है कि—**''पल्लवन एक प्रकार की सर्जनात्मक गद्य-रचना है। इसमें किसी सूत्र, उक्ति, विषय या विचार-बिंदु का कल्पना के सहारे, मौलिक, उक्ति-वैचित्र्यपूर्ण, उन्मुक्त, सारगर्भित विस्तार प्रवाहमयी सहज भाषा-शैली में किया जाता है।''**

पल्लवन और निबंध के पारस्परिक साम्य-वैषम्य के विषय में विवेचन करना आवश्यक है। प्रायः पल्लवन को निबंध ही मान लिया जाता है। ऐसा करना बिल्कुल गलत है। निबंध में भी यद्यपि किसी विचार-बिंदु का विस्तार कल्पना, प्रतिभा और मौलिकता के आधार पर किया जाता है तथापि उसका उद्देश्य भिन्न है। पल्लवन में विषय का विस्तार भी एक निश्चित सीमा के अंतर्गत किया जाता है। निबंध में यह सीमा प्रायः नहीं रहती। अर्थात् कलेवर की दृष्टि से दोनों भिन्न हैं, चाहे दोनों की रचना-प्रक्रिया समान है। दूसरी बात उद्देश्य की है। निबंध से अपेक्षा की जाती है कि किसी विषय की विभिन्न दिशा-संकेतों के माध्यम से विस्तृत और विश्लेषित जानकारी मिल सकेगी। किसी विचार-बिंदु का सूत्रपात करके उसका विवेचन-विश्लेषण का पूर्ण विकास किया जाएगा। इसके ठीक विपरीत, पल्लवन में यह विकास अत्यंत त्वरित और सारगर्भित होता है। 'विषय' के सभी पहलुओं का उद्‌घाटन और विवेचन पल्लवन में संभव नहीं होता। पल्लवन जब एक या डेढ़ पृष्ठ से अधिक होने लगता है तब समस्त विचार-बिंदुओं में बिखराव आने की आशंका रहती है। पल्लवन में यह अपेक्षा की जाती है कि लेखक अपेक्षित विषय पर अपने विचार, विवेचन-विश्लेषण, उदाहरण-दृष्टांत आदि सभी का उपयोग समास-शैली में करेगा। तीसरी बात विषय की है। किसी भी विषय या संकेत-बिंदु पर निबंध तो लिखा जा सकता है किंतु उन सभी का पल्लवन करना कभी-कभी कठिन हो जाता है। पल्लवन के लिए विषय ऐसे होने चाहिए जिनमें बहुत विस्तार की गुंजाइश न हो। शास्त्रीय सूत्र, वैज्ञानिक समीकरण या प्रौद्योगिकी सरणियों पर पल्लवन करना

प्रायः कठिन होता है। इन्हें प्रायः किसी निबंध में ही समझाया जा सकता है। इस प्रकार स्पष्ट है कि पल्लवन और निबंध में सतही तौर पर साम्य होते हुए भी अंतर बहुत अधिक है।

'पल्लवन' की प्रमुख विशेषताएँ

संक्षेप में, 'पल्लवन' में अपेक्षित विशेषताएँ इस प्रकार हैं–

(1) गद्यात्मक रचना, (2) सर्जनात्मकता, (3) केंद्रोन्मुखता, (4) मौलिकता, (5) कल्पनात्मकता, (6) प्रवाहमयता, (7) उन्मुक्तता, (8) सहजता, (9) उक्ति-वैचित्र्य, (10) शब्द-चयन, (11) भाषा-लालित्य आदि।

(1) गद्यात्मक रचना : किसी 'विषय' का वैसे तो गद्य-पद्य में विस्तार किया जा सकता है। वर्षों पूर्व हिंदी में समस्यापूर्ति के रूप में काव्य-रचना होती रही है। किंतु पल्लवन के लिए प्रायः निश्चित है कि इसमें भावानुभूति को गद्य-रूप में प्रकट किया जायेगा। विचारों का तर्कपूर्ण विवेचन-विश्लेषण गद्य में ही किया जा सकता है। कविता में इसकी गुंजाइश नहीं है। यही कारण है कि प्राचीनकाल में किसी सूत्र या कारिका के भाष्य या व्याख्यान-विश्लेषण के लिए प्रायः गद्य को अपनाया जाता था। पल्लवन में विषय के चुनाव के पश्चात् उनके सूत्रों को सँजोकर व्यंजनात्मक रूप में विकास अपेक्षित रहता है। लेखक अपनी रुचि, मेधा और अवसर के अनुकूल किसी विषय का विस्तार प्रस्तुत करता है। यह गद्य-रचना पर्याप्त विस्तृत नहीं होती। एक सीमा में रहकर ही अपने विचारों को प्रस्तुत करना पड़ता है अन्यथा निबंधात्मकता आने का खतरा रहता है।

सर्जनात्मकता : अन्य साहित्य-रूपों के समान पल्लवन भी सर्जना-पूर्ण विधा हैं। यदि किसी पल्लवन को पढ़कर लगे कि इसमें तो कुछ वाक्य या उक्तियाँ चिपकायी गयी हैं, या कतरनों को जोड़कर कुछ प्रस्तुत किया है तो उसे पल्लवन की संज्ञा नहीं दी जा सकती। किसी विषय पर प्रस्तुत किये गये लेखक के विचार उसकी वैयक्तिक सृजनशीलता का परिणाम होने चाहिए। अन्यथा उनमें बिखराव, कृत्रिमता और अस्पष्टता आ जायेगी। सृजनशीलता के लिए प्रतिभा और अभ्यास अनिवार्य है। जब हम एक ही विषय पर विभिन्न व्यक्तियों से एक साथ, एक ही समय में पल्लवन करवाते हैं तो सभी की प्रस्तुति भिन्न-भिन्न होगी। उनमें विषय-प्रतिपादन, दृष्टिकोण, विज़न, वैचारिकता एवं व्यंजनात्मकता आदि के स्तर पर यह भिन्नता मिलेगी। परिणामतः सभी का सृजनात्मक रूप भिन्न-भिन्न आस्वाद दे सकेगा।

केंद्रोन्मुखता : सृजनशील व्यक्ति पल्लवन करते समय विषय को विभिन्न आयामों से समझने-समझाने लगता है। कभी-कभी मूल विषय से दूर भी हट जाता है। इसका परिणाम यह होता है कि हम पल्लवन के मूल उद्देश्य से भटक जाते

हैं। वैसे भी अपने विचार व्यक्त करते समय हमें विषय-क्षेत्र की सीमा में रहना चाहिए। विषय से भटके और अप्रासंगिक हुए। पल्लवन की यह महत्त्वपूर्ण विशेषता है कि लेखक को निर्दिष्ट विषय के केंद्र में रहना चाहिए। इसका कारण यह भी है कि पल्लवन में निर्द्वन्द्व विस्तार का अवसर नहीं होता। हमें अपने पक्ष को सारगर्भित रूप में प्रस्तुत करना पड़ता है। यदि हमारा ध्यान मूल विषय पर केंद्रित नहीं रहेगा तो पल्लवन निरर्थक होने लगेगा। विवेचन में बिखराव आ जाएगा। अतः सृजन-शक्ति को मुख्य विषय पर केंद्रित करना चाहिए।

मौलिकता : मौलिकता का अभिप्राय है—नवीनता। अर्थात् किसी विषय पर अब तक उपलब्ध भावानुभूति, विचार और प्रस्तुतीकरण की दृष्टि में जब कोई लेखक नवीनता लाता है तो उसे मौलिकता कहा जायेगा। सृजनात्मकता की प्रथम अपेक्षा मौलिकता में है। कोई भी कलात्मक सृजन मौलिक होगा। यदि वह मौलिक नहीं है तो उसमें सृजनात्मकता का अभाव है, वह नकल भी हो सकती है। मौलिकता में व्यक्ति का निजी अनुभव, दृष्टिकोण और विश्लेषण प्रकट होता है। मौलिक रचना ही रसास्वाद प्रदान कर सकती है। पल्लवन का एक गुण उसका मौलिक होना भी है क्योंकि यह एक सृजनात्मक गद्य-रूप है। अतः इसमें लेखक का निजी वैशिष्ट्य मिलना चाहिए। किसी विषय का पल्लवन करते समय हमें उस विषय में प्राप्त समस्त भाव-विचारों को निजी रूप में प्रस्तुत करना चाहिए। विषय पर कुछ नया चिंतन प्रस्तुत करना चाहिए। समसामयिकता की अपेक्षा के अनुसार नवीन भाव-विचार के संकेत से पल्लवन में मौलिकता आती है।

कल्पनात्मकता : सृजनशील और मौलिक रचना होने के नाते पल्लवन में कल्पनाशीलता का स्थान अक्षुण्ण है। उपर्युक्त दोनों विशेषताओं की आधार-भूमि भी यही है। कल्पनाशीलता के द्वारा नीरस विषय को भी सरस और व्यंजनापूर्ण बनाया जा सकता है। लेखक की प्रतिभा, अभ्यास, अध्ययन, विचार और अनुभूति पर आधारित कल्पनात्मक क्षमता किसी विषय को सुंदर और अर्थपूर्ण बनाती है। पल्लवन करते समय बीज रूप में प्राप्त विचार-बिंदु का सिंचन कल्पनारूपी खाद और पानी से किया जाता है तभी उसमें सरसता और प्रभविष्णुता अंकुरित होती है। यहाँ ध्यातव्य है कि कल्पना की उड़ान निरंकुश नहीं होनी चाहिए। जिस विषय पर पल्लवन करना है, उसके तथ्यात्मक स्वरूप को कल्पनात्मक रंग चढ़ाकर सुंदर तो बनाया जाता है किंतु विषयवस्तु के प्रतिपाद्य और प्रस्तुतीकरण शैली एकदम वायवीय नहीं बननी चाहिए। उनमें यथार्थता और स्वाभाविकता का गुण विद्यमान रहना चाहिए। जहाँ हम अति कल्पना का आश्रय लेने लगते हैं वहाँ कृति कृत्रिम, अविश्वसनीय और अयथार्थवादी होने लगती है। अतः पल्लवन में विषय का प्रतिपादन स्वाभाविकता की सीमा में रहकर ही किया जाना चाहिए। यह निबंध नहीं है, अतः कल्पना की अपेक्षा भी सीमित हो जाती है।

उन्मुक्तता : उन्मुक्तता सृजनशीलता की अन्य महत्त्वपूर्ण कसौटी है।

उन्मुक्तता का अर्थ है—बंधन-मुक्त, सहज होकर लिखना। पल्लवन के विषय का प्रतिपादन किसी शास्त्रीय, और पारंपरिक रूढ़ि से मुक्त होना चाहिए। लेखक को चाहिए कि विषय के घेरे में आनेवाले विभिन्न पक्षों में से एक-दो को उन्मुक्त रूप से चुने। उन पर सुचिंतित विचार व्यक्त किए जाएँ। यदि किसी आग्रह-पूर्वाग्रह से ग्रस्त होकर विषय का विस्तार होगा तो वह सर्वजनसुलभ आनंद नहीं दे पाएगा। यदि किसी विचार का सूत्रपात करेगा भी, तो वह किसी वर्ग विशेष को तुष्ट करेगा। अपेक्षा यह है कि विषय का चुनाव और प्रतिपादन, सूत्र-गठन और उद्देश्य सब कुछ लेखक के व्यक्तित्व के स्वतंत्र चिंतन का प्रतिफलन होना चाहिए। पाठक अथवा जन-साधारण के लिए उससे कुछ ग्रहण करने की संभावना होनी चाहिए।

प्रवाहमयता : पल्लवन एक सुगठित, समेकित इकाई है। इसमें जिन भाव-अनुभूतियों को प्रस्तुत किया जाता है; उनमें निरंतर गति रहनी चाहिए। जब हमारे भाव और विचार विश्रृंखलित होकर व्यक्त होते हैं, उनमें पूर्वापर क्रम नहीं रहता, अथवा हम अपने चिंतन और तर्कों में संगति नहीं बैठा पाते तब किसी कृति का निर्माण नहीं होता। मात्र कुछ वाक्यों का समूह हमारे सम्मुख रहता है अथवा किन्हीं कतरनों की पोटली से जूझने की कोशिश होती है। पल्लवन में क्योंकि सीमा एक-डेढ़ पृष्ठ तक निर्धारित रहती है, अतः हमें चुने हुए विषय से संबद्ध भावलहरियों, वैचारिक सूत्रों को उनके अनुरूप भाषा शैली में क्रमशः संयोजित कर लेना चाहिए। वास्तव में विषयवस्तु के बिंदुओं और तर्कों का संयोजन प्रवाहमयता को प्रभावित करता है। जिस अनुच्छेद में पल्लवन किया जा रहा है उसमें अनुच्छेद का गुण मिलना चाहिए। अनुच्छेद मात्र कुछ वाक्यों का समूह नहीं होता अपितु अपेक्षित भाव-विचारों की क्रमशः विकसित भाषात्मक अभिव्यक्ति होती है। अतः प्रवाह को बनाये रखने के लिये भावों-विचारों को सुसंगठित कर लेना चाहिए। तत्पश्चात् प्रत्येक को एक-दूसरे के पूर्वापर संबंध के अनुसार क्रमशः विकसित करना चाहिए। अनुच्छेद के प्रत्येक वाक्य में ऐसी क्षमता होनी चाहिए कि वह विषयवस्तु के प्रत्येक अंग को एक-दूसरे से जोड़ते हुए श्रृंखला का आभास प्रदान करे।

सहजता : यह ऐसी विशेषता है जिसकी आवश्यकता वस्तु और शिल्प दोनों के लिए अनिवार्य है। जहाँ यह आवश्यक है कि विषय का चुनाव सहज हो वहाँ यह भी जरूरी है कि विषय का प्रतिपादन सहज हो। साहित्य की किसी भी विधा के लिए सहजता उपयोगी गुण है। पल्लवन करते समय कल्पना और मौलिकता की रक्षा सहज रहकर ही की जा सकती है। अभ्यास और प्रतिभा के बल पर गंभीर और गुरुतर विषयों को भी सरलता से प्रतिपादित किया जा सकता है। यहाँ सरलता प्रतिपादन की है, व्यक्ति के व्यक्तित्व की है। लीक पीटने से गुरु-गंभीर किंतु आवश्यक विषय भी नीरस हो जाया करते हैं। आज के युग में जबकि प्रत्येक क्षण किसी न किसी तनाव के साथ व्यतीत होता है तब तो सहजता-सरलता अनिवार्यतः अपेक्षित है। इससे प्रवाहमयता बनी रहती है। पाठक की रुचि का

परिष्कार भी हो सकता है। उसमें अभीष्ट विषय को समझने की रुचि भी उत्पन्न हो सकती है। अतः बात संक्षेप में ही क्यों न कही जाए, सर्वजन सुलभ और सरल होनी चाहिए।

उक्तिवैचित्र्य : इसका अभिप्राय है—उक्ति-कौशल। किसी बात को कहने के अनेक प्रकार हो सकते हैं। इस प्रकार की अनेकता में से एक का चुनाव विषय और रूप की अपेक्षानुसार करना चाहिए। पल्लवन के लिए यद्यपि विषय पुराने या जाने-पहचाने भी हो सकते हैं अथवा नवीन भी, किंतु उसका प्रस्तुतीकरण कुछ इस प्रकार होना चाहिए जिससे नयापन झलके। पढ़ते ही लेखक की प्रतिपादन शैली से प्रभावित हुआ जा सके। हमारा अभिप्राय आलंकारिक या दुरूहता से कदापि नहीं है। साजसज्जा का पल्लवन में अभाव रहता है किंतु विचार-सूत्रों और कथन-भंगिमा में कुछ ऐसा तालमेल और नयापन होना चाहिए जिससे विषय की महत्ता स्थापित हो सके। बेकार और उबाऊ लगनेवाले विषयों में भी रुचि पैदा हो सके। बात सीधे-सपाट रूप में कही जाए तो कुछ और रंग देती है। कलात्मक तथा वक्रतापूर्ण कही जाए तो कुछ और रंग देती है। पल्लवन करते समय विषयों को व्यंजनात्मक बनाना भी बहुत जरूरी होता है। समय के बदलने के साथ शब्दों के अर्थ और विचार-बिंदुओं के अभिप्रायः बदलने लगते हैं। उन सभी छवियों की व्यंजनात्मकता को पकड़कर अपनी बात समय, स्थान, विषय और व्यक्ति के अनुसार हाजिर-जवाब रूप में उपस्थित करना उक्ति-वैचित्र्य की प्रमुख पहचान है। पारंपरिक एकरसता को उक्ति-कौशल भली-भाँति तोड़ सकता है।

शब्द-चयन : पल्लवन एक उन्मुक्त और मौलिक रचना है इसलिए इसमें जिस भाषा का प्रयोग किया जाता है और जिन शब्दों का चयन किया जाता है वे परंपरागत या पुस्तकीय ज्ञान से भिन्न होने चाहिए। शुद्ध-परिशुद्धता के स्थान पर सहजता शब्द-चयन प्रक्रिया का अंग होनी चाहिए। हम ऐसे शब्दों का उपयोग करें जिन्हें सब समझ सकें। ऐसे मुहावरे लाएँ जो सबको एकदम अर्थ की तह तक ले जा सकें। भाव हमारे अपने हैं, उनका संगठन हमारा अपना है तो हमें शब्दों के चुनाव में कोई कठिनाई नहीं होगी। उदाहरणों का चुनाव भी जाना-पहचाना और सहज होना चाहिए। यद्यपि कोई भी कृति सभी को समान संतुष्टि नहीं दे सकती तथापि पल्लवन करते समय हमें जनसाधारण के सामर्थ्य का अनुमान होना चाहिए।

भाषा-लालित्य : हमारे भाव और विचारों को अभिव्यक्त करने का माध्यम भाषा है। पल्लवन के द्वारा किसी विषय से संबद्ध विचार-बिंदुओं को इस प्रकार व्यक्त किया जाता है कि सब लोग उसका आशय भली-भाँति सहज रूप में समझ सकें। इसके लिए आवश्यक है—ललित और सरल भाषा का प्रयोग। शब्द-चयन और उक्ति-वैचित्र्य-भाषा के उपकरण हैं। बिंबात्मकता भाषा का अन्य महत्त्वपूर्ण गुण है। गद्य की भाषा ऐसी होनी चाहिए जिनसे शब्दों के अर्थ के साथ शब्दचित्र भी आँखों

के समक्ष बनते चलें। तभी तो विषय की गंभीरता भी सरलता और सहजता में बदलने लगती है। यह सब अभ्यास से आता है। भाषागत उपकरण की सहजता उनके प्रभाव को द्विगुणित कर देती है। लाक्षणिक और ध्वनिवादी शब्द-विधान यद्यपि अनावश्यक है तथापि मुहावरे और लोकोक्तियों का प्रयोग अनिवार्य है। यह भाषा को समास-गुण प्रदान करता है। बिंबों, उपमानों और प्रतीकों का चयन हमें अपने आस-पास के दैनिक जीवन से करना चाहिए। पल्लवन में कलेवर की दृष्टि से सीमा निर्धारित रहती है। इसलिए भाषा का सौंदर्य उसकी थोड़े में अधिक कहने की क्षमता में निहित है। व्यंग्यात्मकता कथन को सारगर्भित बनाती है, इसका प्रयोग यहाँ अपेक्षित है। संक्षेप में कहा जा सकता है विषय की अपेक्षा के अनुरूप सहज सरल शब्द-चयन नवीन, प्रतीक बिंबयोजना और उपयुक्त उक्तिकौशल भाषा-गत सौंदर्य के उपादेय अंग हैं। पल्लवन करते समय इन अंगों का पर्याप्त ध्यान रखना चाहिए।

'पल्लवन' की प्रविधि

पल्लवन की विशेषताओं का विवेचन करने के पश्चात् इसकी रचना-प्रक्रिया और प्रविधि को समझना सरल हो जाता है। अब तक स्पष्ट हो चुका है कि 'पल्लवन' एक स्वतःपूर्ण और मौलिक रचना है। अतः इसकी रचना-प्रक्रिया और भाषिक संरचना तदनुरूप होगी। इस संदर्भ में हम कतिपय महत्त्वपूर्ण प्रक्रियात्मक सोपान उल्लेखनीय है।

विषय-चयन : पल्लवन करते समय विषय का चुनाव सर्वप्रथम और सर्वप्रमुख अंग है। एकाधिक विषयों में से अपनी रूचि और भावप्रवणता के अनुकूल विषय चुनना चाहिए। इसका कारण यह है कि यदि विषय, रूचि के अनुकूल होगा तो उस पर चिंतन, कल्पना-शीलता और प्रतिभा का रंग चढ़ सकता है। यहाँ यह भी समझ लेना चाहिए कि इस संदर्भ में 'रुचि' का क्या अभिप्राय है ? व्यक्ति जब किसी विषय पर विचार व्यक्त करने बैठता है तो उस विषय के अनुसार उसके व्यक्तिगत अनुभव, सुनी-सुनाई बातें संयोजित होने लगती हैं। उसकी प्रतिभा तदनुकूल कल्पना का आश्रय लेकर पक्ष-विपक्ष, सद्-असद् का तर्क-वितर्क करती है। इसलिए विषय के चुनाव में यह ध्यान रहना चाहिए कि किस विषय पर हम सर्वाधिक विचार कर सकते हैं। यदि विषय हमारे ज्ञान, प्रतिभा और कल्पना के परे की वस्तु होगा तो उसका पल्लवन क्या कर पायेंगे ? इसलिए पल्लवन के समय यदि विषय के चुनाव का अवसर मिले तो अपनी सामर्थ्य के अनुकूल विषय का चुनाव सबसे पहली सीढ़ी है। यह 'विषय' ही वास्तव में 'बीज' कहा जाता है। यदि विषय समसामयिक परिवेश से होगा तो उसे विभिन्न आयामों से समझाया जा सकता है।

चिंतन-मनन : विषय के चुनाव के पश्चात् 'बीजारोपण' की आवश्यकता पड़ती

है ताकि उसमें अंकुर फूट सकें। इसके लिए चिंतन-मनन ज़रूरी है। विषय के आधार पर हमारे हृदय में विभिन्न भाव-विचार उत्पन्न होने लगेंगे। हमारी कल्पना उस विषय में अनुकूल सामग्री जुटाना आरंभ कर देगी। हमारा अभ्यास, अध्ययन ज्ञान, प्रतिभा आदि निर्दिष्ट विषय के संदर्भ में तर्क-वितर्क करने लगेगी। उदाहरण-दृष्टांत प्रस्तुत करने लगेगी। दूसरे शब्दों में कह सकते हैं कि चिंतन-मनन के द्वारा तदनुकूल सामग्री का संकलन किया जाता है। इसी को साहित्यिक भाषा में अंकुरण-प्रक्रिया कह सकते हैं। इस प्रक्रिया में हमें अपने मन-मस्तिष्क को उन्मुक्त करके प्रत्येक कोण से उस पर सोचना चाहिए। अधिक-से-अधिक सामग्री से कतिपय संचित कोष तैयार करने में सुविधा हो सकती है। इन सब बिंदुओं को काग़ज़ पर संकेत रूप में लिखते जाना चाहिए।

सामग्री-चयन : संकलित सामग्री का त्याग-ग्रहण के माध्यम से चुनाव करना पड़ता है। कौन-कौन-सी बातें हम अमुक विषय में दे सकते हैं, कौन-सी नहीं। क्या प्रासंगिक है क्या अप्रासंगिक। क्या विषय के अनुकूल रहेगा, किसमें दूरान्वय दोष है। पाठक या श्रोता की रुचि और सामर्थ्य को भी यहाँ ध्यान में रखना चाहिए। पल्लवन के उद्देश्य को भी इस समय अपने मस्तिष्क में रखना चाहिए। वास्तव में चिंतन-मनन की प्रक्रिया में हमारे विभिन्न अनुभव संचित होने लगते हैं। अपनी-अपनी क्षमता के अनुसार पर्याप्त सामग्री संचित हो सकती है। इसलिए उसमें औचित्य का विचार करना पड़ता है।

सुसंयोजन : इसके अंतर्गत उपलब्ध सामग्री को सँजोया जाता है। विषय के अर्थ, स्वरूप, व्याख्या, उदाहरण, दृष्टांत, लाभ-हानि, पक्ष-विपक्ष, उपादेयता-सार्थकता, संदेश आदि सीढ़ियों द्वारा उसके प्रतिपादन का क्रम तैयार किया जाता है। यह अवस्था ऐसी होती है जिसमें अंकुर में पल्लव का प्रस्फुटन होता है। जब हम पल्लवन में अपरिचित को परिचित बनाते हैं, अप्रस्तुत को प्रस्तुत करते हैं तो उसमें उत्तरोत्तर विकास अपेक्षित रहता है। विभिन्न दृष्टिकोणों और तर्कों का अपना क्रम होता है। कल्पना और सर्जन-शक्ति का उपयोग यद्यपि खाद और पानी के रूप में किया जाता है तथापि अंकुरित वस्तु को स्वस्थ और सुगढ़, सुंदर बनाने के लिए अनपेक्षित काट-छाँट की जानी आवश्यक है। प्रत्येक महान लेखक अपने अपेक्षित विषयों को तराश-तराशकर प्रस्तुत करता है। हाँ, यदि हमारा अभ्यास और हमारी प्रतिभा बलवती है तो इसमें कोई कठिनाई नहीं होती। हम चिंतन-मनन के क्रम में ही यह ग्रहण-त्याग सरलता से करने जाते हैं।

सामग्री-संयोजन के संदर्भ में पल्लवन के कलेवर पर भी ध्यान केंद्रित रहना चाहिए। जिस प्रकार विषय से भटकाव पल्लवन को निरर्थक बना देता है उसी प्रकार निश्चित आकार से अधिक लिखना पल्लवन नहीं कहलाता। प्रायः 15-20 पंक्तियों का एक अनुच्छेद पल्लवन के लिए पर्याप्त है। अतः समग्र-संचित और कल्पित सामग्री को तदनुरूप संयोजित करना और अधिक जरूरी है। इस बिंदु

पर आकर हमारा दृष्टिकोण मूल्यांकनपरक होना चाहिए।

सुगठित लेखन : किसी निर्दिष्ट विषय या सूत्र पर चिंतन-मनन से लेकर सामग्री-संयोजन तक की प्रक्रिया उसे विधिवत विस्तार देने के लिए अपेक्षित है। यहाँ हमें संयोजित सामग्री को इस प्रकार लिखित रूप देना चाहिए कि उसमें सर्जनात्मकता आ जाए। उसे पढ़कर ऐसा न लगे कि यह कठोर परिश्रम का फल है। विषय का प्रवर्तन करते हुए, उसका अभिप्राय समझाकर किंचित व्याख्या कर देनी चाहिए। उस व्याख्या को कुछ उदाहरण-उद्धरण आदि से पुष्ट कर देना चाहिए। इसके पश्चात् उसके पक्ष-विपक्ष का यथार्थ रूप में प्रतिपादन कर देना चाहिए। लेखन-कार्य में संचित रूप-रेखा का विस्तार ऐसा होना चाहिए कि वह एक स्वतःपूर्ण और स्वतंत्र अनुच्छेद प्रतीत हो। सर्जनात्मक और मौलिक रचना के लिए निर्धारित सामग्री का प्रस्तुतीकरण स्वाभाविक गति से होना चाहिए।

किसी विषय पर लिखते समय भाषा-शैली हमारा एकमात्र माध्यम होती है। अतः हमें सहज और सरल भाषा का प्रयोग करना चाहिए। शास्त्रीयता और परिनिष्ठता के स्थान पर साहित्यिक और सामान्य जन मानस के अनुकूल शब्दों का चयन करना चाहिए। मुहावरे और लोकोक्तियों के प्रयोग से एक तो कम शब्दों में ज्यादा बात कही जा सकती है, दूसरे उक्तिवैचित्र्य आ जाता है। अतः विषय और अवसर के अनुकूल मुहावरे आदि का प्रयोग करना चाहिए। विषय को व्यंग्यात्मक और तीखा बनाने के लिए लाक्षणिक शब्दावली का उपयोग किया जा सकता है। बिंबप्रधान अथवा चित्रप्रधान शब्दावली का उपयोग अवश्य करना चाहिए। इसका पल्लवन पर पर्याप्त प्रभाव पड़ता है। वाक्य छोटे-छोटे और सरल होने चाहिए। संयुक्त वाक्य बनाने से बिखराव आने का खतरा रहता है। वाक्य-संरचना ऐसी होनी चाहिए जिससे एक के बाद एक, क्रमशः विषय का उद्‌घाटन और विकास हो सके। प्रतीक शैली के द्वारा भी अभिव्यक्ति को प्रभविष्णु बनाया जाता है। कहा जा सकता है कि पल्लवन में सृजनात्मक रचना का आभास दिलाने के लिए उसकी लेखन-प्रक्रिया विशेष रूप से महत्त्वपूर्ण है। लिखित रूप ही हमारी सुचिंतित मानसिकता का प्रतिरूप है।

पुनरवलोकन : इसका अर्थ है—एक बार पुनः देखना। पल्लवन करने के पश्चात् उसे एक बार पुनः पढ़ लेना चाहिए। ऐसा करने से एक तो अनुच्छेद के प्रवाह और उन्मुक्त स्वरूप का ज्ञान हो जायेगा, दूसरे, उसमें कोई महत्त्वपूर्ण तथ्य अथवा बात छूट तो नहीं गई है, इसका पता लग जायेगा। तीसरे, हमारी भाषा-शैली पुस्तकीय बन पड़ी अथवा सहज, उन्मुक्त, और आम बोलचाल की भाषा में हमने अपने विचार प्रस्तुत किये, यह पता लग जायेगा। चौथे, प्रस्तुत अनुच्छेद में वर्तनी, वाक्य-विन्यास, शब्द-विन्यास और विराम-चिह्नों का प्रयोग उचित है या नहीं। पाँचवें, प्रस्तुत निष्कर्ष अथवा उपसंहार निर्दिष्ट विषय के अनुरूप हैं अथवा नहीं। छठे, समस्त 'पल्लवन' एक स्वतंत्र अनुच्छेद प्रतीत होता है या नहीं। सातवें, विषय

का कहीं अनपेक्षित विस्तार तो नहीं हो गया और वह पल्लवन के स्थान पर निबंध तो नहीं बन रहा आदि। यदि उपर्युक्त किसी प्रकार की कोई कमी रह गई हो तो उसे तुरंत दूर कर संशोधित कर लेना चाहिए। यह सब कर लेने पर एक श्रेष्ठ 'पल्लवन' तैयार हो सकता है।

उपर्युक्त विवेचन के आधार पर कहा जा सकता है—एक निश्चित सीमा में बँधकर किसी विषय का 'पल्लवन' करने के लिए हमें निरंतर अभ्यास करते रहना चाहिए। यह अभ्यास विषयों के संदर्भ में चिंतन-मनन के रूप में भी हो और लिखित आलेख के रूप में भी। निरंतर अध्ययन के द्वारा ज्ञान के विकास के रूप में भी हो और कल्पना की उड़ान के द्वारा उस ज्ञान के विस्तार के रूप में भी। यदि ऐसा होता है, तो हमारी सृजनशीलता परिपक्व होती है। हम किसी भी विषय पर अपेक्षाकृत सरलता से अपने विचार व्यक्त कर सकते हैं।

पल्लवन के कुछ उदाहरण और दिशा-संकेत

1. अनुकरण

यह प्रसिद्ध प्राचीन कहावत है कि 'अनुकरण मानव की सहज प्रवृत्ति है।' दूसरों की नकल करना, अर्थात् देखा-देखी काम करना कहाँ तक उचित है ? सभी तो यह कहते हैं कि 'आत्मनिर्भर बनो'। 'अपने विवेक से काम करो।' 'अपनी मौलिकता का परिचय दो' इत्यादि; तब अनुकरण को मनुष्य की सहजवृत्ति क्यों कहा जाता है ? जो सहज प्रवृत्ति है—वह अनुचित क्यों मानी जाए ? इस तरह के अनेक शब्द 'अनुकरण' शब्द पढ़ते या सुनते ही मन-मस्तिष्क में उमड़ने-घुमड़ने लगते हैं। नन्हे बच्चे को हम अनुकरण से भाषा का प्रयोग सिखाते हैं। वह अनुकरण से ही खेलना, लिखना, अभिनय करना—यहाँ तक कि परिवार के अन्य लोगों का अनुकरण करके लड़ना, व्यंग्य करना, बातें बनाना और बहन-भाई या माता-पिता को चिढ़ाना भी सीख जाता है। हमें विद्यालय-महाविद्यालय, सभागोष्ठी, लेख-कविता आदि में सदा यही सिखाया जाता है कि पूर्वजों का अनुकरण करो, महापुरुषों का अनुकरण करो, फूलों से यह सीखो, तितली से वह सीखो, नदी और वृक्ष का अनुकरण करो आदि। अब हम क्या करें ? मौलिक बनें या अनुकरण करें ? आत्मनिर्भर बनें या दूसरों से कुछ सीखें ? कैसी विचित्र समस्या है ? पिताजी का अनुकरण करके व्यापार में दो के चार बनाएँ तो शाबास और गुरुजी की लिखी पुस्तक का अनुकरण करके परीक्षा में दो की बजाय चार अंक लेने की चेष्टा करें तो धिक्कार ? यह बात निश्चित रूप से स्पष्ट हो जानी चाहिए कि 'अनुकरण' उचित है या अनुचित, जिससे हमारी दुविधा मिटे, जंजाल कटे ! शायद आप यह कहेंगे कि 'अनुकरण' तो ठीक है, पर 'अंधानुकरण' ठीक नहीं। यह तो वही बात हुई, 'मक्खियाँ तो मारिये,

पर मक्खी पर मक्खी मत मारिये।' हमारा विचार तो यह है कि न मक्खियाँ मारना ठीक है और न मक्खी पर मक्खी मारना। ठीक यह है कि सुनो सबकी, करो मन की। देखो, सोचो और फिर जो उचित लगे, वह करो !

2. अविस्मरणीय क्षण

जीवन का हर क्षण अनमोल है, हर क्षण का अपना विशेष महत्त्व है। परंतु समय के तीव्र प्रवाह में सभी क्षण धूल-कण से धुलकर बह जाते हैं। उन्हें कैसे सँभाला-सँजोया जाए ! कैसे यादों की पिटारी में सुरक्षित रखा जाए ! यादें भी रेत-सी फिसल-फिसल हाथ से निकल जाती हैं। और फिर इतनी स्मरण-शक्ति लाएँ कहाँ से जो किसी एक क्षण को कभी विस्मृत ही न होने दे ! यहाँ तो साल-भर, दिन-रात, बार-बार जो रट-रटकर याद करते हैं वह परीक्षा-भवन में प्रवेश करते ही, एक क्षण में हवा हो जाता है। सैकड़ों-हज़ारों घंटों की मेहनत पल-भर में शून्य होकर रह जाती है ! और आप चाहते हैं कि फिर भी हम किसी अविस्मरणीय क्षण को यहाँ शब्दों की रंग-रेखाओं में पुनर्जीवित कर दें ! क्या यही क्षण अविस्मरणीय नहीं है कि हम मस्तक पर हाथ मलकर सोच रहे हैं, मन की अँधेरी गुफाओं में यादों की टार्च घुमा-घुमाकर टटोल रहे हैं कि कोई ऐसा राज़ याद आ जाए जिसे हम भुला न पाए हों ! पर आश्चर्य ! जीवन के लाखों-करोड़ों क्षणों में से एक भी तो किसी भी सरकारी या गैरसरकारी बचत योजना के अंतर्गत सुरक्षित नहीं रह पाया। काश, यदि हम जानते कि अविस्मरणीय क्षण भी परीक्षा में अंक दिला सकेंगे तो हम पुस्तकें रटने की बजाय क्षणों को ही सँभालकर मस्तिष्क की तिजोरी में बंद कर देते और आज लेखनी की नोक से उस तिजोरी का ताला खोलकर अंकों से अपनी झोली भर लेते ! लो, तिजोरी और ताली से याद आ गया—एक बार पिताजी जल्दी में आयकर कार्यालय में जाते समय मुझसे कह गए—तिजोरी अच्छी तरह बंद करके ताली सँभालकर रख देना। रात को लौटकर उन्होंने ताली माँगी। मैंने बहुत खोजा, अपना बस्ता, पुस्तकें, अलमारी, बिस्तर, तकिया—सब कुछ छान मारा, पर ताली कहीं न मिली। पिताजी बहुत बिगड़े। माताजी को भी जितनी जली-कटी याद थीं, उन्होंने खूब सुनाईं। मेरी सारी पढ़ाई और योग्यता को कोसा ! मैं सिवाय सिर झुकाकर ज़मीन पर दृष्टि गढ़ाने के और क्या करता। रात-भर भी कोई सो न सका। अगले दिन पिताजी उदास मन से दूकान पर गये और मुझे कहा कि जाकर तालियाँ बनानेवाले को बुला लाओ ! मैं जब तालीवाले को लेकर काँपते-काँपते दूकान पर पहुँचा तो पिताजी बाहर ही भौंहें ताने हुए मिले। बोले—नालायक कहीं के ! ताली तिजोरी में ही लगी भूल गये और हमें रात-भर परेशान किया ! अब मैं क्या जवाब देता ? मेरी भूल का वह क्षण सदा के लिए अविस्मरणीय बन गया !

3. आत्म-प्रदर्शन

प्रदर्शन तो बहुत से लोग करते रहते हैं, परंतु आत्म-प्रदर्शन में कोई-कोई विलक्षण व्यक्ति ही निपुण होता है। कोई मंच पर अपने अभिनय का प्रदर्शन करता है, कोई काग़ज़ या फलक पर अपनी चित्र-कला का। कोई अपनी बनाई हुई वस्तुओं का प्रदर्शन करता है और कोई-कोई अपनी बुद्धिमत्ता या मूर्खता का ही प्रदर्शन करता है। परंतु अपना—स्वयं का प्रदर्शन सबके वश की बात नहीं। इसके लिए चाहिए अदम्य साहस, असीम उत्साह और साथ ही थोड़ी-सी निर्लज्जता और धृष्टता भी ! साहस या उत्साह तो प्रशंसनीय गुण हैं, पर निर्लज्जता या धृष्टता को भी यदि कोई 'गुण' मान ले तो क्या कहा जाए ! आत्मप्रदर्शन की प्रवृत्ति का मूल आधार है—मनुष्य का अहम् भाव। 'मैं' ऐसा कर सकता हूँ, वैसा कर सकता हूँ—यह मैं और मेरा-पन मनुष्य की संकीर्णता और स्वार्थ-भावना का परिचय देता है। इसीलिए सभी संत-महात्माओं ने अपने अंदर की 'मैं' को समाप्त करने की प्रेरणा दी है। कबीर का प्रसिद्ध दोहा है—'तूँ तूँ करता तूँ भया, मुझ में रही न हूँ।' गुरुनानक ने भी इस 'हउमै' को आत्मा और परमात्मा में ही नहीं, मनुष्य और मनुष्य के बीच की दूरी का सबसे बड़ा कारण बताया है। भारतीय नीतिशास्त्र में बताये गये मनुष्य के पाँच शत्रुओं अर्थात् विकारों या दुर्गुणों में अहंकार अर्थात् आत्म-प्रदर्शन की गणना भी की गई है—काम, क्रोध, लोभ, मोह और अहंकार। जगत् में 'मैं' ही नहीं—और मुझ जैसे या मुझसे अच्छे हो सकते हैं, तब मेरा आत्म-प्रदर्शन थोथा ही तो है। थोथा चना बाजे घना, जो गरजते हैं वे बरसते नहीं। अधजल गगरी छलकत जाए, और अपने मुँह मियाँ मिट्ठू बनना—ये सब कहावतें भी आत्म-प्रदर्शन पर व्यंग्य करती हैं। हम जो भी हैं, जैसे हैं—यह हमारे कर्म और आचरण बतायेंगे, उसकी घोषणा या प्रदर्शनी की क्या आवश्यकता है। प्रकृति कभी अपना बखान नहीं करती, सहज भाव से नियम-निर्वाह में प्रवृत्त रहती है—तभी वह हमसे श्रेष्ठ है, महान् है। फूल की गंध, जल की तरलता, चाँदनी की शीतलता, सूर्य की ऊर्जा और हिमालय की गरिमा स्वतःसिद्ध है। हमारा अस्तित्व और स्वरूप भी स्वयं हमारा व्यवहार स्पष्ट कर देगा। आत्मप्रदर्शन व्यर्थ है !

4. कंप्यूटर

पुराणों में वर्णित गणेशजी आज कंप्यूटर के रूप में साकार हो गये हैं। आपको बार-बार की गणना में कठिनाई होती है या किसी समस्या के विवरण को आप याद नहीं रख पाते, हर बात को लिखने और बोलने में आप असुविधा महसूस करते हैं, एक बार कोई बात आप बोल अथवा लिखकर भूल जाते हैं—तो भी चिंता मत कीजिए। आपकी सारी कठिनाइयाँ, सभी समस्याएँ और असुविधाएँ यह आधुनिक गणेशजी दूर कर देंगे। अब कोई आवश्यकता नहीं आपको अपनी स्मरण शक्ति

बनाये रखने के लिए जड़ी-बूटियों या पेटेंट औषधियों के सेवन की। बस, आप एक बार पढ़ी या लिखी गई बात को अपनी कोमल-नाज़ुक उँगलियों से कंप्यूटर में टंकित कर दीजिए और फिर तुरंत भूल जाइए। यह ज़िम्मेदारी कंप्यूटर की है कि वह आवश्यकता पड़ने पर आपको कोई भी पुरानी-से-पुरानी, छोटी-बड़ी हर बात, हर विवरण का, लंबी-से-लंबी गिनती, गणित, ज्योतिष, विज्ञान या भूगोल की किसी भी समस्या का समाधान तुरंत उपलब्ध करा दे, बस केवल आपकी तर्जनी का एक इशारा चाहिए ! अब भूल जाइए—पुरानी लोककथाओं और पौराणिक गाथाओं के सर्वशक्तिमान जिन्नों या देवताओं को। पलक झपकते ही दृश्य को अदृश्य तथा अदृश्य को दृश्य में बदल देनेवाला सबसे शक्तिशाली, बुद्धिमान, फुर्तीला और सबका हितकारी, विलक्षण जादूगर है—कंप्यूटर ! है न विज्ञान का कमाल ! मनुष्य और प्रकृति की सारी क्षमता एक छोटे-से डिब्बे में बंद करके रख दी। जब चाहो, उसका उपयोग कर लो, न चाहो—आराम करो ! लेकिन विज्ञान का यह चमत्कार साकार कैसे हुआ ? यह अपने आप आकाश से नहीं उतरा, पाताल से नहीं निकला। इसे यह रूप प्रदान करनेवाला भी है तो मनुष्य ही ! मनुष्य ने ही अपनी प्रतिभा के पारस से; कुछ साधारण से पदार्थों को छूकर कंप्यूटर के रूप में स्वर्ण का रूप दे दिया है। धन्य कंप्यूटर नहीं, मनुष्य है जिसने कंप्यूटर को बनाया और सारी मानवता की सेवा में लगाया।

5. मन के हारे हार है...

मानव का मन उसके जीवन का सूत्रधार और संचालक है। मन चंगा तो कठौती में भी गंगा। मन चोर तो सारी जिंदगी बोर। आपके पास कितना भी धन हो, परंतु उसके उपयोग के लिए सही मन न हो तो सब व्यर्थ। लेकिन चाहे आप कितने भी असमर्थ हों, मन में उमंग और उत्साह है तो सारी असमर्थता सामर्थ्य में बदल जायेगी। बड़े-बड़े त्यागी-तपस्वी ऋषि-मुनियों ने घोर वनों और पर्वतों में पूरा जीवन बिता दिया, फिर भी वे कभी चिंतित नहीं हुए, भोजन-आवास या सुख-सुविधाओं के लिए व्यथित नहीं हुए, क्योंकि उनका मन उनके पास था, उनका मन उनके वश में था, उन्होंने मन को जीत लिया था। राम, कृष्ण, बुद्ध, महावीर, शंकराचार्य, नानक, कबीर, तुलसी, अरविंद और गाँधी—सभी ने मन को जीता, जग को जीत लिया। ईसा और हज़रत मुहम्मद ने मन को नहीं हारने दिया, इसलिए वे जीवन-भर अपने विरोधियों से पराजित नहीं हुए। दूसरी ओर जिनका मन हार जाता है, जिनके विचार दृढ़ नहीं होते, जो अपने संकल्प पर स्थिर नहीं रह पाते, जो टीन की चादर के समान तनिक से सुख की शीतलता से एकदम ठंडे और जरा-से दुख की तपन से तप्त हो जाते हैं, वे संसार-सागर की लहरों में तिनके-से बहकर विलीन हो जाते हैं। हिमशिखरों पर चढ़कर अपनी बहादुरी का झंडा गाड़नेवालों

के शरीर में न तो पंख लगे थे न किसी मशीन के पुर्ज़े। वे कदम-कदम बढ़ते रहे, चढ़ते रहे, उन्होंने मन को नहीं हारने दिया। उनकी जीत हुई। सागर की गहराई नापकर मोती निकाल लानेवाले भी ऐसे ही मन के धनी होते हैं। हमारे स्वाधीनता संग्राम में विदेशी शासकों ने क्या-क्या अत्याचार न किये। मुट्ठी भर हड्डियों से बने भारतीय देश-भक्तों को क्या-क्या कष्ट न दिये गये, पर उनका मन विचलित न हुआ। जब-जब भी किसी का साहस टूट जाता है, धैर्य छूट जाता है, अर्थात् मन हार जाता है, तब-तब उसे विफलता का मुँह देखना पड़ता है। परंतु जहाँ चाह होती है वहाँ राह बन जाती है।

6. परिवर्तन ही जीवन है

परिवर्तन जीवन का अटल नियम है। यह संसार परिवर्तनशील है। प्रकृति परिवर्तनशील है। हमारा जीवन इस संसार और प्रकृति का ही एक अंग है। वह सदा एक-सा कैसे रह सकता है। हम एक बीज धरती में डालते हैं, कुछ समय बाद वह बीज 'बीज' नहीं रहता, कोंपल बनकर फूट पड़ता है। कोंपल अंकुर में, अंकुर पत्तियों में, पत्तियाँ फूलों में, फूल फलों में और फल पुनः बीजों में—परिवर्तन का यह सिलसिला सदा चलता रहता है। कभी आकाश में सूर्य की तप्त किरणें दमकती हैं और कभी चाँद की शीतल किरणें चमकती हैं। कभी घनघोर घन मँडराने लगते हैं, कभी सब-कुछ अदृश्य हो जाता है और पक्षी चहचहाने लगते हैं। सृष्टि की कोई भी वस्तु सदा एक-सी नहीं रहती। गर्मी-सर्दी, बरसात-पतझड़-वसंत-ऋतुओं का यह आना-जाना परिवर्तन का ही ताना-बाना है। समय भी कब एक-सा रहा है। नदी के उद्दाम प्रवाह की तरह उसकी गति अविराम है। एक क्षण आशा, दूसरे पल निराशा, अभी धन-दौलत के अंबार और राग-रागिनियों की झंकार; अभी सब कुछ निस्सार, केवल हाहाकार ! शैशव, बचपन, यौवन और बुढ़ापा ही परिवर्तन की सीढ़ियाँ नहीं। हर दिन, हर वर्ष, हर युग में बदलते विचार और दृष्टिकोण, रीतियाँ और नीतियाँ कायदे और कानून—सब कुछ बदलता रहता है। कल जो पाप समझा जाता था—आज जीवन का अभिन्न अंग है। आज जो शुभ समझा जा रहा है, कल उसी को अभिशाप माना जा सकता है। तब आखिर सत्य क्या है ? जीवन क्या है ? वह है बस—निरंतर परिवर्तन। परिवर्तन ही विकास का आधार है और प्रगति का सोपान है। परिवर्तन न हो तो जीवन का विकास रुक जायेगा। हम जड़-निष्प्राण होकर रह जायेंगे। नई-नई अनुभूतियों, उमंगों और तरंगों की हलचल के बिना गति अवरुद्ध हो जाती है। यदि जीना है तो चलना है, बदलना है; क्योंकि या परिवर्तन ही जीवन है।

3. कार्यालयी पत्राचार

तात्पर्य एवं स्वरूप

'कार्यालयी पत्र-लेखन' शब्द से ही स्पष्ट है कि 'कार्यालय-संबंधी काम-काज निपटाने के लिए किया जानेवाला विविध प्रकार का पत्राचार।' 'कार्यालय' के लिए अंगरेज़ी शब्द 'ऑफिस' प्रचलित है। बोलचाल में इसके लिए हम-आप हिंदुस्तानी का शब्द 'दफ्तर' का प्रयोग करते हैं। 'ऑफिस' का विशेषण रूप 'ऑफिशियल' है—जिसका अर्थ प्रायः 'सरकारी' लिया जाता है। 'ऑफिशियल लेटर' का अभिप्राय है—'सरकारी पत्र' ['ऑफिस या दफ्तर (कार्यालय) का पत्र नहीं]। 'ऑफिशियल' का एक अन्य अभिप्राय 'राजकीय' या 'प्रशासकीय' भी है। 'ऑफिशियल कार्रवाई'—अर्थात् राजकीय अथवा प्रशासकीय (प्रशासनिक) कार्रवाई। ऐसे ही 'ऑफिशियल लैंग्वेज' अर्थात् राजकीय भाषा या 'राजभाषा'। इस प्रकार कार्यालयी का सामान्य अथवा सीमित अर्थ तो हुआ दफ्तरी अर्थात् दफ्तर (कार्यालय) से संबंधित; परंतु इसका व्यापक अर्थ है सरकारी, राजकीय, प्रशासनिक इत्यादि। इस दृष्टि से **'कार्यालयी पत्र वे पत्र हैं जो सरकारी, प्रशासनिक या राजकीय काम-काज को सुचारु रूप से चलाने के लिए प्रयुक्त होते हैं।'**

इस संबंध में एक अन्य पहलू भी उल्लेखनीय है। 'कार्यालय' केवल 'सरकारी' या 'राजकीय' ही नहीं होते। प्रत्येक व्यापारिक, वाणिज्यिक, व्यावसायिक, औद्योगिक संस्थान का अपना एक 'कार्यालय' होता है जहाँ कार्मिकों की नियुक्ति से लेकर उत्पादन-सामग्री, उत्पादन-प्रक्रिया, उत्पाद-विक्रय, जन-संपर्क, विज्ञापन-प्रचार, लेखा-प्रबंध आदि सभी प्रकार का काम-काज संचालित और नियंत्रित होता है। बड़े-बड़े उद्योगों, कारखानों, संस्थानों, विद्यालयों-महाविद्यालयों, चिकित्सालयों, पुस्तकालयों, प्रकाशनकेंद्रों, मुद्रणालयों आदि का एक अलग प्रशासनिक (एडमिनिस्ट्रेटिव) अनुभाग या विभाग होता है। वहाँ भी सरकारी कार्यालयों के समान एक निश्चित, नियमित और मान्य प्रविधि के अनुसार कार्यकलाप, पत्राचार आदि होता है। आज तो हर दुकान, डॉक्टर, ब्रोकर, एजेंट, वकील, आयकर विशेषज्ञ या किसी भी क्षेत्र के सलाहकार आदि के अपने कार्यालय होते हैं।

जायदादी कारोबार का व्यवस्थित कार्यालय होना आवश्यक माना जाता है। इसी प्रकार, बैंकों और बीमा-कंपनियों आदि का तो समग्र स्वरूप ही एक बड़े कार्यालय-सा होता है। इन सभी प्रकार के क्षेत्रों की गतिविधियों के सम्यक् संचालन हेतु किया जानेवाला किसी भी प्रकार का पत्राचार **'कार्यालयी पत्र-लेखन'** कहलायेगा।

यह तथ्य सर्वज्ञात है कि कार्यालयी काम-काज की संपूर्ण प्रक्रिया का मूल आधार, वहाँ होनेवाला पत्राचार ही है। वहाँ मौखिक शब्दों की अपेक्षा लिखित शब्दों का वर्चस्व होता है। ये लिखित शब्द अधिकांशतः विविध प्रकार के पत्रों के रूप में होते हैं। अतः कहा जा सकता है कि **'कार्यालयी पत्र-लेखन'** एक प्रकार से कार्यालय-संचालन की केंद्रीय धुरी है।

कार्यालयी पत्राचार एवं अन्य पत्राचार में अंतर

(1) 'कार्यालयी पत्र' पूर्णतया औपचारिक होते हैं, जबकि अन्य प्रकार के व्यक्तिगत, निजी, पारिवारिक अथवा समाज-व्यवहार से संबंधित पत्रों में एक प्रकार की अनौपचारिकता रहती है।

(2) कार्यालयी पत्रों के लेखन की प्रविधि एवं प्रक्रिया एक निश्चित साँचे में ढली रहती है। विषय-वस्तु (अर्थात् पत्र द्वारा कही जानेवाली मूल बात) अलग-अलग हो सकती है किंतु पत्र का ऊपरी आकार-प्रकार प्रायः एक-सा रहता है।

दूसरी ओर, अन्य प्रकार के सामान्य पत्रों में, पत्र-लेखक की इच्छा और रुचि के अनुसार, उनका स्वरूप कुछ भी हो सकता है।

(3) कार्यालयी पत्र पूर्णतया तथ्यों पर आधारित होते हैं। 'जो बात जैसी है' वैसे ही कार्यालयी पत्र में उल्लिखित होगी। उसमें कल्पना, अतिशयोक्ति, अनिश्चयात्मकता, हास्य-विनोद आदि के लिए कोई स्थान नहीं। इसके विपरीत अन्य सामान्य पत्रों में पत्र-लेखक और पत्र-प्राप्तकर्ता की निजी रुचि-अभिरुचि, कल्पना और 'बात की करामात' का विशेष महत्त्व है।

(4) कार्यालयी पत्र 'व्यक्तिगत' न होकर 'विषयगत' होते हैं। उनमें संप्रेषण-योग्य विषय ही प्रमुख होता है। उसे चाहे कार्यालय का कोई भी कर्मचारी-अधिकारी लिखे, उसमें वैयक्तिकता की कोई पहचान या छाप लक्षित नहीं होती। अन्य प्रकार के सामान्य पत्र-लेखक और प्राप्तकर्ता की व्यक्तिगत राग-संवेदनाओं के अनुसार विविधता और विशिष्टता लिये रहते हैं।

(5) कार्यालयी पत्रों की भाषा-शैली रूढ़ अर्थात् अपने स्वरूप में एक सुनिश्चित (अपरिवर्तनीय) रहती है। अधिकांश कार्यालयी पत्र एक ही

प्रकार की शब्दावली से शुरू और समाप्त होते हैं। उनमें विषयवस्तु को प्रस्तुत करनेवाली शब्दावली भी सिक्केबंद, टकसाली-सी होती है। अन्य प्रकार के सामान्य पत्रों में इस प्रकार का कोई बंधन नहीं रहता। पत्र लेखक स्वच्छंदतापूर्वक, उन्मुक्त भाव से किसी भी प्रकार की भाषा-शैली का प्रयोग कर सकता है।

कार्यालयी पत्रों की प्रमुख विशेषताएँ

(1) **स्पष्टता**—पत्र चाहे किसी भी प्रकार का हो, उसमें स्पष्टता होनी चाहिए। पत्र-प्राप्तकर्ता यदि पत्र-प्रेषक के आशय को स्पष्ट रूप से ग्रहण नहीं कर पाता तो पत्र को उद्देश्य ही समाप्त हो जायेगा। उदाहरणतः यदि पत्र-प्रेषक अपने किसी परिजन को पत्र द्वारा किसी बात की, विशेष कार्यक्रम की अथवा निजी या पारिवारिक स्थिति की सूचना देना चाहता है तो वह सूचना स्पष्ट होनी चाहिए। कार्यालयी पत्रों में तो स्पष्टता का गुण सर्वोपरि माना जाता है। निविदा-पत्र में यह स्पष्ट उल्लेख होना चाहिए कि किस कार्य, किस अवधि के लिए, किस-किस विधि के अनुसार निविदाएँ जा रही हैं, आवेदनकर्ता की आर्थिक अथवा अनुभव-संबंधी अर्हता क्या है...आदि। निविदाएँ आमंत्रित करनेवालों ने जो-जो तथ्य माँगे हों उनका स्पष्ट ब्यौरा देना चाहिए। इसी प्रकार शिकायती पत्र में, शिकायत का मूल विषय, संबद्ध प्रसंग या संदर्भ आदि सब कुछ स्पष्ट होना चाहिए।

किसी पत्र को पढ़ने पर यदि प्राप्तकर्ता यह कहता है कि 'पता नहीं यह क्या कहना चाहता है ?' तो इसका कारण पत्र की अस्पष्टता है। पत्र को इस दोष से सर्वथा मुक्त होना चाहिए।

स्पष्टता का दूसरा पक्ष उसकी सुवाच्यता से संबंधित है। लिखावट साफ-स्पष्ट होने पर ही प्राप्तकर्ता उसे पढ़ और समझ सकता है। इसी तथ्य को सम्मुख रखकर अधिकांश सरकारी और व्यावसायिक संस्थानों में पत्रों का टंकित होना अनिवार्य माना जाता है। किंतु अनेक स्थितियों में, कुछ पत्र हस्तलिखित ही होते हैं। उनका सुवाच्य होना आवश्यक है। उल्लेखनीय है कि हर कार्यालयी पत्र का पहले प्रारूप (कच्चा खाका) तैयार किया जाता है जिसमें स्पष्टता और सुवाच्यता अनिवार्य रूप से अपेक्षित है।

(2) **एकान्विति**—एक पत्र में प्रायः किसी एक ही विषय, संदर्भ अथवा उद्देश्य की पूर्ति संभव है। पत्र-प्रेषक पत्र प्राप्तकर्ता तक जो बात पहुँचाना चाहता है वही मुख्य होनी चाहिए। अभिवादन, अनुशंसा अथवा उत्तर पाने की इच्छा आदि तो पत्र के औपचारिक अंग हैं, इनसे पत्र की एकान्विति भंग नहीं होती, किंतु यदि किसी पत्र में बात व्यावसायिक पूछताछ की की जा रही है और वर्णन राजनीतिक गतिविधियों का होने लगे तब एकान्विति भंग होगी, पत्र का मूल संबंध अस्पष्ट रह

जायेगा। कार्यालयी पत्र में अभीष्ट विषय से संबंधित बातें ही एकसूत्रता या तारतंम्यता के अनुसार प्रस्तुत की जानी चाहिए। व्यावसायिक और सरकारी पत्रों में 'विषय' प्रायः निश्चित रहता है और मूलवृत्त लिखना आरंभ करने से पहले शीर्षक के रूप में उस विषय का निर्देश भी कर दिया जाता है। ऐसी स्थिति में पत्र के भीतर का सारा ब्यौरा शीर्षस्थ विषय से ही संबद्ध होना चाहिए।

(3) **सहजता**—इस गुण के दो पक्ष हैं। एक तो यह कि पत्र में लिखी गई हर बात सहज रूप में, अकृत्रिम रूप में कही गई हो। ध्यान रहना चाहिए कि किसी के द्वारा लिखा गया पत्र उसकी विद्वत्ता, भाषा-निपुणता अथवा लेखन-प्रतिभा से अधिक उसके कथ्य का वाहक होता है। पत्र-पाठक किसी शब्द, वाक्यांश, वाक्य या संदर्भ का स्पष्टीकरण माँगने नहीं आ सकता। सहज-स्वाभाविक रूप में लिखी गई बात पत्र के उद्देश्य को तत्काल पूर्ण कर देने में समर्थ होगी।

सहजता का दूसरा पक्ष भाषा-प्रयोग से संबंधित है। आलंकारिक, लाक्षणिक एवं ध्वन्यात्मक भाषा का प्रयोग कुछ विशिष्ट साहित्यिकों के पत्राचार में तो चल सकता है, कार्यालयी पत्रों में वह सर्वथा परिहार्य है। कार्यालयी पत्रों की शब्दावली प्रायः निर्धारित-सी होती है, उससे हटकर अप।' बहुज्ञता का प्रकाशन पत्रों में अपेक्षित नहीं।

(4) **यथार्थता**—इस गुण का संबंध अधिकतर व्यवसायी कार्यालयों के पत्रों से है, क्योंकि उनमें तथ्य-प्रस्तुति परम आवश्यक है। कार्यालयी पत्रों में संबद्ध विषय के सभी पक्षों अथवा तथ्यों की जानकारी न रहने पर अनावश्यक विलंब हो सकता है, बनती हुई बात बिगड़ सकती है, मिलता हुआ क्रयादेश (Purchase order) रुक सकता है। सरकारी पत्रों में तो यथार्थता से तनिक भी शिथिलता एक प्रकार से अपराध मानी जाती है। बीमा, बैंक, शिकायत, आवेदन, नियुक्ति, पूछताछ, निमंत्रण आदि से संबंधित पत्र भी यथार्थ तथ्यों की अपेक्षा रखते हैं।

(5) **संक्षिप्तता**—एक बार एक महाशय को कई पत्र खोल-खोलकर बिना पढ़े ही रद्दी की टोकरी में फेंकते देखकर जब कारण पूछा गया तो उन्होंने उत्तर दिया—ये पत्र हैं या द्रौपदी के चीर ? कौन इन्हें पढ़ने में समय नष्ट करे ? न जाने लोगों को पत्रों में बेमतलब की हाँकने की फुर्सत कैसे मिल जाती है ?'... आदि। संभवतः वे महाशय किसी बड़े संस्थान के कोई वरिष्ठ अधिकारी थे जिन्हें **केवल विषय संबद्ध तथ्यों** (only relevant matter) से ही सरोकार रहता होगा। उनके स्थान पर चाहे कोई भी हो, तात्पर्य यह है कि बहुत लंबे पत्रों को पढ़ने का समय और धैर्य आज किसी के पास नहीं। अतः संक्षिप्तता आदर्श पत्र-लेखन का मूलभूत गुण है। लंबे पत्रों को लिखने के लिए भी तो पर्याप्त समय, सामग्री और धैर्य चाहिए। किंतु जब हम पत्र-लेखन को एक कला कहते हैं तो उस कला की कुशलता संक्षिप्तता में ही निहित है। संक्षिप्त पत्र अभीष्ट सिद्धि और तुरंत प्रभाव में विशेष सहायक होता है।

(6) **स्वतःपूर्णता**—कोई भी पत्र अपने कथन या मंतव्य में स्वतःपूर्ण होना चाहिए। उसे पढ़ने के उपरांत तद्‌विषयक किसी प्रकार की जिज्ञासा, शंका या स्पष्टीकरण की आवश्यकता शेष नहीं रहनी चाहिए। कई बार देखा गया है कि पत्र-लेखक जिस विचार से पत्र लिखना आरंभ करता है वह तो अप्रकट या अपूर्ण रह जाता है तथा अन्यान्य बातों से ही पत्र भर जाता है। कभी-कभी निमंत्रणपत्रों में कार्यक्रम के लिए निर्धारित स्थान और समय आदि की पूरी सूचना नहीं होती। इसी प्रकार निविदा-पत्र में उसे भरकर भेजने की अंतिम तिथि और प्रेषणीय पते की भूलें तो प्रायः होती रहती हैं। इस प्रकार की असावधानी न होना ही 'स्वतःपूर्णता' है। कार्यालयी पत्र अपने आपमें 'पूरे मसविदे' का कार्य करते हैं अतः उनकी स्वतःपूर्णता और भी आवश्यक है।

(7) **शालीनता**—किसी पत्र में उसके लेखक के व्यक्तित्व, स्वभाव, पद-प्रतिष्ठाबोध और व्यावहारिक आचरण की झलक मिलती है। सरकारी, व्यावसायिक तथा अन्य कार्यालयी पत्रों की भाषा-शैली एक विशेष शिष्ट स्वरूप लिये होनी चाहिए। अस्वीकृति, शिकायत, खीझ या नाराज़गी भी शिष्ट भाषा में प्रकट की जाए तो उसका अधिक लाभकारी प्रभाव पड़ता है। उदाहरणतः किसी आवेदनकर्ता के आवेदन की अस्वीकृति दो रूपों में भेजी जा सकती है—

(क) "खेद है कि हम आपकी सेवाओं का उपयोग नहीं कर सकेंगे।" अथवा "आपकी योग्यता का लाभ न उठा पाने का हमें हार्दिक खेद है।"

(ख) "आप जैसे अयोग्य/अकुशल/अनुभवहीन व्यक्ति के लिए हमारे पास कोई जगह नहीं" अथवा "आपको सूचित किया जाता है कि आपका आवेदन पत्र अस्वीकृत कर दिया गया है।"

उपर्युक्त दोनों प्रकार के उदाहरणों का मंतव्य एक ही है किंतु प्रथम उदाहरण में शालीनता की छाप है जबकि दूसरे में अशिष्टता झलकती है।

(8) **मौलिकता**—पत्र-लेखन के संदर्भ में मौलिकता का अभिप्राय नयापन और ताज़गी से है। उसमें बातें तो प्रायः वही होती हैं जो प्रतिदिन लिखी जाती हैं। कार्यालयी प्रक्रिया का ब्यौरा, आवेदन का आधार, योग्यता के आँकड़े, दर-भाव, तथ्यात्मक सूचना आदि; परंतु उनका प्रस्तुतीकरण एक मौलिक ढंग से होना चाहिए। हर बार एक-सी, घिसी-पिटी, रटी-रटायी शब्दावली का प्रयोग पत्र के प्रति रुचि को कम कर देता है। इसके विपरीत नये ढंग से कही गई बात पत्र प्राप्तकर्ता के मन को छू लेती है और अधिक प्रभाव डालने में सहायक होती है।

(9) **प्रभावान्विति**—आदर्श पत्र-लेखन की अंतिम और सर्वगुणसमन्वित विशेषता है उसकी समग्र प्रभावान्विति। यदि पत्र किसी मुद्रित पत्र-शीर्ष (Letter Head) वाले काग़ज़ पर लिखा गया है तो उस पत्र-पुस्तिका (लैटर पैड) या पत्र-शीर्ष की साज-सज्जा नयनाभिराम, आकर्षक और प्रभावी होनी चाहिए। अनेक बहुरंगे और आकर्षक छपाईवाले पत्र-शीर्ष तुरंत ध्यान आकृष्ट कर लेते हैं। यदि पत्र सादे

कागज़ पर लिखा गया है तो भी लिखावट की सुंदरता-स्पष्टता-शुद्धता; स्थान-तिथि-पते आदि का उपयुक्त स्थान पर सही ढंग से लेखन, संबोधन-अभिवादन-अनुशंसा आदि की उपयुक्त शब्दावली और सबसे अधिक मूल विषय के प्रस्तुतीकरण की संक्षिप्त-रोचक शैली पत्र के प्रभाव को निश्चय ही द्विगुणित कर देती है। वास्तव में पत्र-लेखन के उद्देश्य की पूर्णता उसके समग्र प्रभाव पर ही आधारित है।

कार्यालयी पत्राचार की विधि-प्रक्रिया

कार्यालयी पत्र-लेखन की विधि अथवा प्रक्रिया प्रायः सब जगह एक-सी है। चाहे सरकारी कार्यालय हो या किसी निजी संस्थान का, कोई व्यावसायिक या औद्योगिक संस्थान हो अथवा अन्य कोई साहित्यिक-सामाजिक या वैज्ञानिक संस्था—और भेजा जानेवाला पत्र भी चाहे किसी कोटि का हो—उसकी बहिरंग (ऊपरी) को रूपरेखा का साँचा-ढाँचा अर्थात् प्रारूप लगभग एक जैसा होता है। इस संबंध में सबसे पहली, महत्त्वपूर्ण और ध्यान में रखने योग्य बात यह है कि **कोई भी कार्यालयी पत्र एकदम सीधे, अपने पूर्ण अंतिम रूप में नहीं लिखा जाता। हर कार्यालयी पत्र का पहले एक प्रस्तावित प्रारूप हस्तलिखित रूप से तैयार किया जाता है।** उस प्रारूप (कच्ची रूपरेखा) को संबद्ध, सक्षम अधिकारी जिसे (पत्र के अंत में स्वाक्षर करने हैं) दिखाकर अनुमोदित कराना आवश्यक है। प्रारूप के अनुमोदित हो जाने के बाद ही पत्र को अंतिम/पूर्ण एवं स्वच्छ रूप प्रदान किया जाता है। आजकल प्रायः टंकित रूप में ही पत्र भेजे जाने की परिपाटी है। कुछ विरल, विशेष परिस्थितियों में ही कार्यालयी पत्र हस्तलिखित रूप से भेजे जाते हैं।

उपर्युक्त आरंभिक चरण (अर्थात् प्रस्तावित प्रारूप के अनुमोदन) के पश्चात्, किसी कार्यालयी पत्र-लेखन की प्रक्रिया मुख्य रूप से निम्नलिखित **बारह-तेरह सोपानों में** संपन्न होती है—

(1) कार्यालय के मुख्य संस्थान, विभाग, मंत्रालय, उद्योग, संस्था, समिति आदि का पूरा नाम-पता। इसे संक्षेप में हम **'मुद्रित शीर्ष'** कह सकते हैं।

(2) कार्यालय के स्वरूप (मुख्य कार्यालय, शाखा कार्यालय, सह-कार्यालय आदि—यदि हो तो) और स्थानीय पते का विवरण।

(3) पत्र-क्रमांक।

(4) दिनांक।

(5) प्रेषक का पद-नाम, पता आदि (निदेशक, महानिदेशक, उपनिदेशक, प्रबंधक, महाप्रबंधक उप या सहप्रबंधक, शाखा-प्रबंधक, लेखापाल अधिकारी, अनुभाग-अधिकारी, विभागाध्यक्ष, अध्यक्ष, उपाध्यक्ष, संयोजक, सचिव इत्यादि जैसी भी स्थिति हो)।

(6) प्राप्तकर्ता का नाम (या पद) और पता।

(7) विषय या संदर्भ-संकेत।

(8) संबोधन।

(9) पत्र की मूल विषयवस्तु।

(10) अनुशंसात्मक (समापन-सूचक) वाक्य, वाक्यांश आदि।

(11) स्वनिर्देश।

(12) संलग्नक।

(13) पृष्ठांकन (Endorsment)।

यह कार्यालयी पत्र-लेखन की सामान्य विधि-प्रक्रिया की रूपरेखा है। हर कार्यालय (या उसके प्रमुख) की अपनी रुचि/नीति/आवश्यकता/सुविधा के अनुसार इसमें थोड़ी-बहुत अदल-बदल हो सकती है।

उपर्युक्त विधि प्रक्रिया की तनिक विस्तार से स्पष्ट करना उपयुक्त होगा—

(1) **मुद्रित शीर्ष**—हर कार्यालयी पत्र प्रायः छपे हुए शीर्ष-युक्त कागज (लैटर पैड) पर भेजा जाता है। इस मुद्रित शीर्षक का आकार-प्रकार और स्वरूप संस्थान, विभाग, मंत्रालय आदि के स्वरूप के अनुसार अलग-अलग हो सकता है। इसे आवश्यकतानुसार दो-तीन या चार पंक्तियों में व्यवस्थित किया जा सकता है। सर्वप्रथम सबसे ऊपर संस्थान, मंत्रालय आदि का मूल (वास्तविक) नाम मोटे अक्षरों में दिया जाता है। नीचे, कुछ छोटे मुद्राक्षरों में प्रायः कोष्ठक में यह संकेत रहता है कि वह संस्थान किस क्षेत्र, स्तर का है या उसका व्यवसायगत अथवा सामाजिक-सांस्कृतिक साहित्यिक वैशिष्ट्य क्या है। जैसे—

(क) **वस्त्रालोक**
सिलेसिलाये वस्त्रों के प्रमुख निर्यातक

(ख) **राष्ट्रीय मुद्रणालय**
(भारत सरकार का उपक्रम)

(ग) **जीवन-संदेश**
(हिंदी की एकमात्र सांस्कृतिक पत्रिका)

(घ) **भारतेन्दु समाजोदय संस्थान**
(बाल एवं महिला-कल्याण को समर्पित)

इस 'शीर्ष' के नीचे, बीचोंबीच अथवा दायें या बायें (रुचि के अनुसार) विशेष आकर्षक मुद्राक्षरों में पूरा डाक-पता दिया जाता है। नगर के नाम के साथ पिन कोड अवश्य देना चाहिए। महानगरों को छोड़कर, अन्य नगरों के साथ कोष्ठक में राज्य या प्रांत का नाम भी दिया जाता है—(महाराष्ट्र), (हरियाणा), (उड़ीसा) इत्यादि। नगर छोटा (अर्थात् जिलास्तर से नीचे) हो तो उसके साथ 'ज़िला' भी लिखा जाता है। जैसे—सूर्यनगर 'ज़िला, गाजियाबाद', रामगढ़, 'ज़िला, अलवर' बल्लभगढ़ 'ज़िला फरीदाबाद' आदि। यदि कोई अंतर्राष्ट्रीय स्तर का संस्थान/उद्योग/

पत्रकार्यालय/उपक्रम आदि हो तो नगर और पिन कोड के बाद कोष्ठक में संबद्ध देश का नाम देना भी उपयुक्त है। जैसे—**हैदराबाद (भारत)** अथवा **टोरेंटो (कनाडा)**।

आजकल डाक-संचार एवं दूर-संचार का अत्यधिक विस्तार हो जाने के कारण, कार्यालयी पत्रों के मुद्रित शीर्ष के साथ, नाम-पता आदि के बाद दायें या बायें सिरे पर 'तार' के लिए पंजीकृत संक्षिप्ति देनी भी उपयोगी है। जैसे 'खादी ग्रामोउद्योग भवन' वाले पत्र शीर्ष में—**तार**—'खादी'। इसी प्रकार मुद्रित शीर्ष के एकदम ऊपर दायें कोने में, अथवा शीर्ष के नीचे दायें या बायें सिरे पर दूरभाष एवं टेलेक्स या फैक्स संख्या भी देने से बड़ी सुविधा होती है।

(2) कार्यालय के अवांतर अनुभाग/प्रभाग आदि का विवरण—मुद्रित शीर्ष की सभी बातों के बाद, दायीं ओर किनारे की ओर कार्यालय के विशेष स्वरूप (यदि हो तो) का उल्लेख रहता है। जैसे 'भारतीय स्टेट बैंक' के मुद्रित शीर्षक में ऊपर तो लिखा होगा—

भारतीय स्टेट बैंक
मुख्य कार्यालय : संसद मार्ग, नई दिल्ली

पर यदि पत्र भेजनेवाला कार्यालय कोई और है तो दायीं ओर नीचे किनारे पर लिखा होगा—

ऋण भुगतान शाखा
चाँदनी चौक, दिल्ली-110006

अथवा—

भारत सरकार
मानव संसाधन विकास मंत्रालय

शिक्षा (महाविद्यालय) विभाग
कक्ष 502, शास्त्री भवन
नई दिल्ली-110001

(3) **पत्र-क्रमांक**—के अंतर्गत, पहले संबद्ध विषय के पत्र की संख्या, फिर उसकी फाइल संख्या, संबद्ध कार्य के संकेत सहित और अन्य विशेष संदर्भ संख्या आदि वैकल्पिक रेखाओं के साथ दी जाती है। जैसे—'जीवन बीमा निगम' के किसी कार्यालयी पत्र के दायीं या बायीं ओर (जैसी स्थिति हो) दिया गया क्रमांक इस

प्रकार हो सकता है—'914—ऋ.-5 (3)/1996-97/445'।

(4) **दिनांक** देने की कई विधियाँ हैं। किसी कार्यालयी पत्र में केवल तिथि—मास--वर्ष अंकों में दे देते हैं—11-9-1997, किसी-किसी कार्यालयी पत्र में अंगरेज़ी अनुकरण पर तिथि के साथ क्रमसूचक प्रत्यय ली, री, वीं प्रत्यय लगाकर मास का नाम (अंक नहीं), और वर्ष लिखा जाता है—पहली मार्च 1997, 8वीं अप्रैल 1997 इत्यादि। कहीं अमरीकी शैली के अनुसार पहले महीने का नाम (अंक नहीं) फिर तिथि और तब अल्पविराम (,) डालकर वर्ष लिखने की परिपाटी भी है—जनवरी 10, 1998 इत्यादि।

(5) **प्रेषक का पद-नाम और पता आदि**—यद्यपि सभी कार्यालयी पत्रों में इसे देने की आवश्यकता नहीं होती तथापि मामले को विधिवत सुचारु रूप से निपटाने के लिए इसकी अपेक्षा रहती है। ऐसा होने पर पत्र-प्राप्त कर्ता, पत्र देखते ही समझ जाता है कि संबद्ध कार्यालय के किस अधिकारी ने पत्र भेजा है और उस पत्र के उत्तर में किसे संबोधित या संपर्क करना चाहिए।

(6) **प्राप्तकर्ता का नाम (या पद) और पता**—पत्र-शीर्ष अर्थात् प्रेषक-संबंधी विवरण के उपरांत बायीं ओर पत्र पानेवाले का नाम व पता लिखा जाता है। नाम की जगह कभी-कभी केवल पदनाम भी लिखते हैं। कभी-कभी नाम व पदनाम दोनों भी लिखे जाते है। अर्थात् पानेवाले का पूरा विवरण इस प्रकार होना चाहिए—नाम, पदनाम, कार्यालय का नाम, स्थान, ज़िला, शहर और पिनकोड (पोस्टल इन्डेक्स संख्या)।

(7) **विषय या संदर्भ-संकेत**—कार्यालयी पत्र में यह बहुत आवश्यक है। जिस विषय में पत्र लिखा जा रहा है उस विषय को अत्यंत संक्षेप में पानेवाले के नाम व पते के पश्चात् बायीं ओर से 'विषय' अथवा 'संदर्भ' शीर्षक देकर लिखना चाहिए। इससे पत्र देखते ही पता चल जाता है कि मूल रूप में पत्र का संदर्भ या विषय क्या है ताकि उसे आवश्यक आगामी कार्यवाही के लिए संबद्ध अधिकारी के पास शीघ्र ही भेजा जा सके। जैसे—विषय : नियुक्ति पत्र, संदर्भ : सभी कार्यालयों में अनावश्यक व्यय में कटौती आदि।

(8) **संबोधन**—पत्र-प्रेषक सबसे पहले पत्र पानेवाले को अपने संबंध और कार्य की आवश्यकता के अनुसार विभिन्न प्रकार से संबोधनसूचक शब्दों का प्रयोग करता है। प्रायः यह पत्र के बायीं ओर लिखा जाता है। कार्यालयी पत्रों में यह कार्य 'प्रिय महोदय' या 'प्रिय महोदया' के द्वारा संपन्न कर लिया जाता है। कभी-कभी 'आदरणीय' या 'मान्य महोदय' लिखा जाता है। अर्ध सरकारी पत्र में 'प्रिय महोदय' के स्थान पर व्यक्तिगत भाव व्यक्त करने के लिए "प्रिय श्री..." लिखा जाता है। किसी अतिविशिष्ट व्यक्ति को संबोधित करने की अन्य शैली भी हो सकती है। जैसे—मंत्री महोदय, महामहिम आदि।

(9) **पत्र की मूल विषयवस्तु**—संबोधन के पश्चात् पत्र की मूल सामग्री लिखी

जाती है। यह वह विषय-क्षेत्र है जिसके लिए हम किसी को पत्र लिखने को तत्पर हुए हैं। यह नये पैराग्राफ से आरंभ किया जाता है। सरकारी और व्यावसायिक कोटि के कार्यालयी पत्रों में यदि किसी विषय पर पहले भी पत्राचार हो चुका हो या हो रहा हो तो उन सबका संदर्भ-संकेत पहले दिया जाता है। पिछला पत्र संबोधित व्यक्ति का भी हो सकता है जिसका हम उत्तर दे रहे हैं या अपना भी हो सकता है जिसमें पहले ही उत्तर दिया जा चुका था। जैसे "उपर्युक्त विषय पर कृपया अपना पत्र सं.... दिनांक...देखें।" अथवा "आपके पत्र सं...दिनांक...और उस संदर्भ में हमारे पत्र सं....दिनांक...के संदर्भ में कहा जा सकता है कि...।"

विषय की सामग्री को अत्यंत संक्षेप में पैराग्राफ में बाँटकर लिखा जाना चाहिए। नया तथ्य, नवीन तर्क, नयी माँग, नया स्पष्टीकरण अलग-अलग अनुच्छेद से आरंभ करना चाहिए। प्रत्येक अनुच्छेद में ऊपर के अनुच्छेदों का विकास होना चाहिए।

कार्यालयी पत्रों में विषयों को आपस में मिलाना नहीं चाहिए। यदि किसी कार्यालय में विभिन्न विभागों के लिए विभिन्न विषयों में पत्र लिखना है तो एक ही पत्र न लिखकर आवश्यकतानुसार एकाधिक पत्र लिखने चाहिए। ऐसा करने से पत्र पर शीघ्र कार्यवाही की संभावना रहती है।

अभिव्यक्ति शैली का भी सरकारी पत्र-लेखन में पर्याप्त महत्त्व है। एक प्रकार की अभिव्यक्ति प्रणाली से किसी को भी मोहित किया जा सकता है और दूसरे प्रकार की प्रणाली से किसी को क्रोधित किया जा सकता है। कार्यालयी पत्र के लिए अनिवार्य है कि भाषा साफ, स्पष्ट और सहज हो। द्वयर्थक शब्दों से बचना चाहिए। वाक्य छोटे-छोटे होने चाहिए। मूल सामग्री को संक्षेपण-कला के द्वारा संगठित करके प्रस्तुत करना अपेक्षित होता है।

किसी भी कार्यालयी पत्र में पूरी बात आना ज़रूरी है, कहीं ऐसा न हो कि प्राप्तकर्ता के मन में संदेह बना रहे और वह स्पष्टीकरण की माँग कर बैठे।

(10) **अनुशंसात्मक (समापनसूचक) वाक्य**—पत्र की सामग्री समाप्त होने पर प्रेषक अपने हस्ताक्षर से पहले प्राप्तकर्ता से अपने संबंध और विषय की औपचारिकता के अनुसार समापनसूचक कुछ शब्दों का प्रयोग करता है। जैसे—"आशा है, इस पत्र पर यथाशीघ्र कार्रवाही होगी" या—"भविष्य में भी इसी सहयोग-प्राप्ति के विश्वास के साथ" आदि। औपचारिक कार्यालयी पत्रों में अधिकतर अंत में 'सधन्यवाद' या 'धन्यवाद-सहित' लिखकर नीचे दायीं ओर 'भवदीय' लिखा जाता है। उपर्युक्त सभी समापन अंग मूल सामग्री के फौरन बाद नयी पंक्ति में दायें कोने में लिखा जाता है। आजकल कार्यालयी पत्रों में बायें कोने में भी यह सब लिखा जाने लगा है।

(11) **स्वनिर्देश**—समापन शब्द के ठीक नीचे भेजनेवाले के हस्ताक्षर होते हैं। हस्ताक्षर के पश्चात् भेजनेवाले का पूरा नाम कोष्ठक में दिया जाता है। इसका

कारण यह है कि हस्ताक्षर प्रायः सुपाठ्य नहीं होते, अतः प्रेषक का नाम भी लिखा होना चाहिए। उसके नीचे उसका पदनाम दिया जाता है। कभी-कभी केवल पदनाम ही रहता है। अर्ध सरकारी पत्र में इस स्थान पर पदनाम नहीं दिया जाता। केवल नाम ही दिया जाता है। कभी ऐसा होता है कि किसी बड़े अधिकारी की ओर से कोई अन्य अधिकारी/कर्मचारी पत्र पर हस्ताक्षर करता है। ऐसी स्थिति में 'कृते' का प्रयोग किया जाता है। जैसे 'कृते, कुलसचिव', 'कृते, प्राचार्य', 'कृते, निदेशक', आदि।

(12) **संलग्नक**—कार्यालयी पत्रों में प्रायः मूलपत्र के साथ अन्य आवश्यक काग़ज़ात भी भेजे जाते हैं। इन्हें उस पत्र के 'संलग्न पत्र' या 'संलग्नक' कहते हैं। इस स्थिति में समापनसूचक शब्द—भवदीय—आदि के ठीक बायीं ओर थोड़ा नीचे 'संलग्नक' या 'संलग्न पत्र' शीर्षक देकर उन सब पत्रों या काग़ज़ात का विवरण संकेत रूप में लिखा जाता है जिन्हें पत्र के साथ संलग्न करना है। ये संकेत 1, 2, 3 संख्या के द्वारा क्रमशः देने चाहिए।

(13) **पृष्ठांकन**—कभी-कभी पत्र की प्रतिलिपि एक या अधिक व्यक्ति, संस्था, विभाग, प्रभाग को सूचनार्थ अथवा आवश्यक कार्यवाही के लिए भेजना आवश्यक होता है। इसे पृष्ठांकन कहते हैं। पत्र के अंत में 'संलग्नक' के बाद वहीं एकदम नीचे 'सूचनार्थ प्रतिलिपि' शीर्षक के अंतर्गत 1, 2, 3, संख्या देकर उन सभी व्यक्तियों का पदनाम व विभागों, प्रभागों का पूरा पता दिया जाता है जहाँ वह प्रतिलिपि भेजी जानी है। इसके नीचे एक बार पुनः वही अधिकारी अपने हस्ताक्षर करता है जिसने पत्र पर हस्ताक्षर किये हैं।

उपर्युक्त समस्त आवश्यक बातों को व्यावहारिक रूप में समझने के लिए निम्नलिखित प्रारूप सहायक हो सकता है—

कार्यालयी पत्र का नमूना

कार्यालय का नाम

पता

प्रेषक का नाम टेलीफोन नं.

पद नाम

पत्र-संख्या.......... दिनांक.................

पानेवाले (प्रेषिति) का नाम

पद नाम

कार्यालय

पूरा पता

विषय (संदर्भ)........................

प्रिय महोदय/महोदया

पत्र की मूल सामग्री (जो बात या विषयवस्तु लिखनी है।)

आभार या धन्यवाद ज्ञापन आदि

संलग्नक : 1. **समापनसूचक शब्द :--भवदीय**

2. हस्ताक्षर

3. (पूरा नाम)

पद नाम

सूचनार्थ प्रतिलिपि

1. नाम व पता........
2. नाम व पता.......
3. नाम व पता.......

(हस्ताक्षर)

ऊपर दी गयी रूपरेखा के अंतर्गत, मूल विषयवस्तु अर्थात् संप्रेषण योग्य मुख्य बात शुरू करने की भी एक विशेष शैली को याद रखना चाहिए। किसी भी कार्यालयी पत्र के इस अंश की प्रारंभिक वाक्य-रचना भी प्रायः पूर्व निर्धारित एवं निश्चित प्रणाली के आधार पर की जाती है। यहाँ पर उन प्रारंभिक वाक्यों अथवा वाक्यांशों के कुछ एक उदाहरण प्रस्तुत हैं जो अधिकांशतः प्रचलित हैं—

(क) आपके पत्र संख्या......दिनांक.........के उत्तर में मुझे यह निवेदन करने का निर्देश हुआ है कि........................

(ख) आपके पत्रांक........दिनांक.........के संबंध में मुझे यह स्पष्टीकरण देना है कि............

(ग) आपके पत्र संख्या..........दिनांक.........में वांछित जानकारी के संबंध में निवेदन है कि................

(घ) इस कार्यालय के पत्रांक..........दिनांक.........की ओर आपका ध्यान आकृष्ट करते हुए निवेदन है कि.............

(ङ) माननीय शिक्षामंत्री के नाम उपर्युक्त विषय पर लिखे आपके पत्र संख्या ....दिनांक.........के उत्तर में मुझे यह निवेदन करने का निर्देश हुआ है कि..............

(च) आपके पृष्ठांकन संख्या...............दिनांक............के संदर्भ में निवेदन है कि............

(छ) आपका ध्यान इस कार्यालय के पृष्ठांकन संख्या.................दिनांक........ की ओर आकृष्ट करते हुए हमारा निवेदन है कि..............

(ज) आपके पत्र संख्या.................दिनांक..............में माँगी गई सामग्री के संबंध में मुझे यह लिखने का आदेश हुआ है कि................

(झ) मुझे यह कहने/सूचित करने/निवेदन करने/आदेश जारी करने का निर्देश हुआ है कि.............

(ञ) इस कार्यालय के पत्रांक..............दिनांक.........के अनुक्रम/सिलसिले में मुझे यह निवेदन करना है कि...............

(ट) मुझे निर्देश हुआ है कि मैं आपके पत्रांक................दिनांक............के उत्तर में निवेदन करूँ कि............

(ठ) आपके पत्र संख्या............दिनांक............के प्रसंग में मुझे यह निवेदन करने का सौभाग्य/सुअवसर प्राप्त हुआ कि............

विशेष—प्रारंभिक वाक्यों/वाक्यांशों के संदर्भ में विशेष उल्लेखनीय बात यह है कि यदि स्वायत्तशासी कार्यालयों जैसे पुरातत्व विभाग आदि के उच्चाधिकारियों की ओर से, जो भारत सरकार के आदेश से पत्र नहीं लिखते अपितु अपने अधिकार से पत्र लिखते हैं, पत्र-व्यवहार किया जा रहा है तो **प्रारंभिक वाक्य में ''मुझे निर्देश हुआ है....'' नहीं लिखा जाता बल्कि इसके स्थान पर यह लिखा जाता** है कि—''मुझे यह कहने/सूचित करने का गौरव प्राप्त हुआ है आदि।''

उपरिवर्णित पत्र-लेखन की रचना-विधि एवं प्रक्रिया को आगे दी गई रूपरेखा द्वारा बड़ी सहजता से समझा जा सकता है।

कार्यालयी पत्र की रूपरेखा का एक अन्य उदाहरण

(1) भारत सरकार,
कृषि मंत्रालय,
नई दिल्ली।

(2) दिनांक...............

(3) पत्र संख्या.................

(4) प्रेषक—
उपसचिव,
कृषि मंत्रालय,
नई दिल्ली।

(5) सेवा में,
.........................(नाम)
.........................(पद)
.........................(पता)

(6) नई दिल्ली, दिनांक.....................

(7) विषय :—

(8) महोदय,

(9) आपके पत्र संख्या..................दिनांक...........के उत्तर में मुझे यह निवेदन करने का निर्देश हुआ है कि

....

....

(10) भवदीय,
(11) हस्ताक्षर
(नाम)
उपसचिव

(12) संलग्न सूचीः—
(i)
(ii)
(13) प्रतिलिपि सूचनार्थः—
(i)
(ii)

विशेष—यहाँ सरकारी पत्रों के उदाहरण एवं नमूने जहाँ-जहाँ प्रस्तुत किये गये हैं, उनमें अंक-आँकड़े, नाम-पद-पते, स्थान, विषयवस्तु आदि सभी काल्पनिक हैं।

कार्यालयी पत्राचार के कुछ उदाहरण

उदाहरण : 1 (सरकारी पत्र)

भारत सरकार
स्वास्थ्य व परिवार कल्याण मंत्रालय

पत्र संख्या..........
प्रेषक—
उपसचिव,
स्वास्थ्य मंत्रालय,
भारत सरकार,
नई दिल्ली।
सेवा में,
प्रबंधक,
जन सेवा समिति,
........................(आंध्रप्रदेश)

नई दिल्ली, दिनांक 27 जुलाई, 1998

विषय : तूफान पीड़ितों के लिए सहायता

महोदय,
आपके पत्र संख्या 83/12क/34 दिनांक 17-7-98 के उत्तर में मुझे आपको

सूचित करने का निर्देश हुआ है कि स्वास्थ्य मंत्रालय को सहायता-रूप में विदेशों से प्राप्त दवाइयाँ आंध्रप्रदेश सरकार के पास तूफान-पीड़ितों की सहायता के लिए भेजी जा चुकी हैं। आंध्रप्रदेश सरकार ही उन्हें स्वयंसेवी संस्थाओं को यथानियम वितरित करेगी।

इसलिए निवेदन है कि आप इस संबंध में स्वास्थ्य विभाग, आंध्रप्रदेश सरकार से सीधे संपर्क स्थापित करें।

भवदीय,
(क. ख. ग.)
उपसचिव, भारत सरकार

उदाहरण : 2 (अर्द्ध-सरकारी पत्र)

सरकारी और अर्द्ध-सरकारी पत्र-लेखन की प्रविधि में केवल दो भिन्नताएँ उल्लेखनीय हैं। एक तो यह कि अर्द्ध-सरकारी पत्र के अंतर्गत संबोधन में पत्र प्राप्तकर्ता का नाम भी लिखा जा सकता है, जैसे 'प्रिय रामचंद्रजी'। दूसरी भिन्नता भी इसी उदाहरण से स्पष्ट है कि अर्द्ध-सरकारी पत्र में आत्मीयता का पुट रहता है। जैसे संबोधन में 'प्रिय' आदि विशेषण और अंतिम स्वनिर्देश में मात्र 'भवदीय' के स्थान पर 'आपका विश्वासपात्र' आदि लिखा जा सकता है।

उदाहरण : 3 (व्यावसायिक पत्र)

1. (क) मुद्रित शीर्ष (संस्था या संस्थान का)
(Printed Letter Head)
(ख) तार-पता (ग) कूट संकेत (कोड)
(घ) पूरा पता 2. दिनांक
3. पत्र संख्या

4. प्राप्तकर्ता का नाम
(संस्था/संस्थान का नाम-पता-सहित)
5. संदर्भ–

6. औपचारिक संबोधन
7. आरंभिक वाक्य
8. कथ्य विषयवस्तु.......
....
....

9. अंतिम अनुशंसात्मक वाक्य

10. प्रेषक (या उसके स्थानापन्न
व्यक्ति) के स्वाक्षर

11. पद—स्वामी (प्रोप्राइटर),
प्रबंधक (मैनेजर) आदि

12. संलग्न पत्र/या अन्य सामग्री
(यदि है) का निर्देश

13. पुनश्च : (यदि आवश्यक हो)

कार्यालयी पत्रों की लेखन-विधि या रूपरेखा के संबंध में दो अन्य बातें भी ध्यान देने योग्य हैं। पहली यह कि इन पत्रों में संबोधन के लिए भी कुछ औपचारिक शब्द प्रचलित हैं, जैसे—**महोदय/प्रिय महोदय/मान्यवर/श्रीमन्** आदि।

दूसरे, कार्यालयी पत्रों में **अभिवादन** (नमस्कार आदि) अपेक्षित नहीं होता। इसी प्रकार **प्रेषक-नाम** और **स्वाक्षर** से पूर्व केवल **भवदीय** लिखने का प्रचलन है। कुछ लोग अंगरेज़ी के शब्द 'योर्स फेथफुली' (Yours Faithfully) के अनुवाद-रूप में 'आपका विश्वासपात्र' लिखना पसंद करते हैं किंतु सभी स्थितियों में और सभी स्तरों पर, प्रत्येक व्यक्ति को 'विश्वासपात्र' लिखना कभी-कभी संगत प्रतीत नहीं होता, अतः हिंदी में **'भवदीय'** ही बहुप्रचलित है।

उदाहरण : 4 (बैंक-पत्र)

दूरभाष : 7241111

साँवलदास गिरधारी लाल
(फल व सब्जियों के थोक व्यापारी)
85-नई सब्जी मंडी
आज़ादपुर, दिल्ली-110009

दिनांक : 20.2.1994

सेवा में,
प्रबंधक,
ओरियण्टल बैंक आफ कॉमर्स,
गाँधी चौक शाखा,
बंगलौर।

**विषय : ड्राफ्ट संख्या A/B 424815/ दिनांक 9.2.98
के भुगतान की रोक**

महोदय,

निवेदन है कि हमने ओरियण्टल बैंक ऑफ कॉमर्स की 'आज़ादपुर दिल्ली' शाखा से **''दो हज़ार पाँच सौ पचास रुपये का''** उपर्युक्त ड्राफ्ट बनवाकर अपने

व्यापारी सर्वश्री संपतलाल नटवरलाल, गाँधीमार्ग, बंगलौर के नाम भिजवाया था जिसका भुगतान आपकी शाखा से होना था। परंतु आज हमें अपने उस व्यापारी से सूचना मिली है कि उनसे वह ड्राफ्ट खो गया है। इस संबंध में आपसे अनुरोध है कि आपके पास यदि उपर्युक्त ड्राफ्ट किसी अन्य व्यक्ति से आये तो **'कृपया उसका भुगतान न करें'** और उसे लानेवाले के नाम-पते की सूचना तुरंत उपर्युक्त पते पर हमें भिजवाकर अनुगृहीत करें।

हम इस पत्र की प्रतिलिपि ड्राफ्ट जारी करनेवाली बैंक-शाखा को भी सूचनार्थ भिजवा रहे हैं।

सधन्यवाद,

भवदीय

राजकुमार

कृते—साँवलदास गिरधारीलाल

सूचनार्थ प्रतिलिपि : ओरियंटल बैंक ऑफ कॉमर्स, आज़ादपुर, दिल्ली-9

4. कार्यालयी एवं प्रशासनिक संदर्भ में प्रयुक्त विशिष्ट शब्दावली

1. Abatement — अवसान
2. Abbreviation — संक्षेपण
3. Abinitio — आरंभ से
4. Abolition — उन्मूलन
5. Above par — अधिमूल्य
6. Absentee — अनुपस्थित
7. Academic — शैक्षिक,शिक्षा संबंधी, विद्या-संबंधी
8. Academy — अकादमी
9. Acceptance — स्वीकृति
10. Accuracy — शुद्धता
11. Accusation — अभियोग
12. Acknowledgement — पावती
13. Acquire — प्राप्त, अर्जन, अधिग्रहण
14. Act — अधिनियम, एक्ट
15. Acting — कार्यवाहक
16. Action — कार्यवाही
17. Act of Commission and omission — भूलचूक
18. Ad-hoc — तदर्थ
19. Adjustment — समायोजन
20. Adjournment — स्थगन
21. Administration — प्रशासन
22. Admissibie — स्वीकार्य, ग्राह्य
23. Adressee — प्रेष्य, पानेवाला
24. Adverse — प्रतिकूल
25. Advice-note — संज्ञापन-पत्र
26. Affiliation — संबंधन
27. Aforesaid — पूर्वोक्त
28. Agenda — कार्यसूची
29. Aid — सहायता
30. Allotment — आबंटन
31. Allowance — भत्ता
32. Allowance, Conveyance — सवारी भत्ता, वाहन-भत्ता
33. Allowance, Dearness — महँगाई-भत्ता
34. Allowance, Extra-duty — अतिरिक्त कार्यभत्ता
35. Allowance, Outstation — बहिर्स्थान-भत्ता

36. Allowance, Overtime — समयोपरि-भत्ता
37. Allowance, Travelling — यात्रा-भत्ता
38. Ambiguous — संदिग्ध, अस्पष्ट, गोल-मोल
39. Answerable — उत्तरदायी
40. Applicable — प्रयोज्य, लागू
41. Arrears — बकाया
42. Audit-objection — लेखा-परीक्षा आपत्ति
43. Appendix — परिशिष्ट
44. Appliance — उपकरण
45. Approval — अनुमोदन
46. Attestation — साक्ष्यांकन
47. Ban — प्रतिबंध
48. Bonafides — सद्भाव
49. Bonus — लाभांश, बोनस
50. Book-rate — निर्धारित दर
51. Bookvalue — अंकित मूल्य
52. Bottleneck — मार्गविरोध, अड़चन, बाधा
53. Breakin Service — सेवा-भंग
54. Bribe — रिश्वत, घूस
55. Bribery — रिश्वतखोरी, घूसखोरी
56. Bureaucracy — नौकरशाही
57. Bye-law — उपविधि
58. Cadre — संवर्ग
59. Cell — कक्ष, कोष्ठ, प्रकोष्ठ
60. Charge — प्रभार
61. Channel, Through proper — उचित सरणि से, उचित माध्यम से
62. Circular — परिपत्र
63. Clerical error — लेखन-अशुद्धि
64. Code — संहिता
65. Compensation — क्षतिपूर्ति
66. Competent — सक्षम
67. Competency — सक्षमता
68. Compliance — अनुपालन
69. Confirmation — पुष्टि
70. Consent — सहमति
71. Deduction — कटौती
72. De facto — वस्तुतः
73. De jure — विधितः, कानूनन
74. Deligation of Power — अधिकार सौंपना
75. Deliberation — विचार-विमर्श
76. Demote — पदावनत (करना)
77. Despatch — प्रेषण
78. Diagram — आरेख
79. Dictation — श्रुतलेख
80. Directive — निदेश
81. Directorate — निदेशालय
82. Directory — निर्देशिका
83. Disaproval — निरनुमोदन, अनुमोदन न करना
84. Disciplinary-action — अनुशासनात्मक कार्रवाई
85. Discretion — विवेक
86. Disposal — निपटान
87. Dissent — असहमति
88. Distribution — वितरण
89. Document — दस्तावेज़ कागज़ात
90. Duplicating — अनुलिपिकरण

91. Duration अवधि
92. Duty कर्तव्य काम पर
93. Duty leave सवैतनिक अवकाश
94. Efficiency Bar दक्षता रोक
95. Enclosure अनुलग्नक
96. Enquiry पूछताछ
97. Entry प्रविष्टि
98. Equip-ment उपस्कर
99. Errata शुद्धि-पत्र
100. Estate संपदा
101. Estimate अनुमान
102. Execute कार्यान्वयन
103. Executive कार्यकारी
104. Ex-Officio पदेन
105. Expedite शीघ्र कार्रवाई करना, शीघ्र निपटाना
106. Extract अनुमान उद्धरण
107. Facsimile प्रतिकृति
108. File मिसिल
109. Forwarding letter अग्रेषण-पत्र
110. Gazette राजपत्र
111. Grace period अनुग्रह अवधि
112. Handover कार्यभार (अधिकार) सौंपना
113. History sheet इतिवृत्त
114. Honorary अवैतनिक, मानसेवी
115. Honorarium मानदेय
116. Ibid (Ibidem) वही
117. Immigration आप्रवास
118. Inadequate अपर्याप्त
119. Inadimis-sible अस्वीकार्य, अग्राह्य
120. Incharge प्रभारी
121. Incompe-tent असक्षम
122. Index अनुक्रमणी
123. Intrastruc-ture आंतरिक संसाधन
124. Initials आद्यक्षर
125. Inter-dep artmental अंतर्विभागीय
126. Interim अंतरिम
127. Interval अंतराल
128. Itinerary यात्र-कार्यक्रम
129. Joining report कार्यारंभ/सेवारंभ/पदभार-ग्रहण सूचना
130. Justifi-cation औचित्य
131. Lien ग्रहण अधिकार, के बदले में, के स्थान पर
132. Memora-ndum ज्ञापन
133. Mint टकसाल
134. Minutes (of the Meeting) कार्यवृत्त
135. Modus operandi कार्य-प्रणाली
136. Mutual Interest पारस्परिक हित
137. Notification अधिसूचना
138. Obligatory अनिवार्य, बाध्यकर

139. O.B.C. (other backword classes) अन्य पिछड़ी जातियाँ
140. Personnel कार्मिक
141. Planning योजना
142. Postponement मुल्तवी
143. Priority प्राथमिकता
144. Privilege विशेषाधिकार
145. proceedings कार्यवाही
146. Project परियोजना
147. Recommendation संस्तुति
148. Record अभिलेख
149. Regularisation नियमाकूलन,
150. Reimbursoment प्रतिपूर्ति
151. Reinstate बहाल करना
152. Reservation आरक्षण
153. Retrenchment छँटनी
154. Retorspective पूर्वव्यापी, पूर्व-प्रभावी
155. Returning Officer निर्वाचन अधिकारी
156. Revenue राजस्व
157. S.C. (Schedule cast अनुसूचित जाति
158. S.T. (Schedule Tirbe) अनुसूचित जनजाति
159. Secretary सचिव
160. Selection चयन
161. Seniority वरिष्ठता
162. Stationery लेखन-सामग्री
163. Takeover कार्यभार सँभालना (अधिकार में लेना)
164. Under Protest विरोध सहित
165. Verification सत्यापन
166. Workshop कार्य-गोष्ठी, कार्यशाला
167. Working Capital कार्यशील पूँजी

5. व्यावसायिक पत्राचार

तात्पर्य एवं स्वरूप

पत्र-लेखन एक कला है। अन्य कलाएँ तो 'ललित' एवं 'उपयोगी' दो भिन्न वर्गों में विभक्त की जा सकती हैं किंतु 'पत्र-लेखन' अथवा पत्राचार का संबंध दोनों वर्गों की कला से है, अर्थात् एक ओर वह 'उपयोगी कला' है क्योंकि किसी भी व्यक्ति की जीवनचर्या उसके बिना पंगु-सी है। दूसरी ओर वह 'ललित कला' भी है क्योंकि उसमें मानव मन की रागात्मक अनुभूतियों की सहज स्वच्छंद अभिव्यक्ति संभव है। इस विलक्षण कला के उपकरण अत्यंत सीमित हैं—केवल काग़ज़, कलम और पत्र का आलेख की सूझ-बूझ। किंतु 'सूझ-बूझ' शब्द गहन और अर्थ-गर्भित है जिसमें अनेक मौखिक तत्त्व अथवा गुण समाहित रहते हैं। 'ललित कला' के रूप में आज यह सर्वविदित ही है कि किसी भी भाषा के साहित्य में 'पत्र साहित्य' ने अपना महत्त्वपूर्ण स्थान बना लिया है। किसी भी महापुरुष, चिंतक, नेता, साहित्यकार अथवा बुद्धिजीवी द्वारा लिखे पत्रों के माध्यम से उसकी विचारधारा, जीवन-दर्शन, चिंतन, कला, देश-विदेश नीति, व्यवहार नीति, समाजशास्त्र का चिंतन और अन्य अनेक उपयोगी क्षेत्रों और संकेतों की जानकारी उपलब्ध की जा सकती है।

व्यावसायिक क्षेत्र में या औपचारिक व्यापारिक/सरकारी जगत में पत्राचार या लिखित शब्द महत्त्वपूर्ण स्थान रखता है। दूसरे शब्द में कहा जाए तो व्यावसायिक या सरकारी क्षेत्र में मौखिक शब्द (spoken word) के स्थान पर लिखित शब्द (written word) का अधिक महत्त्व है। इन क्षेत्रों में प्रत्येक कदम तय करने के लिए लिखित कार्यवाही का आश्रय अनिवार्य है। अतः व्यावसायिक क्षेत्र में पत्र लिखने की कला और सूझ-बूझ का अभ्यास अपेक्षित है। इसके अभाव में हम अपनी समस्या और अपना कार्य पूरा नहीं करवा सकते। प्रत्येक आवश्यकता के लिए पत्र लिखना औपचारिक क्षेत्र की अनिवार्यता है। आजीविका-प्राप्ति के लिए अनेक **'आवेदन पत्र'** लिखना सबकी मजबूरी है। **'नियुक्ति पत्र'** प्राप्ति के लिए न जाने कितना व्यायाम करना पड़ता है। व्यावसायिक क्षेत्र में 'विज्ञापन पत्र', 'मूल्य पत्र,'

'क्रयादेश पत्र', 'विक्रय पत्र', 'अनुरोध पत्र', 'निविदा पत्र' आदि के चक्रव्यूह से गुज़रना पड़ता है।

छात्रावास में विद्यालयाध्यक्ष के नाम 'प्रार्थना पत्र', मित्रों के नाम 'व्यक्तिगत पत्र', प्रेमियों के नाम 'प्रेम पत्र', 'जीविकोपार्जन' के लिए 'पूछताछ पत्र', प्रशासनिक अधिकारी, कर्मचारी के नाते विभिन्न **'औपचारिक पत्र'**, 'बीमा पत्र', 'बैंक पत्र', 'शिकायती पत्र', अनुस्मारक, समाचार पत्र के संपादक के नाम पत्र आदि लिखने के लिए आज चाहे-अनचाहे सभी बाध्य हैं। पारिवारिक पत्रों में असंख्य भेद-प्रभेद पाये जा सकते हैं। वस्तुतः यक लेखक-प्राप्तकर्ता के संबंध, विषय, अवसर और सामाजिक दबाव के कारण भिन्नता रखते हैं। यों आजकल पत्र-लेखन का पर्याप्त कार्य 'टेलीफोन' ने भी ग्रहण कर लिया है। अधुनातन शैली में पत्र कम, टेलीफोन अधिक उपयोग किया जाता है। परंतु जैसा कि पहले कहा जा चुका है कि व्यावसायिक औपचारिक क्षेत्र में सदैव पत्र का स्थान टेलीफोन नहीं ले सकता।

व्यावसायिक पत्र के अंग

पत्र अनेक प्रकार के होते हैं। विषय, संदर्भ, व्यक्ति और क्षेत्र के अनुसार अनेक प्रकार के पत्रों को लिखने का तरीका भी भिन्न-भिन्न होता है। व्यावसायिक पत्रों के लिखने के लिए प्रायः निम्नलिखित तथ्य-संकेतों की आवश्यकता पड़ती है।

1. **प्रेषक का नाम व पता**—व्यावसायिक पत्रों में सबसे ऊपर लिखनेवाले का नाम व पता दिया होता है ताकि पानेवाला पत्र देखते ही समझ जाए कि पत्र किसने भेजा है और कहाँ से आया है। प्रेषक का नाम व पता ऊपर की ओर दायें कोने में दिया जाता है अथवा बायें कोने में नाम, पद नाम और दायें कोने में पता, टेलीफोन नंबर दिया जाता है। टेलीफोन नंबर के नीचे दिनांक के लिए स्थान निर्धारित रहता है। सरकारी पत्रों में उसके ठीक सामने बायीं ओर पत्र का संदर्भ व पत्र-संख्या लिखी जाती है। सरकारी कार्यालयों में यह सब सामग्री प्रायः छपवा ली जाती है जिसे 'लैटर हैड पैड' कहते हैं।

2. **पानेवाले का नाम व पता**—'प्रेषक' के बाद 'लैटर हैड पैड' के बायीं ओर पत्र पानेवाले का नाम व पता लिखा जाता है। नाम की जगह कभी-कभी केवल पदनाम भी लिखते हैं। कभी-कभी नाम व पदनाम दोनों भी लिखे जाते हैं। अर्थात् पानेवाले का पूरा विवरण इस प्रकार होना चाहिए—नाम, पदनाम, कार्यालय का नाम, स्थान, ज़िला, शहर और पिनकोड (पोस्टल इंडेक्स संख्या)।

3. **विषय-संकेत**—पत्र-लेखक के लिए यह भी आवश्यक है कि जिस विषय में पत्र लिखा जा रहा है उस विषय को अत्यंत संक्षेप में पानेवाले को नाम व पते के पश्चात् बायीं ओर से 'विषय' शीर्षक देकर लिखना चाहिए। इससे पत्र देखते ही पता चल जाता है कि मूल रूप में पत्र का विषय क्या है ताकि उस पर आवश्यक

आगामी कार्यवाही की जा सके। जैसे--**विषय : पते में परिवर्तन; विषय : सभी नये हिंदी कम्प्यूटर के संबंध में पूछताछ** आदि।

4. **संबोधन**--पत्र-प्रेषक सबसे पहले पानेवाले को अपने संबंध और कार्य की आवश्यकता के अनुसार विभिन्न प्रकार से संबोधनसूचक शब्दों का प्रयोग करता है। प्रायः यह पत्र के बायीं ओर लिखा जाता है। व्यक्तिगत पत्र में प्रिय लिखकर उसका नाम या उपनाम दिया जाता है जैसे 'प्रिय श्री गुप्ता', 'प्रिय राकेश' आदि, अपने से बड़ों के लिए प्रिय के स्थान पर पूज्य, मान्यवर, श्रद्धेय आदि शब्दों का प्रयोग होता है सरकारी पत्रों में यह कार्य 'प्रिय महोदय' या 'प्रिय महोदया' के द्वारा संपन्न कर लिया जाता है। बहुत हुआ तो 'आदरणीय' या 'मान्य महोदय' लिखा जाता है। अर्ध सरकारी पत्र में प्रिय महोदय के स्थान पर व्यक्तिगत भाव व्यक्त करने के लिए 'प्रिय श्री...' लिखा जाता है। किसी अतिविशिष्ट व्यक्ति को परमादरणीय आदि संबोधन अपनाये जाते हैं।

5. **पत्र की मुख्य सामग्री**--संबोधन के पश्चात् पत्र की मूल सामग्री लिखी जाती है। यह वह विषय-क्षेत्र है जिसके लिए हम किसी को पत्र लिखने को तत्पर हुए हैं। यह नये पैराग्राफ से आरंभ किया जाता है।

सरकारी और व्यावसायिक पत्रों में यदि किसी विषय पर पहले भी पत्राचार हो चुका हो या हो रहा हो तो उन सबका संदर्भ-संकेत सबसे पहले दिया जाता है। पिछला पत्र संबोधित व्यक्ति का भी हो सकता है जिसका हम उत्तर दे रहे हैं या अपना भी हो सकता है जिसमें पहले ही उत्तर दिया जा चुका था। जैसे "उपर्युक्त विषय पर कृपया अपना पत्र सं............दिनांक......देखें।" अथवा "आपके पत्र सं........दिनांक........और उस संदर्भ में हमारे पत्र सं......दिनांक.....के संदर्भ कहा जा सकता है कि........।"

विषय की सामग्री को अत्यंत संक्षेप में पैराग्राफ में बाँटकर लिखा जाना चाहिए। नया तथ्य, नवीन तर्क, नयी माँग, नया स्पष्टीकरण अलग-अलग अनुच्छेद से आरंभ करना चाहिए। प्रत्येक अनुच्छेद में ऊपर के अनुच्छेदों का विकास होना चाहिए।

व्यावसायिक पत्रों में विषयों को आपस में मिलाना नहीं चाहिए। यदि किसी मामले में विभिन्न विभागों के लिए विभिन्न विषयों में पत्र लिखना है तो एक ही पत्र न लिखकर आवश्यकतानुसार एकाधिक पत्र लिखने चाहिए। ऐसा करने से पत्र पर शीघ्र कार्यवाही की संभावना रहती है।

अभिव्यक्ति शैली का भी पत्र-लेखन में पर्याप्त महत्त्व है। एक प्रकार की अभिव्यक्ति प्रणाली से किसी को भी मोहित किया जा सकता है और दूसरे प्रकार की प्रणाली से किसी को क्रोधित किया जा सकता है। पत्र के लिए अनिवार्य है कि भाषा साफ, स्पष्ट और सहज हो। द्वयर्थक शब्दों से बचना चाहिए। वाक्य छोटे-छोटे होने चाहिए। मूल सामग्री को संक्षेपण-कला के द्वारा संगठित करके

प्रस्तुत करना अपेक्षित होता है।

पत्र में पूरी बात आना ज़रूरी है, कहीं ऐसा न हो कि प्राप्तकर्ता के मन में संदेह बना रहे और वह स्पष्टीकरण की माँग कर बैठे।

6. **समापनसूचक शब्द**—पत्र की सामग्री समाप्त होने पर प्रेषक अपने हस्ताक्षर से पहले प्राप्तकर्ता से अपने संबंध और विषय की औपचारिकता-अनौपचारिकता के अनुसार समापनसूचक कुछ शब्दों का प्रयोग करता है। जैसे माता-पिता, गुरु आदि को 'आपका आज्ञाकारी पुत्र/शिष्य' आदि लिखते हैं, किसी अन्य बड़े व्यक्ति को 'आपका', 'विनीत' आदि लिखते हैं, छोटों को 'तुम्हारा', 'शुभाकांक्षी', 'शुभैषी', 'शुभेच्छु' लिखेंगे, मित्र को 'तुम्हारा मित्र' 'तुम्हारा' लिखते हैं। औपचारिक व्यावसायिक पत्रों में साधारणतः 'भवदीय' लिखा जाता है। उपर्युक्त सभी समापन शब्द मूल सामग्री के फौरन बाद नयी पंक्ति में दायें कोने में लिखा जाता है। आजकल व्यावसायिक पत्रों में बायें कोने में यह सब लिखा जाने लगा है।

7. **हस्ताक्षर और नाम**—समापन शब्द के ठीक नीचे भेजनेवाले के हस्ताक्षर होते हैं। हस्ताक्षर के पश्चात् भेजनेवाले का पूरा नाम कोष्ठक में दिया जाता है। इसका कारण यह है कि हस्ताक्षर प्रायः सुपाठ्य नहीं होते। अतः प्रेषक का नाम भी लिखा होना चाहिए। उसके नीचे उसका पद-नाम दिया जाता है। कभी-कभी केवल पद-नाम ही रहता है। निजी स्तर के पत्र में इस स्थान पर पद-नाम नहीं दिया जाता। केवल नाम ही दिया जाता है। कभी ऐसा होता कि किसी बड़े अधिकारी की ओर से कोई अन्य अधिकारी/कर्मचारी पत्र पर हस्ताक्षर करता है। ऐसे समय 'कृते' का प्रयोग किया जाता है। जैसे 'कृते, प्रबंधक', 'कृते, लेखाधिकारी', 'कृते, निदेशक', आदि।

8. **संलग्नक**—व्यावसायिक पत्रों में प्रायः मूल पत्र के साथ अन्य आवश्यक कागज़ात भी भेजे जाते हैं। इन्हें उस पत्र के 'संलग्न पत्र' या 'संलग्नक' कहते हैं। इस स्थिति में समापनसूचक शब्द—भवदीय—आदि के ठीक बायीं ओर थोड़ा नीचे 'संलग्नक' या 'संलग्न पत्र' शीर्षक देकर उन सब पत्रों या कागज़ात का विवरण संकेत रूप में लिखा जाता है जिन्हें पत्र के साथ संलग्न करना है। ये संकेत 1, 2, 3 संख्या के द्वारा क्रमशः देना चाहिए।

9. **पुनश्च**—पत्र-लेखन के संदर्भ में 'पुनश्च' शब्दों को भी समझ लेना चाहिए। इसका अर्थ है—'एक बार पुनः'। पत्र लिखते समय कभी-कभी ऐसा होता है कि मूल सामग्री में कोई महत्त्वपूर्ण अंश किसी कारणवश छूट जाता है। पत्र पूर्ण रूप से 'लैटर हैड पैड' पर टाइप आदि होकर अंतिम रूप में आ जाता है। उसमें वह महत्त्वपूर्ण अंश कैसे जोड़ा जाए ? इस समस्या के समाधान के लिए **'पुनश्च'** का प्रयोग किया जाता है। 'समापनसूचक शब्द', 'हस्ताक्षर', 'संलग्नक' आदि सब कुछ लिखने के पश्चात् कागज़ पर अंत में सबसे नीचे या उसके पृष्ठ भाग पर **'पुनश्च'** शीर्षक देकर संबद्ध छूटी हुई सामग्री लिख दी जाती है और एक बार पुनः हस्ताक्षर

कर दिये जाते हैं ताकि वह सामग्री आधिकारिक हो सके। ध्यान रहे कि यह अंश दो-तीन पंक्तियों में ही आना चाहिए। यदि कोई बड़ा अंश छूट गया है तो 'पुनश्च' का प्रयोग न करके पूरे पत्र को ही दोबारा लिखा या टाइप कराना चाहिए।

उपर्युक्त समस्त आवश्यक बातों को व्यावहारिक रूप में समझने के लिए निम्नलिखित प्रारूप प्रस्तुत किया जा रहा है–

व्यावसायिक पत्र का नमूना

कार्यालय का नाम

पता
टेलीफोन नं.

मुहर
प्रेषक का नाम
पद-नाम

पत्र संख्या/संदर्भ.............
दिनांक.............

पानेवाले (प्रेषिती) का नाम
पद-नाम
कार्यालय
पूरा पता

विषय..................................

प्रिय महोदय/महोदया

पत्र की मूल सामग्री जो लिखा है।

आभार या धन्यवाद ज्ञापन

संलग्नक : 1.
2.
3.

समापनसूचक शब्द :–भवदीय
हस्ताक्षर
(पूरा नाम)
पद-नाम

सूचनार्थ प्रतिलिपि

1. नाम व पता...........
2. नाम व पता..........
3. नाम व पता.............

पुनश्च : छूटा हुआ अंश यदि अपेक्षित हो तो।

हस्ताक्षर

व्यावसायिक पत्राचार की विशेषताएँ

स्पष्टता : पत्र चाहे किसी भी प्रकार का हो, उसमें स्पष्टता होनी चाहिए। पत्र-प्राप्तकर्ता यदि पत्र-प्रेषक के आशय को स्पष्ट रूप से ग्रहण नहीं कर पाता तो पत्र का उद्देश्य ही समाप्त हो जायेगा। उदाहरणतः यदि पत्र-प्रेषक अपने किसी परिजन को पत्र द्वारा किसी बात की, विशेष कार्यक्रम की अथवा निजी या पारिवारिक स्थिति की सूचना देना चाहता है तो वह सूचना स्पष्ट होनी चाहिए। व्यावसायिक और सरकारी पत्रों में तो स्पष्टता का गुण सर्वोपरि माना जाता है। आवेदन-पत्र में यह स्पष्ट उल्लेख होना चाहिए कि किस पद के लिए, किस समाचार पत्र में निकले किस विज्ञापन के अनुसार आवेदन किया जा रहा है, आवेदनकर्ता की शैक्षिक अथवा अनुभव-संबंधी अर्हता क्या है...आदि। आवेदन-पत्र आमंत्रित करनेवालों ने जो-जो तथ्य माँगे हों उनका स्पष्ट ब्यौरा देना चाहिए। इसी प्रकार शिकायती पत्र में, शिकायत का मूल विषय, संबद्ध प्रसंग या संदर्भ आदि सबकुछ स्पष्ट होना चाहिए।

किसी पत्र को पढ़ने पर यदि प्राप्तकर्ता यह कहता है कि 'पता नहीं यह क्या कहना चाहता है ?' तो इसका कारण पत्र की अस्पष्टता है। पत्र को इस दोष से सर्वथा मुक्त होना चाहिए।

स्पष्टता का दूसरा पक्ष उसकी **सुवाच्यता** से संबंधित है। लिखावट साफ-स्पष्ट होने पर ही प्राप्तकर्ता उसे पढ़ और समझ सकता है। इसी तथ्य को सम्मुख रखकर अधिकांश सरकारी और व्यावसायिक संस्थानों में पत्रों का टंकित होना अनिवार्य माना जाता है। किंतु अनेक स्थितियों में, विशेषतः निजी, व्यक्तिगत और पारिवारिक पत्र हस्तलिखित ही होते हैं। उनका सुवाच्य होना आवश्यक है।

एकान्विति—एक पत्र में प्रायः किसी एक ही विषय, संदर्भ अथवा उद्देश्य की पूर्ति संभव है। पत्र-प्रेषक पत्र प्राप्तकर्ता तक जो बात पहुँचाना चाहता है वही मुख्य होनी चाहिए। अभिवादन, अनुशंसा अथवा उत्तर पाने की इच्छा आदि तो पत्र के औपचारिक अंग हैं, इनसे पत्र की एकान्विति भंग नहीं होती, किंतु यदि किसी पत्र में बात व्यावसायिक पूछताछ की की जा रही है और वर्णन राजनीतिक गतिविधियों का होने लगे तब एकान्विति भंग होगी, पत्र का मूल संबंध अस्पष्ट रह जायेगा। उदाहरणतः आवेदन पत्र में अभीष्ट पत्र से संबंधित बातें ही एकसूत्रता या तारतम्य अनुसार प्रस्तुत की जानी चाहिए। अपने से छोटे किसी आत्मीय को 'अध्ययन के लाभ' या 'पर्यटन का महत्त्व' बताते समय मूल विषय से इधर-उधर हटना उचित न होगा। व्यावसायिक और सरकारी पत्रों में तो 'विषय' प्रायः निश्चित रहता है और मूलवृत्त लिखना आरंभ करने से पहले शीर्षक के रूप में उस विषय का निर्देश भी कर दिया जाता है। ऐसी स्थिति में पत्र के भीतर का सारा ब्यौरा शीर्षस्थ विषय

से ही संबद्ध होना चाहिए।

सहजता—इस गुण के दो पक्ष हैं। एक तो यह है कि पत्र में लिखी गई हर बात सहज रूप में, अकृत्रिम रूप से कही गई हो। ध्यान रहना चाहिए कि किसी के द्वारा लिखा गया पत्र उसकी विद्वत्ता, भाषा-निपुणता अथवा लेखन-प्रतिभा से अधिक उसके कथ्य का वाहक होता है। पत्र-पाठक किसी शब्द, वाक्यांश, वाक्य या संदर्भ का स्पष्टीकरण माँगने नहीं आ सकता। सहज-स्वाभाविक रूप में लिखी गई बात पत्र के उद्देश्य को तत्काल पूर्ण कर देने में समर्थ होगी।

सहजता का दूसरा पक्ष भाषा-प्रयोग से संबंधित है। आलंकारिक, लाक्षणिक एवं ध्वन्यात्मक भाषा का प्रयोग कुछ विशिष्ट साहित्यिकों के पत्राचार में तो चल सकता है, सर्वसाधारण पत्रों में वह सर्वथा परिहार्य है। औपचारिक पत्रों की शब्दावली प्रायः निर्धारित-सी होती है, उससे हटकर अपनी बहुज्ञता का प्रकाशन पत्रों में अपेक्षित नहीं। अनौपचारिक पत्रों में तो भाषा और भी सहज-स्वाभाविक और व्यावहारिक होनी चाहिए। 'दासानुदास' 'कृपाकटाक्षाभिलाषी' 'चरणकमलचंचरीक' जैसे चौंकानेवाले समस्त शब्दों का अभीष्ट प्रभाव न पड़कर, विपरीत कुप्रभाव ही पड़ता है।

यथार्थता—इस गुण का संबंध अधिकतर व्यावसायिक पत्रों से है, क्योंकि उनमें तथ्य-प्रस्तुति परम आवश्यक है। व्यावसायिक पत्रों में संबद्ध विषय के सभी पक्षों अथवा तथ्यों की जानकारी न रहने पर अनावश्यक विलंब हो सकता है, बनता हुआ सौदा बिगड़ सकता है, मिलता हुआ क्रयादेश (purchase order) रुक सकता है। सरकारी पत्रों में तो यथार्थता से तनिक भी शिथिलता एक प्रकार से अपराध मानी जाती है। बीमा, बैंक, शिकायत, आवेदन, नियुक्ति, पूछताछ, निमंत्रण आदि से संबंधित पत्र भी यथार्थ तथ्यों की अपेक्षा रखते हैं।

संक्षिप्तता—एक बार एक महाशय को कई पत्र खोल-खोलकर बिना पढ़े ही रद्दी की टोकरी में फेंकते देखकर जब कारण पूछा गया तो उन्होंने उत्तर दिया—'ये पत्र हैं या द्रोपदी के चीर ? कौन इन्हें पढ़ने में समय नष्ट करे ? न जाने लोगों को पत्रों में बेमतलब की हाँकने की फुर्सत कैसे मिल जाती है ?'...आदि। संभवतः वे महाशय किसी बड़े संस्थान के कोई वरिष्ठ अधिकारी थे जिन्हें **केवल विषय से संबद्ध तथ्यों** (Only relevant matter) से ही सरोकार रहता होगा। उनके स्थान पर चाहे कोई भी हो, तात्पर्य यह है कि बहुत लंबे पत्रों को पढ़ने का समय और धैर्य आज किसी के पास नहीं। अतः संक्षिप्तता आदर्श पत्र-लेखन का मूलभूत गुण है। लंबे पत्रों को लिखने के लिए भी तो पर्याप्त समय, सामग्री और धैर्य चाहिए। किंतु जब हम पत्र-लेखन को एक कला कहते हैं तो उस कला की कुशलता संक्षिप्तता में ही निहित है। संक्षिप्त पत्र अभीष्ट सिद्धि और तुरंत प्रभाव में विशेष सहायक होता है।

स्वतःपूर्णता—कोई भी पत्र अपने कथन या मंतव्य में स्वतःपूर्ण होना चाहिए।

उसे पढ़ने के उपरांत तद्विषयक किसी प्रकार की जिज्ञासा, शंका या स्पष्टीकरण की आवश्यकता शेष नहीं रहनी चाहिए। कई बार देखा गया है कि पत्र-लेखक जिस विचार से पत्र लिखना आरंभ करता है वह तो अप्रकट या अपूर्ण रह जाता है तथा अन्यान्य बातों से ही पत्र भर जाता है। कभी-कभी निमंत्रण पत्रों में कार्यक्रम के लिए निर्धारित स्थान और समय आदि की पूरी सूचना नहीं होती। इसी प्रकार निविदा पत्र में उसे भरकर भेजने की अंतिम तिथि और प्रेषणीय पते की भूलें तो प्रायः होती रहती हैं। इस प्रकार की असावधानी न होना ही 'स्वतःपूर्णता' है। व्यावसायिक पत्र अपने आपमें 'पूरे मसविदे' का कार्य करते हैं, अतः उनकी स्वतःपूर्णता और भी आवश्यक है।

शालीनता—किसी पत्र में उसके लेखक के व्यक्तित्व, स्वभाव, पद-प्रतिष्ठा-बोध और व्यावहारिक आचरण की झलक मिलती है। सरकारी, व्यावसायिक तथा अन्य औपचारिक पत्रों की भाषा-शैली एक विशेष शिष्ट स्वरूप लिये होनी चाहिए। अस्वीकृति, शिकायत, खीझ या नाराज़गी भी शिष्ट भाषा में प्रकट की जाए तो उसका अधिक लाभकारी प्रभाव पड़ता है। उदाहरणतः किसी आवेदनकर्ता के आवेदन की अस्वीकृति दो रूपों में भेजी जा सकती है—

(क) "खेद है कि हम आपकी सेवाओं का उपयोग नहीं कर सकेंगे।" अथवा "आपकी योग्यता का लाभ न उठा पाने का हमें हार्दिक खेद है।"

(ख) "आप जैसे अयोग्य/अकुशल/अनुभवहीन व्यक्ति के लिए हमारे पास कोई जगह नहीं" अथवा "आपको सूचित किया जाता है कि आपका आवेदन पत्र अस्वीकृत कर दिया गया है।"

उपर्युक्त दोनों प्रकार के उदाहरणों का मंतव्य एक ही है किंतु प्रथम उदाहरण में शालीनता की छाप है जबकि दूसरे में अशिष्टता झलकती है।

मौलिकता—पत्र-लेखन के संदर्भ में मौलिकता का अभिप्राय नयापन और ताज़गी से है। उसमें बातें तो प्रायः वही होती हैं जो प्रतिदिन लिखी जाती हैं। परिजनों की कुशल-क्षेम अथवा आवेदन का आधार, योग्यता के आँकड़े, दर-भाव, तथ्यात्मक सूचना आदि; परंतु उनका प्रस्तुतीकरण एक मौलिक ढंग से होना चाहिए। हर बार एक-सी, घिसी-पिटी, रटी-रटायी शब्दावली का प्रयोग पत्र के प्रति रुचि को कम कर देता है। इसके विपरीत नयी ढंग से कही गई बात पत्र प्राप्तकर्ता के मन को छू लेती है और अधिक प्रभाव डालने में सहायक होती है।

प्रभावान्विति—आदर्श पत्र-लेखन की अंतिम और सर्वगुण-समन्वित विशेषता है उसकी समग्र प्रभावान्विति। यदि पत्र किसी मुद्रित पत्र-शीर्ष (Letter Head) वाले काग़ज़ पर लिखा गया है तो उस पत्र-पुस्तिका (लैटर पैड) या पत्र-शीर्ष की साज-सज्जा नयनाभिराम, आकर्षक और प्रभावी होनी चाहिए। अनेक बहुरंगे पत्र-शीर्ष और आकर्षक छपाईवाले पत्र तुरंत ध्यान आकृष्ट कर लेते हैं। यदि पत्र सादे काग़ज़ पर लिखा गया है तो भी लिखावट की सुंदरता-स्पष्टता-शुद्धता;

स्थान-तिथि-पते आदि का उपयुक्त स्थान पर सही ढंग से लेखन, संबोधन-अभिवादन-अनुशंसा आदि की उपयुक्त शब्दावली और सबसे अधिक मूल विषय के प्रस्तुतीकरण की संक्षिप्त-रोचक शैली पत्र के प्रभाव को निश्चय ही द्विगुणित कर देती है। वास्तव में पत्र-लेखन के उद्देश्य की पूर्णता उसके समग्र प्रभाव पर ही आधारित है।

व्यावसायिक पत्रों की व्याख्या

(1) संपादक के नाम

1. संपादक (केवल पद, नाम नहीं)
2. पत्र अथवा पत्रिका का नाम
3. पत्र-पत्रिका का प्रकाशन-स्थान
4. संबोधन
5. आरंभिक औपचारिक (ध्यानाकर्षण-संबंधी) एक-दो वाक्य
6. कथ्य विषय
7. अंतिम औपचारिक/अनुशंसात्मक वाक्य
8. प्रेषक-नाम
9. प्रेषक-पता
10. दिनांक

(2) आवेदन-पत्र

1. प्रेषक-नाम-पता
2. प्राप्तकर्ता-पद-पता
3. पद या स्थान (जिसके लिए आवेदन-पत्र माँगे गये हैं।)
4. संबोधन
5. रिक्त स्थान-संबंधी विज्ञापन या जानकारी का संदर्भ-सूत्र
6. रिक्त स्थान पर नियुक्ति-हेतु आवेदन-कर्ता की अर्हता का विवरण (शिक्षा-परीक्षा-अंक-श्रेणी-वर्ष-विद्यालय, विशेष योग्यता स्तर-अनुभव अन्य अभिरुचि-विशिष्ट दक्षता-क्षेत्र आदि सहित) विधिवत तालिका में—
7. अंतिम अनुशंसात्मक वाक्य
8. प्रेषक-स्वाक्षर
9. प्रेषक-नाम
10. दिनांक

11. संलग्न प्रमाण पत्र आदि का निर्देश (क्रमसंख्या सहित)

अन्य अनौपचारिक पत्रों की विधि एवं रूपरेखा सरकारी अथवा व्यावसायिक पत्रों के अनुसार समझी जा सकती है। यद्यपि विभिन्न संस्थानों अथवा कार्यालयों की अपनी विशेष स्थिति, पद्धति अथवा शैली के अनुसार उपर्युक्त विधि या रूपरेखा में यंत्किचित् अंतर हो सकता है तथापि समग्र रूप में प्रायः यही प्रविधि प्रचलित है।

व्यावसायिक पत्राचार के कुछ उदाहरण

यहाँ विभिन्न वर्गों से संबद्ध पत्रों के कुछ उदाहरण केवल नमूने के रूप में प्रस्तुत किये जा रहे हैं। इन्हीं के अनुसार अन्यान्य पत्र-लेखन का अभ्यास किया जा सकता है।

(1) प्राचार्या के नाम पत्र

(छात्रावास में स्थान प्राप्ति-हेतु प्रार्थना)

प्रेषक : लक्ष्मी
बी-209, विवेक विहार,
दिल्ली-110051

प्राचार्या महोदय,
मिराण्डा हाऊस,
दिल्ली विश्वविद्यालय।

विषय : छात्रावास में स्थान-प्राप्ति

महोदया,

विनम्र निवेदन है कि मैं आपके महाविद्यालय में बी.एस-सी. (ऑनर्स) की छात्रा हूँ। मेरा निवास स्थान महाविद्यालय से लगभग सोलह किलोमीटर, यमुनापार स्थित है। वहाँ से महाविद्यालय तक पहुँचने में लगभग दो घंटे का समय लग जाता है। 'यूनीवर्सिटी स्पेशल' बस पर आने के लिए मुझे प्रातः सात बजे घर से चल देना पड़ता है जबकि बी. एस-सी. (ऑनर्स) की कक्षाएँ 11-50 पर आरंभ होती हैं। अपराह्न लौटने में तो और भी कठिनाई होती है क्योंकि 3-50 पर कक्षाएँ समाप्त होती हैं तथा कभी-कभी घर पहुँचते-पहुँचते रात हो जाती है। इस स्थिति में मैं जीवविज्ञान जैसे कठिन विषय का अध्ययन ठीक प्रकार से नहीं कर पाती। अतः आपसे प्रार्थना है कि मुझे महाविद्यालय के छात्रावास में स्थान प्रदान करने की कृपा करें।

मैं आपको विश्वास दिलाती हूँ कि मैं छात्रावास के सभी नियमों का निष्ठापूर्वक पालन करूँगी और किसी प्रकार की शिकायत का अवसर नहीं आने दूँगी।

आशा है, मेरी प्रार्थना पर सहानुभूतिपूर्वक विचार किया जायेगा।

धन्यवाद सहित,

भवदीय

लक्ष्मी

दिनांक—15 जून, 1995 अनुक्रमांक 209, बी. एस-सी. (ऑनर्स)

(2) संपादक के नाम पत्र

(प्रशासन में व्याप्त भ्रष्टाचार का उल्लेख)

सेवा में
संपादक महोदय
दैनिक हिंदुस्तान,
नई दिल्ली।

निवेदन है कि मैं आपके लोकप्रिय एवं सम्मानित पत्र के माध्यम से जनता तथा सरकार का ध्यान दिल्ली प्रशासन में व्याप्त भ्रष्टाचार की ओर दिलाना चाहता हूँ। प्रशासन के किसी विभाग, अनुभाग या कार्यालय में चले जाइए, बिना जान-पहचान या सिफारिश के कोई कर्मचारी बात सुनने को तैयार नहीं।

अभी परसों की ही घटना है। मैं शिक्षा-विभाग के कक्ष 15 में केवल यह जानकारी लेने गया कि विभाग के अंतर्गत सेवा-प्राप्ति हेतु किस-किस विश्वविद्यालय की बी.ए./बी.एड़ अथवा लायब्रेरी-डिप्लोमा को मान्यता प्राप्त है जिससे मैं अपने छोटे भाई को उसी के अनुसार प्रशिक्षण दिलाने का प्रयत्न करूँ। पहले तो मुझे उस कक्ष में कोई भी पदाधिकारी या कर्मचारी अपने स्थान पर दिखाई नहीं दिया। आस-पास खोजने पर एक चपरासी बरामदे में बीड़ी पीता दिखाई दिया। जब उसे मैंने अपनी आवश्यकता बताई तो बोला—'भोजन के समय के बाद आना'। मैंने घड़ी देखी, अभी बारह भी नहीं बजे थे। खैर, बहुत अनुनय-विनय करने पर उसने बताया कि मैं 'कैंटीन' में जाकर देखूँ, कोने में नीली कमीज़ और काले चश्मेवाला क्लर्क बैठा होगा। वह मेरा काम कर देगा। चपरासी ने 'काम कर देने की बात' ऐसे कही जैसे मैंने भिक्षा माँगी हो। कैंटीन में जाने पर और भी माथा भनका। क्लर्क महोदय ने पहले तो डाँटा—'शर्म नहीं आती, पीछे-पीछे चले आते हैं। मैं कोई तुम्हारे बाप का नौकर हूँ—सुबह से माथापच्ची करने के बाद एक प्याला चाय भी कोई शांति से नहीं पीने देता।' आदि...। मैंने नम्रता से कहा—'एक नहीं, दो चाय पीजिए।' वास्तव में मैं भाई के लिए परेशान था। मैंने कैंटीनवाले को दो

चाय लाने को कहा और पैसे पेशगी ही दे दिये। चाय पीने के भी बहुत देर बाद क्लर्क महोदय कई बार घड़ी देखकर यह कहते हुए उठे कि अब तो 'लंच' होने वाला है। मैंने हाथ जोड़ते हुए दाँत निपोरे तो वह धीरे-धीरे चला। फिर रास्ते में ठिठककर बोला, 'तुम्हारे भाई का काम हो जाए तो हमें क्या मिलेगा ?'

अब आप ही बताइए, इसका मैं क्या उत्तर देता ? केवल ज़रा-सी जानकारी देने के बदले भी ये लोग 'कुछ मिलने' की आशा रखते हैं। 'राशनिंग कार्यालय' और 'लायसेंस-अथॉरिटी' में तो खुले-आम रिश्वत की बात सुनी थी लेकिन शिक्षा-विभाग में भी ऐसी धाँधली चलती है—यह परसों ही ज्ञात हुआ। क्या सरकार भ्रष्टाचार के इस अजगर के दाँत तोड़ने के लिए कुछ करेगी या वह गरीब जनता को ऐसे ही डँसता रहेगा ?

भवदीय

दिनांक-10 अगस्त, 1996

राम अवतार
रामगली, अलीपुर, दिल्ली

(3) परिवहन के महाप्रबंधक के नाम पत्र

('टिकट चैकर' के अभद्र व्यवहार की शिकायत)

प्रेषक—राजाराम शास्त्री
गाँव—मलिकपुर,
तहसील—रामगढ़,
ज़िला—अलवर

सेवा में,
महाप्रबंधक,
राजस्थान परिवहन,
जयपुर।

विषय : 'टिकट चैकर' का अभद्र व्यवहार।

महोदय,

इस पत्र के द्वारा मैं आपका ध्यान, राजस्थान परिवहन के अलवर क्षेत्र के टिकटनिरीक्षक के अभद्र व्यवहार की ओर दिलाना चाहता हूँ जिसका 'बैज नंबर' निरीक्षक 1609 है। पिछले दिनांक 15 अगस्त, 1996 को मैं मुबारकपुर से अपने परिवार के साथ राजस्थान परिवहन की अलवर से दिल्ली जानेवाली बस 'अ. रा. 585' में सवार हुआ। पंद्रह अगस्त होने के कारण बस में काफी भीड़ थी,

अतः बैठने का स्थान मिलना कठिन था। मैंने पत्नी और बच्चों को तो किसी प्रकार अगली खिड़की के पास चालक के पीछेवाले स्थान पर खड़ा कर दिया और स्वयं टिकटें लेने के लिए पिछली खिड़की के निकट सहचालक के पास खड़ा हो गया। कुछ समय बाद अचानक बस रुकी और अगली खिड़की से एक टिकट-निरीक्षक महोदय अंदर आकर सभी यात्रियों की टिकटें चैक करने लगे। उन्होंने जब मेरी पत्नी से टिकट माँगी तो उन्होंने पीछे मेरी ओर संकेत कर दिया। निरीक्षक महोदय बड़ी कर्कशता से बोले—'गूँगी है क्या ? अपने खसम को बुला नहीं सकती क्या ?' तभी मेरी छः वर्षीय पुत्री ने सहमते हुए कहा—'बाबूजी, हमारी टिकटें पीछे हमारे पिताजी के पास हैं।' तब निरीक्षक घुड़ककर बोला—'चुप रह री बँदरिया ! माँ के तो ज़बान नहीं, बेटी चपर-चपर कर रही है।' मैंने निरीक्षक का मुँह बंद करने के लिए पीछे से पुकारकर कहा—'चैकर साहब ! टिकटें मेरे पास हैं। पीछे आने पर देख लेना !' इस पर तो वह और भी लाल-पीला होने लगा। उसने मेरी पुत्री को घसीटकर नीचे उतार दिया और मेरी पत्नी की ओर भी यह कहते हुए लपका—'चल नूरजहाँ ! तू भी नीचे उतर ! बिना टिकट के ही पंद्रह अगस्त देखने चली है।' मेरी पत्नी ने 'हट' कह उसे अपनी बाँह नहीं छूने दी। तब चैकर ने कई अपशब्द कहे जिन्हें मैं पत्र में लिखना उचित नहीं समझता। मेरे विनम्रता से समझाने पर भी चैकर अकारण मेरे बच्चों को जली-कटी सुनाता रहा। जब अन्य कई यात्रियों ने भी उसे रोक-टोक की तब कहीं वह शांत हुआ।

मेरा विनम्र अनुरोध है कि कृपया इस मामले की निष्पक्ष जाँच कराई जाए और ऐसे अशिष्ट कर्मचारियों से जनता को बिना कारण अपमानित होने से बचाया जाए। परिवहन की बसें सार्वजनिक सुविधा के लिए हैं। किसी एक व्यक्ति की निजी संपत्ति नहीं। इसमें न केवल पूरे परिवहन विभाग की अपितु आप जैसे कुशल प्रशासक की भी बदनामी है।

आशा है, उक्त निरीक्षक महोदय के विरुद्ध आवश्यक कार्यवाही की जाएगी, मुझे उसकी सूचना दी जाएगी।

धन्यवाद सहित।

भवदीय

दिनांक—18-8-96

मेघराज राणा
सरपंच—मलिकपुर

(4) एजेंसी की प्राप्ति के लिए पत्र

तार पता—
वस्त्रलोक
दिल्ली
दूरभाष : 2922397

निर्मल कुमार रामकुमार
ऊनी वस्त्रों के थोक व्यापारी
201 कटरा अशर्फी, चाँदनी चौक
दिल्ली-110007

दिनांक—15 जनवरी 1996
पत्रसंख्या—एजेंसी 104/ग/1996

सेवा में,
व्यवसाय प्रबंधक,
ग्वालियर रेयॉन
ग्वालियर।

विषय—'रेमंड' ऊनी वस्त्रों की एजेंसी।

प्रिय महोदय,

हम आपके द्वारा तैयार किये जानेवाले 'रेमंड' ऊनी वस्त्रों की थोक एजेंसी के लिए आवेदन कर रहे हैं। हम पिछले बीस वर्षों से ऊनी वस्त्रों के थोक व्यापारी हैं। इस समय हमारे पास अनेक मिलों और वस्त्र-निर्माताओं की थोक एजेंसियाँ हैं जिनमें दिल्ली क्लाथ मिल, मफतलाल ग्रुप, लाल इमली, शालीमार, दिग्जाम आदि के नाम प्रमुख हैं। आप हमारी कार्य-कुशलता और साख के संबंध में इनमें से किसी भी फर्म से पूछताछ कर सकते हैं।

हम आपको विश्वास दिलाते हैं कि हमारे पास आपकी थोक एजेंसी होने से आपके व्यापार में पर्याप्त बढ़ोत्तरी होगी। इस समय हमारी बिक्री लगभग पाँच लाख

रुपये मासिक है। कटरा अशर्फी की वस्त्र-मार्किट उत्तर भारत की बहुत बड़ी कपड़ा-मंडी है किंतु उसमें आपके वस्त्रों की कोई अधिकृत एजेंसी नहीं है।

उपर्युक्त तथ्यों के आलोक में, आपसे निवेदन है कि अपनी एजेंसी की शर्तें अविलंब भिजवाने की व्यवस्था करें। यदि संभव हो तो अपने प्रतिनिधि को यथाशीघ्र भेज दें। वह स्वयं यहाँ आकर एजेंसी की उपयोगिता की जाँच कर सकते हैं।

सधन्यवाद,
शीघ्र उत्तर की आशा में—

भवदीय,
उमेशचंद
कृते—प्रबंधक
निर्मलकुमार रामकुमार

(5) बीमा-पत्र

(जीवन बीमा की रकम के भुगतान के लिए)

प्रेषक : दीनानाथ तलवार
4/29 ए, राजकीय आवास
लोअर माल,
शिमला-2

सेवा में,
शाखा प्रबंधक,
जीवन बीमा निगम
हिमाचल शाखा,
माल रोड, शिमला।

संदर्भ : जीवन बीमा पॉलिसी संख्या 568765 ई.

मान्यवर,

निवेदन है कि मेरी जीवन बीमा पॉलिसी (जिसकी संख्या ऊपर दी गई है) गत वर्ष अप्रेल में पूर्ण (मैच्योर) हो चुकी है। मैंने मई सन् 1975 में बीस हजार रुपये का बीस वर्षीय बीमा कराया था। इस दौरान मैं अपने बीमे की अर्द्ध-वार्षिक

किश्तें नियमित रूप से जमा करता रहा हूँ जिनकी रसीदें मेरे पास सुरक्षित हैं। अंतिम किश्त 31 मार्च, 1995 को भेजी गई थी। आपसे अनुरोध है कि मेरी पॉलिसी की पूरी रकम, लाभांश और ब्याज-सहित यथाशीघ्र भिजवाने की व्यवस्था करें। 'जीवन-बीमा-निगम' के नियमानुसार अंतिम किश्त के बाद एक वर्ष बीत चुका है, अतः अब रकम के भुगतान में कोई अड़चन नहीं होनी चाहिए।

धन्यवाद-सहित,

भवदीय
राधे मोहन

दिनांक—25 अप्रैल, 1996
संलग्न : 1. जीवन बीमा पालिसी संख्या 568765 ई.
2. उपर्युक्त पॉलिसी की अंतिम किश्त की रसीद संख्या 914, दिनांक 31-3-1996

(6) बैंक-पत्र

(ड्राफ्ट खो जाने पर भुगतान रोकने का अनुरोध)

प्रेषक : साँवलदास गिरधारीलाल
85—नई सब्जी मंडी
आज़ादपुर,
दिल्ली।

सेवा में,
प्रबंधक,
ओरियंटल बैंक आफ कॉमर्स,
गाँधी चौक शाखा,
बंगलौर।

विषय : ड्राफ्ट संख्या A/B 424815/दिनांक 9.2.97 के भुगतान की रोक

महोदय,

निवेदन है कि हमने ओरियंटल बैंक ऑफ कॉमर्स की 'आज़ादपुर दिल्ली'

शाखा से "दो हज़ार पाँच सौ पचास रुपये का उपर्युक्त ड्राफ्ट बनवाकर अपने व्यापारी सर्वश्री सम्पतलाल नटवरलाल, गाँधी मार्ग, बंगलौर के नाम भिजवाया था जिसका भुगतान आपकी शाखा से होना था। परंतु आज हमें अपने व्यापारी से सूचना मिली है कि उनसे वह ड्राफ्ट खो गया है। इस संबंध में आपसे अनुरोध है कि आपके पास यदि उपर्युक्त ड्राफ्ट आये तो 'कृपया उसका भुगतान न करें' और उसे लानेवाले के नाम-पते की सूचना तुरंत उपर्युक्त पते पर हमें भिजवाकर अनुगृहीत करें।

हम इस पत्र की प्रतिलिपि ड्राफ्ट जारी करनेवाली बैंक-शाखा को भी सूचनार्थ भिजवा रहे हैं।

सधन्यवाद,

भवदीय
राजकुमार
कृते—साँवलदास गिरधारीलाल

दिनांक 20-2-1996

(7) आवेदन-पत्र

(कृषि मंत्रालय में अवर लिपिक के पद पर नियुक्ति के लिए)

प्रेषक : सुमेर चंद
1214, कूचा नटवा
चाँदनी चौक
दिल्ली—110007

सेवा में,
वरिष्ठ संस्थापन अधिकारी
संस्थापन अनुभाग
ग्राम विकास-विभाग
कृषि मंत्रालय,
कृषि भवन, नई दिल्ली—110001

संदर्भ : अवर लिपिक के पद के लिए आवेदन।

आदरणीय महोदय,

निवेदन है कि नवभारत टाइम्स, दिनांक 2 मार्च 1997 के संस्करण में 'रिक्त स्थान' के अंतर्गत प्रकाशित आपके विज्ञापन के अनुसार, अवर लिपिक के पद के

लिए मैं अपनी सेवाएँ प्रस्तुत करता हूँ। इस संबंध में वैयक्तिक, शैक्षणिक तथा अनुभव संबंधी योग्यताएँ इस प्रकार हैं–

1. नाम–सुमेरचंद
2. पिता का नाम–श्री अमीरचंद
3. जन्मतिथि–20 सितंबर 1977
4. शिक्षा–बी. एस-सी. (कृषि), द्वितीय श्रेणी, प्राप्तांक 58 प्रतिशत, पंत विश्वविद्यालय, रुड़की, 1996
5. टंकण-क्षमता–60 शब्द प्रति मिनट
6. आशु-लिपि-क्षमता–120 शब्द प्रति मिनट
7. लिपिक के रूप में अनुभव–एक वर्ष, दिल्ली प्रशासन, शिक्षा-विभाग।
8. अतिरिक्त दक्षता–एन.सी.सी. और स्काउटिंग में पुरस्कृत।
9. विशेष–मैं एक कृषक का पुत्र हूँ। बाल्यकाल से ही कृषि संबंधी बातों का मुझे पर्याप्त ज्ञान और अनुभव है।

आशा है, मेरे आवेदन पर सहानुभूतिपूर्वक विचार किया जायेगा। मैं विश्वास दिलाता हूँ कि अवसर मिलने पर मैं कर्तव्य-पूर्ति में कोई कमी नहीं रहने दूँगा।

सधन्यवाद,

प्रार्थी

दिनांक 5-3-97 सुमेरचंद

संलग्नक : 1. बी.·एस-सी. प्रमाणपत्र की प्रतिलिपि।
2. जन्मतिथि प्रमाणपत्र की प्रतिलिपि।
3. शिक्षा-विभाग, दिल्ली प्रशासन, अनुभव प्रमाणपत्र की प्रतिलिपि।
4. एन. सी. सी., स्काउटिंग के पुरस्कार-प्रमाणपत्रों की प्रतिलिपियाँ।

(8) डाकपाल के लिए पत्र

(मनीआर्डर की अप्राप्ति-संबंधी पूछताछ)

प्रेषक : कैलाशचंद
4/84 पहली मंज़िल
मंदिर वीथि
त्याग राजनगर
मद्रास-60040

सेवा में,

डाकपाल महोदय,
त्याग राजनगर डाकघर,
मद्रास-4

विषय : मनीआर्डर संबंधी पूछताछ।

महोदय,

निवेदन है कि मैंने लगभग एक मास पूर्व आपके डाकघर से निम्नलिखित पते पर "दो सौ पचास रुपए" का मनीआर्डर किया था—

श्रीमती गौरी प्रधान
द्वारा पापुलर सिल्क स्टोर
रेलवे मार्ग,
एर्नाकुलम

मनीआर्डर की रसीद-संख्या 902, दिनांक 20-11-96 है। इस मनीआर्डर की प्राप्ति-रसीद अभी तक मेरे पास नहीं आई। मैंने उक्त पते पर पत्र लिखकर पूंछताछ की थी, वहाँ से भी यही उत्तर मिला है कि उन्हें अभी तक उक्त मनीआर्डर की राशि प्राप्त नहीं हुई।

आपसे अनुरोध है कि इस संबंध में तुरंत जाँच कर, यथोवित सूचना मुझे भिजवाने की कृपा करे।

धन्यवाद-सहित,

भवदीय
कैलाशचंद

दिनांक 18-12-1996

(9) क्रयादेश-संबंधी पत्र

प्रेषक : जयभारत पुस्तक भंडार
औरंगाबाद
वाराणसी

सेवा में,

व्यवस्थापक,
कॉन्वेण्ट पब्लिकेशन्स
ए 13/6—राणाप्रताप बाग,
दिल्ली-7

महोदय,

कृपया निम्नलिखित पुस्तकें तुरंत, उचित कमीशन काटकर, गोल्डन ट्रांसपोर्ट द्वारा भिजवा दें और उसकी बिल्टी वी. पी. द्वारा हमें भेज दें, हम तुरंत छुड़ा लेंगे। पुस्तकें साफ और बिना कटी-फटी होनी चाहिए।

(1) निबंध-सप्तक (क) 50 प्रतियाँ

(2) निबंध-सप्तक (ख) 50 प्रतियाँ

(3) कहानी-समीक्षा (दोनों भाग) 50-50 प्रतियाँ

(4) हिंदी के व्यावहारिक प्रयोग से संबंधित कोई ऐसी पुस्तक जो स्नातक परीक्षाओं के अतिरिक्त प्रतियोगिता-परीक्षाओं में भी उपयोगी हो 100 प्रतियाँ

यह क्रयादेश लगभग एक हज़ार रुपये का बन जायेगा, इसलिए आपकी मूल्य-सूची में दिये हुए नियम के अनुसार पैकिंग चार्जिज़ और डाक-व्यय आपका ही होगा। कृपया उसे हमारे बिल में न लगायें।

एक सौ रुपये का ड्राफ्ट पेशगी के रूप में भिजवाया जा रहा है। यह रकम बिल में से कम करके शेष की वी. पी. भिजवायें।

सधन्यवाद,

दिनांक—26-8-1996

भवदीय,
सुखबीर मीणा
कृते—जयभारत पुस्तक भंडार

संलग्न : ड्राफ्ट संख्या p.p. 401819
दिनांक—26-8-96
मूल्य : 100 रुपये

6. विशिष्ट व्यावसायिक शब्दावली

1. Accessory सह-साधन
2. Act अधिनियम, एक्ट
3. Acknowledgement पावती, प्राप्ति-सूचना, अभिस्वीकार
4. Advance अग्रिम/पेशगी
5. Advertisement विज्ञापन
6. Agency अभिकरण/एजेंसी
7. Agent अभिकर्त्ता/एजेंट
8. Agreement अनुबंध/करार
9. Annuity वार्षिकी
10. Anticipated expenditure प्रत्याशित-व्यय
11. Arrears बकाया
12. Assets परिसम्पत्ति
13. Assignment समनुदेशन/कार्य-निर्देश
14. Associate Member सह-सदस्य
15. Assured बीमाकृत
16. Atrandom बेहिसाब, बेतरतीब, योंही
17. Audit लेखा परीक्षा
18. Audit objection लेखा-परीक्षा आपत्तियाँ
19. Balance of Payments भुगतान-शेष
20. Balance बाकी, शेष
21. Balance Sheet तुलन-पत्र
22. Barter वस्तु-विनिमय, अदला-बदली
23. Bearish मंदी रुख
24. Board of Directors निदेशक मंडल
25. Book Credit खाता उधार
26. Boom तेजी
27. Borrowed note जमानती रुक्का
28. Breakage टूट-फूट
29. Budget आय-व्ययक, बजट, अनुमान
30. Bull तेजड़िया
31. Call money शीघ्रावधि राशि
32. Capital पूँजी
34. Cartage ढुलाई
35. Cash रोकड़/नकदी
36. Catalogue सूचीपत्र
37. Ceiling अधिकतम सीमा
38. Callingrate अधिकतम दर
39. Claim दावा
40. Client ग्राहक

41. Coding — संहिताकरण, कूटबद्ध करना
42. Coinage — सिक्का ढलाई
43. Collection — संग्रहण, उगाही
44. Commission — दलाली
45. Compensation — क्षतिपूर्ति, मुआवज़ा
46. Confiscation — अधिहरण, ज़ब्ती
47. Consignment — प्रेषण, परेषण प्रेषित/परेषित माल)
48. Consumer — उपभोक्ता
49. Contingency (fund) — आकस्मिकता, फुटकर (निधि)
50. Contingent — फुटकर, आकस्मिक
51. Contract — संविदा/ठेका
52. Corporation — निगम
53. Cost — लागत
54. Credit — उधार, जमा
55. Currency — मुद्रा
56. Customs — सीमाशुल्क
57. Deduction — कटौती
58. Deficit — घाटा
59. Demand Letter — माँगपत्र
60. Demurrage — विलंब शुल्क
61. Depreciation Charge — मूल्यह्रास प्रभार
62. Devaluation — अवमूल्यन
63. Disbursement — संवितरण
64. Discount — बट्टा/कटौती/छूट/रियायत
65. Dividend — लाभांश
66. Duty — शुल्क
67. Earnest Money — बयाना
68. Economy — अर्थव्यवस्था
69. Endorsment — पृष्ठांकन
70. Errors and Omission — भूल-चूक
71. Exchange — विनिमय
72. Exemption — छूट, माफ़ी
73. Export — निर्यात
74. Fair copy — स्वच्छ प्रति
75. Financial year — वित्तीय वर्ष
76. Flatrate — समान दर
77. Follow-up — अनुवर्तन
78. Freight — ढुलाई भाड़ा
79. Fringe Benefits — अनुषंगी (गौण) लाभ
80. Goodwill — सुनाम, ख्याति
81. Grafting — संशोधन
82. Gross — सकल, कुल
83. Guarantee — प्रत्याभूति, ज़मानत, आश्वासन, गारंटी, ज़िम्मेदारी
84. Head of Account — लेखा शीर्ष, लेखामद
85. IMF (International Monetary fund) — अंतर्राष्ट्रीय मुद्रा कोष
86. Import — आयात
87. Immovable — अचल
88. Indemnity Bond — क्षतिपूर्ति बंध पत्र
89. Index — माँग पत्र
90. Index number — सूचकांक
91. Industry — उद्योग
92. Inflation — मुद्रास्फीति
93. Input — निविष्टि

94. Insolvency दिवाला
95. Instrument दस्तावेज़, लिखत
96. Insurance बीमा
97. Inventory माल सूची, माल
98. Investment निवेश
99. Invoice बीजक
100. Issue निर्गम
101. Joing Liabilities संयुक्त देनदारी
102. Landing Charges उतराई प्रभार/ उतराई मज़दूरी
103. Layout विन्यास
104. Liability देयता, देनदारी, दायित्व
105. License अनुज्ञा-पत्र, लाइसेंस
106. Liquidation परिसमापन
107. Loading लदाई, भराई
108. Loan ब्याज, ऋण
109. Mandate अधिदेश
110. Margin लाभ-सीमा
111. Marketability पण्यता, विक्रेयता
112. Mortgage बंधक, गिरवी, रेहन
113. Negotiability परक्राम्यता, समझौते की बातचीत
114. Notation संकेत
115. Off-take कुल खरीद, उठाव
116. Offer निवेद, प्रस्ताव
117. Open Tender मुक्त निविदा
118. Paid-up चुकता
119. Payable देय
120. Penalty जुर्माना
121. Per-capita प्रति व्यक्ति
122. Price Hike मूल्य वृद्धि
123. Proceeds प्राप्ति, मुनाफा, लाभ, आय
124. Promissory note रुक्का/हुंडी
125. Prospect संभावना प्रत्याशा,
126. Quality product बढ़िया माल
127. Quotation भाव, दर
128. Rate दर
129. Rebate छूट
130. Registration पंजीकरण
131. Regulation time नियमन अवधि
132. Risk जोखिम
133. SEBI (Security Exchange Board of India) भारतीय प्रतिभूति एवं विनिमय बोर्ड
134. Security Scam प्रतिभूति घोटाला
135. Share शेयर (पूँजीगत अंश)
136. Shareholder शेयरधारक
137. Sensex शेयर सूचकांक
138. Service charges सेवाप्रभार
139. Statistical सांख्यिकीय
140. Stock Exchange शेयर विनिमय केंद्र
141. Subsidy परिदान, आर्थिक सहायता
142. Surcharge अधिभार
143. Surety प्रतिभूति (ज़मानत/ ज़मानती)

144. Taxation कराधान
145. Tender निविदा, टेंडर
146. Trade व्यापार
147. Trademark व्यापार चिह्न, मार्का
148. Transit पारगमन
149. Treasury खज़ाना
150. Under-writing जोखिम अंकन
151. Validity वैधता
152. Valuation मूल्यांकन
153. Vendor विक्रेता
154. Vocational व्यावसायिक
155. Voucher वाउचर, खर्च की पर्ची, आधार-पत्र
156. Wage मज़दूरी
157. Warranty आश्वस्ति
158. Wear and Tear टूट-फूट
159. Wholesale थोक
160. Write off बट्टे खाते में डालना
161. Year Book अब्द-कोष, वार्षिकी

7. टिप्पण

'टिप्पण' का तात्पर्य और स्वरूप

सामान्यतया उन्नत टिप्पण (Advanced Noting) की आवश्यकता बड़े कार्यालयों तथा सचिवालयों में होती है। छोटे-मोटे प्रकरणों (Cases) में साधारण टिप्पण-टिप्पणियों से ही काम चल जाता है; किंतु ऐसे प्रकरणों में, जिनमें विचाराधीन मामले अथवा समस्यादि के विषय में विभिन्न नियमों (Rules) अधिनियमों (Acts) तथा पुराने पत्रों, तथ्यों, आँकड़ों तथा उन निर्णयों का अवलोकन करना भी ज़रूरी हो, जो उसी प्रकार के प्रकरणों में लिये गये हों और जिनके साथ नई योजनाओं, नीतियों अथवा समस्याओं के प्रश्न-समाधान जुड़े हों—विशद टिप्पण लिखना अनिवार्य हो जाता है।

टिप्पण लिखने का कार्य सहायक (Assistant) स्तर के कर्मचारी से लेकर सचिव (Secretary) पद तक के अधिकारी को करना पड़ता है। वस्तुतः प्रकरण की महत्ता के साथ उसके लेखक का भी महत्त्वपूर्ण होना अपेक्षित है। इसलिए मंत्रियों (Ministers) की स्वीकृति हेतु लिखे जानेवाले तथा किसी सरकारी नीति (Policy) एवं योजना से संबद्ध टिप्पण उपसचिव तथा सचिव महोदयों को लिखने पड़ते हैं। कभी-कभी किसी मामले या पत्र से संबंधित विभिन्न नियमों की जानकारी अथवा अनुमति-स्वीकृति अन्य विभाग या अनुभाग विशेष से भी प्राप्त करनी आवश्यक होती है। ऐसी दशा में प्रस्तुतकर्त्ता विभाग संचिका (फाइल) को अपने मुख्य टिप्पण सहित संबद्ध विभाग के पास भेजकर अभीष्ट जानकारी आदि प्राप्त करता है। **इस प्रकार मुख्य टिप्पण की पूरक विभिन्न विभागों द्वारा लिखी गई टिप्पणियाँ, दी गई सूचनाएँ एवं आदेश-अनुदेश** (Instructions) **आदि—सभी टिप्पण के ही अंग माने जाते हैं।** यहाँ यह बतला देना भी प्रासंगिक होगा कि राष्ट्रपति, प्रधानमंत्री या किसी मंत्री द्वारा लिख़े टिप्पण को 'मिनट' कहा जाता है।

उक्त कथन के आधार पर यही निष्कर्ष निकाला जा सकता है कि टिप्पण से तात्पर्य है—किसी भी छोटे या बड़े मामले को निपटाने के लिए विभिन्न स्तरों पर की गई वह लिखित दफ्तरी कार्रवाई, जिससे सरकारी अथवा ग़ैर सरकारी

कार्यालयों का प्रशासनिक कार्य मात्र व्यक्तिविशेष के ही नहीं अपितु सम्मिलित दायित्व से क्रियान्वित किया जांता है। इस बात को और अधिक स्पष्ट करने के लिए यहाँ पर अपने देश की प्रशासन-प्रणाली पर संक्षेप में प्रकाश डालना उचित होगा ताकि टिप्पण के संबंध में अभिव्यक्त इस कथन को कि—"टिप्पण का मंतव्य मात्र व्यक्तिविशेष के ही नहीं अपितु सम्मिलित दायित्व से क्रियान्वित किया जाता है"—अच्छी तरह से समझा जा सके।

हमारे देश का प्रजातांत्रिक शासन-चक्र तीन शक्तियों द्वारा परिचालित होता है। प्रथम शक्ति का नाम है **विधान-विधात्री** शक्ति (Legislature) जो लोकसभा और राज्यसभा में निहित है (दोनों मिलकर संसद कहलाती हैं)। यही शक्ति देश के लिए विधान बनाती है। दूसरी शक्ति है **कार्यकारिणी शक्ति** (Executive) जो बनाये गये विधान को लागू करवाती है। तीसरी है **न्यायाधिष्ठात्री शक्ति** (Judiciary) जो विधान को लागू करवानेवाली शक्ति की अवहेलना करनेवालों को दंडित कर न्याय-व्यवस्था को बनाये रखती है। ये तीनों शक्तियाँ अलग-अलग होते हुए भी एक-दूसरे की पूरक हैं।

प्रस्तुत प्रसंग में टिप्पण का सीधा संबंध **कार्यकारिणी शक्ति से ही** है क्योंकि उन्नत और सामान्य टिप्पण के माध्यम से ही कार्यकारिणी शक्ति का पूरा चक्र अर्थात् पूरा केंद्रीय सचिवालय चलता है। दूसरे शब्दों में सरकारी कामकाज निपटाने के लिए लिखा गया टिप्पण प्रकरण की गंभीरता अथवा लघुता के कारण अधिकारी-भेद का भाजन भले बने, परंतु संसद-रूपी धुरी पर टिका यह शासन-चक्र सम्मिलित रूप से एक-दूसरे के प्रति उत्तरदायी होता है। जैसे—अधीनस्थ अधिकारी सचिव के, सचिव मंत्रियों के, मंत्री प्रधानमंत्री के और प्रधानमंत्री पूरी मंत्रिपरिषद् के साथ राष्ट्रपति के सम्मुख उत्तरदायी होता है। इतना ही नहीं, प्रधानमंत्री सहित राष्ट्रपति भी संसद के तथा संसद-सदस्य निर्वाचन करनेवाली जनशक्ति के आगे उत्तरदायी होते हैं और इसी तरह यह शासन-चक्र गतिशील बना रहता है।

इस प्रकार उपरिकथित सामूहिक प्रक्रिया में टिप्पण अपने में एक अथवा एकाधिक व्यक्तियों द्वारा लिखित अनुमोदित, अवलोकित तथा स्वीकृत मंतव्य है जो प्रशासन प्रक्रिया में सहयोगी होता है। यदि किसी प्रकरण (Case) के निपटाने के कार्य को साध्य माना जाए तो उसकी सिद्धि में टिप्पण साधन ही माना जायेगा। इतने विवेचन के बाद अब यहाँ टिप्पण को अलग से परिभाषित करना ही उचित होगा।

परिभाषा—"टिप्पण तटस्थ भाव से और अन्यपुरुष में लिखा गया एक ऐसा मंतव्य है जिसमें लेखक विचाराधीन नीति, योजना, समस्या, प्रश्न अथवा प्रकरण के पूर्वापर से संबद्ध आदेशादि का परीक्षण कर एवं तद्विषयक कानूनी, आर्थिक तथा व्यावहारिक पहलुओं के पक्ष-विपक्ष पर सोच-विचार कर कार्रवाई करने हेतु आंशिक या पूर्ण स्पष्टीकरण, टिप्पणी, सुझाव, आदेश, अनुदेशादि प्रस्तुत करता है।"

टिप्पण के गुण एवं नियम

सामान्य रूप से एक अच्छे टिप्पण में अधोलिखित गुणों का समावेश एवं नियमों का पालन करने से उसमें प्रामाणिकता आ जाती है–

(1) टिप्पण विचाराधीन **मूल पत्र** (Original letter) **आदि के ऊपर नहीं लिखा जाता।** कार्यालय में इसके निमित्त यदि कोई विशेष प्रपत्र (फार्म) निश्चित नहीं है तो इसे अलग काग़ज़ पर ही लिखना चाहिए। यदि किसी उच्च अधिकारी ने मूलपत्र के ऊपर ही कोई निर्देश अंकित कर दिये हैं तो उनकी प्रतिलिपि करवा अलग से संचिका में लगा देनी चाहिए।

(2) टिप्पण की **भाषा सदा संयत, सरल और यथासंभव संक्षिप्त तथा विनयगर्भित** होनी चाहिए–भले ही आवश्यकतानुसार उसमें किसी वस्तु अथवा व्यक्ति की आलोचना ही क्यों न की जा रही हो।

(3) टिप्पण का **प्रारंभ विचाराधीन प्रकरण** (Case) अथवा **पत्रादि का संदर्भ देते हुए** तथा उसमें विचारणीय विषय का उल्लेख करते हुए करना चाहिये। और उसे रेखांकित भी कर देना चाहिए। वही एक प्रकार से टिप्पण का संदर्भ अथवा विषय माना जायेगा।

(4) टिप्पण सदैव **अन्य पुरुष में** लिखा जाना चाहिए।

(5) टिप्पण के प्रथम अनुच्छेद (Paragraph) को छोड़कर **अन्य अनुच्छेदों को संख्याबद्ध** करते जाना चाहिए।

(6) टिप्पण में चर्चित पत्रादि के पत्रांक, दिनांक तथा संचिका (फाइल) में उनके मूल रूप को देखने के लिए निर्देश, **हाशिये में ही** देना चाहिए न कि टिप्पण के कलेवर (Body) में। हाँ, मूल विचाराधीन पत्र का क्रमांक तथा देखने के लिए उसका पृष्ठोल्लेख प्रथम अनुच्छेद में हो सकता है।

(7) यदि नितांत आवश्यक न हो तो टिप्पण के कलेवर में संदर्भणीय (Under reference) सामग्री से **कुछ भी शब्दशः उद्धृत न करके** संचिका (फाइल) में लगी उसकी प्रतिलिपि देखने के लिए ही अनुरोध करना चाहिए। किंतु विचाराधीन मामले के निस्तारण (disposal) के दौरान यदि किसी अधिकारी ने अपना अभिमत प्रकट करते हुए किसी विशेष नियम की ओर ध्यान आकृष्ट किया हो या फिर संदर्भणीय सामग्री में किसी ऐसे नियम का उल्लेख पहले किया जा चुका हो और उस नियम का प्रभाव अन्यत्र पड़ चुका हो तथा भविष्य में विचाराधीन मामले पर पड़ सकता हो तो टिप्पण में उसे ज्यों का त्यों उद्धृत कर देना ही उचित होगा।

(8) टिप्पण में दिये जानेवाले सुझाव किसी भी प्रकार के **पूर्वाग्रह से मुक्त** होने चाहिए। बिना किसी विशेष आवश्यकता के उसमें किसी प्रकार की दृढ़ोक्ति (Emphasis) या अतिशयोक्ति (Exaggeration) का प्रयोग नहीं करना चाहिए।

(9) यदि किसी प्रकरण विशेष के भिन्न-भिन्न पक्षों पर उच्चाधिकारी के आदेश लेना अपेक्षित हो तो उस स्थिति में या तो **अलग-अलग टिप्पण** प्रस्तुत करना चाहिए या फिर टिप्पण को वर्गों में विभाजित कर प्रत्येक वर्ग अथवा भाग जैसे—"क" और "ख" और यदि अधिक हों तो सभी का नामोल्लेख कर उनके लिए संयुक्त आदेश देने की प्रार्थना करनी चाहिए।

टिप्पण की रचना एवं प्रविधि-प्रक्रिया

सामग्री संकलन

कार्यालय की डाक खुलने के बाद जब डायरी पर चढ़कर और अधिकृत व्यक्ति द्वारा अंकित हो जाने पर संबद्ध सहायकों व अधिकारियों के पास पहुँच जाती है तो उस पर कार्रवाई के लिए सहायक अथवा अधिकारी को निम्नलिखित सामग्री के जुटाने की आवश्यकता होती है।

1. विचाराधीन पत्रादि से संबद्ध संचिका, (फाइल) यदि कोई पहले से चली आ रही है।
2. अन्य संचिकाएँ जिनका उल्लेख प्रकरण या पत्र में किया गया है।
3. यदि चर्चित पत्र में कोई कानूनी प्रश्न जुड़ा हुआ है तो उस कानून अथवा नियम से संबंधित पुस्तकादि।
4. समान विषय वाले तथ्यादि एवं निर्णय जो उसी प्रकार के अन्य प्रकरणों में लिये गये हों और कार्यालय में उपलब्ध हों।

प्रक्रियात्मक सोपान

1. स्पष्ट है कि उपर्युक्त सामग्री को जुटाने के लिए कार्यालय में उपलब्ध नियमावली, अधिनियम (Acts) तथा पत्रावलियों एवं महत्त्वपूर्ण निर्णयों की अनुक्रमणिकाओं का अवलोकन करना वांछनीय होता है। तदुपरांत सामग्री उपलब्ध करके यदि पहले से उस विषय की फाइल चली आ रही है तो विचाराधीन पत्र उसमें लगा देना चाहिए अन्यथा नई संचिका की व्यवस्था करनी चाहिए।

2. अब विचाराधीन पत्र से संबंधित संदर्भ-सामग्री को संचिका की दायीं ओर टिप्पण लिखने के लिए कुछ खाली कागज़ पर निश्चित प्रपत्र (फार्म) को बायीं ओर नत्थी कर लेना चाहिए। इस प्रकार नये प्राप्त पत्र अथवा प्रकरण पर टिप्पण लिखने

जाने की तैयारी पूर्ण हो जाती है।

3. टिप्पण का प्रारंभ सर्वोपरि मूल पत्र का प्राप्ति क्रमांक डालते हुए तथा फाइल में जहाँ वह लगा है, उस पर डाली गई पृष्ठ संख्या का हवाला देते हुए करना चाहिए; क्योंकि यही विचाराधीन पत्र ही प्रस्तुत टिप्पण का आधार होता है। अतः इसे प्रथम पंक्ति में संदर्भ सहित रेखांकित भी कर देना चाहिए। इतनी व्यवस्था कर लेने के उपरांत पर्याप्त हाशिया छोड़कर अब टिप्पण लिखना प्रारंभ कर देना चाहिए।

4. प्रारंभिक पंक्तियों में पत्र का उल्लेख करते हुए यह भी ध्यान रखना चाहिए कि यदि उससे संबंधित कोई पूर्व इतिहास, पूर्व पत्र, निर्णय-आदेश, सरकारी-नीति, नियम-अधिनियम आदि विद्यमान हैं तो उनका सारांश देना भी आवश्यक होता है। इसके बाद विचारणीय विषय का संक्षिप्त विवेचन-विश्लेषण करना अभीष्ट होता है और अंत में आवश्यकतानुसार सुझाव देने होते हैं कि प्रस्तुत पत्र में क्या कार्रवाई, आदेश या निर्णय किया जा सकता है। यदि किसी सरकारी नीति अथवा बड़ी योजना पर टिप्पण लिखना होता है तो उसमें अधिकारी को उस योजना के विभिन्न आर्थिक, व्यावहारिक, प्रशासनिक पक्षों आदि पर पड़नेवाले प्रभाव तथा उसको क्रियान्वित करने के लिए संभावित व्यवस्थाओं पर भी प्रकाश डालना ज़रूरी होता है।

5. टिप्पण सदा स्याही से लिखा जाना चाहिए या टाइप किया जाना चाहिए। इसके अतिरिक्त फाइल के बायीं ओर टिप्पण लिखने के लिए लगे स्वच्छ पृष्ठों पर तथा दायीं ओर लगी संदर्भ सामग्री के पृष्ठों पर अलग-अलग संख्या डालनी और आवश्यकतानुसार संदर्भ रूप में अलग-अलग ही उद्धृत करनी चाहिए।

6. टिप्पण लेखक को अतिविस्तार, व्याख्या एवं उपदेशात्मकता से बचना चाहिए।

7. टिप्पण में जिन-जिन पत्रों, प्रलेखों (Documents) की चर्चा की गई हो उनका संचिका में उसी क्रम से लगा होना अनिवार्य होता है जिस क्रम से वे टिप्पण में संदर्भित किये गये हों।

8. इस प्रकार टिप्पण लिख लेने पर उसका लेखक नीचे बायीं ओर अपने हस्ताक्षर करेगा और अपने हस्ताक्षरों में प्रथमाक्षर (Initial) ही लिखेगा जबकि टिप्पण को अनुमोदित या स्वीकृत करनेवाला अवर सचिव पद आदि का अधिकारी नीचे दायीं ओर हस्ताक्षर करेगा और हस्ताक्षरों में अपना पूरा नाम प्रयोग में लायेगा। यहाँ अपने नामों के नीचे उच्चाधिकारी अपने पदों का उल्लेख भी कर सकते हैं। ये सभी कार्य संपन्न कर लेने के उपरांत टिप्पणकर्ता यदि सहायक पद का है तो वह टिप्पण की बायीं ओर हाशिये में अधीक्षक/अनुभाग अधिकारी का मात्र पद ही अंकित करके टिप्पण को उसके अवलोकनार्थ भेज देगा। टिप्पण की जाँच एवं अवलोकन की यह औपचारिक प्रक्रिया प्रकरण की गंभीरता को ध्यान में रखते

हुए और अधिकारी विशेष के अधिकार-क्षेत्र को देखते हुए उत्तरोत्तर बढ़ती जाती है जिसे पूरा करना अनिवार्य होता है। अतः यदि आवश्यक हो तो टिप्पण को अनुभाग अधिकारी द्वारा शाखा-अध्यक्ष को, शाखा-अध्यक्ष द्वारा अवर सचिव को और इसी क्रम में उप-सचिव, संयुक्त सचिव/सचिव तदुपरांत उपमंत्री, मंत्री स्तर तक विचाराधीन नीति या योजना पर अनुमति-स्वीकृति, आज्ञा-आदेश अथवा अनुदेश-निर्देश प्राप्त करने के लिए भेजा जाता है। यहाँ यह भी उल्लेखनीय है कि उच्चाधिकारियों के मौखिक आदेश भी लिखित की तरह मान्य होते हैं। इस विषय में करणीय यह है कि जिस अधीनस्थ अधिकारी को उच्चाधिकारी के मौखिक आदेश दिये जाते हैं वह उसे टिप्पण पृष्ठ पर अंकित कर यथोचित कार्रवाई कर ले।

9. यहाँ एक और बात की ओर ध्यान दिलाना भी उचित होगा कि सहायक पद से सचिव पद तक जिस-जिसके पास टिप्पण जायेगा, उसे **नाम से नहीं** अपितु पदेन (By designation) हाशिये में अंकित किया जायेगा। जैसे ही अधिकारी-विशेष टिप्पण पर अपने अधिकारानुसार कार्रवाई कर लेगा या आदेश-निर्देश अंकित कर लेगा तो हाशिये में अंकित अपने पद को एक रेखा द्वारा काटकर यथास्थान अपने हस्ताक्षर कर देगा। काटने के नियम का यह अर्थ है कि उस अधिकारी ने टिप्पण पर अपने भाग की वांछित कार्रवाई कर ली है। इस प्रकार स्वीकृत हो जाने पर टिप्पण का मन्तव्य क्रियान्वित कर दिया जाता है। आगे कुछ उन्नत एवं सामान्य टिप्पण के उदाहरण दिये जा रहे हैं। इनका ध्यानपूर्वक पठन करने से टिप्पण की प्रक्रिया एवं विधि का व्यावहारिक पक्ष समझने में सहायता मिल सकती है।

(क) उन्नत टिप्पण

उदाहरण—(1)

केंद्रीय सरकार

वित्त मंत्रालय

विचारा-धीन पत्र	**क्रमांक 7, शिक्षा, समाज-कल्याण व संस्कृति मंत्रालय के पत्र संख्या 875 की प्रतिलिपि**
	विचाराधीन पत्र में उक्त शिक्षा मंत्रालय द्वारा प्रौढ़-शिक्षा के निमित्त तैयार की गई छठी पंचवर्षीय योजना (1988-93) के अंतर्गत स्वीकृत 200 करोड़ रुपए की राशि को बढ़ाकर नवगठित योजना आयोग द्वारा बनायी जानेवाली नई योजना (1990-95) में उसे दुगना करने का अनुरोध है। इस बढ़ोत्तरी करने की प्रार्थना के पीछे एक तो यह तर्क दिया गया है कि दो वर्ष की अवधि अर्थात् 1993 से 1995 का काल बढ़ जायेगा; दूसरा यह भी कहा गया है कि पिछले तीस वर्षों

में साक्षरता तो केवल 15.6 प्रतिशत बढ़ी है जबकि आज जनसंख्या में वृद्धि प्रति मास 10 लाख की दर से होती जा रही है। इस प्रकार यदि प्रौढ़-शिक्षा पर विशेष ध्यान न दिया गया तो सन् 2001 में देश के 55 करोड़ भारतीय अँगूठा-टेक हो जायेंगे।

2. प्रौढ़ शिक्षा के लिए वांछित धन की इस बढ़ोत्तरी की माँग को इसलिए भी तर्कसंगत माना जा सकता है कि देश में इस समय 120 विश्वविद्यालय हैं और इनसे संबद्ध 4500 कॉलेजों, तथा 40 हज़ार सैकेण्डरी स्कूलों में 35 लाख अध्यापक अरबों रुपये के वार्षिक व्यय से लगभग 10 करोड़ बच्चों, छात्र-छात्राओं को शिक्षा प्रदान कर रहे हैं। किंतु किये गये सर्वेक्षणों के आधार पर आज भी 5 से 13 वर्ष तक की आयु के आधे बच्चे स्कूलों में नहीं जाते। जब बच्चों का यह हाल है तो प्रौढ़ों को शिक्षित करना तो और भी कठिन एवं अधिक व्यय-सापेक्ष है।

3. समस्या के समुचित समाधान हेतु निम्नांकित सुझावों के साथ प्रौढ़ शिक्षा के लिए पूर्वनिश्चित राशि को दुगना करने हेतु शिक्षा मंत्रालय की माँग के उचित होने की सिफारिश नव-निर्मित योजना-आयोग को की जा सकती है–

(क) गाँवों में, जहाँ अनपढ़ नागरिकों की संख्या अधिक है; आयु, जाति और संपन्नता के आधार पर प्रायः संकीर्णता का वातावरण बना रहता है। इसी कारण प्रौढ़-शिक्षा की कक्षाओं में सभी वर्गों के प्रौढ़ एक साथ सम्मिलित नहीं हो पाते। इस वर्ग-भेद को मिटाने के लिए गाँवों के सरपंचों को हिदायतें भेजनी चाहिए कि वे व्यक्तिगत स्तर पर इस कार्यक्रम को हाथ में लें और इन कक्षाओं को सफल बनायें। यदि माँगी गई राशि स्वीकृत कर दी जाती है तो इसी में से शत-प्रतिशत साक्षर जनसंख्या वाले गाँवों को पुरस्कृत करने की भी व्यवस्था करने की स्वीकृति दी जानी चाहिए। इससे उत्पन्न प्रतियोगिता की भावना से कार्यक्रम में गति एवं व्यापकता लायी जा सकती है।

(ख) प्रौढ़ महिलाओं के लिए अध्यापिकाओं द्वारा लगायी जानेवाली कक्षाओं में उन्हें कुछ घरेलू उद्योग-धंधों की जानकारी भी देने की व्यवस्था की जानी चाहिए। इससे पक्की उम्र में पढ़ना-लिखना उन्हें उबाऊ नहीं लगेगा अपितु कुछ नया सीखने की लालच से ग्रामीण महिलाएँ पढ़ने में भी रुचि लेने लगेंगी।

(ग) राष्ट्रपिता गाँधीजी के विचारों को कार्यरूप में परिणित करने की बात दृष्टि में रखकर यदि विश्वविद्यालय के छात्रों के लिए कुछ

दिन गाँवों में जाकर प्रौढ़ों को पढ़ाने का कार्य उनकी डिग्री का एक अंग बना दिया जाए तो इस कार्यक्रम में तीव्रता लायी जा सकती है। शिक्षा का विषय राज्यों का निजी विषय होने के कारण राज्य सरकारों से इस विषय में विचार-विमर्श करना आवश्यक होगा।

4. यदि उपरिलिखित सुझाव एवं राज्यों से इस संदर्भ में विचार-विमर्श करने की सिफारिश स्वीकृत कर ली जाती है तो इस संचिका को नवगठित योजना-आयोग के पास भेजने से पूर्व राज्य सरकारों से परामर्श करने हेतु गृहमंत्रालय को भेजना आवश्यक होगा।

कृपया सचिव महोदय इसे देख लें।

अवलोकनार्थ
सचिव

(नाम)
क, ख, ग
उपसचिव

देख लिया। मैं उक्त मंतव्य से सहमत हूँ। संचिका को गृह मंत्रालय भेज दिया जाए।

(नाम)
सचिव

उदाहरण (2)

केंद्रीय सरकार
गृह मंत्रालय

विचाराधीन पत्र **क्रमांक—1. पैट्रोलियम मंत्रालय के प्रस्ताव संख्या 4 की प्रतिलिपि**

विचाराधीन पत्र पैट्रोलियम मंत्रालय के प्रस्ताव संख्या 4 की प्रतिलिपि है। उक्त मंत्रालय ने प्रस्ताव रखा है जिसमें केंद्रीय सरकार से सिफारिश की गई है कि केंद्रीय सरकार के कार्यालयों में सप्ताह को पाँच दिन का कर दिया जाए। मूल पत्र संचिका के पृष्ठ...पर अवलोकनार्थ प्रस्तुत है।

2. प्रस्ताव का मूल उद्देश्य पैट्रोल और डीज़ल की बचत करना है जिसके साथ विदेशी मुद्रा की बचत स्वयमेव जुड़ी हुई है। तर्क दिया गया है कि पाँच दिन के सप्ताह के कारण सरकारी व निजी सवारियों के चलने में पर्याप्त कमी आ जाने से लगभग 600 करोड़ रुपये की बचत की संभावना है। विश्व-बाज़ार की माँग के

आधार पर इस खनिज की खपत को देखते हुए जिस तेज़ी से आज तेल-उत्पादक देशों द्वारा पैट्रोल और कच्चे तेलादि की कीमतों में वृद्धि की जा रही है उसका और अपने देश की पैट्रोलादि की उपलब्धि एवं उत्पादन क्षमता का अध्ययन करते हुए पैट्रोल की खपत में संयम बरतने का जो सुझाव प्रस्ताव में रखा गया है—वह निस्संदेह विचारणीय है।

देखिए पृष्ठ 7 पर पंजाब सरकार से प्राप्त पत्र

3. पंजाब सरकार ने राज्य में पाँच दिन का सप्ताह लागू किया था। उसे जो अनुभव हुए, वे उत्साहवर्धक नहीं हैं। अतः उचित ही होगा कि पंजाब-सरकार द्वारा अनुभूत कठिनाइयों का विश्लेषण कर लिया जाए। यह भी ज्ञातव्य है कि पैट्रोल की बढ़ती हुई खपत की समस्या ने, विशेष रूप से विकासशील देशों के सामने, जो उग्र रूप धारण कर लिया है उसे ध्यान में रखते हुए पंजाब-सरकार का अनुभव उत्साहवर्धक न होते हुए भी आज के संदर्भ में पैट्रोलियम मंत्रालय का विचाराधीन प्रस्ताव नज़रअंदाज़ नहीं किया जा सकता।

4. इससे पूर्व कि केंद्रीय दफ्तरों में पाँच दिन का सप्ताह करने का निर्णय किया जाए, यह सुझाव देना उचित होगा कि निम्नलिखित संबद्ध पहलुओं को दृष्टि में रखकर राज्य-सरकारों से भी परामर्श कर लिया जाए—

(क) विशेष रूप से विचारणीय यह है कि इस विकासशील देश में पाँच दिन के सप्ताह की विलासिता को स्थान देना कहाँ तक तर्कसंगत होगा ? दूसरी ओर पैट्रोलादि की बहुत बड़ी बचत इस दृष्टि से संदिग्ध हो सकती है कि अनिवार्य कार्यों के निष्पादन-हेतु सरकारी वाहनों को छठे दिन सड़क पर बिल्कुल नहीं निकाला जायेगा। अतः इस निमित्त, पाँच दिन का सप्ताह करने के पूर्व, एक नियमावली बनाने की आवश्यकता भी पड़ सकती है जिसमें यह परिभाषित किया गया हो कि किन-किन परिस्थितियों में सरकारी वाहन छुट्टी के दिन भी चलाये जा सकते हैं।

(ख) इतना ही नहीं, सरकारी एवं अर्ध-सरकारी क्षेत्रों में जब कार्य का एक दिवस प्रति सप्ताह और घट जायेगा तो देश की उत्पादन-क्षमता को क्षति पहुँचने की संभावना बलवती हो जायेगी।

(ग) इसके अतिरिक्त रात-दिन अविराम चलनेवाली सरकारी सेवाओं (जैसे—डाक-तार विभागादि) तथा अन्य ऐसे ही प्रतिष्ठानों (Establishments) के कर्मचारियों के लिए रविवार और छठे दिन भी कार्य पर उपस्थित होने के निमित्त प्रति सप्ताह एक की बजाय

दो विश्राम-दिवसों (Off days) की व्यवस्था करनी पड़ेगी।

(घ) साथ ही साथ निजी क्षेत्र में पड़नेवाले इसके प्रभाव की भी उपेक्षा नहीं की जा सकती। उदाहरणार्थ—छठा दिवस भी जब छुट्टी के रूप में उपलब्ध होगा तो हो सकता है कि साधन-संपन्न लोग आमोद-प्रमोद के लिए अपने निजी वाहन चलाकर अथवा किराये पर लेकर पैट्रोल आदि की अनुमानित बचत को अधर में लटका दें।

5. यदि राज्य सरकार से इस विषय में परामर्श करने का उक्त सुझाव स्वीकृत हो जाता है तो भी पहले इस संचिका (फाइल) को विधि मंत्रालय के पास श्रम कानून (Labour Law) की दृष्टि से प्रस्तुत प्रकरण का परीक्षण करने हेतु तथा अपना अभिमत प्रकट करने एवं सुझावादि देने के लिए भेजना आवश्यक होगा।

उप/सचिव संचिका को विधि, न्याय व कंपनी कार्य मंत्रालय के पास भेजे जाने से पूर्व उप-सचिव भी इसे देख लें।

(नाम)
क, ख, ग
अवर सचिव

अवर सचिव के उपर्युक्त मंतव्य से मैं सहमत हूँ। यदि सचिव आदेश दें तो संचिका को विधि मंत्रालय भेज दिया जाए।

(नाम)

सचिव उप-सचिव

मैं सहमत हूँ। संचिका यथास्थान भेज दी जाए।

सचिव

(ख) सामान्य टिप्पण

उदाहरण (1)

नीचे दिया माननीय शिक्षा मंत्री के नाम इलाहाबाद के श्री शर्मा का पत्र शिक्षा मंत्रालय में आया है, उस पर जो टिप्पण लिखा जायेगा उसका नमूना प्रस्तुत है।

श्री शर्मा का पत्र

दारागंज
इलाहाबाद (उ. प्र.)
दिनांक 30-6-1996

सेवा में,

माननीय शिक्षा मंत्री महोदय,

शिक्षा, समाज-कल्याण व संस्कृति मंत्रालय, नई दिल्ली।

विषय : आधुनिक शिक्षा-प्रणाली की समस्याएँ एवं समाधान।

माननीय महोदय,

मैं उत्तर प्रदेश सरकार के शिक्षा-विभाग से सेवा-निवृत्त एक प्रिंसिपल हूँ। मैंने अध्यापक-पद से लेकर प्रिंसिपल-पद तक अपने जीवन के लगभग तीस वर्ष शिक्षा के क्षेत्र में व्यतीत किए हैं। इस सेवा-काल की अवधि में मुझे आधुनिक शिक्षा-प्रणाली के जो व्यक्तिगत अनुभव प्राप्त हुए हैं उन्हें मैं आप तक पहुँचाकर आशा करता हूँ कि इस विषय में आप देश एवं जनहित को ध्यान में रखते हुए उचित कार्रवाई करने की अनुकंपा करेंगे।

मैं आपका बहुमूल्य समय नष्ट न करते हुए निम्नलिखित मुख्य बिंदुओं पर ही ध्यान आकृष्ट करना चाहूँगा जिनके कारण देश की शिक्षा-प्रणाली में परिवर्तन करने की नितांत आवश्यकता है—

(1) हमारे देश की प्रजातंत्रीय प्रणाली में वयस्क मताधिकार का महत्त्वपूर्ण स्थान है, किंतु आज उपलब्ध आँकड़ों के अनुसार केवल 34 प्रतिशत लोग ही साक्षर हैं और 66 प्रतिशत निरक्षर हैं। ऐसी स्थिति में यह कैसे आशा की जा सकती है कि ये लोग देश के प्रतिनिधियों को चुनने के अपने अधिकार को सूझ-बूझ के साथ प्रयुक्त करते होंगे।

(2) आज़ादी के मिलने से पूर्व मैकाले की जिस शिक्षा-नीति ने देश में मात्र क्लर्क और दास मनोवृत्ति वाले अंगरेज़ों के विश्वासपात्र (Yours Faithfully) ही गढ़े—वही आज भी देश में घुन लगे खोखले व्यक्तित्व वाले एवं नौकरशाही के पोषण में ही प्रयत्नशील अफसरों का निर्माण करने के अतिरिक्त और कुछ नहीं कर पा रही।

(3) विभिन्न राज्यों में शिक्षा का ढाँचा कहीं हाईस्कूल-इंटर, कहीं हायर सैकेंडरी और अब कहीं सीनियर सैंकडरी आदि विविध स्तरों पर बँटा हुआ है। पूरे देश में परस्पर एकरूपता के अभाव में भिन्न-भिन्न पाठ्यक्रम एवं तदनुसार भिन्न-भिन्न स्तर उपलब्ध हैं। यह स्थिति तो मात्र सैकेंडरी स्तर तक की है—उच्चस्तरीय शिक्षा का तो भगवान् ही मालिक है।

(4) इसके अतिरिक्त जितने भी 'पब्लिक स्कूल' हैं वे महल और झोंपड़ी के बच्चों के बीच की खाई को चौड़ा करते जा रहे हैं। इससे धनाढ्यों और अंकिचनों के बीच दूरी बढ़ती जा रही है। फलस्वरूप, वर्ग-संघर्ष को बढ़ावा मिल रहा है जो देश के लिए घातक सिद्ध हो सकता है।

माननीय मंत्री महोदय ! देश की वर्तमान शिक्षा-प्रणाली की मूलभूत उक्त

समस्याओं को मात्र प्रस्तुत करना ही नहीं अपितु इनके समाधान सुझाना भी मैं आवश्यक समझता हूँ; एतद्विषयक मेरे सुझाव इस प्रकार हैं–

(1) प्रौढ़-शिक्षा का जो सराहनीय कार्यक्रम देश में चलाया जा रहा है उसको क्रियान्वित करनेवाली मशीनरी में तालमेल तथा लगन की कमी होने के कारण ग़रीब जनता के धन-जन का अपव्यय हो रहा है। अतः इस ओर मंत्रालय को कड़ी निगरानी रखने की आवश्यकता है।

(2) वर्तमान शिक्षा-प्रणाली में आमूल-चूल परिवर्तन करने की भी ज़रूरत है। यदि जापान आदि देशों की तरह इस देश में भी प्राइमरी से ही शिक्षा को व्यावसायिक बना दिया जाए तो जहाँ एक ओर शिक्षित युवकों की 'बाबू' बनने की लालसा कम हो जायेगी वहाँ छोटे-छोटे निजी व्यवसायों से देश आत्मनिर्भर एवं समृद्ध भी हो सकेगा।

(3) पूरे देश में शिक्षा का राष्ट्रीयकरण हो जाने से इस विषय में राज्यों द्वारा अपनी ढपलियों पर अपने राग अलापना भी बंद हो जायेगा।

(4) मैं समझता हूँ, पब्लिक स्कूलों को बंद करने से उपरिचर्चित समस्या का समाधान कदापि नहीं हो सकता। वस्तुतः सरकार को चाहिए कि वह पूरे देश में सभी स्तरों पर, हर प्रकार के विद्यालयों के लिए समान पाठ्यक्रम लागू कर दे। इसके साथ राजकीय विद्यालयों में पढ़ाई की वही सुविधाएँ उपलब्ध करा दे जो पब्लिक स्कूलों में विद्यमान हैं। इससे लोगों की अपने बच्चों की पब्लिक स्कूलों में दाखिल करवाने की मनोवृत्ति पर अंकुश लगेगा।

आशा है, उत्तर देकर अनुगृहीत करेंगे।

सधन्यवाद,

भवदीय

(क, ख, ग,) शर्मा

उपर्युक्त पत्र के संबंध में संभावित टिप्पण-कार्य की रूपरेखा निम्नलिखित प्रकार से हो सकती है–

सामान्य टिप्पण

विचाराधीन पत्र सं..........दिनांक 30-6-96 पृष्ठ..........

विषय : आधुनिक शिक्षा-प्रणाली की समस्याएँ एवं समाधान।

विचाराधीन पत्र इलाहाबाद के श्री शर्मा ने उपर्युक्त विषय पर माननीय शिक्षा मंत्री का ध्यान आकृष्ट करते हुए लिखा है। इसमें श्री शर्मा ने वर्तमान शिक्षा प्रणाली पर प्रहार करते हुए चार आक्षेप लगाये हैं और साथ ही उनके समाधान हेतु सुझाव

भी प्रस्तुत किये हैं। मूल पत्र संचिका के पृष्ठ 231 पर अवलोकनार्थ प्रस्तुत है।

(2) पत्र में चर्चित समस्याओं की गंभीरता को ध्यान में रखते हुए उत्तर देने हेतु मूल पत्र पर ही सचिव महोदय द्वारा लिखी टिप्पणी की प्रतिलिपि संचिका के पृष्ठ 232 पर देखीं जा सकती है। इसमें निर्देश है कि श्री शर्मा द्वारा उठाये गये सभी प्रश्नों/आक्षेपों से माननीय मंत्री महोदय पहले से ही परिचित हैं, अतः श्री शर्मा को उत्तर मंत्री-स्तर से न भेजकर अवर सचिव स्तर से ही भेज दिया जाए।

संचिका के पृष्ठ 232 पर

(3) प्रथम आक्षेप में प्रौढ़-शिक्षा पर लगनेवाले धन के अपव्यय की चर्चा करते हुए श्री शर्मा द्वारा इस कार्य में संलग्न सरकारी तंत्र को दोषी एवं लापरवाह ठहराया गया है। इसके लिए उन्होंने शिक्षा मंत्रालय को कड़ी निगरानी बरतने का सुझाव दिया है।—इस संदर्भ में सूचनार्थ निवेदन है कि ऐसी ही एक शिकायत के आधार पर इस निमित्त एक उपसमिति का गठन किया गया था। उपसमिति द्वारा की गई जाँच के आधार पर पाया गया है कि उक्त शिकायत मात्र निहित स्वार्थ वाले तत्त्वों के प्रचार पर आधारित थी और निराधार थी। संभवतः श्री शर्मा ऐसे किसी झूठे प्रचार से प्रभावित दिखाई पड़ते हैं।

संलग्न संचिका पृष्ठ... पर

(4) श्री शर्मा का दूसरा आक्षेप है कि स्वतंत्रता प्राप्ति के 33 वर्ष उपरांत भी आज तक देश में क्लर्क बनानेवाली ही शिक्षा-पद्धति प्रचलित है, जिसे प्राइमरी स्तर से ही व्यावसायिक रूप देने से सुधारा जा सकता है। ज्ञातव्य है कि इस विषय में शिक्षा आयोग के साथ पत्र-व्यवहार जारी है। वह इसके बारे में विभिन्न पहलुओं पर विचार कर रहा है।

संलग्न संचिका संख्या 2 के पृष्ठ....पर

(5) श्री शर्मा का तीसरा आक्षेप है कि विभिन्न राज्यों में हाईस्कूल-इंटर, हायर सैकेंडरी आदि भिन्न-भिन्न स्तर प्रचलित हैं। उनके अनुसार शिक्षा के राष्ट्रीयकरण से एकरूपता लायी जा सकती है। किंतु स्मरणीय है, कि हमारे संविधान में शिक्षा संबंधी मामलों में राज्य-सरकारें स्वतंत्र हैं अतः शिक्षा मंत्रालय इस विषय में अनधिकार चेष्टा नहीं कर सकता।

(6) इसी प्रकार श्री शर्मा का गरीब और अमीर छात्रों के बीच की दूरी मिटाने के लिए पूरे देश में समान पाठ्यक्रम लागू करने का सुझाव भी क्रियान्वित नहीं हो सकता; क्योंकि राज्य-सरकारों

पर शिक्षा-संबंधी कोई भी कार्यक्रम बिना उनकी स्वीकृति के थोपा नहीं जा सकता। यही बात ऊपर अनुच्छेद संख्या 5 में भी विचारित हो चुकी है।

उपरिविवेचित बिंदुओं के आधार पर श्री शर्मा के पत्र का उत्तर तैयार किया जा सकता है।

अवलोकनार्थ प्रस्तुत हैं।

रे. प्र.

अधीक्षक दिनांक—

सु. सि.

अवर सचिव दिनांक—

कृपया मिल लें। हस्ताक्षर

(पूरा नाम)

अवर सचिव

अधीक्षक मिलकर कथ्य स्पष्ट कर दिया गया। श्री शर्मा को भेजे जानेवाले उत्तर का प्रारूप तैयार किया जाए।

सु. सि.

दिनांक—

सहायक/सामान्य प्रशासन अनुभाग

अभीष्ट प्रारूप स्वीकृति के लिए प्रस्तुत है।

रे. प्र.

दिनांक

श्री शर्मा को भेजे जानेवाले उत्तर का प्रारूप

शिक्षा, समाज-कल्याण व संस्कृति मंत्रालय

संसद भवन

पत्र संख्या.......... नई दिल्ली, दिनांक.........

प्रेषक,

श्री................(नाम)

अवर सचिव,

शिक्षा, समाज-कल्याण व संस्कृति मंत्रालय

संसद भवन, नई दिल्ली

सेवा में,

श्री............शर्मा,
दारागंज,
इलाहाबाद (उ. प्र.)

विषय : आधुनिक शिक्षा-प्रणाली की समस्याएँ एवं समाधान।

महोदय,

आपका माननीय शिक्षा, समाज-कल्याण व संस्कृति मंत्री के नाम उपर्युक्त विषय का पत्र संख्या—शून्य, दिनांक 30-6-96 मिला। यह बड़े हर्ष का विषय है कि सेवा-निवृत्त होने के बाद भी आप जैसे मनीषी एवं शिक्षा-शास्त्री देश-हित के लिए चिंतन-मनन करने में लगे हुए हैं। एतदर्थ निस्संदेह आप धन्यवाद के पात्र हैं।

आपके पत्र के उत्तर में मुझे यह निवेदन करने का निदेश हुआ है कि माननीय मंत्री महोदय का ध्यान जिन शिक्षा संबंधी पहलुओं की ओर आपने आकृष्ट किया है वे विभिन्न संदर्भों एवं व्यक्तियों के माध्यम से आपका पत्र आने से पूर्व ही मंत्रालय के सम्मुख विचारणीय विषयों की सूची में सर्वप्रमुख थे। इनके सभी पक्षों का सूक्ष्मता से अध्ययन किया जा रहा है।

आप जानते हैं कि इतने बड़े देश में किसी भी योजना को लागू करने में कठिनाइयाँ आती हैं। अतः प्रौढ़-शिक्षा पर अपव्यय की बात जो आपने पत्र में उठाई है उसके प्रति सरकार सतर्क है। कभी-कभी निहित स्वार्थोंवाले लोग सरकारी तंत्र को व्यर्थ ही बदनाम करने के लिए प्रचार करते रहते हैं। देश के लिए अहितकर उनके इस कृत्य के प्रति सजग रहना ही उचित है।

प्राइमरी स्तर से शिक्षा को व्यवसायोन्मुखी करने का आपका सुझाव स्तुत्य है। साथ ही शिक्षा के राष्ट्रीयकरण एवं पूरे देश में समान पाठ्यक्रम लागू करने के सुझाव नकारे नहीं जा सकते। किंतु उक्त तीनों सुझावों से राज्य-सरकारों का भी संबंध है और शिक्षा के विषय में वे संवैधानिक रूप से स्वतंत्र है। अर्थात् कोई शिक्षा-संबंधी कार्यक्रम राज्य सरकारों पर बिना उनकी सहमति के केंद्र द्वारा लादा नहीं जा सकता।

ऐसी दशा में आप इस बात से अवश्य सहमत होंगे कि इस बहुभाषा-भाषी एवं बहुप्रदेशी देश में सरकार शिक्षा-विषयक जो कुछ भी कर रही है वह जनता के बिना हार्दिक सहयोग के सफल नहीं हो सकता।

आशा है आप जैसे वयोवृद्ध एवं ज्ञानवृद्ध सुधी जनों के परिपक्व विचार एवं सुझाव भविष्य में भी हमें मिलते रहेंगे।

सधन्यवाद,

भवदीय
(राम)
(क, ख, ग)
अवर सचिव

अधीक्षक

कृपया अवर सचिव महोदय देख लें।

सु. सि.

दिनांक

अवर सचिव

प्रारूप में यत्रतत्र परिवर्तन कर दिये हैं। इन्हें यथास्थान समाविष्ट कर टंकित किया जाए।

(नाम)

अवर सचिव

अधीक्षक

कृपया यथा निर्देश टंकित करवाकर अवर सचिव के हस्ताक्षरोपरांत कार्यालय की प्रति रखकर पत्र प्रेषित कर दें।

सु. वि.

सहायक

उदाहरण (2)

एक लिपिक के यात्रावकाश छूट की अग्रिम राशि तथा अर्जित अवकाश के लिए विद्यालय के प्रधानाचार्य महोदय के नाम एक आवेदन-पत्र लिखा है। उस पर टिप्पण की जो प्रक्रिया होगी उसका नमूना प्रस्तुत है।

लिपिक का आवेदन-पत्र

सेवा में,
प्रधानाचार्य महोदय,
रा. सी. सै. विद्यालय,
....................नई दिल्ली

विषय : यात्रावकाश छूट (L.T.C.) की राशि के अग्रिम भुगतान एवं अर्जित अवकाश (Earned Leave) के लिए आवेदन।

महोदय,

सविनय निवेदन है कि मैं इस वर्ष अपने परिवार के चार वयस्क सदस्यों के साथ भारत-दर्शन हेतु दिल्ली से कन्याकुमारी की यात्रा पर जाना चाहता हूँ। प्रार्थना है कि इस हेतु नियमानुसार मुझे 5000/- रुपये (पाँच हजार रुपये) की राशि अग्रिम रूप में प्रदान की जाए।

मैं दिल्ली से 30 जून, 1996 की रात्रि को बस द्वारा प्रस्थान करना चाहता हूँ। यात्रा-उपरांत भाड़ा-रसीद आदि प्रस्तुत कर दी जायेगी। मैं इस यात्रा से 10 जुलाई, 1996 दिन में दिल्ली वापस लौटूँगा। अतः निवेदन है कि मुझे 1 जुलाई से 10 जुलाई, 1996 तक दस दिन का अर्जित अवकाश तथा दिल्ली से बाहर जाने की अनुमति प्रदान कर अनुगृहीत करें।

भवदीय

दिनांक— (क, ख, ग) भल्ला

लिपिक

उपर्युक्त आवेदन के संबंध में किये जानेवाले टिप्पण-कार्य की रूपरेखा इस प्रकार हो सकती है—

सामान्य टिप्पण

विचाराधीन आवेदन-पत्र दिनांक 16-5-96

संलग्न संचिका के पृष्ठ 41 पर

(1) प्रस्तुत आवेदन-पत्र में श्री भल्ला ने यात्रावकाश छूट हेतु 5000/- रु. अग्रिम राशि और दस दिन के लिए अर्जित अवकाश की प्रार्थना की है।

(2) कार्यालय के रिकार्ड के अनुसार आज तक श्री भल्ला के 45 अर्जित अवकाश शेष हैं। यदि 1 से 10 जुलाई, 1996 तक दस दिल के लिए श्री भल्ला के अर्जित अवकाश स्वीकृत किये जाते हैं तो शेष 35 रह जाएँगे।

(3) 'क' अवकाश स्वीकृत होने की दशा में श्री भल्ला 30 जून 1996 को अपना कार्यभार श्री शर्मा लिपिक प्र. वि. को सौंप देंगे और यदि संभव हो तो अवकाशकालीन पता (Leave Address) भी कार्यालय को लिखवा देंगे।

(4) यदि श्री भल्ला को 5000/-रु. (पाँच हजार रुपये) की राशि अग्रिम रूप में देने की स्वीकृति दे दी जाती है तो इस मद में उपलब्ध राशि से उपर्युक्त राशि का भुगतान किया जा सकता है। जहाँ तक इस मद की अवशिष्ट राशि का प्रश्न है, वह आज तक 35000/-रु. शेष है। यह भी सूचनार्थ निवेदन है कि श्री भल्ला ने अभी तक यह छूट नहीं ली।

स्वीकृति एवं आदेशार्थ प्रस्तुत

म. ला.

प्रधानाचार्य दिनांक—

"क" में उल्लिखित बातों के अनुसार स्वीकृति दी जाती है।

(नाम)

प्रधानाचार्य

उन्नत और सामान्य—दोनों प्रकार के टिप्पणों के उपरिलिखित उदाहरणों से स्पष्ट हो जाता है कि टिप्पण-लेखन दफ्तरी कामकाज का एक अत्यंत महत्त्वपूर्ण एवं उत्तरदायित्वपूर्ण अभिन्न अंग है। इसे लगन एवं अभ्यास से सीखा जा सकता है।

8. प्रमुख टिप्पणी-तालिका

Above cited	उपर्युक्त
Acceptance is required	स्वीकृति अपेक्षित है
Accepted, allocated and passed for payment	अदायगी के लिए स्वीकृत, विनिहित और प्रारित
Accordieg to the terms and conditions	उपबंधों और शर्तों के अनुसार
Acknowledge receipt of this office letter, dated...	इस कार्यालय के पत्र, दिनांक....की पावती भेजिए
Acknowledgement is still awaited	पावती की अभी तक प्रतीक्षा है
Action as desired	अपेक्षित कार्रवाई करें
Action has been taken accordingly	तदनुसार कार्रवाई की गई
Action as proposed may be taken at once	प्रस्तावित कार्रवाई तुरंत की जाए
A copy of the decision taken in this case is forwarded herewith for information/ guidance/action/compliance/ reply	इस मामले/प्रकरण में लिये गये निर्णय की एक प्रति सूचना/संदर्शन/कार्रवाई/ अनुपालन उत्तर के लिए प्रेषित की जा रही है।
Addressed to all officers concerned	सभी संबंद्ध अधिकारियों को प्रेषित
Advance from Provident Fund may be sanctioned	भविष्य-निधि पेशगी मंजूर की जाए
After discussion/issue/perusal	विचार-विमर्श, जारी होने, देख लेने के बाद
After consulting the competent authority	सक्षम अधिकारी से विचार-विमर्श करने के पश्चात्
A matter of great concern	विशेष चिंता का विषय

Any further referenced in the matter, if required may be made to the figher authorities	इस मामले में अपेक्षित पत्रव्यवहार उच्चाधिकरियों से किया जाए
Appear for interview when called for	बुलाये जाने पर साक्षात्कार के लिए उपस्थित हों
Approved draft is put up for signature	अनुमोदित मसौदा हस्ताक्षरों के लिए प्रस्तुत है
Approximate expenditure may be worked out	अनुमानित व्यय की रूपरेखा प्रस्तुत की जाए
Arrange early disposal of the case	मामले के शीघ्र निपटान की व्यवस्था की जाए
A revised statement is submitted for persual	संशोधित विवरण अवलोकनार्थ प्रस्तुत है
Ask him to submit his explanation within the period stipulated above	उपरि निर्दिष्ट समय के भीतर उन्हें अपना स्पष्टीकरण देने के लिए कहा जाए
As laid down in the preceding paragraphs	पूर्व अनुच्छेदों में निर्धारित है
At any rate action & hould be taken in accordance with the government orders	किसी भी दिशा में सरकारी आदेशों के अनुसार कार्रवाई की जाए
Bring this to the notice of all staff concerned	सभी संबंधित कर्मचारियों का ध्यान इस ओर दिलाया जाए

9. प्रारूप-लेखन

प्रत्येक व्यक्ति के जीवन में सूचनाओं के आदान-प्रदान, सरकारी और व्यक्तिगत क्षेत्र में विभिन्न क्रिया-व्यापारों के निष्पादन के लिए लिखित आलेख का प्रयोग किया जाता है। इसे पत्र कहते हैं। दूसरे शब्दों में, औपचारिक और अनौपचारिक सभी अवसरों और क्षेत्रों में पत्र लिखने की प्रक्रिया निरंतर और स्वाभाविक गति से चलती रहती है। विभिन्न पत्रों के लेखन और उन्हें अंतिम रूप देने से पहले कतिपय औपचारिकताओं को अपनाना पड़ता है। सरकारी कार्यालयों में तो यह कार्य और भी महत्त्वपूर्ण हो जाता है। इन औपचारिकताओं के नाम हैं—टिप्पण, प्रारूपण, पत्र-लेखन, प्रेषण आदि। यहाँ प्रारूप-लेखन अथवा प्रारूपण पर विचार करना हमारा अभीष्ट है।

'प्रारूप-लेखन' के लिए अंग्रेजी भाषा में उपलब्ध समानक शब्द है—Drafting अथवा Draft writting। हिंदी में प्रारंभ में इसके लिए 'आलेखन', 'आलेख-तैयार करना', 'प्रारूपण' अथवा 'प्रारूप-लेखन', 'मसौदा' आदि शब्दों का प्रयोग हुआ। कालांतर में ड्राफ्टिंग के लिए 'प्रारूप-लेखन' या 'प्रारूपण' अधिक प्रचलित हुआ। प्रत्येक लिखित आलेख को अंतिम रूप देने से पूर्व 'प्रारूपण' की प्रक्रिया को अपनाना एक प्रकार की रूढ़ि भी है और अनिवार्यता भी; क्योंकि कोई भी उच्चाधिकारी प्रत्येक मामले में स्वयं कुछ पहल करने में असमर्थ होता है। हाँ, एक या दो व्यक्तियों वाले कार्यालय में तो सबकुछ उन्हें ही करना पड़ता है। अन्यथा अधीनस्थ कर्मचारी द्वारा प्रत्येक मामले पर जो कार्यवाही आरंभ की जाती है उस पर उत्तरोत्तर उच्च अधिकारी अपना निर्णय प्रस्तुत करते हैं।

परिभाषा एवं स्वरूप

'प्रारूप-लेखन' के विषय में उपर्युक्त संकेतों द्वारा जो स्पष्ट हुआ है, इस आधार पर इसकी परिभाषा प्रस्तुत करना आसान हो जाता है।

'प्रारूप-लेखन' का अर्थ है—पत्र का कच्चा रूप तैयार करना, पत्र का मसौदा तैयार करना। सभी सरकारी और औपचारिक पत्रों के लिए सबसे पहले उसका

कच्चा रूप तैयार किया जाता है। यह कार्य कार्यालय की अपेक्षानुसार किसी लिपिक, सहायक या किसी अधिकारी द्वारा उच्च अधिकारी के लिए किया जाता है। इसका कारण यह है कि प्रत्येक पत्र को भेजने की ज़िम्मेदारी किसी-न-किसी उच्चाधिकारी की होती है अतः जब अधीनस्थ कर्मचारी पत्र का कच्चा रूप तैयार करता है तो उसे अंतिम रूप देने के लिए अपने से उच्च अधिकारी के पास अनुमोदनार्थ भेजता है। उच्च अधिकारी प्रत्येक दृष्टि से उस प्रारूप की जाँच करता है और अनुमोदन कर देता है। अथवा उसमें तथ्यात्मक, भाषा-परक या शैली-शिल्प की दृष्टि से यदि कोई कमी होती है तो उन्हें दूर करने के लिए उसमें आवश्यक संशोधन कर देता है। इस प्रकार उच्च अधिकारी द्वारा अनुमोदित प्रारूप अब पत्र के रूप में लिखने के लिए तैयार हो जाता है।

यहाँ ध्यान देने की बात यह है कि **'प्रारूप-लेखन' (ड्राफ्टिंग) और 'प्रारूप' (ड्राफ्ट) में कतिपय अंतर** है। 'प्रारूप-लेखन' एक प्रक्रिया है, मार्ग है, विधि है, तरीका है जिसके द्वारा किसी पत्र के कच्चे रूप को अंतिम अनुमोदन प्राप्त होता है। जबकि 'प्रारूप' सभी आवश्यक संशोधन-परिवर्धन द्वारा प्राप्त अंतिम कच्चा रूप है जिसे अब केवल 'पत्र' के रूप में लैटर हैड पैड पर हू-ब-हू नकल करना होता है। उपर्युक्त विवेचन में जब तक विभिन्न अधिकारी उक्त मसौदे को अंतिम रूप देते रहे तो वह 'प्रारूप-लेखन' की प्रक्रिया से गुज़रता रहा। अंतिम उच्च अधिकारी ने जब उसे अपेक्षित कार्यवाही के बाद अनुमोदित कर दिया तो वह प्रक्रिया से निकलकर उसका परिणाम अथवा फल बन गया अर्थात् 'प्रारूप' कहलाया।

परिभाषा : **''किसी सरकारी कार्यालय, संस्थान अथवा संगठन में पत्र-लेखन से पूर्व उनका कच्चा रूप अथवा मसौदा तैयार करने को प्रारूप-लेखन कहते हैं। इसे संबंधित उच्च अधिकारी से अनुमोदित करवाना अनिवार्य होता है।''**

कुछ लोगों ने 'प्रारूप-लेखन' की परिभाषा निम्नलिखित रूप में भी की है—**''सभी प्रकार के सरकारी अथवा अर्ध सरकारी, स्वायत्तशासी निकायों एवं व्यावसायिक संगठनों के कार्यालयों की ओर से किये जानेवाले पत्र-व्यवहार की परिधि में शामिल पत्रों की नियमानुसार विधिवत प्रारंभिक रूपरेखा बनाने को प्रारूपण अथवा प्रारूप-लेखन कहते हैं।''**

इसके स्वरूप को समझने के लिए एक बात और आवश्यक है। 'प्रारूप' को 'पत्र' का दर्जा नहीं दिया जा सकता अर्थात् 'प्रारूप', 'पत्र' नहीं है, अपितु पत्र का अंतिम अनुमोदित कच्चा रूप है। यह कच्चा रूप जब लैटर हैड पैड पर स्वच्छ रूप में टंकित आदि होकर पत्र के रूप में तैयार हो जाता है और उच्च अधिकारी उस पर अपने हस्ताक्षर कर देता है, उसे प्रेषण की अनुमति दे देता है तो वह पत्र कहलाता है, प्रारूप नहीं। कभी-कभी ऐसा भी होता है कि लैटर हैड पैड पर टंकित पत्र में किसी प्रमादवश वर्तनी संबंधी त्रुटियाँ हो जाती हैं, अथवा कोई

महत्त्वपूर्ण तथ्य छूट जाता है जिसे पुनश्च में भी नहीं लिखा जा सकता अथवा कोई अन्य भूल रह जाती है जिससे पत्र का सौंदर्य प्रभावित होता है, ऐसी स्थिति में संबद्ध अधिकारी उसपर पुनः संशोधन करके दुबारा टंकण करने के लिए निर्देश देता है। इस रूप में पत्र का आभास देनेवाला वह लैटर हैड का काग़ज़ पत्र नहीं कहलायेगा, प्रारूप ही कहा जायेगा क्योंकि उसे तो अभी पत्र के रूप में पुनः आकार ग्रहण करना है।

पत्र का कच्चा रूप सदैव किसी सादे काग़ज़ पर तैयार किया जाता है। सरकारी काम-काज के लिए एक पृष्ठ निर्धारित रहता है जो प्रायः हलके हरे या सफेद रंग का होता है। उसके ऊपर और बायीं ओर दो हाशिए लगे होते हैं। प्रायः ऊपरवाले हाशिए में कार्यालय का नाम मुद्रित होता है। इसे 'नोट शीट' (Note Sheet) कहते हैं। इस 'नोट शीट' पर लिखित कार्यवाही की जाती है। किंतु प्रारूपण के लिए 'नोट शीट' का प्रयोग करना अनावश्यक है। प्रारूपण के लिए इसका उपयोग करके इसे व्यर्थ नहीं गँवाना चाहिए। इसके स्थान पर सामान्य टाइपिंग पृष्ठ लेकर उस पर कच्ची रूपरेखा तैयार करनी चाहिए। यद्यपि यह कोई अंतिम नियम नहीं है तथापि कार्यालय की स्टेशनरी का उपयोगिता की दृष्टि से ध्यान रखना हमारा कर्तव्य है।

प्रारूप-लेखन के अंग और प्रारूप-लेखन-कला

पत्र अनेक प्रकार के होते हैं। विषय, संदर्भ, व्यक्ति और क्षेत्र के अनुसार अनेक प्रकार के पत्रों के प्रारूप बनाने का तरीका भी भिन्न-भिन्न होता है। व्यावसायिक पत्रों के प्रारूप-लेखन के लिए प्रायः निम्नलिखित तथ्य-संकेतों की आवश्यकता पड़ती है—

प्रेषक का नाम व पता—व्यावसायिक पत्रों में सबसे ऊपर लिखनेवाले का नाम व पता दिया होता है ताकि पानेवाला पत्र देखते ही समझ जाए कि पत्र किसने भेजा है और कहाँ से आया है। प्रेषक का नाम व पता ऊपर की ओर दायें कोने में दिया जाता है अथवा बायें कोने में नाम, पद नाम और दायें कोने में पता, टेलीफोन नंबर दिया जाता है। टेलीफोन नंबर के नीचे दिनांक के लिए स्थान निर्धारित रहता है। सरकारी पत्रों में उसके ठीक सामने बायीं ओर पत्र का संदर्भ व पत्रसंख्या लिखी जाती है। सरकारी कार्यालयों में यह सब सामग्री प्रायः छपवा ली जाती है जिसे 'लैटर हैड पैड' कहते हैं। फिर भी, पत्र का प्रारूप बनाते समय इन बातों का ध्यान अवश्य रखना चाहिए।

पानेवाले का नाम व पता—'प्रेषक' के बाद काग़ज़ के बायीं ओर पत्र पानेवाले का नाम व पता लिखा जाता है। नाम की जगह कभी-कभी केवल पदनाम भी लिखते हैं। कभी-कभी नाम व पदनाम दोनों भी लिखे जाते है; अर्थात् पानेवाले का

पूरा विवरण इस प्रकार होना चाहिए—नाम, पदनाम, कार्यालय का नाम, स्थान, ज़िला, शहर और पिन कोड (पोस्टल इन्डेक्स-संख्या)।

विषय-संकेत—'प्रारूप' लेखक के लिए यह भी आवश्यक है कि जिस विषय में पत्र लिखा जा रहा है उस विषय को अत्यंत संक्षेप में पानेवाले के नाम व पते के पश्चात् बायीं ओर से 'विषय' शीर्षक देकर लिखना चाहिए। इससे पत्र देखते ही पता चल जाता है कि मूल रूप में पत्र का विषय क्या है ताकि उसे आवश्यक आगामी कार्यवाही के लिए संबद्ध अधिकारी के पास शीघ्र ही भेजा जा सके। जैसे— (1) **विषय—'नियुक्ति-पत्र'** (2) **विषय—सभी कार्यालयों में अनावश्यक व्यय में कटौती।** आदि।

संबोधन—पत्रों में सबसे पहले पानेवाले के साथ प्रेषक के संबंध और कार्य की आवश्यकता के अनुसार संबोधन-सूचक शब्द पत्र के बायीं ओर लिखा जाता है। व्यक्तिगत अथवा अर्ध-सरकारी पत्र में प्रिय लिखकर उसका नाभ या उपनाम दिया जाता है जैसे 'प्रिय श्री गुप्ता', 'प्रिय राकेश' आदि। सरकारी पत्रों में यह कार्य 'प्रिय महोदय' या 'प्रिय महोदया' के द्वारा संपन्न करा लिया जाता है। बहुत हुआ तो 'आदरणीय' या 'मान्य महोदय' लिखा जाता है। किसी अति विशिष्ट व्यक्ति को सम्राट, महागरिमामय, महागरिमामयी, महामहिम आदि संबोधन किये जाते हैं। प्रारूप-लेखक इस गंभीरता को सबसे पहले सुनिश्चित कर लें।

पत्र की मुख्य सामग्री—संबोधन के पश्चात् पत्र की मूल सामग्री लिखी जाती है। यह वह विषय-क्षेत्र है जिसके लिए हम किसी को पत्र लिखने को तत्पर हुए हैं। यह नये पैराग्राफ से आरंभ किया जाता है।

सरकारी और व्यावसायिक पत्रों में यदि किसी विषय पर पहले भी पत्राचार हो चुका हो या हो रहा हो तो उन सबका संदर्भ-संकेत सबसे पहले दिया जाता है। पिछला पत्र संबोधित व्यक्ति का भी हो सकता है जिसका हम उत्तर दे रहे हैं या अपना भी हो सकता है जिसमें पहले ही उत्तर दिया जा चुका था। जैसे "उपर्युक्त विषय पर कृपया अपना पत्र सं........दिनांक.......देखें।" अथवा 'आपके पत्र सं.........दिनांक......और उस संदर्भ में हमारे पत्र सं........दिनांक.......के संदर्भ कहा जा सकता है कि.........।'

विषय की सामग्री को अत्यंत संक्षेप में पैराग्राफ में बाँटकर लिखा जाना चाहिए। नया तथ्य, नवीन तर्क, नयी माँग, नया स्पष्टीकरण अलग-अलग अनुच्छेद से आरंभ करना चाहिए। प्रत्येक अनुच्छेद में ऊपर के अनुच्छेदों का विकास होना चाहिए।

सरकारी पत्रों का प्रारूप बनाते समय विभिन्न विषयों को आपस में मिलाना नहीं चाहिए। यदि किसी कार्यालय में विभिन्न विभागों के लिए विभिन्न विषयों में पत्र लिखना है तो एक ही पत्र न लिखकर आवश्यकतानुसार एकाधिक पत्र लिखने चाहिए। ऐसा करने से पत्र पर शीघ्र कार्यवाही की संभावना रहती है।

अभिव्यक्ति शैली का भी प्रारूप-लेखन में पर्याप्त महत्त्व है। एक प्रकार की प्रणाली से किसी को भी मोहित किया जा सकता है और दूसरे प्रकार की प्रणाली से किसी को क्रोधित किया जा सकता है। यह अनिवार्य है कि पत्र की भाषा साफ, स्पष्ट और सहज हो। द्वयर्थक शब्दों से बचना चाहिए। वाक्य छोटे-छोटे होने चाहिए। मूल सामग्री को संक्षेपण-कला द्वारा संगठित करके प्रस्तुत करना अपेक्षित होता है।

प्रारूप में पूरी बात आना ज़रूरी है, कहीं ऐसा न हो कि जिसके पास अनुमोदन के लिए प्रारूप जाना है, उस अधिकारी के मन में संदेह बना रहे और वह स्पष्टीकरण की माँग कर बैठे। ऐसी स्थिति में उसे आदर्श प्रारूप नहीं कहा जा जाएगा।

समापनसूचक शब्द—पत्र की सामग्री समाप्त होने पर प्रेषक के हस्ताक्षर से पहले प्राप्तकर्ता से उसके संबंध और विषय की औपचारिकता-अनौपचारिकता के अनुसार समापनसूचक कुछ शब्दों का प्रयोग होता है। जैसे माता-पिता, गुरु आदि को 'आपका आज्ञाकारी पुत्र/शिष्य' आदि लिखते हैं, किसी अन्य बड़े व्यक्ति को 'आपका', 'विनीत' आदि लिखते हैं, छोटे को 'तुम्हारा', 'शुभाकांक्षी', 'शुभैषी', 'शुभेच्छु' लिखेंगे, मित्र को 'तुम्हारा मित्र' या 'तुम्हारा' लिखते हैं। औपचारिक सरकारी पत्रों में साधारणतः 'भवदीय' लिखा जाता है। उपर्युक्त सभी समापनसूचक शब्द मूल सामग्री के फौरन बाद नयी पंक्ति में दायें कोने में लिखा जाता है। आजकल व्यावसायिक पत्रों में बायें कोने में भी यह सब लिखा जाने लगा है।

हस्ताक्षर और नाम—समापन शब्द के ठीक नीचे भेजनेवाले के हस्ताक्षर होते हैं। हस्ताक्षर के पश्चात् भेजनेवाले का पूरा नाम कोष्टक में दिया जाता है। इसका कारण यह है कि हस्ताक्षर प्रायः सुपाठ्य नहीं होते। अतः प्रेषक का नाम भी लिखा होना चाहिए। इसके नीचे उसका पदनाम दिया जाता है। कभी-कभी केवल पदनाम ही रहता है। अर्धसरकारी पत्र में इस स्थान पर पदनाम नहीं दिया जाता। केवल नाम ही दिया जाता है।

'कृते' का प्रयोग—कभी ऐसा होता है कि किसी बड़े अधिकारी की ओर से कोई अन्य अधिकारी-कर्मचारी पत्र पर हस्ताक्षर करता है। ऐसी स्थिति में प्रारूप-लेखन में हस्ताक्षर के पश्चात् आनेवाले पदनाम से पूर्व 'कृते' का प्रयोग किया जाता है। जैसे 'कृते कुलसचिव', 'कृते प्राचार्य', 'कृते निदेशक' आदि। 'कृते' शब्द अंग्रेजी के `For' का हिंदी रूप है।

संलग्नक—सरकारी पत्रों में प्रायः मूल पत्र के साथ अन्य आवश्यक काग़ज़ात भी भेजे जाते हैं। इन्हें इस पत्र के 'संलग्न-पत्र' या 'संलग्नक' कहते हैं। इस स्थिति में प्रारूप-लेखक को चाहिए कि समापनसूचक शब्द—भवदीय—आदि के ठीक बायीं ओर थोड़ा नीचे 'संलग्नक' या 'संलग्न पत्र' शीर्षक देकर उन सभी पत्रों या काग़जात का विवरण संकेत रूप में लिख दें जिन्हें पत्र के साथ संलग्न करना

है। यह संकेत 1, 2, 3 संख्या के द्वारा क्रमशः देना चाहिए।

अनुमोदनार्थ प्रारूप (Draft for Approval)—प्रारूप-लेखन का उद्देश्य है संबद्ध उच्च अधिकारी को विभिन्न मामलों में पत्र लिखने के परिश्रम और अमूल्य समय की बचत करना। दूसरे सभी मामलों की पूरी जानकारी अथवा सूक्ष्मताएँ तो संबंद्ध फाइल में रहती हैं अतएव उन सबका ज्ञान प्रारूप-लेखन के माध्यम से ही कराया जाता है। स्पष्ट है कि प्रारूप को संबंधित अधिकारी को दिखाकर उसकी स्वीकृति प्राप्त करनी पड़ती है। हो सकता है कि उच्च अधिकारी, उस पत्र पर जिसके हस्ताक्षर होने हैं, प्रस्तुत प्रारूप की विषय सामग्री में कुछ परिवर्तन करे अथवा उसकी शैली में कुछ संशोधन करे। इसलिए प्रारूप तैयार करके इस काग़ज़ के सबसे ऊपर प्रारूप-लेखक को **'अनुमोदनार्थ प्रारूप'** (Draft for approval, DFA) मोटे-मोटे शब्दों में लिख देना चाहिए। तब प्रारूप को संबंधित फाइल के साथ नत्थी करके उस अधिकारी के पास अनुमोदन के लिए भेजना चाहिए।

प्रारूप-लेखन की विशेषताएँ

(1) **स्पष्टता**—पत्र चाहे किसी भी प्रकार का हो, उसमें स्पष्टता होनी चाहिए। उच्च अधिकारी यदि प्रारूप के आशय को स्पष्ट रूप से ग्रहण नहीं कर पाता तो प्रारूप का उद्देश्य ही समाप्त हो जायेगा। व्यावसायिक और सरकारी पत्रों में तो स्पष्टता का गुण सर्वोपरि माना जाता है। आवेदन पत्र में यह स्पष्ट उल्लेख होना चाहिए कि किस पद के लिए, किस समाचारपत्र में निकले किस विज्ञापन के अनुसार आवेदन किया जा रहा है, आवेदन कर्ता की शैक्षिक अथवा अनुभव-संबंधी अर्हता क्या है...आदि। आवेदनपत्र आमंत्रित करनेवालों ने जो-जो तथ्य माँगे हों उनका स्पष्ट ब्यौरा देना चाहिए। इसी प्रकार शिकायती पत्र में, शिकायत का मूल विषय, संबद्ध प्रसंग या संदर्भ आदि सबकुछ स्पष्ट होना चाहिए। प्रारूप लिखते समय उनका ध्यान रखना चाहिए।

(2) **एकान्विति**—एक पत्र में प्रायः किसी एक ही विषय, संदर्भ अथवा उद्देश्य की पूर्ति संभव है। पत्र-प्रेषक पत्र प्राप्तकर्ता तक जो बात पहुँचाना चाहता है वही मुख्य होनी चाहिए। अभिवादन, अनुशंसा अथवा उत्तर पाने की इच्छा आदि तो पत्र के औपचारिक अंग हैं, इनसे पत्र की एकान्विति भंग नहीं होती, किंतु यदि किसी पत्र में व्यावसायिक पूछताछ की जा रही है और वर्णन राजनीतिक गतिविधियों का होने लगे तब एकान्विति भंग होगी। उदाहरणतः आवेदन-पत्र में अभीष्ट पत्र से संबंधित बातें ही एकसूत्रता या तारतम्य-अनुसार प्रस्तुत की जानी चाहिए। अपने से छोटे किसी आत्मीय को 'अध्ययन के लाभ' या 'पर्यटन का महत्त्व' बताते समय मूल विषय से इधर-उधर हटना उचित न होगा। व्यावसायिक और सरकारी पत्रों में तो 'विषय' प्रायः निश्चित रहता है और मूलवृत्त लिखना आरंभ करने से पहले

शीर्षक के रूप में उस विषय का निर्देश भी कर दिया जाता है। ऐसी स्थिति में पत्र के भीतर का सारा ब्यौरा शीर्षस्थ विषय से ही संबद्ध होना चाहिए।

(3) **सहजता**—इस गुण के दो पक्ष हैं। (क) प्रारूप-लेखक को चाहिए कि पत्र में लिखी गई हर बात सहज रूप में, अकृत्रिम रूप से कही गई हो। ध्यान रहना चाहिए कि किसी के द्वारा लिखा गया पत्र उसकी विद्वत्ता, भाषा-निपुणता अथवा लेखन-प्रतिभा से अधिक उसके कथ्य का वाहक होता है। पत्र-पाठक किसी शब्द, वाक्यांश, वाक्य या संदर्भ का स्पष्टीकरण माँगने नहीं आ सकता। सहज-स्वाभाविक रूप में लिखी गई बात पत्र के उद्देश्य को तत्काल पूर्ण कर देने में समर्थ होगी।

(ख) सहजता का दूसरा पक्ष भाषा-प्रयोग से संबंधित है। आलंकारिक, लाक्षणिक एवं ध्वन्यात्मक भाषा का प्रयोग कुछ विशिष्ट साहित्यिकों के पत्राचार में तो चल सकता है, सर्वसाधारण पत्रों में वह सर्वथा परिहार्य है। औपचारिक पत्रों की शब्दावली प्रायः निर्धारित-सी होती है, उससे हटकर अपनी बहुज्ञता का प्रकाशन पत्रों में अपेक्षित नहीं।

(4) **यथार्थता**—इस गुण का संबंध सरकारी पत्रों से है। उनमें तथ्यप्रस्तुति परम आवश्यक है। इन पत्रों में संबद्ध विषय के सभी पक्षों अथवा तथ्यों की जानकारी न रहने पर अनावश्यक विलंब हो सकता है, बनता हुआ सौदा बिगड़ सकता है। सरकारी पत्रों में यथार्थता से तनिक भी शिथिलता एक प्रकार से अपराध मानी जाती है। बीमा, बैंक, शिकायत, आवेदन, नियुक्ति, पूछताछ, निमंत्रण आदि से संबंधित पत्र भी यथार्थ तथ्यों की अपेक्षा रखते हैं। प्रारूप बनाते समय इनका ध्यान रखना चाहिए।

(5) **संक्षिप्तता**—बहुत लंबे पत्रों को पढ़ने का समय और धैर्य आज किसी के पास नहीं। अतः संक्षिप्तता आदर्श पत्र-लेखन का मूलभूत गुण है, लंबे पत्रों को लिखने के लिए भी तो पर्याप्त समय, सामग्री और धैर्य चाहिए। किंतु जब हम पत्र-लेखन को एक कला कहते हैं तो उस कला की कुशलता संक्षिप्तता में ही निहित है। संक्षिप्त पत्र अभीष्ट सिद्धि और तुरंत प्रभाव में विशेष सहायक होता है। पत्र का मसौदा बनाते समय संक्षेपण की प्रक्रिया का पालन करना चाहिए।

(6) **स्वतःपूर्णता**—कोई भी पत्र अपने कथन या मंतव्य में स्वतःपूर्ण होना चाहिए। उसे पढ़ने के उपरांत तद्‌विषयक किसी प्रकार की जिज्ञासा, शंका या स्पष्टीकरण की आवश्यकता शेष नहीं रहनी चाहिए। कई बार देखा गया है कि पत्र-लेखक जिस विचार से पत्र लिखना आरंभ करता है वह तो अप्रकट या अपूर्ण रह जाता है तथा अन्यान्य बातों से ही पत्र भर जाता है। इसी प्रकार निविदा पत्र में उसे भरकर भेजने की अंतिम तिथि और प्रेषणीय पते की भूलें तो प्रायः होती रहती हैं। इस प्रकार की असावधानी न होना ही 'स्वतःपूर्णता' है। व्यावसायिक पत्र अपने आपमें 'पूरे मसविदे' का कार्य करते हैं अतः उनकी स्वतःपूर्णता और भी आवश्यक है।

(7) **शालीनता**—किसी पत्र में उसके प्रेषक के व्यक्तित्व, स्वभाव, पदप्रतिष्ठाबोध और व्यावहारिक आचरण की झलक मिलती है। सरकारी, व्यावसायिक तथा अन्य औपचारिक पत्रों की भाषा-शैली एक विशेष शिष्ट स्वरूप लिए होनी चाहिए। अस्वीकृति, शिकायत, खीझ या नाराजगी भी शिष्ट भाषा में प्रकट की जाए तो उसका अधिक लाभकारी प्रभाव पड़ता है। उदाहरणतः किसी आवेदनकर्ता के आवेदन की अस्वीकृति दो रूपों में भेजी जा सकती है। इसका प्रारूप इस प्रकार हो सकता है—

(क) "खेद है कि हम आपकी सेवाओं का उपयोग नहीं कर सकेंगे।" अथवा "आपकी योग्यता का लाभ न उठा पाने का हमें हार्दिक खेद है।"

(ख) "आप जैसे अयोग्य/अकुशल/अनुभवहीन व्यक्ति के लिए हमारे पास कोई जगह नहीं" अथवा "आपको सूचित किया जाता है कि आपका आवेदन-पत्र अस्वीकृत कर दिया गया है।"

उपर्युक्त दोनों प्रकार के उदाहरणों का मंतव्य एक ही है किंतु प्रथम उदाहरण में शालीनता की छाप है जबकि दूसरे में अशिष्टता झलकती है।

(8) **मौलिकता**—पत्र-लेखन के संदर्भ में मौलिकता का अभिप्राय नयापन और ताज़गी से है। उसमें बातें तो प्रायः वही होती हैं जो प्रतिदिन लिखी जाती है। परिजनों की कुशल-क्षेम अथवा आवेदन का आधार, योग्यता के आँकड़े, दर-भाव, तथ्यात्मक सूचना आदि; परंतु उनका प्रस्तुतीकरण एक मौलिक ढंग से होना चाहिए। हर बार एक-सी घिसी-पिटी, रटी-रटायी शब्दावली का प्रयोग पत्र के प्रति रुचि को कम कर देता है। इसके विपरीत नए ढंग से कही गई बात पत्र प्राप्तकर्ता के मन को छू लेती है और अधिक प्रभाव डालने में सहायक होती है। कार्यालयों में अच्छे और मौलिक प्रारूप-लेखन के द्वारा किन्हीं लोगों को बहुत सराहा जाता है।

(9) **प्रभावान्विति**—आदर्श प्रारूप-लेखन की अंतिम और सर्वगुणसंपन्न विशेषता है उसकी समग्र प्रभावान्विति। सादे कागज पर लिखे गये प्रारूप की लिखावट, सुंदरता, स्पष्टता, शुद्धता, स्थान, तिथि, पते आदि का उपयुक्त स्थान पर सही ढंग से लेखन; संबोधन, अभिवादन-अनुशंसा आदि की उपयुक्त शब्दावली सबसे अधिक मूल विषय के प्रस्तुतीकरण की संक्षिप्त रोचक शैली प्रारूप के प्रभाव को निश्चय ही द्विगुणित कर देती है। उच्च अधिकारी के हृदय पर ऐसे प्रारूप-लेखक की अमिट छाप पड़ जाती है। वास्तव में प्रारूप-लेखन और पत्र दोनों के उद्देश्य की पूर्णता उसके समग्र प्रभाव पर ही निर्भर करती है।

सरकारी अथवा औपचारिक पत्र-व्यवहार में प्रयुक्त होनेवाले पत्रों के अनेक भेद-प्रभेद हो सकते हैं। फिर भी प्रमुख रूपों का उल्लेख यहाँ किया जा रहा है—

1. सरकारी पत्र (Official Letter)

2. अर्धसरकारी पत्र (Demi-Official Letter—D. O.)
3. कार्यालय ज्ञापन (Office Memorandum)
4. ज्ञापन (Memorandum या Memo.)
5. कार्यालय-आदेश (Office Order)
6. परिपत्र (Circular)
7. मंज़ूरीपत्र (Sanction Letter)
8. अनुस्मारक (Reminder)
9. पृष्ठांकन (Endorsement)
10. अधिसूचना (Notification)
11. प्रेस-विज्ञप्ति/प्रेस नोट (Press Communique/Press Note)
12. तार (Telegram)
13. द्रुत (तुरत) पत्र (Express Letter)
14. मितव्यय पत्र (Savingram)
15. सूचना (Notice)
16. पावती प्राप्ति-स्वीकार (Acknowledgement)

विभिन्न पत्रों के प्रारूप

(1) सरकारी पत्र

अनुमोदन के लिए प्रारूप

(Draft For Approval)

दिल्ली प्रशासन
पुराना सचिवालय, शामनाथ मार्ग
दिल्ली-110054

संख्या/संदर्भ.......... दिनांक............

निदेशक,
केंद्रीय हिंदी निदेशालय,
शिक्षा एवं समाज-कल्याण मंत्रालय, भारत सरकार,
पश्चिमी खंड सं. 7, रामकृष्णपुरम्, नई दिल्ली-110022

विषय—'बृहत् पारिभाषिक शब्द-संग्रह' मानविकी खंड—1 और 2 का क्रयादेश।

प्रिय महोदय,

मुझे यह कहने का निर्देश हुआ है कि भारत सरकार के शिक्षा मंत्रालय द्वारा नियुक्त वैज्ञानिक एवं तकनीकी शब्दावली आयोग द्वारा निर्धारित, निर्मित हिंदी पारिभाषिक शब्दावली का प्रयोग दिल्ली प्रशासन अपने कामकाज में करता है। वह अपने विभिन्न कार्यालयों के लिए संदर्भ-ग्रंथ के रूप में उपर्युक्त 'शब्द-संग्रह' के मानविकी खंड 1 और 2 को खरीदना चाहता है।

आपसे अनुरोध है कि नियमानुसार छूट (डिस्काउंट) देकर प्रत्येक खंड की 100-100 प्रतियाँ हमारे कार्यालय में यथाशीघ्र भिजवाने की व्यवस्था करें। इसके पूर्व प्राप्ति बिल (प्री रिसीटिड बिल) की तीन प्रतियाँ 'कार्यकारी पार्षद (शिक्षा) दिल्ली प्रशासन' के नाम से भेज दें।

सद्भावना सहित।

भवदीय

....

(य र ल)
हिंदी अधिकारी,
दिल्ली प्रशासन

सूचनार्थ प्रतिलिपि

(1) कार्यकारी पार्षद (शिक्षा) दिल्ली प्रशासन
(2) निदेशक, शिक्षा निदेशालय, दिल्ली प्रशासन
(3) वित्त अनुभाग, शिक्षा निदेशालय

....

(य र ल)
हिंदी अधिकारी

(2) अर्द्ध सरकारी पत्र

सरकारी पत्र और अर्द्ध सरकारी पत्र दोनों ही सरकार के कार्यालयों अथवा संस्थाओं, व्यावसायिक संगठनों में समान विषयों के लिए प्रयोग में लाये जाते हैं। अंतर केवल औपचारिकता-अनौपचारिकता का है। हाँ, यह अनौपचारिकता बिल्कुल व्यक्तिगत-पत्र वाली अनौपचारिकता नहीं है। सरकारी पत्र के माध्यम से किसी एक कार्यालय से दूसरे कार्यालय में सूचनाएँ भेजता है या किन्हीं तथ्यों की जानकारी माँगता या किसी आदेश का पालन करने के लिए कहता है आदि। किंतु जब यह

कार्य फलीभूत नही होता, एकाधिक अनुस्मारक भी भेजे जा चुके हैं तब कभी-कभी ऐसी स्थिति में 'अर्ध सरकारी पत्र' का प्रयोग किया जाता है।

'अर्ध सरकारी पत्र' अधिकारियों के बीच किसी विशेष मामले में व्यक्तिगत ध्यान आकर्षित करने के लिए लिखे जाते हैं। इसे 'अर्ध सरकारी' इसलिए कहा जाता है क्योंकि इसमें प्रेषक अपनेपन की भावना से प्राप्तकर्ता को व्यक्तिगत स्तर पर कार्यालयी कामकाज निपटाने के लिए अनुरोध करता है। फलतः इसमें कार्यालय की औपचारिकता कम रहती है। इसमें औपचारिक संबोधन 'प्रिय महोदय', 'महोदय' के स्थान पर 'प्रियवर', 'प्रिय श्री....' का प्रयोग किया जाता है। समापनसूचक शब्द 'भवदीय' के स्थान पर 'आपका' लिखा जाता है। प्रेषक के हस्ताक्षर के बाद पदनाम भी नहीं लिखा जाता। पत्र के ऊपर बायीं ओर प्रेषक का नाम व पदनाम दे दिया जाता है। प्राप्तकर्ता का नाम, पदनाम और पता पत्र में ऊपर न लिखकर नीचे बायीं ओर लिख दिया जाता है। इसे अंगरेज़ी में **Demi Official Letter** कहते हैं। पत्र के संदर्भ में इसका संकेत '**D. O.** पत्र' के रूप में दे दिया जाता है। उदाहरण—

अनुमोदनार्थ प्रारूप

संदर्भ/अर्ध सरकारी पत्र............ | **वित्त मंत्रालय**
राधेश्याम | भारत सरकार
सचिव | नई दिल्ली

दिनांक.....................

प्रिय श्री शर्माजी,

मैं इस मंत्रालय के पत्र सं....................दिनांक....................की ओर आपका ध्यान आकर्षित करना चाहता हूँ। देश में बढ़ते हुए आर्थिक संकट को देखते हुए यह निर्णय किया गया था कि सभी मंत्रालय अपने-अपने अनावश्यक खर्चों को कम करें। इस संदर्भ में एक विस्तृत प्रतिवेदन की फाइल आपके मंत्रालय को सम्मति और परामर्श के लिए भेजी गई थी। किंतु दो अनुस्मारक भेजने के बावजूद आपकी ओर से कोई सूचना नहीं मिली है, न ही वह फाइल वापस आई है।

आप जानते ही हैं कि आर्थिक संकट के समय यह मामला अत्यंत आवश्यक है। मेरा अनुरोध है कि आप व्यक्तिगत रुचि लेकर उपर्युक्त मामले पर उचित कार्यवाही करके शीघ्रातिशीघ्र हमें भेज दें। इसके बाद ही आगामी कार्यवाही में सरलता होगी।

सधन्यवाद।

सेवा में,
श्री..............शर्मा,
सचिव,
गृह मंत्रालय,
भारत सरकार
नई दिल्ली-1

आपका
....
(क ख ग)

(3) कार्यालय ज्ञापन

इस पत्र-रूप का उपयोग सरकारी मंत्रालयों में परस्पर सूचनाओं के आदान-प्रदान आदि के लिए किया जाता है। दूसरी राज्य सरकारों या अधीनस्थ कार्यालयों के बीच पत्राचार में कार्यालय-ज्ञापन का प्रयोग प्रायः नहीं होता। यह अन्य पुरुष में लिखा जाता है। 'संबोधनसूचक शब्द', 'अभिवादन', 'सेवा में', आदि स्वनिर्देश का और अंत में 'समापनसूचक शब्द' 'भवदीय' आदि नहीं लिखे जाते। केवल प्रेषक के हस्ताक्षर व पदनाम दिया जाता है। ज्ञापन का प्रारूप बनाते समय इन बातों का ध्यान रखना अपेक्षित है। जैसे—

अनुमोदनार्थ प्रारूप

पत्र संख्या/संदर्भ..........
गृह मंत्रालय, भारत सरकार

नयी दिल्ली
दिनांक.............

कार्यालय ज्ञापन

विषय : सभी मंत्रालयों के कार्यालयों के कार्य-समय में परिवर्तन

दिल्ली की बढ़ती हुई आबादी के कारण सड़कों पर भीड़ अपेक्षित रूप में बढ़ गई है। दिल्ली परिवहन की समस्या और अपने कर्मचारियों की सुविधा को ध्यान में रखते हुए सभी मंत्रालयों के सचिवों की एक बैठक गत सोमवार को हुई। उसमें निर्णय लिया गया कि केंद्रीय सचिवालय के कार्यालयों का दैनिक कार्य-समय प्रातः 10 बजे से सायं 5 बजे के स्थान पर 9 बजे से 4 बजे तक कर दिया जाए ताकि सचिवालय के हज़ारों कर्मचारी अन्य दफ्तरों के कर्मचारियों की अपेक्षा सुबह और शाम दोनों बार बस सुविधा का उपयोग सरलता से कर सकें। इससे उन्हें अनावश्यक भीड़ और असुविधा से बचने का अवसर मिलेगा।

यह सर्वसम्मत निर्णय...से प्रभावी माना जायेगा। इसकी सूचना सभी मंत्रालयों को यथाशीघ्र दी जा रही है ताकि वे अपने-अपने कार्यालयों के कार्यक्रमों को सुविधानुसार संशोधित, प्रचारित-प्रसारित कर सकें।

सूचनार्थ प्रतिलिपि (अ आ इ)
सभी मंत्रालय, भारत सरकार मुख्य सचिव,
गृह मंत्रालय

(4) ज्ञापन

'कार्यालय ज्ञापन' और 'ज्ञापन' में कोई विशेष अंतर नहीं है। हाँ, दोनों का क्षेत्र भिन्न-भिन्न है। 'कार्यालय ज्ञापन' का प्रयोग विभिन्न मंत्रालयों के बीच पत्र-व्यवहार के लिए किया जाता है। 'ज्ञापन' का प्रयोग एक मंत्रालय के भीतर ही अधीनस्थ विभिन्न कार्यालयों के लिए अथवा अधीनस्थ कर्मचारियों को कोई सूचना प्रचारित करने के लिए किया जाता है। नियुक्ति-पत्र जारी करने, पत्रों की प्राप्ति आदि की सूचना देने आदि, जिनका संबंध किसी प्रकार के आदेश से नहीं होता, के लिए ज्ञापन का प्रयोग किया जाता है। इसमें भी कार्यालय ज्ञापन के समान, संबोधन, स्वनिर्देश, समापनसूचक शब्द नहीं लिखे जाते। पानेवाले का पता पत्र के अंत में बायीं ओर लिखा जाता है। उदाहरण—

अनुमोदनार्थ प्रारूप

मानव संसाधन विकास मंत्रालय

भारत सरकार, नयी दिल्ली

पत्र संख्या/संदर्भ.................... **दिनांक............**

ज्ञापन

विषय : 'हिंदी-अधिकारी' के पद पर नियुक्ति

श्री.........को हर्ष के साथ सूचित किया जाता है कि उनके आवेदन पत्र दिनांक ....और इस संबंध में..........तारीख को हुए—साक्षात्कार के आधार पर इस मंत्रालय के शिक्षा-विभाग में हिंदी-अधिकारी के पद पर नियुक्त किया गया है। नियुक्ति की शर्तें निम्नलिखित हैं—

1. पद का वेतनमान व अन्य भत्ते.........हैं।
2. पद अस्थायी है किंतु एक वर्ष पश्चात् स्थायी हो सकता है।
3. किसी मान्यता प्राप्त डॉक्टर अथवा सरकारी अस्पताल/डिस्पेंसरी से

मेडिकल रिपोर्ट जमा करानी होगी।

4. स्थापना-अनुभाग में अपनी शैक्षणिक योग्यताओं की मूल प्रतियों की पदभार ग्रहण करने से पूर्व जाँच करानी होगी।

5. उपर्युक्त शर्तें यदि स्वीकार्य हों तो..........दिन के भीतर श्री..........उपर्युक्त पद पर कार्यभार ग्रहण करने की स्वीकृति दे दें।

प्राप्तकर्ता का पता

श्री...............

....

....

...........पिन..........

....

(प फ ब)

कृते सचिव

मानव संसाधन विकास मंत्रालय

सूचनार्थ प्रतिलिपि

1. सचिव शिक्षा-विभाग, मानव संसाधन विकास मंत्रालय।

....

(प फ ब)

कृते सचिव

(5) कार्यालय आदेश

'ज्ञापन' के समान ही 'कार्यालय आदेश' का भी प्रयोग किया जाता है। ऊपर यह बताया गया है कि ज्ञापन में किसी प्रकार के आदेश का निर्वाह नहीं होता, जबकि एक ही मंत्रालय, विभाग आदि में प्रयोग किया जाता है। कर्मचारियों का स्थानांतरण, स्थायीकरण, पदोन्नतियाँ, अधिकारियों/कर्मचारियों के बीच कार्य का वितरण आदि के लिए इसका प्रयोग होता है। यह भी अन्य पुरुष में लिखा जाता है। इसमें भी संबोधन, स्वनिर्देश, समापनसूचक शब्द आदि नहीं लिखे जाते। उदाहरण—

अनुमोदनार्थ प्रारूप

शिक्षा-विभाग, दिल्ली प्रशासन

पुराना सचिवालय, शामनाथ मार्ग, दिल्ली-6

संख्या/संदर्भ........ **दिनांक.............**

कार्यालय आदेश

दिल्ली प्रशासन के विद्यालयों के निम्नलिखित पी. जी. टी. अध्यापकों को उनके वर्तमान पद व वेतनमान पर ही यथानिर्दिष्ट विद्यालयों में स्थानांतरित किया जाता है। यह आदेश तत्काल प्रभावी माना जाएगा। संबद्ध अध्यापक शीघ्र निर्दिष्ट विद्यालय में कार्यभार ग्रहण कर लें।

क्रम. सं.	नाम	विषय	वर्तमान विद्यालय	विद्यालय जहाँ स्थानांतरण हुआ	जिसके स्थान पर स्थानांतरण हुआ
1.	श्री..........	हिंदी	......विद्यालय	.......विद्यालय	डॉ. ....
2.	श्री..........	गणित	.......विद्यालय	.........विद्यालय	श्री............
3.	डॉ.	वाणिज्य	.......विद्यालय	.........विद्यालय	श्री............

अ, आ, इ
संयुक्त निदेशक

सूचनार्थ तथा आदेशानुपालन हेतु प्रतिलिपि–

1. संबद्ध अध्यापक, ...विद्यालय।
2. संबद्ध प्रधानाचार्य, ...विद्यालय।
3. उपशिक्षा निदेशक, संबद्ध मंडल।
4. मुख्य प्रशासन शाखा।

....
(अ, आ, इ)
संयुक्त निदेशक

(6) परिपत्र

इसे 'गश्ती चिट्ठी' भी कहते हैं। इसको लिखने की शैली 'कार्यालय ज्ञापन' के समान है। किसी एक ही सूचना, आदेश अथवा निर्दिष्ट जानकारी को सभी मंत्रालयों, संबद्ध कार्यालयों तक प्रचारित-प्रसारित करने के लिए कभी-कभी आवश्यकतानुसार कार्यालय-ज्ञापन, ज्ञापन, कार्यालय-आदेश के स्थान पर 'परिपत्र' का प्रयोग किया जाता है। उसे भेजनेवाला अधिकारी एक ही होता है किंतु पानेवाले कई हो सकते हैं। सभी को समान रूप से एक विशेष सूचना अथवा निर्णय से अवगत कराया जाता है। जैसे, किसी विश्वविद्यालय के कुलपति ने विश्वविद्यालय में स्नातक स्तर पर प्रवेश के नियमों में संशोधन किया है। उस जानकारी को

'परिपत्र' के रूप में कुलपति कार्यालय से सभी विभागों के अध्यक्षों, कॉलिज के प्राचार्यों आदि को भेज दिया जाता है। उदाहरण—

अनुमोदनार्थ प्रारूप

स्वास्थ्य एवं परिवार कल्याण मंत्रालय

भारत सरकार, नई दिल्ली

संख्या/संदर्भ.... **दिनांक..........**

परिपत्र

केंद्रीय सचिवालय के सभी सरकारी कर्मचारियों को स्वास्थ्य सुविधाएँ उपलब्ध कराने के लिए इस मंत्रालय ने कुछ ग़ैर-सरकारी और निजी अस्पतालों को अपनी सूची में शामिल किया है। कर्मचारी आवश्यकता पड़ने पर इन अस्पतालों/नर्सिंग होम में अपना इलाज करा सकते हैं और उन पर होनेवाले व्यय का नियमानुसार भुगतान प्राप्त कर सकते हैं। अस्पताल की सूची इस प्रकार है—

1. ...नर्सिंग होम, ...नयी दिल्ली
2. ...चेरिटेबल अस्पताल,...दिल्ली
3. ...अस्पताल, ...नयी दिल्ली
4. ...नर्सिंग होम एवं रिसर्च सेंटर,...नयी दिल्ली

....
क, ख, ग
सचिव

सूचनार्थ प्रतिलिपि

1. सचिव, सभी मंत्रालय, भारत सरकार,

....
(क, ख, ग)
सचिव

(7) अनुस्मारक

इसे स्मरण-पत्र भी कहते हैं। इस प्रकार के पत्र का उद्देश्य है—स्मरण कराना। जब किसी पूर्व पत्र के विषय में कोई उत्तर न मिला हो या अपेक्षित कार्यवाही होने में देर हो रही हो तो 'अनुस्मारक' भेजकर उस बात को पुनः याद दिलाया जाता है। इसे लिखने की शैली पूर्व भेजे गये मूलपत्र के समान होगी। यदि मूल पत्र कार्यालय ज्ञापन है, अर्धसरकारी पत्र है, ज्ञापन है तो अनुस्मारक भी उसी शैली

में लिखा जायेगा। कभी-कभी एक बार अनुस्मारक भेजने पर भी कार्य नहीं बनता, उस स्थिति में दूसरा अथवा तीसरा अनुस्मारक भेजा जाता है। उस पर शीर्षक, 'अनुस्मारक-एक,' 'अनुस्मारक-दो' आदि दिया जाता है। अनुस्मारक के साथ प्रायः मूल और अन्य अनुस्मारकों की प्रतिलिपि भी संलग्न की जाती है अथवा इनकी पत्र संख्या, दिनांक आदि का विवरण दे दिया जाता है। अनुस्मारक का कलेवर छोटा होना चाहिए। मूल पत्र में 'विषय' लिखा जा चुका था। यहाँ उसका संकेत मात्र देना होता है। उदाहरण—

अनुमोदनार्थ प्रारूप

शिक्षा निदेशालय
दिल्ली प्रशासन
शामनाथ मार्ग, दिल्ली
दिनांक......

संख्या/संदर्भ.......
उपशिक्षा निदेशक
मंडल पश्चिम क्षेत्र.......
दिल्ली—

अनुस्मारक-दो

विषय......................

प्रिय महोदय,

उपर्युक्त विषय पर लिखे गए पत्र सं.......दिनांक...........तथा अनुस्मारक एक संख्या.............दिनांक.........के संदर्भ में एक बार पुनः लिखा जा रहा है कि संबंधित विषय पर अभी तक कोई कार्यवाही नहीं की गई है। अपेक्षा की जाती है कि शीघ्रातिशीघ्र उचित कार्यवाही करके अधोहस्ताक्षरी को सूचित करने का कष्ट करें।

भवदीय,
(क, ख, ग)
संयुक्त निदेशक
शिक्षा निदेशालय

(8) अधिसूचना

सरकारी पत्रों के क्षेत्र में 'अधिसूचना' एक पारिभाषिक शब्द है। सरकार की ओर से जनसाधारण, सरकारी मंत्रालयों, कार्यालयों और विभागों को दी जानेवाली विभिन्न विषयों की सूचना भारतीय राजपत्रों (गज़ट) में प्रकाशित की जाती है। जैसे सरकारी नियमों, आदेशों, राजपत्रित अधिकारियों की नियुक्ति, स्थानांतरण, अवकाश, पद-त्याग, सेवा-निवृत्त आदि की सूचनाएँ गज़ट में प्रकाशित करके उनको

क्रियान्वित किया जाता है।

सभी अधिसूचनाएँ संबद्ध मंत्रालय के सचिव अथवा संयुक्त सचिव के हस्ताक्षर से ही निकाली जाती हैं तभी उन्हें राजपत्र के अंक में प्रकाशित किया जाता है। ये सूचनाएँ सीधे, भारत सरकार की प्रेस के प्रबंधक को भेजी जाती हैं। भारतीय राजपत्र के चार में से किस भाग में प्रकाशित किया जाना है, यह जानकारी भी 'अधिसूचना' जारी करनेवाले अधिकारी द्वारा दी जाती है। यह अन्य पुरुष में लिखी जाती है। इसमें संबोधन, समापनसूचक शब्द, प्राप्तकर्ता का नाम आदि नहीं दिया जाता। उदाहरण—

अनुमोदनार्थ प्रारूप

कृषि मंत्रालय
भारत सरकार
नयी दिल्ली

संख्या/संदर्भ....... **दिनांक.........**

अधिसूचना

(भारतीय राजपत्र के भाग.......अनुभाग......में प्रकाशनार्थ)

जनसाधारण को विभिन्न खाद्य वस्तुएँ सुचारु रूप से उपलब्ध कराने के लिए उनके मूल्य-निर्धारण में संशोधन किया है। सन्........के अधिनियम संख्या.......में दिए हुए अधिकारों का प्रयोग करते हुए भारत सरकार ने किसानों से खरीदे जानेवाले गन्ने, गेहूँ, चावल की दरें क्रमश,.....रुपये,.....रुपये,.....रुपए प्रति क्विंटल निर्धारित कर दी है। ये दरें......दिनांक से लागू मानी जायेंगी।

....
(क, ख, ग)
सचिव, कृषि मंत्रालय
संख्या.............

प्रबंधक महोदय,
भारत सरकार प्रेस, नयी दिल्ली।

(9) प्रेस विज्ञप्ति/प्रेस नोट

सरकारी निर्णयों, नीतियों, कार्यक्रमों को समाचार-पत्र, पत्रिका के माध्यम से जनसाधारण तक प्रचारित-प्रसारित करने के लिए 'प्रेस विज्ञप्ति' अथवा 'प्रेस नोट' का आश्रय लिया जाता है।

'प्रेस विज्ञप्ति' में समाचार-पत्र, पत्रिका के संपादक को यह अधिकार नहीं रहता कि वह अपनी इच्छा से सरकारी विज्ञप्ति में फेर-बदल कर ले।

'प्रेस नोट' में संपादक अपेक्षानुसार परिवर्तन-परिवर्धन कर सकता है। यह अनौपचारिक होता है। आम जनता में किसी विषय पर उत्पन्न भ्रम को दूर करने तथा स्पष्टीकरण देने के लिए प्रेस-नोट का प्रयोग सरकार द्वारा किया जाता है।

प्रेस विज्ञप्ति अथवा प्रेस। नोट संयत भाषा में लिखे जाते हैं। संबोधन, स्वनिर्देश यहाँ पर भी नहीं रहते। यह सरकार के सूचना एवं प्रसारण विभाग द्वारा ही जारी की जाती हैं। सरकार के मंत्रालयों द्वारा तैयार करके सूचना अधिकारी, सूचना एवं प्रसारण विभाग के पास भेज दी जाती हैं। यह अधिकारी समस्त बातों को उचित रूप में व्यवस्थित करके समाचार-पत्रों, पत्रिकाओं को भेजता है।

समाचार-पत्र, पत्रिका के संपादकों को यह निर्देश दिया जाता है कि अमुक प्रेस-विज्ञप्ति, प्रेस नोट पत्र-पत्रिका में इस दिनांक व समय से पहले प्रकाशित नहीं किया जाए। उदाहरण—

अनुमोदनार्थ प्रारूप

(क) प्रेस विज्ञप्ति

(दिनांक........को प्रातः.........बजे से पूर्व प्रचारित और प्रकाशित न किया जाए।)

प्रेस विज्ञप्ति

भारत और रूस के बीच सांस्कृतिक, शैक्षिक समझौता

आज दिनांक........को भारत सरकार और रूस की सरकार के प्रतिनिधियों के बीच एक समझौते पर हस्ताक्षर हुए। इसमें दोनों देश अपने-अपने शिक्षाशास्त्रियों, विद्वानों और संस्कृतिकर्मियों को परस्पर एक-दूसरे के देशों में भेजने की व्यवस्था करेंगे। इस प्रकार दोनों देशों की संस्कृति, सभ्यता एवं ज्ञान-विज्ञान की अधुनातन जानकारी का आदान-प्रदान हो सकेगा।

मुख्य सूचना अधिकारी, प्रेस सूचना ब्यूरो, नयी दिल्ली, को उपर्युक्त प्रेस विज्ञप्ति के प्रचार एवं प्रकाशनार्थ प्रेषित !

मानव संसाधन विकास मंत्रालय
भारत सरकार, नयी दिल्ली
दिनांक........

....
(य र ल)
सचिव

(ख) प्रेस नोट

(सूचना अधिकारी, गृह मंत्रालय, भारत सरकार द्वारा समाचार पत्रों में भेजे गये प्रेस नोट की प्रतिलिपि)

अनुमोदनार्थ प्रारूप

गृह मंत्रालय
भारत सरकार
नयी दिल्ली

प्रेस नोट

दिल्ली में सुरक्षा एवं अनुशासन व्यवस्था का प्रयत्न

देश के विभिन्न भागों में बढ़ते हुए आतंकवाद और अराजकतावादी माहौल को देखते हुए भारत की राजधानी दिल्ली में सुरक्षा प्रबंध कड़े कर दिये गये हैं। दिल्ली पुलिस को अतिरिक्त अधिकार देकर गड़बड़ीवाले तत्त्वों और स्थानों पर नज़र रखने के आदेश दिये गये हैं। दिल्ली की जनता ने प्रत्येक कठोर समय का सामना संयत रहकर किया है। आम जनता से अनुरोध है कि किसी भी अफवाह पर ध्यान न दें, भाईचारे की पारंपरिक भावना बनाये रखें और शरारती तत्त्वों से निपटने के लिए पुलिस की सहायता करें।

....

(क, ख, ग)
गृह मंत्रालय

(दिनांक........को.....बजे से पूर्व प्रकाशित न किया जाए।)

(10) तार

यह भी सरकारी पत्र का एक रूप है। इसका अर्थ है—तत्काल, तीव्र प्रेषण। जब किसी सूचना, आदेश को तत्काल द्रूत गति से लिखित रूप में भेजना होता है तो 'तार' का प्रयोग किया जाता है। तार हमेशा अत्यंत संक्षिप्त और संयत भाषा में लिखे जाते हैं। इसलिए यह भी अनिवार्य है कि संक्षिप्तता के दबाव में संदेश अस्पष्ट अथवा अपूर्ण न रह जाए। 'तार' के दो वर्ग हैं—(1) कूट भाषा तार, (2) स्पष्ट भाषा तार।

'स्पष्ट भाषी' तारों की भाषा साधारण होती है। ये नियमानुसार तारघर को भेजे जा सकते हैं। 'कूटभाषी' तारों की भाषा गोपनीय एवं सांकेतिक होती है। इन्हें विदेश कार्य मंत्रालय के गूढ़ भाषा ब्यूरो (Central Cypher Bureau) के माध्यम से विधिवत भेजने का नियम है। सामान्य स्पष्ट भाषा तार की एक प्रतिलिपि डाक

द्वारा प्राप्तकर्ता के पास संपुष्टि के लिए भी भिजवा दी जाती है।

तार भेजने के लिए डाकघर में निश्चित फार्म होता है जिसमें पानेवाले का पता, (2) संदेश और (3) प्रेषक के हस्ताक्षर के लिए अलग स्थान निर्धारित होता है। प्रेषक के पते के लिए भी स्थान निर्धारित रहता है किंतु उसके शब्दों की गणना तार की मूल विषय सामग्री में नहीं की जाती।

तार भेजने के दो तरीके हैं। (1) तुरत तार (Express Telegram) (2) सामान्य तार (Ordinary Telegram)। सूचना संदेश की तत्परता, महत्ता आकस्मिकता के आधार पर डाकघर को निर्देश दिया जाता है कि किस प्रकार का तार भेजना है।

अनुमोदनार्थ प्रारूप

तार

प्राप्तकर्ता का नाम व पता

मुख्यमंत्री
उत्तर प्रदेश सरकार
लखनऊ, उत्तर प्रदेश।

मूल विषय
(संदेश)

पत्र संख्या...........देखिए, अधिवेशन स्थगित।
अगले पत्र की प्रतीक्षा करें।

गृहमंत्री
भारत सरकार

प्रेषक का नाम व पता
(यह तार से नहीं भेजा जाता)

श्री................
गृहमंत्री
गृह मंत्रालय, भारत सरकार।
नई दिल्ली-1

गृह मंत्रालय, भारत सरकार
नई दिल्ली

संख्या............. **दिनांक...............**

मुख्यमंत्री
उत्तर प्रदेश सरकार

संपुष्टि के लिए तार की एक प्रति डाक द्वारा भेजी जा रही है।

....

सचिव
गृह मंत्रालय

(11) मितव्यय पत्र

ये पत्र भी एक तरह से 'द्रुतपत्र', 'तुरत पत्र' अथवा 'तार' का कार्य करते हैं। इन पत्रों को प्रायः विदेशी सरकारों को किसी कूटनीतिक या गोपनीय संदेश भेजने के लिए प्रयोग में लाया जाता है। अतः इनमें कूट भाषा का प्रयोग होता है। ये प्रायः हवाई जहाज़ से भेजे जाते हैं। किंतु इन्हें दूतावासों के कूटनीतिक थैलों (डिप्लोमेटिक बैग) में भेजा जाता है ताकि संबद्ध सरकार को तुरंत और सुरक्षित पहुँच सकें। इनके ऊपर 'कूटपत्र', 'मितव्यय पत्र' (सेविंग्राम) लिख दिया जाता है। इसमें प्रस्तुत संदेश अत्यंत संक्षेप में लिखा जाता है। आजकल 'कूटपत्र' का कार्य अन्य अनेक माध्यमों से भी संपन्न करा लिया जाता है। मितव्यय पत्र (सेविंग्राम) का प्रारूप बनाते समय इसके उपर्युक्त उद्देश्य और शैली को अच्छी तरह समझ लेना चाहिए। तत्पश्चात् इस पत्र का प्रारूप तैयार करके उच्च अधिकारी के पास अनुमोदन के लिए भेजना चाहिए।

10. प्रतिवेदन

'प्रतिवेदन' का स्वरूप

'प्रतिवेदन' शब्द हिंदी में, अंगरेज़ी के 'रिपोर्ट' (Report) शब्द के पर्याय के रूप में ग्रहण किया जाता है, किंतु विशिष्ट और रूढ़ रूप में 'प्रतिवेदन' शब्द का अर्थ और स्वरूप, लक्षण एवं विषयवस्तुगत संदर्भ मात्र 'रिपोर्ट' से पर्याप्त भिन्न है। रिपोर्ट शब्द का प्रयोग कई अर्थों में होता है जैसे—वृत्त, इतिवृत्त, वृत्तान्त, विवरण, विवरणिका, विवरणी, विज्ञापन, सूचना, रपट, संवाद, समाचार आदि। इन्हीं पर्यायों में 'प्रतिवेदन' भी सम्मिलित हैं। समाचार पत्रों अथवा आकाशवाणी और दूरदर्शन के संवाददाता (रिपोर्टर) किसी घटना, सम्मेलन, वस्तुस्थिति, समाचार आदि की जो 'रिपोर्ट' भेजते हैं वह सूचना, समाचार या वृत्तांत तो है, प्रतिवेदन नहीं। इसी प्रकार कोई व्यक्ति जब किसी दुर्घटना, अपराध, चोरी, झगड़े आदि की रिपोर्ट पुलिस में करता है; वह भी सूचना, शिकायत आदि है, प्रतिवेदन नहीं। हम जब किसी महत्वपूर्ण समाचार, वृत्त, सूचना, बात या घटना के संबंध में सुनते-पढ़ते हैं तो उसकी पूर्ण 'रिपोर्ट' जानने की इच्छा करते हैं जो 'विवरण' कहलाता है, प्रतिवेदन नहीं। इस प्रकार मात्र 'रिपोर्ट' 'प्रतिवेदन' नहीं है, उससे कुछ अधिक और विशिष्ट है।

'बृहत् हिंदी कोश' में **'प्रतिवेदन'** शब्द का अर्थ इस प्रकार बताया गया है—"किसी घटना, कार्य, योजना आदि के संबंध में छानबीन, पूछताछ आदि करने के बाद तैयार किया गया विवरण जो किसी अधिकारी या सभा आदि के सामने प्रस्तुत करने को हो।" (पृ. 730)

'प्रतिवेदन' शब्द 'प्रति' उपसर्ग युक्त 'विद्' (जानना) धातु का भाववाचक रूप है जिसका व्युत्पत्तिलभ्य अर्थ होगा—'समान्तर जानकारी'। 'प्रति' उपसर्ग का प्रयोग प्रायः विपरीत, दूसरे अथवा समांतर के अर्थ में होता है, जैसे—प्रतिकूल, प्रतिपक्ष, प्रतिनायक, प्रतिनारायण आदि। 'प्रति' का प्रयोग उन्मुखता के लिए भी होता है जैसे—'आपके प्रति आदर और श्रद्धा।' 'विद्' धातु का अर्थ है जानना। हिंदी के शब्दकोशों में 'प्रतिवेदी' का अर्थ 'अनुभव करनेवाला', 'जाननेवाला' आदि बताया

गया है। इस दृष्टि से भी प्रतिवेदन का अभिप्राय 'अनुभव-संपन्न विशद जानकारी' ही उपयुक्त है। इस प्रकार प्रतिवेदन में 'रिपोर्ट' अर्थात् सूचना, समाचार या वृत्तांत-परक तत्त्व के साथ-साथ ज्ञातव्य (जानने योग्य) अथवा ज्ञात (जाना गया, अनुभव किया गया)—इस अर्थ-छाया का भी समावेश है। इस आधार पर 'प्रतिवेदन' का तात्पर्य 'जानने योग्य विवरण', 'अनुभव के आधार पर प्राप्त या ज्ञात विवरण', 'सूचना' आदि भी लिया जा सकता है।

व्यावहारिक दृष्टि से विचार करें तो हम देखते-सुनते और पढ़ते हैं कि अमुक समिति ने सरकार को अमुक विषय के संबंध में अपना प्रतिवेदन प्रस्तुत कर दिया है। यहाँ 'समिति' एक विशेष मनोनीत समिति है, उसे, किसी ने गठित किया है और विषय भी 'निर्धारित' 'निश्चित' अथवा पूर्वज्ञात-सा है। यों समिति और विषय तो प्रत्यक्ष हैं, किंतु उस समिति द्वारा उस विषय के संबंध में प्रस्तुत किया गया प्रतिवेदन अर्थात् 'समांतर जानकारी' अथवा 'ज्ञातव्य तथ्य' अथवा 'अनुभव किया गया विचार' अप्रत्यक्ष अर्थात् एक विशिष्ट वस्तु है जिसका सामान्य, प्रत्यक्ष, सर्वज्ञात वस्तु से कुछ अधिक विशिष्ट मूल्य या महत्त्व है।

उदाहरण से यह बात और स्पष्ट की जा सकती है। किसी दुर्घटना की जाँच करनेवाला अधिकारी प्रत्यक्षदर्शी साक्षियों के आधार पर जो विवरण तैयार करता है उसे अंगरेज़ी में 'रिपोर्ट' और हिंदी में 'प्रतिवेदन' कहा जाता है। यहाँ ध्यान देने योग्य तीन बातें हैं। पहली—अधिकारी ने जाँच क्यों की ? इसलिए कि उसे यह दायित्व सौंपा गया था। प्रचलित विधान के अंतर्गत उसका यह कर्तव्य था। दूसरी—जो विवरण तैयार किया गया उसका आधार प्रत्यक्षदर्शी साक्षी अथवा अन्य कई लिखित-जीवित प्राप्त प्रमाण भी होंगे। तीसरी बात यह है कि वह केवल तथ्य-तालिका या घटना-कलैंडर नहीं, उसमें समांतर अर्थात् विभिन्न पक्षों के साक्षियों के मत-विमत-अभिमत भी सम्मिलित होंगे। कोई पक्ष एक व्यक्ति या तथ्य को दुर्घटना का कारण बतायेगा या मानेगा, कोई अन्य पक्ष उससे भिन्न या विपरीत मत भी प्रस्तुत कर सकता है। दोनों के मत या पक्ष सप्रमाण अथवा तर्क-पुष्ट होंगे तभी उनका मूल्य या महत्त्व होगा। इसके अतिरिक्त जिस अधिकारी ने जाँच की है उसका विवेक सभी साक्षियों के मत-विमत का आकलन करने के उपरांत जो अनुभव करेगा, जो वह जाँचेगा या जो उसे (ठीक) जँचेगा, वह प्रतिवेदन में लिखेगा। यदि उसे दुर्घटना की जिम्मेदारी निश्चित करने के लिए कहा गया है तो वह विभिन्न पक्षों तथ्यों और तर्कों की परीक्षा करने के उपरांत किसी निर्णय पर पहुँचेगा तथा संबद्ध उपयुक्त कार्यवाही की सिफारिश करेगा या उसके लिए सुझाव देगा।

इस प्रकार हमने देखा कि किसी प्रतिवेदन का पृष्ठाधार काफी व्यापक हो सकता है। मूल विषयवस्तु (दुर्घटना), प्राप्त तथ्य, विविध साक्षियाँ, तर्क-प्रमाण, मत-विभत, निर्णय और अंत में सुझाव (कार्यवाही की सिफारिश)—ये कुछ अनिवार्य

सोपान है जो प्रतिवेदन से संबद्ध हैं। मात्र 'रिपोर्ट' अर्थात् सूचना, संवाद, वृत्तांत या ब्यौरा विवरण प्रतिवेदन के व्यापक अर्थ से कुछ न्यून अर्थ का बोध कराते हैं।

ऊपर दिये गये उदाहरण में वस्तुस्थिति की 'जाँच' के स्थान पर 'अध्ययन' की प्रक्रिया भी हो सकती है। दुर्घटना के स्थान पर 'दंगा' या कोई और विषय हो सकता है। जाँचकर्ता या अध्ययनकर्ता कोई एक अधिकारी न होकर अनेक व्यक्तियों, अधिकारियों, न्यायाधीशों, विशेषज्ञों आदि पर आधारित और विधिवत गठित आयोग भी हो सकता है तथा 'निर्णय' के स्थान पर केवल 'सुझाव' हो सकते हैं।

किसी क्षेत्र में दंगा हो जाने, किन्हीं दो प्रदेशों की सीमा के संबंध में विवाद होने, भाषा-संबंधी विवाद-नीति, आयात-निर्यात-नीति, महँगाई कम करने के उपाय, अल्पसंख्यक या अनुसूचित या किसी अन्य वर्ग विशेष की स्थिति के अध्ययन, किसी नेता, मंत्री या अधिकारी पर लगे आरोप आदि की विभिन्न स्थितियाँ अध्ययन या जाँच का विषय हो सकती है और अध्ययन या जाँचकर्ता कोई एक या अनेक सार्वजनिक अधिकारी, विशेषज्ञ, न्यायाधीश, अथवा विशिष्ट व्यक्ति हो सकते हैं। इन सभी सिद्धांतों में जाँच अथवा अध्ययन के विवरण और निष्कर्ष 'प्रतिवेदन' ही कहलायेंगे।

'प्रतिवेदन' की आधारभूत सामग्री या विषयवस्तु केवल ऊपर बताये गये, सार्वजनिक क्षेत्र तक ही सीमित नहीं, किसी कार्यालय, संस्थान, दल, मंत्रालय, विभाग अथवा अनुभाग के स्तर पर अनेक विषयों के संबंध में पूछताछ, जाँच, विशिष्ट अध्ययन या छानबीन की आवश्यकता पड़ती रहती है और तत्संबद्ध एक या अनेक व्यक्ति, समिति या उपसमिति, आयोग आदि अपना प्रतिवेदन प्रस्तुत करते रहते हैं।

'प्रतिवेदन' के अर्थ और स्वरूपगत उपर्युक्त विवेचन के आधार पर उसकी निम्नलिखित परिभाषा दी जा सकती है—

''सरकारी अथवा ग़ैर-सरकारी, किसी एकल अथवा बहुसंख्यक आयोग-न्याय पीठासीन या सेवानिवृत्त एक अथवा एकाधिक न्यायाधीशों पर गठित समिति अथवा व्यक्ति-विशेष द्वारा किसी प्रकरण-विशेष से संबंधित साक्षी एवं प्रमाण-पुष्ट अभिलेखबद्ध इतिवृत्त को प्रतिवेदन कहते हैं।''

इसी परिभाषा को सरल शब्दों में इस प्रकार भी प्रस्तुत किया जा सकता है—

''सरकारी या ग़ैर-सरकारी स्तर पर, एक या अधिक पीठासीन या सेवानिवृत्त न्यायाधीशों अथवा अन्य विशिष्ट/सक्षम व्यक्तियों पर गठित समिति या आयोग विशेष द्वारा किसी विशेष मामले (प्रकरण) की छानबीन/जाँच पर आधारित विवरण, सुझाव आदि के अभिलेख को प्रतिवेदन कहते हैं।''

इस आधार पर कहा जा सकता है कि—

- प्रतिवेदन किसी मामले की जाँच पर आधारित विवरण है।

• प्रतिवेदन में जाँच के निष्कर्ष, सुझाव आदि सम्मिलित होते हैं।

• प्रतिवेदन किसी एक व्यक्ति या व्यक्तियों द्वारा उस अधिकारी, संस्था आदि को पेश किया जाता है जिसने उसे/उन्हें यह कार्य सौंपा हो।

• प्रतिवेदन प्रस्तुत करने (जाँच या छानबीन करने) वाले व्यक्ति/व्यक्तियों का संबद्ध विषय का विशेषज्ञ अथवा उसकी छानबीन में सक्षम होना आवश्यक है।

• जाँच या छानबीन करनेवाला व्यक्ति पीठासीन (वर्तमान) या सेवानिवृत्त (भूतपूर्व) न्यायाधीश व्यक्ति अथवा संबद्ध विशेष के प्रशासनिक और कानूनी पहलुओं का जानकार कोई अन्य अधिकारी या विशेषज्ञ हो सकता है।

'प्रतिवेदन' के प्रमुख अंग या तत्त्व

उपर्युक्त विवेचन के आधार पर 'प्रतिवेदन' के कतिपय प्रमुख अंगों या तत्त्वों का निर्देश किया जा सकता है जो इस प्रकार है—

(1) प्रकरण-विशेष—प्रतिवेदन का सबसे पहला प्रमुख तत्त्व है—कोई विशेष मामला या प्रकरण। वह प्रकरण घटना-दुर्घटना, आरोप, शिकायत, आचरण, दंगा, विवाद, नीति या कुछ और भी हो सकता है जिसके अध्ययन या जाँच की आवश्यकता महसूस की गई हो।

(2) मनोनीत या गठित जाँचकर्ता या अध्ययनकर्ता—प्रतिवेदन का दूसरा प्रमुख तत्त्व है—जाँचकर्ता या अध्ययनकर्ता का किसी सरकारी संस्था द्वारा गठित अथवा मनोनीत होना। उदाहरणतः आसाम में विदेशी नागरिकों की समस्या का अध्ययन करने के लिए कुछ राजनीतिक दलों और धार्मिक-सामाजिक संस्थाओं ने भी समितियाँ गठित कीं और सरकार द्वारा भी व्यक्ति विशेष को नियुक्त किया गया। दोनों स्थितियों में अध्ययनकर्ता एक या अनेक व्यक्तियों की समिति ने अपना-अपना प्रतिवेदन प्रस्तुत किया।

(3) निश्चित अवधि—प्रायः हर प्रतिवेदन को प्रस्तुत करने के लिए समय की कुछ-न-कुछ सीमा निर्धारित रहती है। यह बात अध्ययन-प्रकरण अर्थात् जाँच के मामले के स्वरूप पर निर्भर करती है कि समय कितना रखा जाए। वह समय एक दिन से लेकर एक वर्ष या इससे भी अधिक हो सकता है।

(4) अध्ययनकर्ता की अर्हता—प्रतिवेदन प्रस्तुत करनेवाले की अर्हता अर्थात् तत्संबंधी विशेष योग्यता (क्षमता या दक्षता) का ध्यान रखना भी आवश्यक है। उदाहरणतः 'आसाम' में गये हुए अध्ययन-दल के आयोग का कोई सदस्य यदि केवल पंजाबी अथवा मराठी भाषा समझता होगा तो वह सही अध्ययन नहीं कर सकता। इसी प्रकार वायु दुर्घटना की जाँच वायुयानों से संबंधित तकनीक की कुछ-न-कुछ जानकारी रखनेवाला ही कर सकता है—उसी का प्रतिवेदन न्याय-संगत माना जायेगा। किसी कार्यालय में किसी विषय पर माँगे गये प्रतिवेदन को

भी उस क्षेत्र या विषय का जानकार व्यक्ति ही तैयार कर सकता है।

(5) प्रामाणिक साक्षी—प्रतिवेदन की प्रामाणिकता उसमें उल्लिखित साक्षियों पर ही आधारित होती है। अध्ययन का प्रकार चाहे किसी साधारण से कार्यालय के किसी चतुर्थ श्रेणी का आचरण हो या चाहे प्रधानमंत्री पर लगाया गया कोई आरोप—उसके पक्ष-विपक्ष में प्राप्त प्रमाण तब तक प्रतिवेदन में स्थान नहीं पा सकते जब तक उनका कोई प्रामाणिक पुष्ट आधार न हो। यह आधार प्रत्यक्षदर्शी अथवा तत्संबद्ध व्यक्ति भी हो सकता है, वस्तु भी और लिखित सामग्री भी।

(6) अभिमत—प्रतिवेदन का अंतिम उल्लेखनीय तत्त्व है—अध्ययनकर्ता का निजी अभिमत। उसी अभिमत के आधार पर ही प्रतिवेदन को कार्यान्वित किया जा सकता है। उदाहरणतः 'आसाम की विदेशी-समस्या संबंधी प्रतिवेदन' में यदि अध्ययनकर्ता अपना अभिमत नहीं देंगे, अर्थात् उपाय नहीं सुझायेंगे तो अध्ययन का श्रम व्यर्थ ही समझा जायेगा। इसी प्रकार किसी दुर्घटना में दोषी किसे माना जाए, उसे क्या दंड या चेतावनी देना उपयुक्त होगा, किसी कर्मचारी के आचरण की जाँच में वह दोषी पाया गया तो किस रूप में उसे दंडित किया जा सकता है, शिक्षा-नीति की असंगतियाँ दूर करने या आयात-निर्यात नीति में अभीष्ट परिवर्तन करने के लिए क्या-क्या उपाय किये जाएँ—आदि इस प्रकार के अभिमत से युक्त इतिवृत्त ही प्रतिवेदन की 'पूर्णता' का द्योतक माना जायेगा।

'प्रतिवेदन' के गुण अथवा उसकी विशेषताएँ

कोई भी 'प्रतिवेदन' अपने-आपमें एक ऐसा स्वतः संपूर्ण दस्तावेज़ है जिसका मूल्य एवं महत्व केवल समसामयिक नहीं अपितु संबंधित क्षेत्र में सुदूर भविष्य तक भी स्वीकार किया जा सकता है। उदाहरणतः सन् 1948 या 1956 में नियुक्त शिक्षा आयोग अथवा भाषा आयोग के प्रतिवेदन आज हमारे देश की अमूल्य निधि हैं जिनका उपयोग विभिन्न संदर्भों में किया जाता है। विभिन्न दुर्घटना-संबंधी प्रतिवेदन बाद में अनेक सुधार लागू करने में सहायक हुए। भारत सरकार प्रतिवर्ष विभिन्न विभागों और क्षेत्रों से प्राप्त प्रतिवेदनों के आधार पर ही अपनी अर्थनीति, शिक्षानीति, सुरक्षानीति, विदेशनीति आदि का निर्धारण करती है। संविधान की अनेक धाराओं और उपधाराओं की व्याख्या-पुनर्व्याख्या विभिन्न प्रतिवेदनों के माध्यम से संभव हुई है।

प्रतिवेदन का उपर्युक्त महत्त्व देखते हुए उसमें कतिपय गुण या विशेषताएँ अपेक्षित हैं जिनका यहाँ संक्षेप में विवेचन किया जा रहा है।

तथ्यात्मकता—प्रतिवेदन की सर्वप्रथम विशेषता है—तथ्यात्मकता। विभिन्न सूत्रों से प्राप्त तथ्य ही प्रतिवेदन का कलेवर तैयार करते हैं। वास्तव में सामान्य सूचना, समाचार या वृत्तांत-विवरण से प्रतिवेदन की भिन्नता और विशिष्टता उसकी

तथ्यात्मकता के ही कारण संभव है। तथ्य मौखिक साक्षियों, लिखित सामग्री अथवा प्रत्यक्ष वस्तुओं, अवशेषों आदि के रूप में हो सकते हैं किंतु उन्हें अभिलेखबद्ध कर लिया जाना चाहिए। कई स्थितियों में 'फोटो' भी ले लिये जाते हैं।

प्रामाणिकता–तथ्यों का संकलन एक बात है और उन तथ्यों का प्रामाणिक होना दूसरी। किसी भी विषय, घटना, शिकायत, आरोप आदि के संबंध में कोई भी तथ्य जुटा सकता है, किंतु वे तथ्य प्रामाणिक भी हैं या नहीं–इसकी जाँच करना ही प्रतिवेदन-प्रस्तुतकर्ता का वास्तविक दायित्व है। उदाहरणतः–एक कार्यालय के कर्मचारी के विरुद्ध शिकायत है कि उसने अमुक से रिश्वत ली। रिश्वत भले ही किसी के सामने दी गई हो और वह साक्षी भी दे दे कि वह रिश्वत लेते-देते समय मौजूद था किंतु जब तक वस्तु-रूप में या लिखित रूप में कोई ऐसा प्रमाण नहीं मिल जाता तब तक तथ्य 'अपुष्ट' या 'अप्रामाणिक' रहेगा। यदि रिश्वत के रूप में दी गई वस्तु या करेंसी पर कोई विशेष चिह्न अंकित कर दिया गया होगा तो तथ्य को प्रमाणित करने में सहायता मिलेगी।

इसी प्रकार किसी दुर्घटनाग्रस्त वाहन को चालू करने से पहले उसकी हर प्रकार से जाँच कर ली गई थी–या नहीं की गई थी, दोनों स्थितियों में प्रामाणिक तथ्यों के आधार पर ही प्रतिवेदन की मूल्यवत्ता सार्थक होगी।

निष्पक्षता–प्रतिवेदन मात्र लिखित काग़ज़ का टुकड़ा या पुलिंदा नहीं, वह एक प्रकार से एक वैधानिक, कानूनी दस्तावेज़ का रूप बन जाता है। इससे किसी मनुष्य या कभी-कभी वर्ग, यहाँ तक कि पूरे देश के जीवन-मरण का, उसके भविष्य का प्रश्न जुड़ा होता है। ऐसी स्थिति में प्रतिवेदन-प्रस्तुतकर्ता का न्याय-विवेक अत्यंत महत्वपूर्ण है। यदि अध्ययनकर्ता या किसी भी प्रकार का प्रतिवेदन-प्रस्तुतकर्ता न्यायपालिका से संबद्ध व्यक्ति है तब तो उचित ही है। न्याय-क्षेत्र में असंबद्ध व्यक्ति द्वारा भी प्रतिवेदन प्रस्तुत करते समय हर तथ्य, वस्तुस्थिति, पक्ष-विपक्ष, मत-विमत का निष्पक्ष विवेक से अध्ययनोपरांत निष्कर्ष निकालना संगत होगा।

यह आवश्यक नहीं कि 'प्रतिवेदन' हर हालत में सरकार को, कानूनी संस्था को या किसी अन्य अधिकृत संस्थान अथवा कार्यालय आदि को अनिवार्य रूप से मान्य ही हो; कई स्थितियों में 'प्रतिवेदन' मात्र विचारार्थ स्वीकार किया जाता है, उसकी बातें आगे के लिए वैसे ही ध्यान में रख ली जाती हैं और कई बार वह प्रतिवेदन पूर्णतः अमान्य अथवा उपेक्षित भी हो सकता है; किंतु हर स्थिति में, प्रतिवेदन-प्रस्तुतकर्ता की यह नैतिक ज़िम्मेदारी है कि वह नीर-क्षीर-विवेक का परिचय दे।

विशेषज्ञता की छाप–'प्रतिवेदन' मात्र विवरण नहीं होता; उसका प्रस्तुतकर्ता संबंधित विषय का विशेष जानकार होगा–ऐसा माना जाता है। प्रतिवेदन में उसके प्रस्तुतकर्ता की अध्येय (अध्ययन या जाँच करने योग्य) अथवा विवेच्य प्रकरण-संबंधी विशेषज्ञता अवश्य आभासित होनी चाहिए। उसी के आधार पर वह किसी साक्षी

के सही या गलत होने का अनुमान लगा सकता है। संबद्ध प्रकरण (मामले) के विभिन्न पक्षों का सूक्ष्म विश्लेषण-युक्त अध्ययन यह तभी कर सकेगा जब उसकी तद्विषयक गहरी जानकारी होगी।

उपयोगिता—'प्रतिवेदन' की उपयोगिता का अभिप्राय यहाँ उसके निश्चयात्मक रूप से लाभप्रद होने से नहीं, अपितु अभिप्राय यह है कि वह व्यापक जन-हित, राष्ट्र-हित और मानव-हित के लिए यथावश्यक और यथा-संभव मार्ग-निर्देशक हो सके। तात्पर्य यह है कि प्रतिवेदन-प्रस्तुत-कर्ता की दृष्टि में यह बात सदैव रहनी चाहिए कि उसका एक-एक शब्द औचित्य के निर्वाह, न्याय-सत्य-स्वातंत्र्य आदि जीवन-मूल्यों के संरक्षण में प्रेरक अथवा सहायक बन सकता है। जिस किसी भी प्रकरण के संबंध में प्रतिवेदन प्रस्तुत किया जायेगा—अंततः उसका संबंध किसी मानव या मानव-समुदाय से ही होगा, अतः उसे सामयिक एवं तात्कालिक समाधान के अतिरिक्त सर्वकालीन उपयोग के अनुरूप भी रखने का प्रयत्न प्रशंसनीय समझा जाता है।

निर्णयात्मकता—यह प्रतिवेदन की अत्यंत महत्त्वपूर्ण विशेषता है। अध्ययन अथवा जाँच करके, अथवा किसी ब्यौरे की तालिका मात्र प्रस्तुत करके उसे यथावत प्रस्तुत करना मात्र रिपोर्ट ही है, प्रतिवेदन नहीं। प्रतिवेदन में, प्राप्त तथ्यों, साक्षियों एवं तर्कों पर आधारित अध्ययन का न केवल सम्यक् परीक्षण होना चाहिए अपितु उसके आधार पर प्रतिवेदन-प्रस्तुतकर्ता अपना निर्णय भी अवश्य दे। यह निर्णय प्रतिवेदन के अनुसार अदालती निर्णय की तरह कानूनी भी हो सकता है और ग़ैर-कानूनी रूप में केवल सुझावात्मक भी।

प्रतिवेदन-प्राप्ति के पश्चात्, तुरंत यह प्रश्न उठता है कि निष्कर्ष क्या है ? कार्रवाई क्या की जाए ? उपाय क्या बताया या बताये गये हैं ? ज़िम्मेदार कौन हैं ? सुझाव क्या हैं—आदि। यह तभी संभव है जब प्रतिवेदन प्रस्तुतकर्ता ने इसमें निर्णयात्मक दृष्टिकोण अपनाया होगा।

एकान्विति अथवा विषयनिष्ठता—'प्रतिवेदन' का एक अन्य महत्त्वपूर्ण गुण है उसका संबद्ध प्रकरण पर ही केंद्रित होना। उदाहरणतः यदि किसी सरकारी कर्मचारी द्वारा कार्यालय में किसी विशेष प्रकार के आचरण के अध्ययन या उसकी जाँच पर आवेदन प्रस्तुत किया जाता है तो उसमें केवल कार्यालय के भीतर उस व्यक्ति विशेष के पद-संबंधी कानूनी दायित्व से संबंधित बातें होनी चाहिए, उसके पारिवारिक या निजी (प्राइवेट) जीवन का उल्लेख उसमें असंगत और अनावश्यक होगा। इसी प्रकार भाषा-संबंधी प्रतिवेदन या शिक्षा-नीति-संबंधी प्रतिवेदन में सुरक्षा अथवा राजनीति की बातों का समावेश अनुपयुक्त होगा। दुर्घटनासंबंधी प्रतिवेदन घटनास्थल, घटना-ग्रस्त वाहन और व्यक्ति एवं उनसे संबंधित कारणों, सामग्री आदि तक ही सीमित रहना चाहिए। यह तभी संभव है जब प्रतिवेदन में आरंभ से आज तक अध्ययन-हेतु निर्धारित, निश्चित, सौंपा गया प्रकरण ही एक सूत्र की

भाँति सभी तथ्यों में पिरोया रहेगा।

संक्षिप्तता या सुगठितता—कोई प्रतिवेदन अपने विषय के अनुरूप आधे पृष्ठ से लेकर हज़ारों पृष्ठों तक का हो सकता है। कार्यालय में केवल कुछ पंक्तियों के प्रतिवेदन भी प्रस्तुत होते रहते हैं और शिक्षा-क्षेत्र में 'कोठारी आयोग' एवं कानूनी क्षेत्र में 'खोसला आयोग' आदि में प्रतिवेदनों का आकार हज़ारों पृष्ठों तक का भी प्राप्त है। यहाँ 'संक्षिप्तता' या 'सुगठितता' से अभिप्राय 'अनति विस्तार' है, अर्थात् उसमें अनावश्यक विस्तार नहीं होना चाहिए। 'प्रतिवेदन' के आधार पर समुचित कार्यवाही के लिए उसका संक्षिप्त अथवा सुगठित होना आवश्यक है। इसीलिए कई बार बहुत बड़े प्रतिवेदनों का 'सार-संक्षेप' अलग से सूत्र-रूप में दे दिया जाता है ताकि अध्ययन अथवा जाँच के परिणामस्वरूप प्राप्त तथ्यों एवं सुझावों पर तुरंत ध्यान आकृष्ट हो सके।

सुस्पष्टता—'प्रतिवेदन' का अंतिम और सर्वसमन्वित गुण है—सुस्पष्टता। 'प्रतिवेदन' में कोई भी बात ऐसी नहीं होनी चाहिए जिसके लिए पुनः 'स्पष्टीकरण' की आवश्यकता पड़े। अस्पष्ट (Vague) स्थिति, सूचना या वृत्तांत को एक वैध एवं स्पष्ट रूप देने के लिए ही तो विधिवत् अध्ययन-जाँच आदि द्वारा 'प्रतिवेदन' रूप में प्रस्तुत करने की आवश्यकता पड़ती है। यदि अनेक आदमियों के श्रम, विपुल समय एवं धन-व्यय से तैयार किये गये प्रतिवेदन में किसी भी दृष्टि से कुछ भी अस्पष्टता रह जायेगी तो इसका उद्देश्य ही समाप्त हो जाएगा।

'प्रतिवेदन' की प्रविधि एवं प्रस्तुति-प्रक्रिया

'प्रतिवेदन' की प्रस्तुति का एक विशेष पृष्ठाधार होता है। यह औपचारिक नित्य-क्रिया-कलाप का अंग न होकर एक विशिष्ट कार्य है—अपने स्वरूप में भी, महत्त्व में भी और अपनी उपयोगिता तथा महत्ता में भी। तदनुसार इसकी प्रविधि एवं प्रक्रिया भी विशिष्टता की अपेक्षा रखती है जिसकी रूप-रेखा आगे दी जा रही है।

प्रतिवेद्य प्रकरण का औचित्य एवं उसकी अनुरूपता—किसी प्रतिवेदन को प्रस्तुत करने की स्थिति तभी आयेगी जब उसके लिए कोई उचित कारण, प्रकरण (मामला) अथवा प्रसंग होगा। उस प्रकरण या प्रसंग से संबंधित अध्ययन या जाँच की आवश्यकता भी है या नहीं ? है तो क्यों ? उस अध्ययन या जाँच का क्या उपयोग होगा ? इन सब बातों का औचित्य देखकर ही किसी व्यक्ति, आयोग, मंडल, समिति या दल को प्रतिवेदन प्रस्तुत करने के लिए कहा जायेगा। अतः प्रतिवेदन-प्रक्रिया में प्रथम सोपान है—उसके अनुरूप किसी कारण, आधार या स्थिति का होना। उदाहरणतः एक विद्यालय में अध्यापकों और अभिभावकों में किसी विषय पर विवाद है। शिक्षा-विभाग विद्यालय के प्रधानाचार्य अथवा उस क्षेत्र के

किसी अन्य प्रतिष्ठित व्यक्ति या शिक्षा-विभाग के किसी अधिकारी को उस विवाद का कारण, स्वरूप एवं समाधान सुझाने का दायित्व सौंपना चाहता हैं। इसके लिए विभाग को पहले यह देखना होगा कि क्या विवाद इतना गंभीर है या उसके परिणाम इतने चिंताजनक हो सकते हैं कि शिक्षा-क्षेत्र की प्रतिष्ठा पर आँच आने की आशंका है। तब तो अध्ययन या जाँच का सही कारण है। किंतु बातें यदि किसी एक अध्यापक या अभिभावक की निजी सीमा तक सीमित हैं, तब उसके विशिष्ट अध्ययन का कोई औचित्य नहीं माना जायेगा और प्रतिवेदन की प्रस्तुति ही प्रश्नातीत हो जायेगी। हाँ, यदि दोनों में से कोई एक मामले की शिकायत संबद्ध विभाग या अधिकारी को लिखित रूप से कर देता है तब वह जाँच का मामला बन सकता है।

अतः यह आवश्यक है कि प्रतिवेदन के लिए कोई उचित और अनुकूल प्रकरण (मामला) बनता हो।

अध्ययनकर्ता समिति, आयोग आदि का गठन—प्रतिवेद्य प्रकरण के वास्तविक आधार का औचित्य सिद्ध हो जाने के बाद दूसरा चरण, उस विवाद, स्थिति, घटना या नीति-विशेष आदि के संबंध में अधिक ज्ञातव्य बातें जानने, उनके विभिन्न पक्षों का विधिवत विश्लेषण करने के लिए उपयुक्त व्यक्ति या व्यक्तियों की नियुक्ति या उनका नामांकन होता है। इसके लिए कभी एक ही व्यक्ति को एक निश्चित अवधि में प्रतिवेद्य प्रकरण की प्रामाणिक जाँच करने के लिए कहा जा सकता है, कभी आयोग की स्थापना की आवश्यकता पड़ती है, कभी एक या एकाधिक व्यक्तियों पर आधारित समिति आदि का गठन किया जाता है।

सार्वजनिक सूचना—प्रतिवेद्य (जाँच करके प्रतिवेदन प्रस्तुत करने योग्य) प्रकरण और उसके अध्ययन-परीक्षण-हेतु एक या एकाधिक व्यक्तियों की समिति आदि के गठन के उपरांत, प्रतिवेद्य वस्तु-स्थिति की वास्तविकता, सत्यता, निर्णयात्मकता और सर्वविध संपूर्णता के लिए आवश्यक होता है कि उसकी सूचना सभी संबद्ध क्षेत्रों-वर्गों में प्रसारित की जाए। उदाहरणतः किसी दुर्घटना, राजनैतिक अथवा प्रशासकीय घोटाले, भाषा-विवाद, रचना-विवाद, दंगे आदि की जाँच अथवा उसके अध्ययन के लिए कार्यवाही शुरू करने से पहले न केवल समिति आदि का गठन करनेवाली अधिकृत सक्षम संस्था द्वारा उसकी सार्वजनिक सूचना दी जानी चाहिए, अपितु गठित आयोग, समिति आदि के संयोजक, सचिव, अध्यक्ष—या जो भी उसका उत्तरदायी हो उसके द्वारा अध्येय (जाँच या अध्ययन करने योग्य) अथवा प्रतिवेद्य, प्रकरण से संबंधित सभी पक्षों के लिए यह सार्वजनिक सूचना प्रसारित करानी चाहिए कि अध्ययन अथवा जाँच की क्या विधि होगी—अर्थात् संबंधित या इच्छुक पक्ष के व्यक्ति लिखित रूप से अपना पक्ष प्रस्तुत करें—डाक द्वारा प्रेषित करें—या अमुक स्थान पर अमुक समय तक उपस्थित होकर मौखिक रूप से साक्षी दें।

सीमित क्षेत्र के प्रतिवेद्य मामले की सूचना भी उस क्षेत्र-विशेष तक सीमित रहेगी। यथा, किसी निजी संस्था या संस्थान में, कार्यालय या विभाग-प्रभाग-अनुभाग में किसी प्रकरण, आरोप, स्थिति अथवा अन्य सौंपे गये कार्य से संबंधित प्रतिवेदन तैयार करनेवाला या करनेवाले व्यक्ति उसकी सूचना केवल उस कार्यालय, विभाग-प्रभाग-अनुभाग-विशेष में ही प्रसारित करेंगे।

कहीं-कहीं सार्वजनिक सूचना की आवश्यकता नहीं भी होती। जैसे कि पीछे विद्यालय के किसी अध्यापक और अभिभावक के विवाद का उदाहरण दिया गया है। उस विवाद के कारण, स्वरूप, परिणाम, समाधान आदि के विषय में जाँच या अध्ययन करनेवाला मनोनीत या नियुक्त व्यक्ति चाहे तो इच्छानुसार किसी से मिलकर या बुलाकर छानबीन कर सकता है या आवश्यक समझे तो विद्यालय के संबद्ध व्यक्तियों को व्यक्तिगत पत्र लिखकर या विज्ञप्ति जारी करके वस्तुस्थिति से अवगत करा सकता है। ऐसी स्थिति में सार्वजनिक सूचना के प्रसारण की कोई आवश्यकता नहीं होगी।

कई बार गोपनीय रूप से किसी को किसी विषय के संबंध में प्रतिवेदन प्रस्तुत करने के लिए कहा जाता है। तब तो उसकी जानकारी केवल नियोजक और प्रस्तुतकर्ता तक ही गोपनीय रहेगी।

तथ्य-संकलन—प्रतिवेदन की प्रस्तुति से पूर्व सबसे महत्त्वपूर्ण प्रक्रिया तथ्य-संकलन की है। यह कार्य सार्वजनिक सुनवाई द्वारा भी हो सकता है, अथवा व्यक्तिगत रूप से संबद्ध व्यक्तियों से मिलकर, संबद्ध स्थान पर जाकर वस्तुस्थिति का अवलोकन-अध्ययन करके, पत्राचार द्वारा पूछताछ करके या गोपनीय रूप से विभिन्न प्रयासों द्वारा भी हो सकता है। प्रतिवेदन-प्रस्तुतकर्ता द्वारा सभी उपलब्ध एवं प्रयत्नपूर्वक प्राप्त तथ्यों को अभिलेखबद्ध करते जाना आवश्यक है।

साक्षी-संग्रह—तथ्यों के संकलन के उपरांत जैसी आवश्यकता हो उसके अनुसार, उन तथ्यों की प्रामाणिकता की परीक्षा करने के लिए साक्षियाँ भी ली जा सकती हैं। उदाहरणतः छात्रों और अधिकारियों के संघर्ष के कारण, परिणाम और ज़िम्मेदार व्यक्ति का पता लगाने के लिए जाँच या अध्ययन करते समय किसी भवन के टूटे हुए शीशे अथवा जले हुए पदार्थ, खंड-विशेष के अवशेष मिलने की स्थिति में इस बात की पुष्टि कर लेनी आवश्यक होगी कि टूटे या जले हुए खंड संघर्ष/झगड़े से पूर्व या पश्चात् के तो नहीं हैं ? यह कार्य साक्षियों द्वारा ही संभव है। इसी प्रकार किसी के विरुद्ध आरोप या शिकायत की जाँच के लिए संबद्ध व्यक्तियों से पूछताछ कर लेने के पश्चात् उन व्यक्तियों के वक्तव्यों की सत्यता का परीक्षण भी साक्षियों द्वारा ही संभव होगा।

अभिलेखन और आलेखन—उपर्युक्त प्रक्रिया की पूर्ति के उपरांत प्रतिवेदन की शेष प्रविधि या प्रक्रिया की पूर्ति का दायित्व केवल अध्ययनकर्ता या जाँचकर्ता व्यक्ति या व्यक्तियों पर रह जाता है। प्राप्त तथ्यों/साक्षियों को तो साथ-साथ

अभिलेखबद्ध कर लिया जाता है। तदुपरांत समस्त प्राप्त/ज्ञात/उपलब्ध सामग्री के आधार पर विवरणिका तैयार करना नियुक्त व्यक्तियों का कार्य है। इसके लिए, जैसा कि पीछे कहा जा चुका है, प्रतिवेदन-प्रस्तुतकर्ता के लिए नीर-क्षीर विवेक, निर्णयात्मकता, सुस्पष्टता, संक्षिप्तता, एकसूत्रता आदि तत्त्वों का निर्वाह उपयुक्त है। उल्लेखनीय है कि प्रतिवेदन में किसी को संबोधन, अभिवादन आदि नहीं होता, न ही स्वनिर्देश जैसी कोई प्रक्रिया अपनायी जाती है। तटस्थ रूप में ही इसका लेखन होता है।

इस प्रकार, प्रतिवेदन-प्रस्तुति की प्रक्रिया विभिन्न चरणों में से होती हुई पूर्णता को प्राप्त होती है।

'प्रतिवेदन' के रूप या प्रकार

अपनी मूल प्रकृति और प्रक्रिया के आधार पर 'प्रतिवेदन' मुख्य रूप से दो प्रकार के हो सकते हैं—

(1) किसी एक व्यक्ति द्वारा प्रस्तुत किया जानेवाला प्रतिवेदन।

(2) किसी मामले के लिए गठित समिति, उपसमिति, आयोग, अध्ययन-दल, जाँच-दल आदि द्वारा प्रस्तुत प्रतिवेदन।

प्रथम प्रकार के प्रतिवेदन में, क्योंकि अकेला व्यक्ति ही उत्तरदायी होता है, अतः वह प्रतिवेदन मैं 'मैं' शैली का प्रयोग करेगा—'मैं समझता हूँ', 'मुझे ऐसा प्रतीत होता है', 'मेरा विचार है', 'मैं सुझाव देना चाहूँगा'—आदि।

दूसरे प्रकार के प्रतिवेदन को प्रायः संबद्ध समिति, उपसमिति, आयोग या अध्ययन-दल का संयोजक, सचिव या अध्यक्ष (जैसी भी स्थिति हो) प्रस्तुत करता है। इसमें प्रायः अन्य पुरुष वाचक शैली एवं भाववाच्य का प्रयोग होता है—'अमुक द्वारा प्राप्त साक्षी के आधार पर कहा जा सकता है', 'ऐसा मानने का कोई कारण नहीं', 'ऐसा मानने के अनेक कारण मौजूद हैं' इत्यादि।

विषयवस्तु, प्रशासकीय कार्य-प्रणाली और विविध औपचारिक परंपराओं के आधार पर प्रतिवेदन कई प्रकार के हो सकते हैं। जैसे—

(1) किसी विभाग, मंत्रालय या स्थायी समिति (राजभाषा संबंधी संसदीय समिति) या आयोग (वैज्ञानिक एवं तकनीकी शब्दावली आयोग) आदि द्वारा प्रस्तुत नियमित (वार्षिक/अर्द्धवार्षिक आदि) प्रतिवेदन।

(2) विशेष मामले में गठित अध्ययन-दल, जाँच-समिति, आयोग आदि द्वारा प्रस्तुत 'विशेष' प्रतिवेदन (जो एक बार ही प्रस्तुत होगा)।

(3) विभिन्न अधिवेशनों/सम्मेलनों/शिखर-वार्ताओं आदि के समापन पर प्रस्तुत किए जानेवाले समसामयिक प्रतिवेदन।

उल्लेखनीय है कि हर प्रकार और कोटि के प्रतिवेदन की प्रक्रिया एवं प्रविधि में, आवश्यकता और वस्तुस्थिति के अनुसार थोड़ा-बहुत अंतर हो सकता है।

आगे दिये जा रहे विभिन्न उदाहरणों से प्रतिवेदन-लेखन-संबंधी विविध बातें अधिक स्पष्ट हो जायेंगी।

उदाहरण-1

दिल्ली की गंदी बस्तियों के सर्वेक्षण से संबंधित प्रतिवेदन

दिनांक 30 जून, 1996 को; दिल्ली के उपराज्यपाल द्वारा, दिल्ली की गंदी बस्तियों के सर्वेक्षण-हेतु गठित पाँच सदस्यों की उपसमिति वस्तुस्थिति के अध्ययन के उपरांत निम्नलिखित निष्कर्षों पर पहुँची है—

(1) दिल्ली में इस समय कुल सात सौ पंद्रह गंदी बस्तियाँ हैं।
  (क) इनमें से केवल अस्सी बस्तियाँ ऐसी हैं जो पच्चीस वर्ष या इससे भी पहले, नगर निगम के नियम-विनियमाधीन निर्मित हुई थीं, किंतु योजनाबद्ध निर्माण और विकास के अभाव में अविकसित रह गईं।
  (ख) शेष छः सौ बीस बस्तियाँ पूर्ण रूप से अनधिकृत हैं।
    (i) इनमें से भी नव्वे बस्तियाँ झुग्गी-झोंपड़ी बस्ती के रूप में हैं।
    (ii) शेष छोटे-बड़े, कच्चे-पक्के मकानों के रूप में हैं।

(2) उपर्युक्त बस्तियों में से अधिकांश यमुना-पार अर्थात् उत्तर प्रदेश की सीमा के आसपास तथा पुराने नगर और नयी कालोनियों के बीच स्थित हैं।

(3) इन गंदी बस्तियों के अविकसित व गंदे रहने के मुख्य कारण इस प्रकार हैं—
  (क) मकानों के नक्शों में किसी नियम का पालन नहीं किया गया।
  (ख) भूगत जल-मल-प्रवाहन की व्यवस्था नहीं है।
  (ग) नगर निगम की ओर से सफाई एवं अन्य देख-रेख के लिए नियुक्त स्टाफ बहुत कम हैं।
  (घ) सभी गलियाँ कच्ची हैं।
  (ङ) पानी निकालने की व्यवस्था दूषित है। सभी स्थानों के पानी निकलने की एक-सी व्यवस्था नहीं, न ही कोई सामूहिक माध्यम है।
  (च) सार्वजनिक सुविधाओं (यथा—शौचालय, कूड़ाघर, डिस्पेंसरी, डाकघर आदि) का अभाव है।
  (छ) नगर के अन्य भागों से संपर्क-सूत्र रखने को यातायात की पूरी व्यवस्था नहीं।
  (ज) बाज़ार बेढंगे हैं। एक स्थान पर मार्किट या बाज़ार नहीं हैं।

गली-मुहल्लों में लोगों ने इच्छानुसार छोटी-बड़ी दुकानें खोल रखी हैं। अधिकतर बस्तियों में ज़मीन पर ही छाबड़ी लगाकर सामान बेचा जाता है।

(4) **सुझाव**—(क) सर्वप्रथम, समिति यह अनुभव करती है कि इन बस्तियों को साफ-सुथरा, व्यवस्थित और ठीक-ठाक रखने का दायित्व नगर निगम का है। विभिन्न बस्तियों में सार्वजनिक पूछताछ करने पर पता चला कि निगम से बहुत बार अनुरोध करने पर भी, संबद्ध अधिकारियों ने कोई ध्यान नहीं दिया। (कुछ पत्रों और साक्षियों की प्रतियाँ अंत में संलग्न हैं।) समिति का सुझाव है कि संबद्ध अधिकारियों द्वारा एतद्विषयक कर्तव्योपेक्षा की अलग से जाँच हो।

(ख) बस्तियों के निवासियों से परस्पर समन्वय-संपर्क न होने के कारण एक-सी व्यवस्था नहीं बन पाती। इसके लिए उपराज्यपाल प्रशासन/निगम द्वारा वहीं के लोगों में से हर वर्ग के प्रतिष्ठित व्यक्तियों की स्थानीय समिति (एसोसिएशन) गठित की जाए जो अधिकारियों और जनता में तालमेल रखे।

(ग) गलियों, नालियों, सड़कों, सार्वजनिक सुविधाओं की व्यवस्था प्रशासन/निगम की ओर से तुरंत की जाए। इसके लिए स्थानीय समिति के माध्यम से व्यय-अधिभार का कुछ भाग वहाँ के निवासियों द्वारा दिये जाने की संभावनाओं का पता लगाया जाए।

(घ) नगर-निगम के स्वच्छता-नियमों का कठोरता से पालन करने/कराने के आदेश दिये जाएँ।

(5) **अभिमत या निर्णय**—समिति का यह सम्मिलित और निश्चित मत है कि कम से कम एक वर्ष के लिए इन बस्तियों के सुधार और विकास का कार्य दिल्ली विकास प्राधिकरण को सौंप दिया जाए।

हस्ताक्षर	हस्ताक्षर	हस्ताक्षर
....	....	....
(सदस्य)	(सचिव)	(संयोजक)
....	....	....
(सदस्य)	दिनांक 31-7-1996	
....		
(सदस्य)		

संलग्न

(1) साक्षियों के पत्र,

(2) कुछ गलियों और गंदगी के ढेरों के फोटो,

(3) प्रत्येक बस्ती की अलग-अलग अध्ययन-विवरणिका।

उदाहरण-2

लेखा-अनुभाग, दिल्ली नगर निंगम के लेखा-अधिकारी पर भ्रष्टाचार के आरोप की जाँच पर आधारित

प्रतिवेदन

दिनांक 9-8-96 को अधीक्षक लेखा-अनुभाग द्वारा, श्री...., लेखाअधिकारी के विरुद्ध कथित भ्रष्टाचार के आरोप की जाँच के लिए नियुक्त-त्रि-सदस्यीय समिति मामले की पूरी छानबीन के पश्चात् इस निष्कर्ष पर पहुँची है कि श्री.....लेखा-अधिकारी सर्वदा निर्दोष हैं। उन पर लगाये गये भ्रष्टाचार के तीनों आरोपों (मूल आरोप-पत्रों की प्रतिलिपि संलग्न है) मिथ्या एवं मनगढ़ंत है। प्रत्येक के संबंध में समिति का अलग-अलग अभिमत इस प्रकार है—

1. पहला आरोप यह था कि लेखा-अधिकारी ने गाँधी मार्ग की मरम्मत के लिए ठेकेदार से रिश्वत लेकर, उसकी उच्च मूल्य की निविदा पास कर दी।

(क) इस संबंध में लेखा-अनुभाग की डाक-दैनिकी में केवल सात निविदाओं की प्राप्ति का उल्लेख है। जिस संभरणकर्ता की निविदा स्वीकार की गई है उसके द्वारा निर्दिष्ट भाव सबसे कम हैं।

(ख) निविदा पास करनेवाली समिति में लेखा-अधिकारी के साथ उपलेखा-अधिकारी और अवर लिपिक लेखा-विभाग भी सम्मिलित थे। उनके हस्ताक्षर निविदा-विवरणिका में मौजूद हैं।

(ग) एतद्विषयक आरोप की पुष्टि-हेतु कोई प्रामाणिक साक्ष्य उपलब्ध नहीं है।

(2) दूसरा आरोप चतुर्थ श्रेणी कर्मचारी के पद पर ऐसे व्यक्ति की कथित नियुक्ति के संबंध में जिसके विषय में दो मुद्दों का उल्लेख किया गया—(1) नियुक्त व्यक्ति की अर्हता अन्य आवेदकों से कम है। (2) उसे साक्षात्कार के बिना ही नियुक्त कर लिया गया। (विस्तृत आरोप पत्र संलग्न है)

(क) इस संबंध में उल्लेखनीय है कि कथित व्यक्ति की नियुक्ति पूर्णतः स्थायी व्यवस्था होने तक अल्पकालिक अथवा तदर्थ (अंतरिम) आधार पर की गई है जिसके लिए लेखा-अधिकारी के पद का व्यक्ति बिना साक्षात्कार नियुक्ति के लिए सक्षम है।

(ख) नियुक्त व्यक्ति की अर्हता, उक्त पद के लिए वांछनीय न्यूनतम योग्यता (हायर सेकेंडरी, द्वितीय श्रेणी) से कम नहीं है।

(ग) अन्य आवेदकों के आवेदन-पत्रों का कोई व्यवस्थित विवरण प्राप्त नहीं, जिससे उक्त शिकायत के औचित्य का परीक्षण हो सके।

(3) कथित अधिकारी पर तीसरा आरोप यह है कि पिछले वर्ष उसने नगर

की एक संभ्रांत बस्ती में बहुत बड़ा मकान बनवाया है जिसके लिए अनुचित तरीकों से धन-संग्रह किया गया है। (मूल आरोप-पत्र की प्रतिलिपि संलग्न है।)

(क) यह विषय उक्त समिति की अधिकार-सीमा से बाहर है।

(ख) इसके लिए आयकर-विभाग ही जाँच करने को सक्षम है।

(ग) इस आरोप कं संबंध नगर-निगम के लेखा-अनुभाग के लिए निर्धारित लेखा-अधिकारी के संवैधानिक कर्तव्यों, दायित्वों से नहीं है। अर्थात् अधिकारी की आय के, या मकान पर व्यय की गई धनराधि के कई अन्य निजी स्रोत हो सकते हैं जिनकी चर्चा से समिति को कोई सरोकार नहीं है।

निष्कर्ष—उक्त अधिकारी पर लगाये गये आरोप निराधार हैं।

अभिमत—आरोपकर्ताओं को चेतावनी देनी आवश्यक है जिससे वैयक्तिक चरित्र-हनन की प्रवृत्ति को प्रोत्साहन न मिले।

1. हस्ताक्षर
....
सहसदस्य
2. हस्ताक्षर
....
सहसदस्य

हस्ताक्षर
....
(संयोजक)
दिनांक 31-12-96

संलग्न

1. आरोप-पत्रों की प्रतिलिपियाँ 1, 2, 3
2. निविदा-विवरणिका की प्रतिलिपि
3. अंतरिम आधार पर नियुक्त चतुर्थ श्रेणी कर्मचारी के शपथ पत्र की प्रतिलिपि एवं उसके प्रमाणपत्रों की प्रतिलिपियाँ

उदाहरण-3

परीक्षा में नकल करते पाये गये परीक्षार्थी की प्रार्थना पर उपकुलपति द्वारा गठित एक-सदस्यीय जाँच समिति का प्रतिवेदन

'गोपनीय'

प्रकरण–सुश्री........अनुक्रमांक......(बी.ए. तृतीय वर्ष, परीक्षा 1997, प्रश्न-पत्र–3

(क) उक्त याचिका में उल्लिखित बातों की जाँच निम्नलिखित सूत्रों से की गई–

(1) परीक्षा-भवन में कथित नकल-युक्त उत्तरपुस्तिका का वह प्रश्न जिसकी नकल एक मुद्रित पुस्तक के किसी अंश से करने का मामला है।

(2) उक्त प्रश्नपत्र के दिन (तिथि.....) को परीक्षाभवन के संबद्ध कक्ष में नियुक्त निरीक्षक (Invigilator) द्वारा उक्त उत्तर-पत्र के साथ नत्थी की गई टिप्पणी।

(3) परीक्षा-अधीक्षक की सह-टिप्पणी।

(4) उक्त परीक्षार्थी की आत्मस्वीकृति।

(5) मुद्रित पुस्तक का वह पृष्ठ जहाँ से नकल किये जाने का कथित प्रयास किया गया।

(6) नकल के मामले की जाँच करनेवाली परीक्षाविभागीय स्थायी समिति का प्रतिवेदन।

(7) विश्वविद्यालय के परीक्षा-विभाग के उस निर्णय की प्रतिलिपि जिसमें परीक्षार्थी को तीन वर्ष तक परीक्षा में बैठने के अयोग्य घोषित किया गया है।

(8) परीक्षार्थी के सभी प्रश्नपत्रों के प्राप्तांक की प्रतिलिपि।

(ख) उक्त सामग्री के अध्ययन और परीक्षण के उपरांत निम्नलिखित तथ्य उभरकर सामने आए–

(1) परीक्षार्थी के पास मुद्रित काग़ज़ था।

(2) परीक्षार्थी ने उस काग़ज़ से नकल करने का प्रयास किया।

(ग) उक्त तथ्यों के प्रकाश में, परीक्षार्थी को दिया गया दंड अपेक्षा से अधिक है, क्योंकि–

(1) परीक्षार्थी के अन्य प्रश्नपत्रों में प्राप्तांक न्यूनतम उत्तीर्णांक से अधिक हैं और उन प्रश्नपत्रों के संबंध में परीक्षार्थी के विरुद्ध किसी शिकायत का कहीं कोई उल्लेख नहीं है।

(2) कथित नकल-संबंधी प्रश्नपत्र के उक्त प्रश्न को (जिसका उत्तर कथित

नकल के आधार पर लिखा गया है) पूर्णतया काट देने पर, शेष प्रश्नों (जिनके संबंध में नकल की कोई शिकायत नहीं) में दिये गये अंकों का जोड प्रतिशत उत्तीर्णांकों से अधिक है।

(3) परीक्षार्थी के विरुद्ध किसी प्रकार की अवज्ञा या परीक्षा-संबंधी दायित्व-निर्वाह के लिए नियुक्त किसी अधिकारी के कर्तव्य-पालन में बाधा डालने की कोई शिकायत नहीं है।

अभिमत—उक्त तथ्यों को दृष्टिगत रखकर समिति का अभिमत है कि परीक्षार्थी को दिये गये दंड (तीन वर्ष के लिए परीक्षा के अयोग्य ठहराना) को घटाया जा सकता है।

इस संबंध में परीक्षार्थी द्वारा प्रस्तुत प्रार्थना की सर्वथा उपेक्षा नहीं की जा सकती जिसमें उसने अपना दोष स्वीकार करते हुए क्षमा-याचना की है और तीन वर्ष तक परीक्षा में न बैठ सकने के कारण अपने अभिभावकों को होनेवाली सामाजिक एवं मानसिक क्षति की आशंका व्यक्त की है, क्योंकि, जैसा कि परीक्षार्थी ने लिखा है, उसके विवाह-संबंध का प्रस्ताव केवल स्नातक-परीक्षा के परिणाम तक रुका हुआ है, और अब यदि उसे तीन वर्ष के लिए परीक्षा में बैठने के अयोग्य घोषित कर दिया जाता है तो उसके और उसके अभिभावकों के भविष्य पर कुप्रभाव पड़ेगा।

सुझाव— (1) समिति का सुझाव है कि परीक्षार्थी के परीक्षाफल को केवल तब तक रोके रखा जाए जब तक वह उक्त प्रश्नपत्र (जिसमें नकल करने का मामला है) की परीक्षा दोबारा देकर न्यूनतम उत्तीर्णांक न प्राप्त कर ले।

(2) यद्यपि स्नातक-स्तर की पूरक परीक्षाओं के लिए आवेदनपत्र भेजने की अंतिम तिथि बीत चुकी है तथापि प्रस्तुत प्रकरण की विशेष परिस्थितियों को देखते हुए उसे विलंब शुल्क सहित आवेदनपत्र भरकर देने का अवसर दिया जाए।

(3) समिति का विचार है कि उक्त निर्णय को लागू करने से विश्वविद्यालय द्वारा अवैध उपाय काम में लानेवाले विद्यार्थियों के प्रति कठोरता बरतने की नीति को भी आँच नहीं आयेगी, क्योंकि परीक्षार्थी उक्त प्रश्नपत्र में उत्तीर्ण होने पर भी नकल के प्रयास के कारण, अनुत्तीर्ण घोषित हो जायेगा; और परीक्षार्थी की प्रार्थना का औचित्य भी बना रहेगा। पिछले तीन मास से अनिश्चय, चिंता, और आत्मग्लानि की जो मानसिक यातना उसे मिल रही है वही उसके लिए पर्याप्त दंड समझा जाए।

हस्ताक्षर

....

दिनांक 29-11-97 'डीन आफ स्टूडेंट्स वेलफेयर'

संलग्न—

प्रतिवेदन के अनुच्छेद—1 में उल्लिखित आठों प्रतिलिपियाँ

उदाहरण-4

प्रकाशन विभाग, दिल्ली प्रशासन की ओर से, मुद्रण-कार्य हेतु न्यूनतम निविदाओं के आधार पर चुने गये मुद्रणालयों की कार्यक्षमता के अध्ययन से संबंधित प्रतिवेदन

अधीक्षक, प्रकाशन विभाग, दिल्ली प्रशासन द्वारा 3-1-98 को गठित 'मुद्रणालय चयन-समिति' द्वारा उन सभी बारह मुद्रणालयों में जाकर, उनकी कार्यक्षमता का अनुमान निम्नलिखित आधार पर लगाया गया—

(1) मुद्रणालय में हिंदी और अंगरेज़ी के 'टाइप' का वर्तमान भंडार।

(2) हिंदी और अंगरेज़ी कंपोज़ करने में सक्षम-प्रशिक्षित कर्मचारियों (कंपोज़िटरों) की संख्या।

(3) अंगरेज़ी और हिंदी में दैनिक कंपोज़ कर सकने की संभावित पृष्ठसंख्या।

(4) मुद्रक-मशीन का आकार-प्रकार।

(5) प्रूफ-संशोधन व्यवस्था।

(6) कागज़ सुरक्षित रखने की व्यवस्था।

(7) जिल्दसाज़ी की व्यवस्था।

उक्त तथ्यों की प्राप्त जानकारी (जिसकी 'विवरण-तालिका' संलग्न है) के आधार पर समिति का अभिमत है कि प्रस्तावित बारह मुद्रणालयों में से निम्नलिखित दो प्रकाशन विभाग का मुद्रण-कार्य करने में सक्षम नहीं हो पायेंगे—

(1) आधुनिक प्रिंटर्स, शाहदरा, दिल्ली।

(2) शीतल मुद्रणालय, आज़ादपुर, दिल्ली।

शेष निम्नलिखित दस मुद्रणालय प्रस्तावित मुद्रण-कार्य-हेतु सक्षम पाये गये—

1. अशोक मुद्रणालय, चाँदनी चौक, दिल्ली।
2. कमाल प्रिंटिंग वर्क्स, जामा मस्जिद, दिल्ली।
3. प्रिंट एंड पब्लिश आर्ट, दरियागंज, दिल्ली।
4. सेल्फ प्रिंटर्स, बहादुरशाह जफ़र मार्ग, दिल्ली।
5. कॉन्वेंट प्रिंटर्स, शाहदरा, दिल्ली।
6. विवेक मुद्रणालय, गाँधीनगर, दिल्ली।
7. गाँधी मुद्रणालय, गाँधीनगर, दिल्ली।
8. आनंद प्रिंटर्स, दीनदयाल उपाध्याय मार्ग, दिल्ली।
9. एवरेडी प्रिंटर्स, कृष्णानगर, दिल्ली।
10. सुलतान प्रिंटिंग प्रेस, आयानगर, दिल्ली।

हस्ताक्षर	हस्ताक्षर	हस्ताक्षर
.....	......	.....
लेखा-लिपिक	सहसंपादक प्रकाशन विभाग	संपादक प्रकाशन विभाग
दिनांक 20-1-98	हस्ताक्षर	हस्ताक्षर
	....	......
	अवर लिपिक	प्रूफ-संशोधक

ऊपर दिये गये उदाहरण केवल प्रतिवेदन-प्रस्तुति का आभास मात्र देने के लिए हैं। इन्हें ही अंतिम अथवा निश्चित नहीं माना जा सकता। ये केवल 'सामान्य' प्रतिवेदनों के नमूने हैं। इसी प्रकार के अन्य प्रकार के भी अनेकानेक 'सामान्य' प्रतिवेदन हो सकते हैं। इनके अतिरिक्त 'विस्तृत' तथा 'विशिष्ट' प्रतिवेदनों के उदाहरण यहाँ इस पुस्तक में देने संभव नहीं क्योंकि उनके आकार-प्रकार एवं उनकी पृष्ठ संख्या का अनुपात इतना अधिक हो सकता है जिसके लिए अलग पुस्तक चाहिए। केवल समाचारपत्रों में उनके प्रकाशित रूप के आधार पर अथवा किसी माध्यम से प्रत्यक्ष अवलोकन से ही उनका बोध संभव है।

11. बैंकों में हिंदी का प्रयोग

आजकल की जीवनचर्या में बैंकीय सुविधा का महत्त्व सुस्पष्ट है। यह सुविधा देश के दूर-दराज़ के ग्रामीण क्षेत्रों में पर्याप्त रूप से अपना प्रभाव और उपयोगिता स्थापित कर चुकी है। किसी भी देश की अर्थव्यवस्था में, व्यवसाय के क्षेत्र में, व्यक्तिगत स्तर आदि में बैंक का उपयोग अक्षुण्ण है। इस उपयोगी साधन को सर्वसाधारण के लिए सहज-सुलभ बनाना अनिवार्य है। इसकी कार्य-प्रणाली में जन-सामान्य के लिए अपेक्षित क्रियाकलाप और कार्य-व्यापार अनिवार्य हैं। बैंकीय संस्था और आम जनता में पारस्परिक संबंध स्थापित हो सके—इसके लिए अन्य बातों के साथ-साथ सबसे प्रधान बात है, भाव और विचारों का आदान-प्रदान करनेवाली माध्यम-भाषा। बैंकीय व्यवहार की भाषा और उस भाषा की सहज व्यावहारिक कार्य-प्रणाली जन-सामान्य को बैंकों के नज़दीक भी ला सकती और उससे दूरी बनाये रखने का परिणाम भी हो सकती है। इसलिए स्वभावतः किसी ऐसी भाषा की ज़रूरत पड़ती है जो बैंकीय संस्था को सर्वसाधारण के नज़दीक ला सके, उसका कारोबार बढ़ाने में सहायक हो सके। इस क्षेत्र में राष्ट्रभाषा हिंदी का पर्याप्त योगदान है। अतः बैंकों का दायित्व है कि वे हिंदी को अपने दैनिक कार्य-व्यापार का माध्यम बनाये। बैंकीय प्रणाली में दो सौ वर्षों से अंगरेज़ी भाषा के माध्यम से कामकाज करना कर्मचारियों की आदत-सी बन गई थी। अब बैंक भारत सरकार के अंतर्गत आ जाने के कारण बैंकीय कामकाज में राष्ट्रभाषा हिंदी का प्रयोग किया जाना अनिवार्य है। यह न केवल हम सबकी व्यावहारिकता के दबाव के कारण आवश्यक है बल्कि भारतीय संवैधानिक स्थिति में भी इसका प्रावधान है। बैंकों के क्षेत्र में यह संवैधानिक दायित्व के स्थान पर व्यावहारिकता के तकाज़े के कारण अधिक ज़रूरी है। फिर भी, यहाँ हमें बैंकों में हिंदी के प्रयोग के संवैधानिक स्वरूप पर भी विचार कर लेना चाहिए।

संवैधानिक प्रावधान

सन् 1947 ई. से पूर्व, अगरेज़ी शासन-काल में बैंकों में अंगरेज़ी का प्रयोग समकालीन शासन-नीति का प्रधान अंग था। परंतु स्वतंत्रता प्राप्ति के पश्चात् भारत के संविधान में अंगरेज़ी के स्थान पर हिंदी को भारत की राजभाषा घोषित कर दिया गया। स्पष्ट है कि अब बैंकों में अंगरेज़ी का प्रयोग करते जाना अनुचित ही नहीं, भारतीय जनमानस के प्रति अन्याय भी था। इसीलिए भारत सरकार द्वारा अन्य प्रशासकीय तंत्र के साथ-साथ बैंकों में भी हिंदी प्रयोग की नीति को प्रोत्साहित करने के लिए अनेक उपाय किये गये।

सर्वप्रथम 14 सितंबर 1949 ई. को, भारतीय संविधान के अंतर्गत हिंदी को राजभाषा के रूप में स्वीकार करने का निर्णय लिया गया। संविधान की धारा 343 में यह व्यवस्था है कि भारत संघ की राजभाषा देवनागरी लिपि में हिंदी होगी। बैंक भारत संघ के ही अंग हैं, अतः इन पर भी यह धारा लागू होती है। हर वर्ष 14 सितंबर को 'हिंदी दिवस' मनाकर, इस संकल्प को नये सिरे से दोहराया जाता है। बैंकों में भी हर वर्ष 14 सितंबर को हिंदी दिवस का आयोजन करके, सभी प्रकार के बैंकीय काम-काज में हिंदी के प्रयोग की समीक्षा की जाती है। इसे अधिक प्रोत्साहित करने के लिए विभिन्न योजनाओं तथा कार्यक्रमों के संबंध में विचार किया जाता है।

प्रारंभ में, अगरेज़ी के स्थान पर हिंदी का प्रयोग चालू करने के लिए 15 वर्ष का समय रखा गया था। संविधान के अनुच्छेद 342, खंड-2 के अनुसार 25 जनवरी 1965 ई. तक अंगरेज़ी का प्रयोग करने की छूट थी। 26 जनवरी 1965 से पूर्णतः हिंदी प्रयोग का प्रावधान किया गया। किंतु इस अवधि से पहले ही सन् 1963 ई. में संसद द्वारा 'राजभाषा अधिनियम 1963' पारित करके पंद्रह वर्ष की उपर्युक्त समय-सीमा हटा दी गई। इस अधिनियम में कहा गया है कि 26 जनवरी 1965 ई. के बाद भी यदि कोई अपने काम-काज में अंगरेज़ी का प्रयोग करना चाहे तो कर सकता है। इससे हिंदी प्रयोग की प्रक्रिया शिथिल पड़ गई। कारण स्पष्ट था, अंगरेज़ी में काम करने के अभ्यस्त लोगों ने अपनी सुविधानुसार सारा बैंकीय क्रिया-व्यापार अंगरेज़ी में ही चलाए रखा।

इस अधिनियम से 'हिंदी-अंगरेज़ी' के द्विभाषी प्रयोग की शुरुआत बैंकों में अवश्य हुई। इस अधिनियम की धारा-3, खंड-3 के अनुसार क़ार्यालयी उपयोग में आनेवाले तथा कार्यालयों से जारी किये जानेवाले कुछ महत्त्वपूर्ण काग़ज़-पत्रों का हिंदी-अंगरेज़ी—दोनों भाषाओं में होना अनिवार्य कर दिया गया। इसका परिणाम बहुत अच्छा हुआ। अंगरेज़ीपन के आदी लोगों को हिंदी पर्याय की जानकारी गाहे-बगाहे निरंतर होने लगी। विषयवस्तु के अंगरेज़ी रूप के साथ-साथ हिंदी रूप भी सामने आये। इसलिए आज हम अनुभव करते हैं कि वर्ग-'क' के हिंदीभाषी

राज्यों (दिल्ली, हिमाचल प्रदेश, हरियाणा, राजस्थान, उत्तर प्रदेश, मध्यप्रदेश, बिहार) तथा कुछ वर्ग-'ख' के राज्यों (महाराष्ट्र, गुजरात आदि) में भी बैंकीय उपयोग में आनेवाले अधिकतर काग़ज़-पत्र (चैक, ड्राफ्ट, जमापर्ची, विभिन्न जमा योजनाओं के प्रपत्र, पासबुक पर छपे नियम-विनियम आदि) हिंदी और अंगरेज़ी दोनों में छपे होते हैं।

सन् 1976 में 'राजभाषा हिंदी' के संबंध में भारतीय संसद द्वारा एक संकल्प पारित किया गया, जिसमें सरकारी कामकाज में हिंदी के प्रयोग को प्रोत्साहन देना भारत की सामाजिक-सांस्कृतिक प्रगति के लिए आवश्यक बताया गया। बैंकीय संस्थाएँ भी इससे अछूती नहीं रह सकती थीं। इसी वर्ष 'राजभाषा नियम 1976' पास करके हिंदी प्रयोग के प्रोत्साहन-हेतु सरकारी एवं बैंकीय कर्मचारियों के लिए कुछ महत्त्वपूर्ण नियम एवं निर्देश निर्धारित किये गये। जैसे 'क' वर्ग के हिंदीभाषी क्षेत्रों में हिंदी का पूर्ण प्रयोग आवश्यक होगा। अपवाद रूप में हिंदी सामग्री का अंगरेज़ी-अनुवाद भी दिया जा सकता है। 'ख' वर्ग के राज्यों के लिए हिंदी और अंगरेज़ी—दोनों भाषाओं का प्रयोग आवश्यक होगा। केंद्रीय कार्यालयों और 'क' वर्ग के राज्यों के मध्य का पत्र-व्यवहार हिंदी में आवश्यक होगा। संबद्ध कर्मचारी अपनी टिप्पणी हिंदी या अंगरेज़ी किसी भी भाषा में दे सकते हैं। जिन्हें हिंदी में काम-काज करने का अभ्यास या प्रशिक्षण नहीं है वे इसके लिए एक निश्चित अवधि में योग्यता प्राप्त करें, आदि। साथ ही बैंक संबंधी नियम-संहिताओं कार्यविधियों और सूचना प्रचार आदि से संबंधित सामग्री आदि को भी हिंदी-अंगरेज़ी दोनों में प्रस्तुत करना आवश्यक रखा गया।

भारत सरकार और भारतीय रिज़र्व बैंक द्वारा समय-समय पर बैंकों में हिंदी के प्रयोग के संबंध में विभिन्न आदेश और निर्देश जारी किये गये। उनमें से कुछ इस प्रकार हैं—

1. बैंकीय काम-काज में हिंदी का प्रयोग करते समय देवनागरी लिपि अपनायी जाए और भारतीय अंकों के अंतर्राष्ट्रीय रूप 1, 2, 3, 4, 5 आदि का प्रयोग किया जाए। १, २, ३, ४, ५, आदि का नहीं।

2. बैंक-कार्यालयों से जारी किये जानेवाले सभी पत्र-प्रपत्र द्विभाषी अर्थात् अंगरेज़ी हिंदी दोनों में होने चाहिए।

3. हिंदी में काम-काज करने का अपेक्षित ज्ञान और अभ्यास जिन बैंकीय कर्मचारियों को नहीं है उन्हें नौकरी के समय में ही हिंदी-प्रशिक्षण की सुविधाएँ उपलब्ध कराना बैंक का उत्तरदायित्व है।

4. ऐसे कर्मचारियों के लिए हिंदी-टंकण और आशु-लेखन (शार्ट-हैंड) के प्रशिक्षण के व्यवस्था भी होनी चाहिए। कम से कम पच्चीस प्रतिशत हिंदी-टाइप-मशीनें बैंक में हों।

5. सभी बैंक-शाखाओं के तार-पते अंगरेज़ी के साथ-साथ हिंदी में भी पंजीकृत

(रजिस्टर्ड) होने चाहिए। सभी बैंक-शाखाओं के नाम पट्ट (साइन बोर्ड) अंगरेज़ी के अतिरिक्त हिंदी में भी होने आवश्यक हैं।

6. ग्राहकों अर्थात् बैंक में खाता रखनेवाले व्यक्तियों को उपलब्ध कराये जानेवाले सभी काग़ज़-पत्र अंगरेज़ी और हिंदी दोनों भाषाओं में होने चाहिए।

7. 'क' वर्ग के हिंदीभाषी राज्यों में स्थित सभी बैंकों और उनकी शाखाओं के पत्र-शीर्ष (लेटर हैड), पत्र-फलक (लेटर पैड) और लिफाफे आदि केवल हिंदी में मुद्रित होने अनिवार्य हैं।

8. बैंक-ग्राहकों द्वारा हिंदी में लिखे पत्रों या हिंदी में हस्ताक्षरित पत्रों, आवेदनों, चैकों आदि को स्वीकार किया जाना चाहिए तथा उससे संबंधित सभी प्रकार का पत्राचार भी हिंदी में होना चाहिए।

9. बैंक कर्मचारियों में से कोई भी यदि हिंदी में काम-काज करना चाहता है, हिंदी में पत्र-व्यवहार एवं हस्ताक्षर या आवेदन आदि करता है तो उसे इसकी पूरी छूट होनी चाहिए।

10. प्रत्येक बैंक-शाखा में एक 'हिंदी-अधिकारी' हो, जो हिंदी प्रयोग की प्रकृति में सहायक हो। इसी प्रकार हर बैंक-शाखा में हिंदी की एक अलग फाइल रखी जाए जिससे हिंदी में होनेवाले कामकाज में कोई बाधा न आए।

11. सर्वप्रमुख निर्देश यह है कि 'राजभाषा नियम 1976' के नियम-12 के अनुसार केंद्र सरकार के प्रत्येक कार्यालय (जिनमें सभी बैंक और उनकी सभी शाखाएँ भी शामिल हैं) के प्रशासनिक प्रमुख की यह जिम्मेदारी होगी कि वह—

I. यह सुनिश्चित करे कि 'राजभाषा अधिनियम' और 'राजभाषा नियमों' के उपबंधों का समुचित रूप से अनुसरण किया जाता है।

II. इस प्रयोजन के लिए उपयुक्त और प्रभावकारी जाँच-पड़ताल के उपाय करे।

12. प्रत्येक शाखा में हिंदी-प्रयोग संबंधी बोर्ड इस प्रकार लगाये जाने चाहिए जैसे—'हिंदी में लिखे-भरे चैक, फार्म आदि स्वीकार किये जाते हैं।'

इस प्रकार सभी बैंकों के कार्यपालक, शाखा-प्रबंधक, अधिकारी और कर्मचारियों को चाहिए कि वे उनके अपने ही हित में और साथ-साथ सरकार की राजभाषा विषयक नीति के कार्यान्वयन के हितों में इन आदेशों एवं अनुदेशों का पालन सुनिश्चित करें। यह कार्य किसी एक व्यक्ति के वश की बात नहीं है अपितु यह तो एक सामूहिक प्रयास का प्रतिफल हो सकता है। यह तभी संभव हो सकेगा जब इसके सहज-सरल उपयोग का अनुकूल वातावरण बनाया जायेगा।

हिंदी-प्रयोग का सामाजिक और नैतिक दायित्व

हमारे देश में आजकल बैंकीय संस्थान केवल अभिजात वर्ग के या पढ़े-लिखे लोगों के उपयोग का साधन नहीं है, अपितु ये भारत के गाँवों और कस्बों में रहनेवाले

दूरदराज़ के शिक्षित तथा अशिक्षित अमीर तथा ग़रीब, नौकरीपेशा और व्यापारी-सभी वर्ग के लोगों के जीवन का अनिवार्य अंग बन चुके हैं। इस कारण यह कतई ज़रूरी नहीं है कि बैंक में खाता खुलवाने अथवा बैंकीय सुविधा का लाभ उठाने केवल शिक्षित अथवा केवल अंगरेज़ी पढ़ा-लिखा नागरिक ही जा सकता है। यह सुविधा सर्व-जन सुलभ है। फलतः बैंकों का तथा सरकार का यह नैतिक दायित्व है कि अपने देश की आम जनता की आम भाषा में बैंकीय-व्यवहार करे और करवाये। अतः हिंदी के संवैधानिक स्वरूप और वैधानिक दबाव के साथ-साथ नैतिकता और सामाजिकतावश यह अनिवार्य हो जाता है कि अन्य कार्यालयों के साथ-साथ बैंकों में भी हिंदी-भाषा में कार्य-व्यापार हो।

आज विधि की कार्यप्रणाली, विधि-साहित्य और विधि की पारिभाषिक शब्दावली को भी सहज-सरल हिंदी में उपलब्ध कराने की माँग बड़े ज़ोर-शोर से की जाने लगी है। यह सही तथा स्वाभाविक भी है। इसका कारण स्पष्ट है, प्रत्येक भारतीय नागरिक को आज किसी न किसी स्तर पर संविधान के तहत अथवा कानून की सहायता लेनी पड़ती है। जब तक पारंपरिक अंगरेज़ी भाषा के माध्यमवाली कानून की पेचीदा प्रक्रिया को सामान्य जनता की भाषा हिंदी में सहज-सरल रूप में उपस्थित नहीं कराया जाएगा—तब तक सामान्य जनता के लिए कानून अथवा विधि की प्रक्रिया दुरूह और भयावह लगेगी। वह इसके शिकंजे से मुक्त नहीं हो पाएगी।

इसी तरह यदि हम बैंकीय क्रिया-व्यापार को हिंदी में प्रस्तुत करने के नैतिकता और सामाजिकतावाले बुर्जुवा प्रश्न को कुछ समय के लिए उपेक्षित भी कर दें तो एक दूसरा महत्त्वपूर्ण कारण हमारे सामने उपस्थित होता है। वह यह कि बैंकीय संस्थान एक व्यापारिक संस्थान है। इसे अधिक से अधिक ग्राहक चाहिए। उनकी अधिक से अधिक धनराशि का दैनिक आदान-प्रदान ज़रूरी है। बैंकों में ऐसा कोई नियम नहीं है, और न हो सकता है कि इनमें केवल धनी तथा शिक्षित ग्राहकों का प्रवेश हो, अशिक्षित अथवा अल्पशिक्षित नागरिक बैंकों के ग्राहक नहीं बन सकते। किसी भी बैंक में जितने अधिक ग्राहक होंगे और जितनी अधिक पूँजी का क्रिया-व्यापार जिस बैंक में प्रत्येक दिन होगा उतनी ही अधिक उसकी प्रसिद्धि अथवा साख बाज़ार में बनेगी। इन सब बातों के पीछे हिंदी अथवा सामान्य जनता की भाषा में काम-काज करने का एक ही दबाव कारण के रूप में सामने आता है, वह है—'व्यावहारिकता।' जिस प्रकार किसी भी व्यापारी अथवा सेल्समैन को व्यावहारिकता के अनुसार ग्राहक के मन पर अपनी छाप छोड़नी होती है उसी प्रकार बैंकीय संस्थान को भी सामान्य जनता को ध्यान में रखते हुए व्यावहारिकता के परिणामस्वरूप हिंदी भाषा के प्रयोग के प्रति तत्पर रहना पड़ता है। इसी बात को किसी मजबूरी के रूप में न लेकर सामान्य जीवन की अनिवार्य, स्वाभाविक आवश्यकता के रूप में स्वीकार करना चाहिए।

अभिप्राय यह, कि नैतिकता और सामाजिकता के साथ-साथ व्यवहारकुशल होना भी किसी व्यापारिक प्रतिष्ठान के लिए अनिवार्य है। अतः संवैधानिक दायित्व-निर्वाह के साथ संपूर्ण वाणिज्यिक समुदाय में व्यावहारिक कर्तव्य-निर्वाह के परिणामस्वरूप बैंकों में हिंदी में काम-काज करना आज का सत्य है। इससे कोई मुँह नहीं मोड़ सकता। यहाँ यह भी स्पष्ट कर देना चाहिए कि अहिंदीभाषी प्रदेशों में अंगरेज़ी के साथ वहाँ की प्रादेशिक भाषा का प्रयोग हो रहा है, हिंदी का नहीं। यह स्वाभाविक भी है। वहाँ की जनता को हिंदी भाषा का यथोचित ज्ञान अभी नहीं है। फलतः अन्य संस्थानों के समान बैंकीय संस्थान भी अहिंदीभाषी प्रदेशों में वहाँ की अपनी भाषा का प्रयोग करते हैं। इस तथ्य से भी व्यावहारिकता का संबंध स्पष्ट होता है।

बैंकों में हिंदी-प्रयोग की वर्तमान स्थिति और समस्याएँ

वर्तमान स्थिति—यह संतोष की बात है कि 'क' वर्ग के प्रायः सभी राज्यों (दिल्ली, हरियाणा, हिमाचल, उत्तर प्रदेश, राजस्थान, मध्य प्रदेश, बिहार) में बैंकों का अधिकतर काम-काज हिंदी में किया जा रहा है। विशेषतया छोटे नगरों, कस्बों और ग्रामीण क्षेत्रों में केवल उन्हीं स्थितियों में अंगरेज़ी का प्रयोग हो रहा है जहाँ अभी हिंदी-प्रयोग से उद्देश्य सिद्धि नहीं हो पाती। उदाहरणतया सहकारी बैंकों से ऋण प्राप्त करनेवाले ग्रामीणों से भरवाये जानेवाले प्रपत्र, शर्तनामे तथा अन्य कागज़ात हिंदी में होते हैं परंतु ऋण न चुकाने की स्थिति में विशेष प्रकार की कानूनी कार्रवाई संबंधी कागज़ात अब भी अंगरेज़ी में प्रस्तुत किये जाते हैं। कारण यह है, इनका संबंध आगे चलकर महानगरीय अदालतों से जुड़ जाता है, जहाँ किसी-न-किसी कारण आज भी अंगरेज़ी का बोलबाला है।

जहाँ तक वर्ग 'क' के राज्यों की महानगरीय बैंक-व्यवस्था का संबंध है वहाँ दोनों स्थितियाँ चल रही हैं। एक ओर जहाँ अधिकांश बैंकीय कार्य-कलाप हिंदी में किया जा रहा है तो दूसरी ओर अंगरेज़ी के प्रयोग में भी कोई शिथिलता दिखाई नहीं दे रही। बैंक कर्मचारियों और अधिकारियों के लिए कानूनी स्तर पर हिंदी का प्रयोग अनिवार्य होने पर भी, क्योंकि सुविधा और कार्य-गति की दृष्टि से दोनों भाषाओं के प्रयोग की छूट है इसलिए कोई हिंदी में काम कर रहा है कोई अंगरेज़ी में। इस प्रकार 'सुविधा' और 'रुचि' के नाम पर, बैंकों में अंगरेज़ी की पूर्व स्थिति बनी हुई है।

महानगरों में बड़े-बड़े औद्योगिक संस्थान, अंतर्राष्ट्रीय और बहुराष्ट्रीय कंपनियों के कार्यालय और विविध भाषाभाषी ग्राहकों की बहुतायत होने के कारण स्वभावतः बैंक-कर्मचारियों को अंगरेज़ी प्रयोग में सुविधा और सरलता प्रतीत होती है। परंतु यह कारण निराधार है। जब अंगरेज़ी या हिंदी से एकदम अपरिचित दूर-दराज़

के क्षेत्रों में बैंक, डाकघर, रेलवे आदि का काम-काज संविधान द्वारा मान्य भाषा-शैली में चल सकता है, चल रहा है तो महानगरीय बैंकीय कार्य-प्रणाली में किसी एक या दूसरी भाषा का प्रयोग होने या न हो सकने की बात अव्यावहारिक है।

ऐसी बात नहीं कि इस वास्तविकता से हमारा बैंक वर्ग सचेत नहीं है। हर बैंक में हिंदी अधिकारी नियुक्त हैं जिनका काम ही बैंकीय कार्यकलाप में हिंदी के प्रयोग को प्रोत्साहन देना है। इसके अतिरिक्त बैंकों द्वारा समय-समय पर गोष्ठियों, कार्यशालाओं, प्रतियोगिताओं आदि का आयोजन करके कर्मचारियों में हिंदी-प्रयोग के प्रति रुचि जाग्रत की जाती है। इसके अतिरिक्त, पुनश्चर्या पाठ्यक्रम (रिफ्रेशर कोर्स) और विशेष प्रशिक्षण की योजनाएँ भी यत्र-तत्र चल रही हैं।

कुछ वर्ष पूर्व तक भारतीय स्टेट बैंक जैसे बैंकों में हिंदी स्वाक्षर-युक्त पत्र, चैक आदि स्वीकार नहीं किये जाते थे, पूर्णतया हिंदी में लिखित या भरे हुए पत्रों, फार्मों, चैकों का निपटान तो अत्यंत कठिन या असंभव ही था। पर आज यह स्थिति नहीं है। कुछ कर्मचारी या अधिकारी भले ही किसी कारणवश अंगरेज़ी प्रयोग को प्रमुखता देते हों, उपभोक्ताओं को हर प्रकार से हिंदी-प्रयोग की छूट है। इसके लिए प्रायः सभी बैंकीय काग़ज़ात अंगरेज़ी हिंदी दोनों में छपे हुए मिलते हैं।

समस्याएँ—फिर भी बैंकों में हिंदी के प्रयोग के मार्ग में अनेक **बाधाएँ या समस्याएँ हैं।** सबसे पहली समस्या तो यह है कि हमारे मन पर परंपरा से पड़ा हुआ अंगरेज़ी का प्रभाव अभी तक नहीं हट पाया है। आकाशवाणी, दूरदर्शन, अदालतें, पुलिस स्टेशन, डाकघर आदि सभी जगह पिछले अनेक दशकों से प्रयुक्त होनेवाले अंगरेज़ी शब्द सबके अभ्यास में रच-पच चुके हैं। सर्वथा निरक्षर, अर्ध-शिक्षित या अशिक्षित, आदिवासी और ग्रामीण जन भी चैक, क्लीयरिंग, काउंटर, एकाउंट, पेमेंट, आदि शब्दों के जितने अभ्यस्त हैं उतने समाशोधन; पटल, खाता, भुगतान आदि शब्दों से नहीं। आवश्यकता इस बात की है कि हर स्तर पर हिंदी में उपलब्ध सरल और व्यावहारिक शब्दावली के प्रयोग की प्रयत्नपूर्वक आदत डाली जाए।

बैंकों में हिंदी के प्रयोग की समस्या बहुस्तरीय है। बैंकों में भर्ती होनेवाले कर्मचारीगण ज्यों-ज्यों प्रशासनिक परीक्षाएँ उत्तीर्ण करके नियुक्ति तक पहुँचते हैं उन्हें पग-पग पर अंगरेज़ी माध्यम से ही विभिन्न प्रश्नों के उत्तर देने होते हैं। उनका चयन करनेवाले आयोग और प्रबंध-मंडल आदि सारा संलाप अंगरेज़ी में करते हैं। इसलिए बैंक तक पहुँचते-पहुँचते कर्मचारियों को लगता है कि यहाँ अंगरेज़ी प्रयोग की अनिवार्यता है। यह समस्या तो सीधे अधिकारियों और कर्मचारियों से संबंधित है। दूसरी ओर, उपभोक्ता वर्ग में भी ऐसे लोगों की अधिकता है जो सोचते हैं कि बैंक की विविध सुविधाओं का लाभ उठाने के लिए अंगरेज़ी प्रयोग के बिना सफलता नहीं मिल पाएगी। हिंदी का बहुत अच्छा जानकार ग्राहक भी अपने चैक अंगरेज़ी में भरता है, नामांकन अंगरेज़ी में करता है, अपेक्षित आवेदन-पत्र का तो हिंदी में

लिखना हीनता का सूचक समझता है। इस प्रकार की मनोवृत्ति अंगरेज़ी-प्रयोग को बनाये रखने में सहायक है।

बैंकों में हिंदी-प्रयोग की सबसे बड़ी समस्या यह है कि इसके लिए सच्चे संकल्प का नितांत अभाव है। न तो राज-तंत्र, प्रशासन और बैंकीय प्रबंधन (मैनेजमेंट) बैंकों में हिंदी-प्रयोग के लिए दृढ़ता दिखला रहा है और न ही बैंकों में हिंदी-प्रयोग के समर्थक अधिकारी, कर्मचारी और उपभोक्ता इसके लिए तनिक भी असुविधा सहने को तैयार हैं। वे न तो इसके लिए प्रयत्नशील हैं और न ही इसे अपना राष्ट्रीय-नैतिक दायित्व मानकर इसका अभ्यास करने की बात सोचते हैं।

संक्षेप में, बैंकों में हिंदी-प्रयोग की समस्याएँ उतनी वास्तविक नहीं जितनी दिखाई देती हैं या मान ली जाती हैं। हम इन्हें अपने-आप ही अपने ऊपर थोपे हुए हैं। सच तो यह है कि हम लोग अपने जीवन में, अपनी मातृभाषा, राष्ट्रभाषा और जनभाषा को आत्मसात् नहीं कर पाये हैं। बच्चों की शिक्षा का माध्यम हो, या वाणिज्यिक व्यापार के प्रचार-विज्ञापनों का, राजनैतिक-कार्यकलाप हों या राष्ट्रीय विकास के लिए चलनेवाली विभिन्न योजनाओं, परियोजनाओं की गतिविधियाँ, सर्वत्र अंगरेज़ी की ललक है और हिंदी उपेक्षित हो रही है। बैंकों में भी इसी मनोवृत्ति की झलक दिखाई देना स्वाभाविक है। आवश्यकता इस मनोवृत्ति को बदलने की है।

बैंकों में हिंदी-प्रयोग के विविध स्तर

बैंक अपने-आपमें बहुत बड़ा संस्थान होता है। इसकी कार्य-पद्धति बहुस्तरीय है। सुविधा के लिए, सबसे पहले इसे हम दो स्तरों में बाँट सकते हैं—

(1) आंतरिक बैंक-प्रशासन, अर्थात् बैंक-परिचालन संबंधी व्यवस्थाएँ।

(2) बाह्य संचालन अर्थात् उपभोक्ता (ग्राहक) संबंधी कार्य-प्रक्रियाएँ।

प्रथम स्तर के अंतर्गत किसी एक बैंक के तीन प्रकार के कार्यालय आते हैं—**मुख्य (पंजीकृत) कार्यालय, विभिन्न शाखा-कार्यालय** एवं **विस्तार-पटल।** उदाहरणतया, दिल्ली में 'भारतीय स्टेट बैंक' का मुख्य कार्यालय संसद मार्ग, नयी दिल्ली में है। फिर सारे नगर में उसकी अनेक शाखाएँ हैं, जैसे चाँदनी चौक शाखा, कमला नगर शाखा, राजौरी गार्डन शाखा, पंजाबी बाग शाखा, प्रताप बाग शाखा, दिल्ली विश्वविद्यालय शाखा आदि। इससे आगे, कुछ बैंक-शाखाओं के अपने अलग-अलग विस्तार-पटल हैं, जैसे भारतीय स्टेट बैंक की 'दिल्ली विश्वविद्यालय शाखा' का एक विस्तार-पटल (एक्सटेंशन-काउंटर) 'पत्राचार पाठ्यक्रम एवं अनुवर्ती शिक्षा विद्यालय' में है, दूसरा विस्तार-पटल मिरांडा हाउस में, तीसरा कला-संकाय में इत्यादि। इसी प्रकार हर बैंक-शाखा अपने निकटतम विद्यालय, औद्योगिक परिसर या संस्थान आदि में वित्तीय कारोबार की अनुकूल स्थिति अनुभव

करके वहाँ अपना विस्तार-पटल चालू कर देती है जिससे संबंधित क्षेत्र के लोगों को अपने कार्यस्थल में ही बैंकीय सुविधाएँ मिल सकें।

बैंकों के मुख्य कार्यालय में अन्य सामान्य कामकाज के अतिरिक्त कुछ इस प्रकार के प्रकार्य भी होते हैं जो शाखा-कार्यालय अथवा विस्तार-पटल में नहीं होता। जैसे रिज़र्व बैंक तथा अन्य बैंकों से अपेक्षित पत्राचार, संपर्क आदि, वित्त मंत्रालय से संपर्क, अपनी विभिन्न शाखाओं से तालमेल और उन्हें उचित आदेश-निर्देश आदि जारी करना, विदेशी मुद्रा-विनिमय की व्यवस्था आदि तथा अपने बैंक के समस्त प्रशासनिक तंत्र का प्रबंध, परीक्षण, प्रशिक्षण, नियुक्तियाँ इत्यादि। **इस सभी प्रकार के कार्य-कलाप का माध्यम हिंदी को बनाया जाए—यह बैंकों का वैधानिक दायित्व है।**

शाखा कार्यालय में, मुख्य कार्यालय के विशेष दायित्वों को छोड़कर, अन्य सभी प्रकार का बैंकीय काम-काज होता है। विशेष रूप से ग्राहक-सेवाओं से संबंधित विभिन्न कार्य-कलाप शाखा कार्यालय में संपन्न होता है। **इस दृष्टि से, शाखा कार्यालयों में मुख्य कार्यालय की अपेक्षा कहीं अधिक परिमाण में और व्यापक स्तर पर हिंदी-प्रयोग की आवश्यकता है।**

विस्तार-पटल अपने क्षेत्र के शाखा-कार्यालय के अधीन ही कार्य करते हैं। इनमें केवल संबद्ध परिसर या संस्थान और उसके कर्मचारियों के खाते होते हैं। जमा और भुगतान की सुविधा उपलब्ध कराना इनका विशेष दायित्व है। संबंधित संस्थान के आकार और कर्मचारी-वर्ग (स्टाफ़) की संख्या और वित्तीय आवश्यकताओं तथा सुविधाओं के अनुसार वहाँ स्थित बैंकीय विस्तार-पटल का काम अधिक या कम हो सकता है। परंतु **ये विस्तार-पटल क्योंकि मुख्य शाखा और अपने क्षेत्र के उपभोक्ताओं (ग्राहकों) के बीच संपर्क-सूत्र या सेतु का काम करते हैं, अतः इनका समस्त कार्यकलाप ग्राहकों के लिए सुविधाजनक भाषा अर्थात् हिंदी में ही होना ज़रूरी है।**

उपर्युक्त सभी स्तरों के बैंक-कार्यालय ग्राहक-सेवा के माध्यम से वास्तव में समाज-सेवा का कार्य करते हैं। समाज के हर वर्ग के लोगों का, किसी-न-किसी रूप में, बैंकों से वास्ता पड़ता है; अतः बैंकों के समस्त कार्यकलाप का माध्यम समाज के बहुल वर्ग की भाषा ही होनी चाहिए। स्वाभाविक है कि 'क' वर्ग के हिंदी भाषी राज्यों के सभी बैंकों के सभी बड़े-छोटे कार्यालयों का सामान्य कामकाज हिंदी में हो, अन्य राज्यों में स्थित अपनी शाखाओं या अन्य बैंकों के संपर्क के लिए वे भले ही विकल्प के रूप में अंगरेज़ी का भी प्रयोग करें किंतु हिंदीभाषी राज्यों में बैंकों द्वारा हिंदी का प्रयोग न केवल उनकी कानूनी अपितु नैतिक और सामाजिक ज़िम्मेदारी भी है।

बैंकों के प्रशासकीय तंत्र का संचालन अथवा परिचालन विभिन्न अधिकारियों और कर्मचारियों के परस्पर सहयोग तथा समन्वय से संभव है। इनमें क्रमशः

महाप्रबंधक (जनरल मैनेजर), प्रबंधक (मैनेजर), सहप्रबंधक (असिस्टेंट मैनेजर) उच्चाधिकारी वर्ग में आते हैं। हर मुख्य (केंद्रीय) कार्यालय में महाप्रबंधक, शाखा-कार्यालय में प्रबंधक और विस्तार-पटल में सहप्रबंधक अथवा प्रभारी अधिकारी (ऑफ़ीसर इंचार्ज) सर्वोच्च ज़िम्मेदार व्यक्ति होता है। हर बैंक-कार्यालय में लेखाकार (अकाउंटेंट) का विशेष पद होता है। आवश्यकतानुसार हर बैंक-कार्यालय में अनेक पटल (काउंटर) होते हैं, जैसे गणक (टेल्लर), आदाता खज़ांची (रिसीप्ट), प्रदाता खज़ांची (पेमेंट), बचत खाता, चालू खाता, आवर्ती एवं सवाधि जमा खाता, माँग ड्राफ्ट पटल एवं लॉकर विभाग आदि। यह सारा तंत्र एक ओर जहाँ जमा (डिपाज़िटिंग) और भुगतान (पेमेंट) अथवा उधार (लैंडिंग) आदि की व्यवस्था द्वारा जनता को अधिकाधिक सुविधाएँ प्रदान करता है, वहीं परोक्ष रूप से आम लोगों में आर्थिक चेतना के संचार में भी सहायक होता है। लोगों को बचत का प्रोत्साहन देने, पूँजी में क्रमशः वृद्धि करने और रोज़गार या उद्योग-व्यवसाय के लिए सहायता पाने के लिए उत्सुक करने के लिए बैंक अनेक प्रकार की योजनाएँ चलाते हैं, उनका प्रचार विज्ञापनों आदि द्वारा करते हैं। **इस प्रकार का जनसंचार और जन-संपर्क का कार्य भी लोगों की सामान्य व्यावहारिक भाषा (अर्थात् हिंदी) में होने से ही, शाखा के अनुकूल इसकी सफलता और सार्थकता संभव है।**

बैंकों में प्रयुक्त विशिष्ट शब्दावली

सौ-डेढ़ सौ वर्ष के अभ्यास के कारण, बैंकों के सभी प्रकार के कामकाज और काग़ज़-पत्रों में अंगरेज़ी के प्रयोग की परंपरा आज भी चल रही है। वैधानिक, नैतिक या सामाजिक दृष्टि से जब बैंकों में हिंदी के प्रयोग की आवश्यकता पर बल दिया जाता है तो अनेक प्रकार की कठिनाइयाँ सामने आती हैं। जैसे—(1) अधिकतर कर्मचारियों का अंगरेज़ी में ही काम करने का अभ्यास होना, (2) ग्राहकों द्वारा स्वयं अंगरेज़ी के प्रयोग को महत्त्व देना, यहाँ तक कि जो अंगरेज़ी नहीं जानते, वे भी हीन-भावना के कारण दूसरों से अंगरेज़ी में ही चैक, फार्म आदि भरवाते हैं, (3) सबसे बड़ी कठिनाई यह बताई जाती है कि बैंकों में प्रयुक्त होनेवाले अंगरेज़ी के पारिभाषिक शब्दों के हिंदी पर्याय बहुत क्लिष्ट हैं, उनका उच्चारण कठिन है। आम लोगों की तो बात ही क्या, शिक्षित वर्ग भी उनका प्रयोग करने से हिचकिचाता है। परंतु वास्तविकता कुछ और है। यद्यपि 'क' वर्ग के सभी राज्यों की बैंक-शाखाओं में बैंकीय शब्दावली के हिंदी पर्याय-कोश उपलब्ध हैं, अधिकांश अधिकारी, कर्मचारी और ग्राहक भी हिंदी समझ, बोल और लिख सकते हैं; तथापि केवल प्रमाद (आलस्य और लापरवाही) के कारण वे इस ओर सचेत नहीं होते। निज भाषा के प्रति लगाव और स्वदेशी की भावना हो तो बैंकों में हिंदी का प्रयोग करने में किसी प्रकार की कोई कठिनाई हो ही नहीं सकती। असंख्य बैंक कर्मचारी

और ग्राहक तो ऐसा कर भी रहे हैं।

जब भी बैंकों में अंगरेज़ी के स्थान पर हिंदी के प्रयोग की बात उठती है तो प्रायः अंगरेज़ी शब्दों के हिंदी-रूपों की तालिका सामने आती हैं। इससे, पहल फिर भी अंगरेज़ी शब्दों को मिलती है और हिंदी-शब्द गौण हो जाते हैं। इस स्थिति को बदलकर मूलतः हिंदी में ही बैंकीय कामकाज की शब्दावली का ज्ञान और अभ्यास बढ़ाने के लिए, यहाँ पाठकों की सुविधा के लिए, नमूने के रूप में कुछ बहुप्रयुक्त शब्द दिये जा रहे हैं। उनका अभिप्राय समझने में कठिनाई न हो—इसलिए उनके आगे, बैंकों में प्रचलित अंगरेज़ी-पर्यायः भी दे दिये गये हैं।

अंतरण	Transfer
अतिरिक्त प्रभार	Extra Charge
अदा करना	To pay
अनादृत (चेक)	Dishonoured (Cheque)
अनापत्ति प्रमाण-पत्र	No Objection Certificate
अवयस्क बचत योजना	Minors Saving Scheme
अदाता खाता	Payee's Account
अदायगी	Payment
अनुपात	Ratio
आदाकर्त्ता बैंक	Payee Bank
इकमुश्त	Lump sum
उत्तरजीवी	Surviving, Surviver
उधार	Credit, Loan
ऋण	Debt, Loan
किस्त	Instalment
खज़ाना	Treasury
खाता पन्ना	Ledger Folio
गणक	Teller
छानबीन	Scruting
टोकन	Token

अग्रेषण	Forwarding
अदत्त	Unpaid
अदाता	Payee
आंचलिक	Zonal
अदाकर्त्ता खजांची	Paying Cashier
अधिकार-क्षेत्र	Jurisdiction
अद्यतन	Up-to-Date
अधिभार	Surcharge
अभिवेदन	Representation
आवर्त्ती	Recurring
आवक समाशोधन	Inward Clearing
उत्तर दिनांकित	Post dated
उत्तरवर्ती	Succeding
उपक्रम	Undertaking
करमुक्त आय	Taxfree Income
कुल	Total
खजांची	Cashier
खाता	Account
खाताबही	Ledger
चालू (खाता)	Current (Account)
जमापर्ची	Pay-in-Slip
जावक समाशोधन	Outward Clearing

तुलन-पत्र	Balance Sheet
दिवाला	Bankruptcy
देय	Payable, Due
दिवालिया	Bankrupt
नकद	Cash
निधि	Fund
निर्गम	Issue
परिपक्वता अवधि	Maturity Date
पासबुक	Pass Book
पूँजी	Capital
पूँजीगत वर्ष	Capital year
प्रतिपूर्ति	Reimbursement
प्रतिभूति	Security
प्रबंधक	Manager
प्रविष्टि	Entry
बचत (खाता)	Saving (Account)
बेबाकी पत्र/अदेय प्रमाण पत्र/ देय मुक्ति)	No Dues Certificate
भूल	Error
मांग ड्राफ्ट	Demand Draft
मुद्रा	Currency
योग	Total
रसीद	Receipt
लागत	Cost
लाभांश	Dividend
लेन-देन	Transaction
वाउचर	Voucher
विनिमय	Exchange
विलंब शुल्क	Late Fee
वित्तीय	Financial
व्यय	Expenditure
शाखा	Branch
तिमाही (किस्त)	Quarterly (Instalment)
दस्तावेज़	Document
देयता	Liability
नमूना हस्ताक्षर	Specimen Signature
परांकन	Endorsement
परिवीक्षाधीन	On Probation
पावती	Acknowledgement
पुनर्देय	Refundable
पूँजीगत निवेश	Capital Investment
प्रतिभू	Surety
प्रतिशत	Percentage
प्रेषण	Dispatch
बट्टा (कटौनी)	Discount
बीजक	Invoice
बही खाता	Account Book
ब्याज	Interest
भुगतान आदेश	Pay Order
भुगतान	Payment
माँग	Demand
मिलना	Tally
यात्री चैक	Traveller's Chcque
रकम	Sum
रेखित चैक	Cross Cheque
लाभ	Profit
लेखाकार	Accountant
वसूली	Recovery
विदेशी मुद्रा	Foreign Exchange
वित्तपोषण	Finance
विवरणी	Statement, Return
वेतन	Pay
शेयर	Share

संचयी	Cumulative	संयुक्त अभिवेदन	Joint Representation
संयुक्त खाता	Joint Accout		
संवरण प्रविष्टि	Closing Entry	संवीक्षा	Scruting
सममूल्य पर	At par	समायोजन	Adjustment
समाशोधन	Clearing	सत्यापन	Verification
साख	Credit	सुपुर्दगी	Delivery
सुलभ ऋण	Soft Loan	सुलभ मुद्रा	Soft Currency (Money)
सुरक्षित जमा कक्ष	Safe Deposit Vault	स्रोत	Source
हस्ताक्षर	Signature		

बैंकों में प्रयुक्त होनेवाले संकेताक्षर

ऊपर दी गई बैंकीय पारिभाषिक शब्दावली के अतिरिक्त बैंकों में अनेक ऐसे संक्षिप्त शब्द-रूपों (संकेताक्षर) का प्रयोग भी प्रचलित है जिसे केवल कुछ जानकार ही समझ और प्रयोग कर सकते हैं। इनके लिए हिंदी में दो विकल्प हो सकते हैं—

(1) इनका हिंदी में भी संक्षिप्त रूप अपनाया जाए।

(2) किंतु जब तक हिंदी के संकेताक्षर का भली-भाँति प्रचलन न हो जाए, तब तक इनके पूर्ण रूप का प्रयोग किया जाए।

आपकी जानकारी के लिए कुछ महत्त्वपूर्ण संकेताक्षर के उदाहरण दिये जा रहे हैं—

अना. प्र. (अनापत्ति प्रमाण-पत्र)	N.O.C. (No Objection Certificate)
आ. दा. (आयकर दाता)	I.T.P. (Income Tax Payer)
आ. ला. (आगे लाया गया)	B.F. (Brought Forward)
आ. ले. (आगे ले जाया गया)	C.F. (Carried Forward)
आ. ज. (आवर्ती जमा)	R.D. (Recurring Deposit)
ओ. ड्रा. (ओवर ड्राफ्ट)	O/D (Over Draft)
खं. वि. अ. (खंड विकास अधिकारी)	B.D.O. (Block Development Officer)
चा. खा. (चालू खाता)	C.A. (Current Account)
चै. पु. प्र. (चैक पुनः प्रस्तुत)	Ch. R. (Cheque Represented)
तु. प. (तुलन पत्र)	B.S. (Balance Sheet)
दो. ला. ज. (दोहरा लाभ जमा)	D.B.D. (Double Benifit Deposit)
न. उ. (नकद-उधार)	C.C. (Cash Credit)
प्र. का. (प्रधान कार्यालय)	C.O. (Central Office)

प्र. प्र. (प्रभागीय प्रबंधक)	D.M. (Divisional Manager)
ब. खा. (बचत खाता)	S.A. (Saving Account)
भू. चू. ले. दे. (भूलचूक लेनी देनी)	E. & O. E. (Error& Ommissions Expected)
म. का. (मंडल कार्यालय)	C.O. (Central Office)
म. प्र. (महाप्रबंधक)	G. M. (General Manager)
मि. ज. र. (मियादी जमा रसीद)	F.D.R. (Fixed Deposit Receipt)
मु. ति. (मुद्रा तिजोरी)	C.C. (Currency Chest)
लौ. चै. (लौटाया गया चैक)	R.C. (Returned Cheque)
स. शो. (समाशोधन)	Clg. (Clearing)
सा. प. (साख पत्र)	L.C. (Letter of Credit)
सा. ज. प्र. (सावधि जमा प्रमाण-पत्र)	F.D.R. (Eixed Deposit Receipt)
हि. क. (हिंदी कक्ष)	H.C. (Hindi Cell)

इनके अतिरिक्त बैंकीय कामकाज संबंधी कुछ सुनिश्चित प्रयुक्तियों के वाक्य या वाक्यांश भी निर्धारित होते हैं। जैसे—

1. आदाता के खाते में जमा किया जायेगा
   (Payee's A/c will be credited)
2. हमारी शाखा का परांकन पृष्ठ
   (Our branch endorsement confirmed)
3. नकद प्राप्त
   (Cash Received)
4. खाता बंद
   (Account Closed)
5. भुगतान किया
   (Paid)
6. किसी एक या उत्तरजीवी को देय
   (Payable to Either or Surviver)
7. केवल आदाता के खाते में
   (Payee's Account only)

1. खाता खोलने के लिए आवेदन-पत्र (Account Opening Form)

व्यक्तियों के लिए खाता खोलने का फार्म
(चालू खाता/बचत खाता/आवर्ती खाता)
Account Opening Form for Individuals
(Current/Savings Bank/Recurring Deposit A/c)

क
A
....
पूरा नाम (स्पष्ट अक्षरों में) FULL NAME (Block Letters)

....
खाता क्र. A/c No.

ख
B

दिनांक DATE

ग
C

19

महोदय DEAR SIRS,

कृपया नीचे अंकित (✓) खाता खोल दें, Please open the A/c Ticked (✓) Below

☐ चालू खाता
Cureent A/c

बचत खाता (चैक सुविधा सहित)
☐ Savings Bank A/c
(With Cheque Facility)

☐ बचत खाता (बिना चैक सुविधा के)
Savings Bank A/c
(Without Cheque Facility)

☐ आवर्ती जमा खाता
Recurring Deposit A/c

अवधि
Period

महीने
Months

मासिक जमा
Monthly Deposit

रु.
Rs.

परिचालन/पुनर्भुगतान की विधि[1] (संयुक्त खातों के मामलों में)
Made of Operation/Repayment[1] (In case of Joint A/cs)

[कृ. पृ. उ.]

भारतीय स्टेट बैंक
STATE BANK OF INDIA

शाखा ....Branch

आर. एफ. 38
R.F. 38

मैं/हम बैंक के चालू खाते/बचत खाते/आवर्ती जमा खाते से संबंधित नियमों का पालन करने के लिए सहमत हूँ/हैं।
प्रस्तावित न्यूनतम शेष रु..............चालू खातों/(बैंक सुविधावाले) बचत खातों के लिए।
I/We agree to abide by the Bank's rules relating to Current A/cs/Saving Bank A/cs/R.D. A/cs.
Proposed minimum balance Rs.....................for Current A/cs/Saving Bank A/cs (with Cheque Facility)

नामांकन : Nomination ☐	आवश्यक नहीं Not required ☐	आवश्यक फार्म क्र. डीए 1 प्रस्तुत करने की तिथि Required Form No. DA 1 furnished on

जन्मतिथि (अवयस्कों के मामले में[1]) Date of Birth (In case of Minor[1])	कार्यालयीन उपयोग के लिए (सत्यापित करनेवाले अधिकारी के हस्ताक्षर) For Office Use (Signature of Verifying Official)
(आवेदकों के हस्ताक्षर) Signature of Applicants	
क A	
ख B	

1. कृपया उपयुक्त पसंद का उल्लेख करें. जैसे मैं हम से/कोई एक या उत्तरजीवी, पूर्वकथित/पश्चात्-कथित या उत्तरजीवी आदि।
1. Please indicate a suitable choice VIZ. Either or Surviver, Former/Latter or Survivor, etc.
2. घोषणा-पत्र अलग से लिया जाए
2. Declaration to be opened separately.

2. बचत बैंक निकासी आदेश फार्म (Saving Bank Withdrawal Order Form)

C.S.D.F.B.D.1940/91

संक्षिप्त हस्ताक्षर
Initials
सी.ओ.एस. C.O.S.16/एA

खाता बही पृष्ठ
Ledger Folio

जमाकर्ता का नाम......................

Name of Depositor (s)

सावधानी : यह बचत बैंक निकासी आदेश फार्म चैक नहीं है। इस फार्म के साथ पास-बुक रहना अनिवार्य है अन्यथा भुगतान प्राप्त नहीं होगा।

CARE : This Saving Bank Withdrawal Order Form is not a cheque. Unless this form is accompanied with Pass Book Payment will be refused.

प्रेषिती/To

भारतीय स्टेट बैंक STATE BANK OF INDIA

बचत बैंक SAVING BANK

....शाखा/Branch..19

कृपया स्वयं अथवा धारक को Please pay self or bearer

रुपये..दीजिए

Rupees

रु..........................

Rs.

तथा राशि को मेरे/हमारे बचत बैंक खाता क्र..................में नाम डालिये

and debit the amount to my/our Saving Bank A/c No....................

जमाकर्ता/Depostior (s)

3. नकद जमा फार्म (Cash Deposit Form)
केवल नकदी के लिए
For Cash Only

बचत/चालू/नकद उधार/
आवती जमा खाता संख्या
Saving/CA/CC/RD/A/c No.

पंजाब नेशनल बैंक

PUNJAB NATIONAL BANK

______________ कार्यालय/Office

______________ 19 ______

राशि रु. पै.
Amount Rs. P.

(विवरण पीछे दिया गया है)
Details on reverse

खातेदार का नाम ______________
Paid into the credit of ______________

पता ______________
Address ______________
____

राशि (शब्दों में) ______________
Amount (in words) ______________

प्राधिकृत अधिकारी द्वारा
Authorised Officer By ______________
(हस्ताक्षर/Signature)

खजांची
Cashier

4. माँग ड्राफ्ट के लिए आवेदन-पत्र (Demand Draft Application Form)

ड्राफ्ट/डाक अंतरण/बैंकर चैक आवेदन पत्र
Draft/Mail Transfer/Banker's cheque ,
Application Form

भारतीय स्टेट बैंक/State Bank of India
Delhi University, Delhi
......................19............

	रु. Rs.	पै. P.
100X 50X 20X 10X 5X 2X 1X रुपये Rupees सिक्के Coins		
योग Total		

निम्नलिखित के नाम में..
Wanted for a
रुपये Rupees..
का/on..पर एक..............................चाहिए

पक्ष में (In favour)		रु. Rs.	पै. P.
	राशि/Amount		
	विनिमय/Exch.		
	योग/Total		

[कृ. पृ. उ.]

रोकड़िया सारणी क्र.
Cashier's Scroll No..........................
रोकड़िया
Cashier..
रोकड़ अधिकारी
Cash Officer.......................................
सूची-बही क्र.
Jotting Book No...............................

अंतरण सारणी
Transfer Scroll..............................

पासकर्ता अधिकारी
Passing Official...........................
ड्राफ्ट/डा. अं./बैं.चै. क्र.
Draft/M.T.
B. Cheque No...............................
जाँचकर्ता
Checked by..................................
हस्ताक्षरकर्ता
Signed by.....................................

नाम Name...
स्थानीय पता

Local Address..
....

हस्ताक्षर/Signature..

ड्राफ्ट/बैंक चैक पाया/Recd. the Dft/
B. Cheque
....

(आवेदक/Applicant)

सब चैक अवश्य रेखित हों। 2. (क) इस शाखा (ख) समाशोधन बैंक और (ग) अन्य बैंकों पर कटे चैकों के लिए अलग-अलग पर्चियाँ प्रयोग कीजिए।
All cheques must be crossed. 2. Please use separate slips for cheques on : (a) This branch (b) Clearing banks (c) Non-clearing banks.

5. चैक जमा फार्म (Cheque Deposit Form)

केवल स्थानीय चैकों के लिए
For local cheques only

चालू/बचत लेखा संख्या
CA/SF A/c No.

पंजाब नेशनल बैंक

PUNJAB NATIONAL BANK

....

..............................19............

खातेदार का नाम..
Paid-in to the credit of

पता Address..

रकम (शब्दों में)
Amount (in words)..

वसूली होने पर
On Realisation

चैक संख्या तथा बैंक का नाम (Cheque No. & Name of Bank)	रु. Rs.	पै. P.

कुल Total..

प्राप्तिकर्ता अधिकारी
Receiving Officer

पारण अधिकारी
Passing Officer

द्वारा...................................
By

(हस्ताक्षर/Signature)

6. चेक (Cheque)

........................19...............

Pay..

या धारक को OR BEARER

रुपये Rupees.. रु. Rs.

.... अदा करें

खा. सं. A/c No.		ब. प. L.F.		छ.ह. INTLS	

केनरा बैंक

(CANARA BANK)

MCCBD रोहतास नगर, दिल्ली

Rohtas Nagar, Delhi-110032

|| 602382 || ||·110015091 || 11

12. बैंक संबंधी प्रमुख शब्द-तालिका

1. Acceptance Register	सकार रजिस्टर
2. Account	लेखा, खाता
3. Accountant	लेखापाल
4. Acknowledgement	पावती, प्राप्ति सूचना, अभिस्वीकार
5. Act	अधिनियम एक्ट
6. Actuals	वास्तविक आँकड़े
7. Actua ry	बीमांकक
8. Adjustment	समंजन, समायोजन
9. Adjustment of Account	लेखा-समायोजन
10. Advice	सूचना
11. Aid	सहायता
12. Appropriation	विनियोजन, विनियोग
13. Arrears	बकाया
14. Assets	परिसम्पत्ति
15. Audit	लेखा-परीक्षा
16. Audita-objections	लेखा-परीक्षा आपत्तियाँ
17. Balance	बाकी, शेष
18. Banking operations	बैंक कार्य
19. Bearer	वाहक
20. Cash balance	रोकड़ बाकी
21. Cash certificate	नकदी पत्र
22. Cash sheet	रोकड़ विवरण
23. Collection on realisation	वसूली पर उगाही
24. Clearance	निकासी
25. Clearing	समाशोधन, निकासी
26. Convertable	परिवर्तनीय
27. Credit	जमा
28. Credit control	द्रव्य-नियंत्रण
29. Credit slips	जमा-पर्ची
30. Crossing	रेखन
31. Currency	मुद्रा
32. Current	चालू
33. Custodion	अभिरक्षक
34. Debit	नामे डालना, खर्चे में डालना
35. Debtor	देनदार
36. Depositor	जमाकर्ता
37. Dishonoured (cheque)	अनादृत (चैक)
38. Documents of title	स्वतः प्रलेख
39. Due	देय
40. Due date	नियत तारीख, अंतिम तिथि

41. Due from banks — बैंकों से प्राप्य
42. Earning — अर्जन
43. Endorsement — बंदोबस्ती
44. Finance — वित्त
45. Fixed deposit — सावधि जमा (निक्षेप)
46. Forefeiture — ज़ब्ती
47. Guarntee — प्रत्याभूति, ज़मानत, ज़िम्मेदारी, गारंटी
48. Hypotheca-tion — बंधक
49. Issuing banker — प्रचालक बैंकर
50. Lease — पट्टा
51. Lending rate — उधारदान दर
52. Letter of credit — साखपत्र
53. Long term credit — दीर्घावधि उधार
54. Lumpsum — एकमुश्त
55. Management — प्रबंध
56. Mobilization — संग्रहण
57. Monetary area — मुद्रा क्षेत्र
58. Moratorium — भुगतान-स्थगन
59. No effects — रुपया नहीं
60. Nomination — नामज़दगी, नामांकन
61. Operating profit — प्रचालन-लाभ
62. Order — आदेशानुसार
63. Order not to pay — भुगतान की आज्ञा नहीं
64. Over certification — अतिप्रमाणन
65. Out go — खर्च
66. Out put — उत्पादन
67. Ownership — स्वामित्व
68. partnership — साझा
69. Pawn — गिरवी
70. Payee — आदाता/पानेवाला
71. Payble — देय
72. Payment — भुगतान
73. Pay Order — भुगतान आदेश
74. Post dated (Cheque) — उत्तर दिनांकित (चैक)
75. Progressive stock taking — क्रमिक माल जाँच
76. Quality Certificate — गुणता-प्रमाणपत्र
77. Realization — वसूली
78. Reclamation — संशोधनार्थ प्रपत्र
79. Reconcilia-tion of accounts — लेखा-समाधान
80. Recovery of dues — देय की वसूली
81. Recurring — आवर्ती
82. Rectification — परिशोधन
83. Redeemable — प्रतिदेय
84. Redemption — प्रतिदान
85. Refund — धन-वापसी
86. Regressive expenditure — अवरोही खर्च
87. Release — निर्मोचन
88. Remittance — प्रेषण, भेजी हुई रकम
89. Remonetiza-tion — पुनर्मुद्रीकरण
90. Renewal — नवीकरण
91. Rental value — लगान मूल्य

92. Reserved surplus आरक्षित अधिशेष
93. Resources संसाधन
94. Revalidation पुनर्वैधीकरण
95. Revenue राजस्व
96. Revolving credit परिक्रमी उधार
97. Security प्रतिभूति
98. Settlement day निपटान दिन
99. Short term credit अल्पावधि उधार
100. Shut-down cost प्राथमिक लागत
101. Sinking fund निक्षेप निधि
102. Small savings अल्प बचत
103. Solvency ऋणशोधन क्षमता
104. Squeeze अधिसंकुचन
105. Stabilization स्थिरीकरण
106. Stagnation गतिरोध
107. Surcharge अधिभार
108. Surrender value अभ्यर्पण मूल्य
109. Surety ज़मानत, ज़मानती
110. Suspense account उचन्त लेखा/बट्टा खाता
111. Teller गणक
112. Third account तृतीय पक्ष
113. Transaction लेन-देन
114. Transfer अंतरण
115. Treasury राजकोष
116. Turnover पण्यावर्त
117. Under-taking उपक्रम
118. Underval-uation अल्पमूल्यांकन
119. Validity वैधता
120. Variation विचरण, विचलन
121. Venture capital जोखिम पूँजी
122. Vault तहखाना
123. Wildcat money जोखिमी मुद्रा (अनधिकृत धन)
124. Winding up समापन
125. Withdrawl आहरण/निकलवाना
126. Working capital कार्यशील पूँजी
127. Yield ratio प्रतिफल अनुपात

●●●